KB067576

CORRUPTION IN KOREAN SOCIETY
diagnosis and prescription

한국사회의 부패

진 단 과 처 방

김병섭 · 박순애 편

금현섭 · 김병연 · 김태영 · 박정수 · 박흥식 · 우윤석
윤태범 · 이지문 · 이창길 · 이효원 · 장용진 · 정광호 · 차문중

박영사

책을 열며

"새로운 정권이 출범할 때마다 각 정권들은 부정부패 척결이라는 구호와 함께 다각적인 부패개선 노력들을 강구해 왔다. 그러나 과거 정권들의 부정부패 척결의 공언은 정권이 가진 내재적·구조적인 한계로 인해 무위로 끝나는 경우가 대부분이었으며, 이로 인한 부패 노력의 후퇴는 곧 새로운 부패의 확산이라는 악순환을 가져오게 되었다." (시정청렴성 측정을 위한 모형개발 II, 서문에서 발췌)

필자가 처음 우리 사회의 부패 문제에 대해 관심을 갖고 연구를 시작하게 된 것은 2000년 서울시정개발연구원(현 서울연구원)에서 「시정청렴성 측정을 위한 모형개발」 2단계 사업에 참여할 때인 것으로 기억합니다. 돌이켜 생각해보면 지난 10여 년간 세부적인 평가기법이나 부패방지 대책 측면에서는 많은 개선이 이루어졌습니다. 지방자치단체 수준에서 시행되던 청렴도평가가 범정부적인 차원의 부패방지시책과 제도로 확산되었고 이를 전담하는 기관이 설립되었다는 것은 분명 진일보한 것으로 볼 수 있습니다. 하지만 최병대 박사님(현 한양대 행정학과 교수)을 포함하여 당시 연구진들과 함께 했었던 그때의 고민들은 여전히 우리 사회가 해결해야 할 과제로 남아 있습니다. 이후 필자는 국민권익위원회의 청렴도측정모형 개선 작업과 부패방지시책평가를 수행하면서 동참했던 전문가 분들과 우리 사회의 부패 문제에 대한 인식을 공유하고 풀지 못한 숙제에 대해 함께 연구해보고자 약속했는데, 어느덧 4년의 세월이 지나 이제야 그 결과물이 책으로 엮이게 되었습니다.

본서는 법학, 경제학, 행정학 등 각 분야 전문가들의 시각으로 우리나라 반부패 관련 정책과 제도, 현황을 진단하고 그 해법을 찾고자 하였습니다.

역사적으로 정부 주도의 경제발전과 이로 인한 정경유착의 유산이 강하게 남아 있는 우리나라에서 반부패 관련 정책들은 주로 국가 경제 성장을 견인하기 위한 효율성 제고의 수단으로 간주되어 온 측면이 크다고 볼 수 있습니다. 그간 부패방지를 위한 정부의 시책들은 나름의 성과를 나타내고 있지만 빠르게 변화하는 사회·경제적 환경 하에서 부패 문제에 대한 이러한 단편적 시각은 한계에 부딪힐 가능성이 큽니다. 공공부문의 투명성과 책임성에 대한 국민들의 기대수준과 잣대는 분명 과거 어느 때보다 엄격해지고 있습니다. 특히 공직자들의 부패 연루 사건들은 국가에 대한 불신으로 이어지고 이는 정책 의도의 진정성에 대한 불신, 더 나아가 정책 수혜 집단과 비용을 분담하는 집단 간의 불신을 야기하여 궁극적으로 국가 공동체 전체에 부정적인 영향을 미치게 될 것입니다. 공공 부문의 부패 문제는 이처럼 사회 구성원 간 신뢰를 구축하는 기본적인 요건이며, 국민들의 행복지수와 직접 연계되는 사회의 불평등 수준 및 소득 수준과도 매우 밀접하다는 연구결과들이 도출되고 있습니다.

빠른 속도로 이루어지는 쌍방향 의사소통, 세대와 분야를 초월한 정보의 교류, 다원화된 시민들의 정책 수요 속에서 국민들의 지지를 확보하기 위해서는 결국 신뢰가 바탕이 되어야 할 것이며, 정부의 역할은 무엇인지, 효율적인 정부란 어떠한 의미인지를 보다 진지하게 고민해 보아야 할 것입니다. 따라서 그동안 수단적 의미에서의 부패방지 대책, 그리고 결과 중심의 반부패 정책이라는 관점을 넘어 연구의 대상을 보다 확대해 나갈 필요가 있습니다. 이러한 주제에 대해 본격적으로 논의해보고자 하는 것이 바로 본서의 집필 목적입니다. 본서는 서장을 제외하고 세편으로 구성이 됩니다. 서장에서는 부패의 개념과 현황에 대해 간략히 살펴보고, 제 1 편에서는 국가 발전에 있어 부패가 왜 중요하게 고려되어야 하는지에 대해 논의하였습니다. 제 2 편에서는 우리나라에서 시행된 반부패 정책과 제도에 대한 현황을 짚어보고 문제점 진단 및 해결책을 모색하고자 하였습니다. 마지막으로 제 3 편에서는 부패 통제를 위한 향후 전략에 대하여 논의함으로써 앞으로 반부패 정책이 나아가야 할 방향에 대해 제시하고자 하였습니다.

정부의 강력한 의지 하에 부패 척결을 위한 다양한 정책들이 꾸준히 시행되어 왔지만 한국사회 전반 혹은 관료 조직의 부패 수준에 대한 국민들의 시각은 아직도 회의적입니다. 이는 '반부패'를 하나의 수단으로 간주하는 협소한 시각에서 벗어나 부패 문제가 사회 불평등의 개선, 정부 신뢰의 회복, 민주 정치의 발전 등 보다 광범위한 측면에서 접근할 필요성이 있다는 점을 일깨워줍니다. 이에 본서를 구성하고 있는 내용들이 우리 사회의 부패 현상을 정확하게 진단하고 부패 척결을 위한 올바른 전략을 정립하는데 기여할 수 있기를 기대합니다.

본서의 출간은 집필진 외에도 많은 분들의 노고가 있었기에 가능했습니다. 수많은 교정작업을 한마디 불평없이 기꺼이 수행해주신 박영사 조성호 부장님, 엄주양 대리님, 열 명이 넘는 집필진들과 1년 이상의 긴 시간동안 의사소통을 매끄럽게 진행해 준 한국정책지식센터 이희선, 손지은, 현승숙 연구원, 그리고 디자인과 편집에 아이디어를 주신 이수영 부소장께도 감사의 말씀을 전합니다. 마지막으로 이 책이 나오기까지 전 과정이 가능하도록 저서발간을 지원해주신 행정대학원 김준기 원장님께도 집필진을 대표하여 진심으로 감사하다는 말씀을 드립니다.

2013년 12월

한국정책지식센터 소장 **박순애**

본서의 구성

청렴하고 깨끗한 공직 사회를 위해 반부패 제도와 정책들이 시행되고 있음에도 불구하고, 부패와 관련한 문제들이 지속적으로 발생하는 원인이 무엇인지에 대한 고민에서 본서는 출발하였다. 본서에서 다루는 주제와 문제의식들, 그리고 처방이 공공부문의 부패와 관련한 모든 쟁점들을 망라한다고 보기는 어렵지만 부패와 국가 발전의 관계와 같이 거시적인 측면에서부터 세부적인 반부패 제도까지 폭넓은 논의가 이루어지도록 하였다. 본서는 총 3편, 11장으로 구성되어 있으며, 각 편에 대한 설명과 저자가 제시한 각 장의 핵심주제는 다음과 같다.

제 1 편은 '부패와 국가발전'이라는 주제로 국가가 발전하는데 있어 반부패 정책이 왜 중요하게 고려되어야 하는지에 대하여 부패와 불평등, 부패와 경제성장이라는 측면에서 논의를 전개하였다.

먼저, 제 1 장 '부패와 불평등'은 부패 문제를 보는 단선적 접근방식에 대한 비판적 고찰이다. 부패에 대한 접근은 크게 미시적 접근과 거시적 접근으로 나누어 볼 수 있지만, 대부분의 사회현상이 그러하듯이 어느 일방적 접근만으로는 충분하지 않다. 더욱이 부패의 원인과 결과가 순환적 관계를 갖고 있음이 다양한 연구결과를 통해 지지받고 있는 현실에서 양자의 적절한 조화를 통한 통합적 접근의 필요성은 더욱 커지고 있다. 이러한 맥락에서 본 장은 불평등과 부패의 관계를 살펴보고자 하였으며, 사회현상으로서 불평등과 이에 대응하는 개인의 행태간의 관계에 주목하였다. 즉, 경제적 불평등은 부패 동기를 자극할 뿐 아니라 이를 점차 백안시하는 인지적 경향을 도출하며, 부패는 그 편익과 비용 귀착의 차별화를 통해 다시 불평등의 심화를 야기하게 되고, 이는 또 다시 새로운 불평등을 자극하는 악순환의 환경을 제공한다는 점을 설명하였다. 이 과정에서 불평등은 단순히 경제적 측면에 국한하지 않으며 정치적 측면과의 상호작용을 통해 더욱 치밀해지고 확산되는 경향이 있음을 설명하였다.

제 2 장 '부패는 경제성장에 영향을 미치는가'에서는 반부패 정책의 필요성을 국가의 경제성과와 연계하여 다루고 있다. 부패는 다양한 경로를 통해 국가경제에 부정적인 영향을 미치는데, 특히 자본과 인적자산의 축적을 저해하고, 자원의 배분을 왜곡하여 비효율성을 증가시킨다. 또한 부패는 국가경제의 이미지를 실추시켜 투자유입과 수출에 악영향을 끼치는 주요 요인으로 지목되고 있다. 본 장에서는 국가간 패널 데이터 분석을 통해 이러한 주제를 실증적으로 파악하고자 하였다. 분석 결과 부패와 국가경제와의 상관관계에 대한 이론적 모형이 통계적으로 타당성을 지니고 있는 것으로 나타났다. 따라서 지속적인 성장을 이루기 위해서는 청렴 수준을 개선하기 위한 노력이 필요하다는 함의를 제시하였다.

제 2 편 '반부패 정책과 제도'에서는 우리나라에서 시행되고 있는 반부패 정책과 제도에 대한 현황 및 문제점을 진단하고 해결책을 모색하고자 하였다. 특히 기존의 결과지향적·사후적인 대안 외에 사전적 부패 통제의 필요성을 심도 있게 다루고자 하였다.

제 3 장 '공직자의 윤리 확보와 이해충돌의 방지'에서는 공직자를 윤리적으로 행동하기 어렵게 하는 다양한 요인들 중에 가장 대표적인 것으로 이해충돌(Conflict of Interest)에 주목하였다. 이해충돌은 공직자의 공적인 직무와 사적인 이익간의 부당한 결합에 의하여 발생하는 것으로서, 이것을 적절하게 회피하도록 하는 것이 공직윤리 관리의 핵심적 방

법이다. 그런데 미국의 정부윤리법과 달리 우리나라의 공직자윤리법은 이와 같은 이해충돌을 효과적으로 방지할 수 있는 구체적인 규정과 절차가 미흡하다는 점에 문제의식을 가지고 본 장을 서술하였다.

제 4 장 '공직자 재산 공개의 딜레마: 부패 방지와 사생활 보호의 접점을 찾아서'에서는 부패 방지라는 공공의 이익과 공직자 개인의 사생활 보호라는 기본권의 균형적 시각에서 공직자 재산공개의 제도적 의의와 쟁점을 살펴보았다. 국민의 알 권리와 사생활 보호의 이론적 경계를 탐색하고, 공직임용요건으로서 절대적 재산규모와 내용 그리고 재산변동 과정의 청렴성을 논의하였다. 이를 바탕으로 재산공개의 대상과 방법 그리고 심사과정에 대한 정책적 대안을 제시한다.

제 5 장 '내부고발자의 법적 보호, 그 후 10년: 성과와 새로운 도전'에서는 은밀하고도 관행적으로 이루어지는 조직 내부의 부패 통제를 위해 필수적인 내부고발자 제도에 대하여 살펴보았다. 내부고발자에 대한 법적 보호는 이미 10년을 넘고 있다. 한국사회는 그 동안 많은 내부고발을 경험했고, 그러는 동안 보호는 한층 더 두터워졌다. 이 장에서는 법적 보호 시행 이후 지난 10년 간의 성과를 검토하고, 한계점과 개선의 여지, 향후 과제의 제시 등을 통해 제도의 성공적 정착과 발전을 위한 방향을 탐색한다.

제 6 장 '고위공직자의 부패 범죄에 대한 대책'에서는 공직자의 부패 범죄를 척결하기 위한 제도는 그 실효성을 확보하면서도 헌법가치인 권력분립의 원칙과 체계정합성에 부합하도록 마련되어야 한다는 점을 제시하였다. 고위공직자가 국가권력을 제대로 행사하고 주권자인 국민에게 책임을 지도록 하는 것은 국민주권주의와 민주적 국가운영을 실현하는데 있어서 핵심적 요소이다. 따라서 공무원이 부패하여 국가정책을 위헌·위법 또는 부당하게 집행한 경우에는 헌법적 가치를 실현할 수가 없게 된다는 점을 명확히 설명하고 있다.

제 7 장 '부패영향평가의 성과와 전망'에서는 부패를 사전에 방지하기

위한 제도로서 부패방지법에 근거하여 2006년에 도입된 부패영향평가제도에 대하여 논의하였다. 부패영향평가제도는 법이 개정되거나 제정될 때 사전에 부패발생 가능성을 차단할 수 있는 장치라고 할 수 있다. 동 제도는 법령, 행정규칙, 자치법규 등이 개·제정될 경우 일정한 절차에 따라 사전적으로 부패발생 가능성을 미리 점검하고, 가능성이 확인될 경우 소관 기관장에게 권고하여 시정함으로써 국가청렴도를 제고하기 위한 목적을 갖는다. 본 장에서는 부패영향평가제도의 내용 및 성과를 소개하고 향후 보다 실효성 있는 제도 운영을 위한 대안을 제시한다.

제8장 '건설하도급의 불공정한 갑을 관계, 통합발주가 원인이고 분리발주가 대안인가?'에서는 건설분야의 부패방지를 위한 제도 도입이 실제 정책현장에서 어떠한 효과가 있는지 살펴보았다. 정부는 소위 갑을간의 폐해가 컸던 건설하도급 불공정 행위를 개선하고자 공공부문 건설공사 '분리발주'를 추진하고 있다. 그러나 이는 공정거래법 등을 통해 개선할 사안이지 분리발주 의무화로 해결할 문제라고 보기 어려운 측면이 있다. 분리발주제도가 복잡성을 높여 추가적인 거래비용을 유발할 수 있기 때문이다. 이 글에서는 현행 건설업 하도급 제도에 대한 소개와 분리발주제도 도입시 문제점에 대한 검토를 통해 건설업 불공정 행위 방지를 위한 바람직한 대안을 모색해 보고자 한다.

제3편 '부패와 국가 미래'에서는 부패 통제를 위한 향후 전략 및 접근방식에 대하여 논의함으로써 반부패 정책이 나아가야 할 방향을 제시하고자 하였다.

우선, 제9장 '전자정부와 부패'에서는 전자정부가 어떤 경로와 기제를 가지고 부패를 억제할 수 있는지를 살펴보면서 관련 이론들과 유관 선행연구들 종합적으로 소개하고 있다. 특히 서울의 OPEN 시스템 사례뿐만 아니라 인도를 포함한 개발도상국의 다양한 전자정부 사례를 정리하여 전자정부가 실제 행정현장에서 어떻게 부패를 억제하는데 활용되는지 논의하고 있다. 향후 전자정부와 부패의 연관성에 대한 각종 논란을 극복하기 위해서는 과학적 분석과 연구가 필요하며, 이를 위해 전자정부의 형성과정, 부패자료의 측정문제, 그리고 국가간 비교 분석에 대한 추가 연구를 제언하였다.

제10장 '청렴도 조사: 부패 통제의 새로운 접근방법'에서는 국민권익위원회의 청렴도조사를 바탕으로 부패 통제를 위해서는 거버넌스적 접근이 필요함을 설명하고 있다. 청렴도조사는 무엇보다도 부패의 현재 상태에 대한 진단을 가능하게 함으로써 부패통제의 새로운 길을 제시한다. 이를 통하여, 과거에 비해서 현재가 개선이 되고 있는지 또 미래는 어떻게 될 것인지를 예측가능하게 한다. 뿐만 아니라 어떤 분야, 어떤 조직이 더 청렴하고 덜 부패한지를 비교할 수 있게 한다. 이러한 기관간 비교가능성은 사정기구 뿐만 아니라 일반국민이나 언론인들도 부패통제의 주체로 자리매김을 할 수 있게 만들고, 이러한 가능성 때문에 기관들은 서로 청렴한 이미지를 만들기 위해서 경쟁을 하게 된다. 이와 같이 대상기관이 조사결과에 관심을 많이 가지면 가질수록, 누구를 대상으로 무엇에 관해서 청렴도를 조사하는지, 객관성과 대표성이 대단히 중요한 문제가 된다. 본장은 국민권익위원회의 자료를 토대로 하여 조사의 과정을 자세하게 소개하였다.

제11장 '신뢰받는 모범국가와 법치주의 정착 과제'에서는 국민에게 신뢰받는 국가, 법치국가가 되기 위해서는 부패 근절이 핵심 과제임을 제시하고 있다. 법치는 반부패의 필요조건으로, 정부의 노력만으로 이루어지는 것이 아니라 민간부문과 시민들의 참여가 이루어지는 전방위적 접근이 보다 효과적임을 주장한다. 즉, 제도적 견제장치, 정치적 책임성의 확보, 독점과 진입장벽을 허무는 경쟁적 시장 확대 정책, 공공부문의 혁신, 범국민적 윤리의식의 제고, 시민사회의 참여와 국제적 협력 등이 조화되어야 함을 제언하고 있다.

차   례

서   장

제 1 편   부패와 국가발전

제 3 편　부패와 국가 미래

서 장

• 공공 부문의 부패: 현황과 특성 / 박순애

공공 부문의 부패: 현황과 특성

박 순 애

I. 서　론

　　부패는 동서고금을 막론하고 지속적으로 논의되고 있는 현재 진행형 주제이다. 인도의 고대 철학자이자 정치가였던 카우틸랴(Kautilya, B.C. 370-B.C. 287)는 경제성장을 위한 선결조건으로서 법과 질서의 확립을 들었으며, 법치(rule of law)에 가장 부정적인 영향을 미치는 요인이 바로 부패(corruption)라고 주장하였다.[1] 우리나라에서도 다산 정약용은 「목민심서(牧民心書)」에서 공직자의 윤리로 청렴(淸廉)과 공직 수행 시 정당하지 않은 선물이나 뇌물을 멀리 해야 한다는 절용(節用)을 널리 실천하도록 하였다.[2] 그러나 이러한 선현들의 금언에도 불구하고 우리 사회는 아직도 부패의 고리에서 벗어나지 못하고 있다.

　　특히, 2013년 홍콩 정치경제리스크컨설턴시(Political and Economic Risk Consultancy, Ltd.; PERC)의 조사 결과에 의하면 우리나라의 부패 수준은 아시아 선진국 중 가장 취약할 뿐만 아니라, 오히려 저개발 국가들과 순위를 다투는 실정이라고 한다. 연일 보도되고 있는 원전 납품 비리 문제와 고위공무원의 금품 수수 혐의, 4대강 건설업체 담합 등 올해 한국의 대형 부패 사건이 평가에 부정적 영향을 미쳤다고 한다.

　　오늘날 부패에 대한 논의는 경제성장에의 영향이나 공직윤리 측면에서 확장되어 사회적 불평등의 심화, 정부의 효율성 저하, 정부 신뢰 저하 등 다양한 측면에서 활발히 이루어지고 있다. 이러한 논의의 기저에는 민주주의하에서 정치인을 비롯한 고위공직자들은 국민으로부터 권한을 위임받은 행위자이고, 따라서 위임자를 대신하여 성실히 직무를 수행할 책무를 진다는 전제가 깔려 있다. 즉, 민주주의란 국민의 동의하에 정부의 도덕적 권위에 바탕을 두고 운영되는 정치체제인 것이다.[3] 그러나 밀실 정치와 같이 정부의 활동이 비밀스럽게 이루어질 경우 부패의 가능성은 증가하고 국민에 대한 책임성과 투명성은 크게 감소할 수밖에 없다.

1800년대 중반 미국 민주당 소속 연방 하원의원과 뉴욕주 상원의원 등을 역임한 트위드(Tweed, W. M.)는 "보스"(Boss)라고 불릴 만큼 부패 정치인의 전형으로 알려져 있다. 그의 자서전을 집필한 에커만(Ackerman, K. D.)은 "트위드의 부패 고리"(Tweed Ring)를 사법부와 의회, 재무부가 동원되고, 투표함 조작까지 가능했던 견고한 권력 조직으로 묘사하고 있다.[4] 1873년 204개의 죄목으로 법정에 서기 전까지 트위드는 최소 1억 달러 이상의 부정 축재를 한 것으로 추정된다.[5]

역설적이지만 정치적으로 승승장구하던 트위드의 발목을 잡은 것은 바로 트위드가 추진한 사업들의 비용 상승과 조직원의 배신이었다.[6] 뉴욕시의 채무와 세출 증가에 비리가 연루된 것이 아닌지 의구심이 제기되었고, 이는 반(反) 트위드 세력의 결집과 세금 인상에 보수적인 공화당의 개혁 운동에 빌미를 제공하는 계기가 되었다. 이후 공무원 채용을 정당 중심의 엽관제가 아닌 능력 위주로 해야 한다는 펜들턴법(Pendleton Civil Service Act)이 제정되면서 공무원의 정치적 중립성이 중요한 윤리적 원칙으로 자리매김하게 되었다. 그럼에도 불구하고 여전히 부패 행위는 국민의 대표자를 선출하는 과정에서 발생하기도 하고, 국민들에게 직접적인 공공서비스를 제공하는 과정에서 일어나기도 한다.

이에 각 국가에서는 부패 문제를 방치한 채 지속가능한 발전을 달성하는 것은 어렵다는 공감대를 바탕으로 국제투명성기구(Transparency International)와 세계은행(World Bank) 등의 주도하에 국가 청렴도 시스템 (The National Integrity System; NIS)을 구축하기 위해 노력해 왔다.[7] 이러한 추세에 발맞추어 우리나라도 부패를 통제하고 정부의 신뢰성을 제고시키기 위해 부패 전담 독립기구의 설치, 공공기관 청렴도 조사 실시 등 다양한 제도를 마련해 왔다.[8] 그 결과 부패인식지수(Corruption Perceptions Index; CPI)와 국가별 거버넌스 지수(Worldwide Governance Indicator; WGI) 에서 우리나라는 매년 부패 정도가 개선되고 있는 것으로 나타나고 있다(자세한 설명은 본장 Ⅲ. 부패 현황 분석 부분 참조). 그러나 우리 국민들은 여전히 정부의 부패 정도가 심각한 것으로 인식하고 있다. 그렇다면 과연 부패 통제를 위한 제도들은 어떤 측면에서 한계가 있었던 것일까? 이러한 한계를 보완하기 위해 앞으로 우리는 어떠한 노력을 기울여야 하는가? 이에 대한 해답을 구하기 위해서는 무엇보다도 부패란 무엇인가를 먼저 규명해 보고, 우리 사회의 어떠한 부분에서 이러한 부패가 여전히 남아 있는지 그 현황을 살펴볼 필요가 있다.

Ⅱ. 부패의 개념과 구성요소에 관한 논의

1. 부패의 개념

부패는 각 국가의 사회적 환경과 규범적 조건에 따라 다의적으로 정의될 수 있다. 사회적 관습과 행동기준 등에 따라 부패의 정도와 유형이 달라지므로[9] 부패라고 인식되는 범주가 각 사회마다 또는 동일한 사회 내에서도 구성원에 따라 차이가 날 수 있다. 즉, 한 사회에서 부패로 인식되는 행위는 다른 사회에서는 부패가 아닐 수도 있고,[10] 보는 시점에 따라 부패 여부가 다르게 인식될 수도 있다. 특히 정부의 기능이 다양해짐에 따라 공무원들의 부패 행위 역시 각양각색으로 나타나고 있다. 예컨대 기존의 정부에서는 행정서비스를 신속하게 처리하거나 혹은 처벌을 무마하기 위한 뇌물 수수가 주로 발생하였지만, 행정기능의 분화 및 아웃소싱, 부패통제제도의 강화 등으로 인하여 계약 시의 뇌물 수수 대신 향응이나 편의 제공 등과 같이 부패 행위의 유형이 보다 다양하게 진화되었다. 따라서 부패 현상에 대한 다면적·다층적 측면을 고려한 개념 정의가 이루어져야 할 필요가 있다.

본래 부패에 관한 논의는 관료가 자신의 공적인 지위를 남용하여 사적인 이익을 추구하는 행위에 초점이 맞추어져 있었다. 이후 부패에 대한 접근시각이 관료의 사익 추구적 행위라는 협소한 의미에서 정치적 도덕성 및 규범을 아우르는 범위까지 확장되었다.[11] 도벨(Dobel, P.)은 관료의 권한 남용 및 사익 추구 행위를 중심으로 부패의 개념을 설명하려는 시도는 매우 협소한 관점이라고 비판하면서 정치인을 비롯한 관료들의 도덕성과 공적 임무를 수행하는 사람으로서 행위 준칙들의 준수 여부를 고려해야 한다고 주장하였다. 즉, 관료가 부패를 저지르는 것은 인간의 본성에서 기인하는 것이며 또한 제도(system)와 상호작용을 하기 때문인데, 대부분의 부패는 개인의 도덕적 선택에 달린 문제이며, 탐욕과 사익에 대한 개인의 판단뿐만 아니라 '다른 상황'을 참아낼 수 있는 역량(capacity)에 달려 있다고 한다. 여기에서 '다른 상황'이라는 것은 부(wealth)·권력(power)·지위(statue)상의 불평등을 얼마나 참아낼 수 있는가에 대한 차이를 의미한다. 즉, 부에 대한 나와 다른 사람의 불평등을 수용하는 역량이 작을수록 이를 만회하기 위한 뇌물 수수를 할 개연성이 더욱 크며, 마찬가지로 권력에 대한 나와 다른 사람의 불평등이 클수록 고위층으로 진입하기 위한 뇌물 수수나 매관매직이 이루어질 가능성이 커지는 등 부패행위를 유발한다는 것이다.[12]

우리나라는 민주화 이후 법·제도적으로 부패척결을 위해 많은 노력을 기울여 왔다. 특히 수출활성화와 내수 진작을 위해 특정 기업을 전폭적으로 지원해 준 정책 기조와 국가 인프라 시설 건설 등 정부 주도의 경제 및 사회발전을 꾀하면서 형성된 정경유착이 부패의 가장 큰 원인으로 주목받아 왔다. 예컨대 한보사태나 최근의 부산저축은행사태와 같은 권력형 금융비리뿐만 아니라 이른바 차떼기 사건, 함바식당 비리 사건 등 굵직한 비리 사건들은 고위공직자들의 부패 실태를 여과없이 보여 주었다. 이러한 맥락으로 볼 때 우리나라에서의 공공부패는 공인(public officer) 혹은 고위공무원(정치인)이라는 지위에 요구되는 의무나 규범을 위반하여 사익을 추구하는 행위로 여겨지는 경향이 크다. 아울러 법령에 위반되는 행위를 함으로써 정부에 손해를 가하거나 이를 은폐하는 경우 역시 부패로 정의되고 있다. 구체적으로 「부패방지 및 국민권익위원회의 설치와 운영에 관한 법률」(이하 '부패방지법')에서 공직자의 법 위반 행위 및 권한 남용에 따른 이익을 취득하는 것을 부패 행위로 명시적으로 규정하고 있으며, 공무원행동강령에서는 선물이나 향응을 제공받는 행위, 직위를 이용한 인사 청탁 및 관여, 이권 개입, 알선 행위를 금지하고 있다.

2. 부패의 구성요소

이상에서 논의된 바와 같이 '공공부패'는 공무원이라는 특수한 지위를 이용한 사적인 이익 추구뿐만 아니라 직무의 불공정·불성실한 이행 역시 포함된다고 할 수 있다. 이러한 불성실한 직무 수행에는 부작위한 측면이나 혹은 친분에 의한 업무 수행뿐만 아니라 공직자들의 비난 회피를 위한 피상적·소극적 공무 수행 역시 포함될 수 있다. 즉, 합법적인 틀 내에서 이루어지는 책임 회피, 정책 지연과 같은 행위 역시 광의적으로는 부패의 한 요소로 볼 수 있다. 이러한 관료들의 태도는 부패 행위를 예방·처벌하기 위한 각종 법률과 제도의 실효성을 저해하는 주요 요인이 될 뿐만 아니라 공공서비스 제공의 지연 및 질 저하를 야기할 수 있기 때문이다. 예컨대 정보공개청구제도는 공공기관이 보유하고 있는 각종 정보에 대하여 국민의 알권리를 보장하고, 정책 수립 및 집행 등 국정 운영에의 투명성을 확보함으로써 부패 발생 여지를 줄이고자 도입된 제도이다. 그럼에도 불구하고 실제 정보공개청구제도의 운영 실태를 살펴보면 연례 보고서나 백서 등과 같이 중립적 성격의 자료 이외에 사회적으로 이슈가 될 만한 사안, 예산 사용에 관한 사안 등에 대해서는 공개가 잘 이루어지지 않거나 시일이 매우 오래 걸리는 등 제도의 실효성은 기대만큼 크지 않은 것으로 판단된다.[13] 이는 결국 투명하고 청렴한 공공행정의 집행을 저해하는 요인으로 작용할 우려가 크다. 이러한 논의들을 종합하면 부패의 개념에는 청렴성(integrity), 투명성(transparency), 책임성(accountability)이라는 요소들이 내포되어 있음을 알 수 있다. 이하에서는 이러한 부패 개념의 각 구성 요소에 대해 구체적으로 살펴보겠다.

1) 청 렴 성

청렴성은 앞서 논의한 부패방지법의 공직자 청렴의무 조항에 구체적으로 기술되어 있지만, 복잡하고 전문화된 행정현실에 대응하기 위해 관료의 재량권이 확대됨에 따라 이러한 가치가 훼손될 개연성도 높아지고 있다.[14] 부패방지제도를 넘어 공직자의 청렴성에 보다 주목하는 이유가 여기에 있다. 청렴성은 신공공관리론의 등장과 함께 다시 한번 정부의 주요 가치로 강조되었으며, 좁은 의미로는 공무원이 사적인 이익을 배제하고 법령 및 윤리적 기준에 따라 공직자로서 기대되는 임무를 충실하게 수행하는 것을 의미한다. 예컨대 뇌물 수수를 하지 않는 행위, 예산을 착복하지 않는 행위, 금품이나 향응을 접대받지 않는 행위 등이 이에 해당한다. 넓은 의미에서의 청렴성은 법과 원칙, 대중의 관심과 집합적 이익에 부합하도록 공무를 수행해야 한다는 공직자들의 '공적 의무'에 대한 개인적인 신념을 의미한다.[15] 또한 청렴성은 반부패(anti-corruption) 개념을 포함하는 것은 물론, 국민들의 요구를 공정하고 친절하게 수행하는 행정 상태를 의미한다.[16] 즉, 공직자가 직무를 수행할 때, 공정성을 확보하고 사익과 공익이 충돌할 경우에는 공익을 선택하는 것이 바로 청렴이라고 할 수 있다. 이처럼 청렴성은 공직자의 사적인 이익을 배제하는 것뿐만 아니라 공직을 수행하기 위한 자세와 윤리 수준 및 가치를 포함하는 개념으로,[17] 부패 관련 법규 준수에 더하여 투명하고 책임 있는 행정의 역할까지 포괄하는 광의의 개념으로 해석될 수 있다.[18]

2) 투 명 성

투명성은 공개성(openness)과도 유사한 의미로 사용되고 있다. 위에서 언급하였듯이 투명성이란 정부의 각종 정보에 쉽게 접근할 수 있는 정도를 의미하며[19] 더불어 정보를 공개함으로써 정부가 무엇을 하는지 시민들이 알 수 있도록 하는 것으로 정의되고 있다.[20] 이러한 측면에서 본다면 공공기관이 정책을 수립하고 집행하는 데 관한 정보를 일반인들에게 공개하는 정도 그리고 이러한 정보에 쉽게 접근할 수 있는 용이성이 바로 투명성이라고 할 수 있다. 한편, 투명성은 정보에의 접근성 측면뿐만 아니라 정보가 제공되는 방식에서도 논의가 되고 있다. 이러한 관점에서 본다면 투명성이란 정부의 내부적 특징에 관한 정보를 만들어내는 법적·제도적 구조이며, 정부 내외에 있는 행위자들이 이러한 구조에 접근할 수 있는 정도라고 할 수 있다.[21] 특히 박흥식은 정보의 완전성을 강조하고 있는데, 이는 정보의 양뿐만 아니라 질적인 측면을 고려한 것으로, 보다 나은 정보가 제공되어야 한다는 것이다.[22] 이러한 정보 완전성은 정확성, 관련성, 적시성, 신뢰성, 명료성 등을 충족해야 한다.[23] 따라서 투명성은 정책의 결정과 집행에 대한 정보 접근 가능성을 높임으로써 감독 체계를 강화하고 관료들의 지대추구행위를 예방할 수 있을 뿐만 아니라 합리적인 재량권을 허용하여 부패의 기회를 감소시킬 수 있으므로 반부패 개념의 핵심이라고 볼 수 있다.[24]

3) 책임성

책임성은 국민들의 비판, 요구, 물음에 대하여 관료들이 성실하게 대응하는 것을 의미한다. 이 과정에서 법과 제도, 내적 규범들을 따라야 하는 것은 물론이다.[25] 다른 개념들과 마찬가지로 책임성 역시 다양한 관점에서 정의되고 있는데, 크게 제도적 책임성(accountability)과 자율적 책임성(responsibility)으로 나누어 살펴볼 수 있다.[26] 여기에서 제도적 책임성이란 각종 제도적 통제를 통하여 국민들의 요구를 충족시켜 주기 위한 임무 수행을 의미하는데, 예를 들면 공무원이 업무상 손해를 끼친 경우에 각종 소송을 통해 배상을 해 주도록 법으로 규정하고 있는 점 등이 해당한다. 반면 자율적 책임성은 공무원이 직업윤리와 책임감에 근거하고 재량을 통해 확보되는 행정책임을 의미한다. 즉, 공무원들이 윤리적 가치와 신념을 기반으로 합법적인 범위 내에서 재량권을 행사하여 문제 해결에 적합한 대안을 선택하고 이를 통해 국민들의 요구를 충족시키기 위해 능동적으로 대응하는 것이다. 이상의 개념들을 분류해 보면 책임성은 규범적 책임, 전문 직업적 책임, 고객에 대한 책임, 소속 기관에 대한 책임,[27] 혹은 관료적 책임, 재정적 책임, 절차적 책임, 성과 책임 등[28] 다양한 하위개념으로 유형화가 가능하다.

〈그림 1〉 청렴성 개념의 구성요소

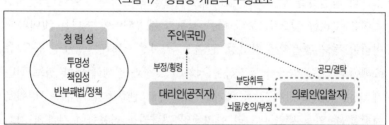

자료: 박순애·박재현(2009). "청렴성 개념과 측정 모형에 관한 타당성 연구,"「한국부패학회보」14(1): 1-27(p. 8) 재인용.[29]

이상의 논의를 종합하면, 투명성과 책임성은 부패통제수단의 실효성을 담보해 주는 역할을 하며, 예측가능성, 참여와 함께 반부패 거버넌스의 요건이 된다.[30] 부패에 내포된 개념적 요소들은 상호의존적으로 기능하며 부패의 속성상 총체적인 접근이 필요하다는 것은 분명해 보인다. 부패는 기회비용에 대한 개인적인 의사결정과정이지만 행동으로 실행하기까지에는 조직 문화적·환경적 요인도 작용하기 때문이다.[31] 특히, 관료는 한 조직의 구성원이기 때문에 조직문화에서 자유롭기가 매우 어렵다. 따라서 관료제 내부의 부패 취약 분야는 무엇인지, 또한 관료들의 행태, 업무 환경, 부패통제제도 등에 대한 실태는 어떠한지를 진단할 필요가 있다.

Ⅲ. 부패 현황 분석

이하에서는 국제사회에서 우리나라의 부패 수준은 어떻게 평가받고 있는지를 개괄적으로 살펴본 후, 청렴성, 투명성, 책임성 측면에서 우리 사회의 부패 수준을 조망하여 본다. 마지막으로 반부패 정책을 수립·집행하는 주체인 정부 관료제 내부의 부패 수준을 함께 고찰해 보고자 한다.

1. 세계가 보는 한국의 부패

공공부패가 사회경제적으로 미치는 부정적인 영향에 관한 연구들이 활발히 진행되면서 각 국가들은 부패 척결에 큰 관심을 갖게 되었다. 특히 부패 수준이 높을수록 경제성장이 둔화될 뿐만 아니라 사회적 불평등의 심화, 정부에 대한 신뢰 수준의 저하를 야기하여 사회적 비용이 크게 유발된다는 결과들이 제시되면서[32] 국제기구들은 각국의 부패

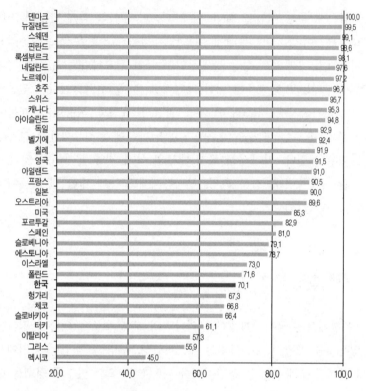

〈그림 2〉 OECD 국가 및 아시아 국가들의 부패 통제 점수

국가	점수
덴마크	100.0
뉴질랜드	99.5
스웨덴	99.1
핀란드	98.6
룩셈부르크	98.1
네덜란드	97.6
노르웨이	97.2
호주	96.7
스위스	95.7
캐나다	95.3
아이슬란드	94.8
독일	92.9
벨기에	92.4
칠레	91.9
영국	91.5
아일랜드	91.0
프랑스	90.5
일본	90.0
오스트리아	89.6
미국	85.3
포르투갈	82.9
스페인	81.0
슬로베니아	79.1
에스토니아	78.7
이스라엘	73.0
폴란드	71.6
한국	70.1
헝가리	67.3
체코	66.8
슬로바키아	66.4
터키	61.1
이탈리아	57.3
그리스	55.9
멕시코	45.0

주: 점수가 높을수록 청렴한 사회이며, 100점 만점으로 환산한 점수임.
자료: World Bank. Worldwide governance indicator 2012.

실태를 조사하고 이에 대한 정보를 제공하고자 다양한 항목을 통해 부
패 수준을 측정하고 있다.

세계은행에서 2012년도에 발표한 자료에 따르면 아시아 국가 중 국
내총생산(Gross Domestic Product; GDP) 상위 10위 내에 속하는 국가들의 평
균 부패 통제 점수는 약 57.2점인 데 반하여 우리나라는 70.1점으로 측정
되어 아시아 국가들 중에서는 상당히 높은 통제 수준임을 알 수 있다. 반
면 우리나라와 경제 규모 및 수준이 유사한 OECD 가입 국가들과 비교해
보면, 가입국의 평균적인 부패 통제 점수는 평균 약 83.6점으로 한국은

〈표 1〉 연도별 한국의 부패인식지수

연 도	부패인식지수	순 위	조사대상국
1999	3.8점	50위	99개
2000	4.0점	48위	101개
2001	4.2점	42위	91개
2002	4.5점	40위	102개
2003	4.3점	50위	133개
2004	4.5점	47위	146개
2005	5.0점	40위	159개
2006	5.1점	42위	163개
2007	5.1점	43위	180개
2008	5.6점	40위	180개
2009	5.5점	39위	180개
2010	5.4점	39위	178개
2011	5.4점	43위	182개
2012	5.6점	45위	176개

주: 부패인식지수는 2011년까지 10점 만점으로, 2012년부터는 100점 만점으로 발표함. 따라서
2012년 점수는 10점 만점으로 환산한 점수임. 부패인식지수 점수가 높을수록 청렴한 사회임.
자료: Corruption Perceptions Index 1999-2012(http://cpi.transparency.org).

총 34개 국가 중 27위에 머무르고 있다. 따라서 우리나라의 부패 통제 수준 혹은 청렴한 수준은 선진국들과 비교하여 높다고 하기 어려우며, 아직도 부패 척결을 위한 제도적인 노력이 필요함을 알 수 있다(〈그림 2〉).

국제투명성기구에서 조사한 부패인식지수[33] 측정 결과에서도 우리나라의 부패 통제 수준은 다른 선진 국가들에 비하여 높지 않은 수준임을 확인할 수 있다. 2012년 부패인식지수에 따르면 한국은 56점으로, 전체 조사 대상 국가(176개국, 평균 43.3점) 중에서는 45위를 차지하고 있지만(〈표 1〉), OECD 국가들과 비교해서는 34개국(평균점수는 68.8점) 중 여전히 27위에 그치고 있을 뿐만 아니라 10점 이상의 큰 격차를 보이고 있다. 한편, 부패 인식 조사 결과의 추이를 살펴보면 1999년 이후 등락을 거듭하고는 있지만 꾸준히 개선되고 있는 것으로 나타나고 있다.

2. 우리가 보는 한국의 부패

1) 부패에 대한 국민의 인식

공공 부문의 부패 개선을 위해 정부에서는 청렴성 제고에 주안점을 두고 일반 시민들과 민원인들을 대상으로 부패에 대한 전반적인 인식 및 부패 경험 유무와 규모 등을 직접 조사하여 그 결과를 발표해 왔다. 2012년도 국민권익위원회가 국민들을 대상으로 조사한 결과에 따르면 한국사회가 전반적으로 부패한 것으로 인식한 비율이 2006년 63.4%에서 2012년 44.4%로 크게 감소하였다. 또한 공무원들에 대해서도 2011년 56.7%에서 2012년 42.4%로 14%가량 크게 줄어들었다.[34]

그럼에도 불구하고 한국사회 혹은 공무원이 '부패했다'고 응답한 비율은 거의 매년 응답자의 절반 이상을 차지하고 있으며, 점수 역시 3점대에 머무르고 있어(10점 만점) 부패에 대한 인식은 점차 개선되고 있

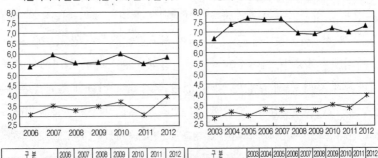

〈그림 3〉 한국사회 전반에 대한 시민과 공무원의 인식 차이

주: 부패 인식 점수는 10점 만점으로 환산한 점수이며, 점수가 높을수록 청렴하다는 의미로 해석.
자료: 국민권익위원회. 「2012년 일반국민 부패 인식도 조사 결과 보고서」.
　　　국민권익위원회. 「2012년 공무원 부패 인식도 조사 결과 보고서」.
　　　국민권익위원회. 「부패 인식도 조사 결과 분석」 보도자료 및 분석자료. 2008년-2011년.

지만 여전히 시민들은 한국사회와 정부 관료에 대해 부정적인 인식을 갖고 있음을 알 수 있다. 특히 이러한 점은 청렴에 대한 공무원과 시민 간 인식 격차에서도 극명하게 드러나고 있다(〈그림 3〉). 한국사회 전반에 대한 부패 인식에 있어서도 시민과 공무원의 인식 격차가 상당하지만, 공직사회 전반에 대한 부패 인식에 대해서는 그 격차가 더욱 확대되고 있음을 볼 수 있다.

국민권익위원회가 실시하는 외부청렴도 조사는 '공직자가 부패 행위를 하지 않고 투명하고 책임 있게 업무를 처리한 정도'를 민원인 입장에서 평가하는 것으로[35] 금품, 향응, 편의 수수 등에 대한 부패 경험 및 인식 정도(부패지수), 투명하고 공정한 업무 처리 기준과 절차 준수 정도(투명성지수), 공직자가 공직 윤리에 따라 권한을 남용하지 않고 업무 완수를 위해 노력한 정도(책임성지수)로 측정된다. 따라서 관료의 부패수준은 외부청렴도 점수를 통해서도 확인할 수 있다.

(1) 청렴성 측면

2002년부터 2012년까지 민원인에게 물어본 부패 인식과 경험에 대한 조사결과는 〈그림 4〉와 같다. 지난 10년간 결과는 부패 경험이 인식보다 대체로 낮은 점수를 보이고 있는데, 이는 민원인들이 부패 수준에 대해 실제보다 긍정적으로 인식하고 있다는 것을 의미한다.[36] 또한 민원인들의 인식과 직접적인 금품·향응을 제공한 경험지수와의 격차가 점차 좁혀지고 있어, 전반적으로 부패 수준이 개선되고 있는 것으로 해석할 수 있다.

부패 수준을 구체적으로 파악하기 위해 민원인들이 공무원들에게 제공하는 금품·향응 등의 제공률, 제공 빈도, 제공 규모를 측정하여 분석한 결과는 〈표 2〉와 같다. 이에 따르면 금품이나 향응제공자(민원인)의 1인당 제공 빈도가 매년 소폭이나마 줄어들고 있을 뿐만 아니라 제공률도 감소하고 있어 직접적인 부패 경험은 줄어들고 있다고 볼 수 있다. 하지만 이와 대조적으로 부패 제공 규모는 지속적으로 증가

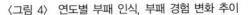

〈그림 4〉 연도별 부패 인식, 부패 경험 변화 추이

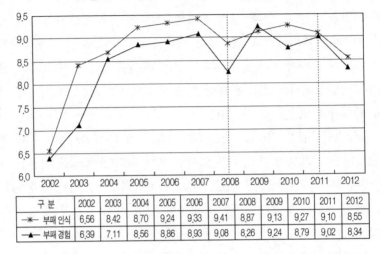

구 분	2002	2003	2004	2005	2006	2007	2008	2009	2010	2011	2012
✳ 부패 인식	6.56	8.42	8.70	9.24	9.33	9.41	8.87	9.13	9.27	9.10	8.55
▲ 부패 경험	6.39	7.11	8.56	8.86	8.93	9.08	8.26	9.24	8.79	9.02	8.34

주 1: 부패 인식 점수는 10점 만점으로 환산한 점수이며, 점수가 높을수록 청렴하다는 의미임.
   2: 2008년도에는 조사 대상 기관수의 대폭적인 확대 및 측정 모형의 변경으로 점수가 하락한
      것으로 추정함(2007년 72개 → 2008년 377개 기관). 2007년까지는 체감청렴도와 잠재청렴
      도로 측정되었으나, 2008년에는 부패지수, 투명성지수, 책임성지수로 변경되었음.
   3: 2012년도 역시 청렴도 산출 방식이 변경되었음.[37]
자료: 국민권익위원회, 「공공기관 청렴도 측정 결과 보고서」 2007년-2012년.

하고 있는 것으로 나타나고 있어 일부 업무에 있어서는 금품 및 향
응 제공이 관행화된 것이 아닌가 하는 우려를 제기해 볼 수 있다. 혹
은 부패 적발에 대한 위험부담이 커짐에 따라 부패 규모가 기존보다
대형화되었을 가능성 역시 생각해 볼 수 있다. 즉, 청렴도 측정과 같
이 공무원들의 부패 행위를 모니터링할 수 있는 시스템을 제도적으
로 운영함으로써 직접적인 부패 발생 사례는 감소하고 있지만, 적발
의 위험이 높아졌기 때문에 그 행위는 더욱 은밀해진 반면 부패의
규모는 더욱 대형화되고 있지 않은지에 대한 심층적인 분석이 필요
하다.

<표 2> 민원인들의 부패 경험

| 연 도 | 제공률(%) | 제공자 기준 | |
		제공 빈도(회)	제공 규모(만 원)
2002	4.10	3.16	75.00
2003	3.50	3.04	70.42
2004	1.50	2.65	61.11
2005	0.90	3.23	92.07
2006	0.70	3.26	102.07
2007	0.50	3.46	151.79
2008	0.55	3.22	235.29
2009	0.30	3.47	217.37
2010	0.45	2.77	142.95
2011	0.35	2.98	151.18
2012	0.35	3.20	176.62

주 1: 제공률은 전체 조사대상자들 중 부패 제공 경험이 있는 사람의 비율임.
  2: 제공자 기준 평균 빈도(규모)=총 빈도(규모)/제공경험자
  3: 2010년에는 제공 빈도 및 규모 산출 방식이 변경되었음.[38]
자료: 국민권익위원회. 「공공기관 청렴도 측정 결과 보고서」 2007년-2012년.

예를 들어, 민원인들이 관료들에게 '언제' 그리고 '왜' 금품을 제공하는가에 대한 이유를 살펴보면, 아래 <그림 5>에서 보는 바와 같이 명절이나 담당 부처의 특별한 행사가 있는 시기에 금품이나 향응을 제공한다는 응답자가 상당히 많음을 알 수 있다. 특히 수시로 제공한다는 응답까지 고려한다면 상당수의 금품 제공은 관행적으로 이루어지고 있는 것으로 볼 수 있다.

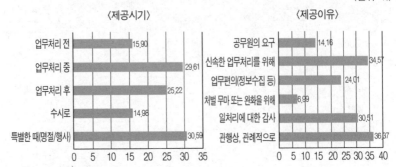

〈그림 5〉 금품·향응 제공 시기 및 제공 이유

(단위: %)

〈제공시기〉

업무처리 전	15.90
업무처리 중	29.61
업무처리 후	25.22
수시로	14.98
특별한 때(명절/행사)	30.59

〈제공이유〉

공무원의 요구	14.16
신속한 업무처리를 위해	34.57
업무편의(정보수집 등)	24.01
처벌 무마 또는 완화를 위해	6.99
일처리에 대한 감사	30.51
관행상, 관례적으로	36.37

주: 제시된 수치는 2004년부터 2012년까지의 응답 비율을 평균한 값임. 또한 중복 응답이 가능한 연도가 있어 응답 비율의 총 합이 100을 초과.
자료: 국민권익위원회. 「공공기관 청렴도 측정 결과 보고서」 2007년-2012년.

(2) 투명성 측면

투명성은 정책의사결정 과정을 비롯한 정부 행위의 과정, 결과에 대한 정보를 공개하는 것으로 볼 수 있으며,[39] 국민권익위원회는 업무처리 과정에서 발생하는 절차적 측면과 이러한 절차의 수용 가능성을 주요 대리지표(proxy)로 삼아 투명성을 측정하고 있다. 투명성 항목들의 점수 추이를 볼 때 민원처리 시 진행 과정, 담당자 공개 등 민원 처리와 관련한 정보 공개를 진작시키려는 정부의 각종 제도들이 시민들의 투명성에 대한 인식에 긍정적인 효과를 미치고 있는 것으로 보인다. 특히 웹사이트 등을 통해 불만족스러운 민원 처리 내용 등에 대한 이의 제기를 쉽고 간편하게 할 수 있도록 한 점은 민원인과 정부 간 쌍방향적 의사소통을 가능하도록 함으로써 민원인의 인식 개선에 큰 기여를 한 것으로 판단된다(〈그림 6〉).

<그림 6> 투명성 항목들의 점수 변화 추이

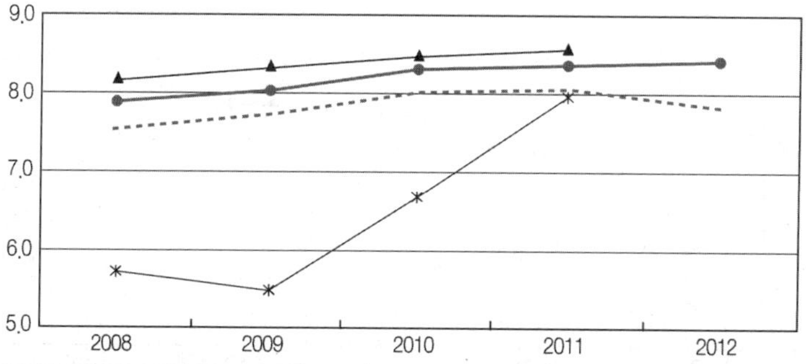

구 분	2008	2009	2010	2011	2012
●─ 업무 처리 기준 절차의 공개성	7.88	8.03	8.31	8.36	8.40
---- 기준 절차의 수용가능성	7.53	7.71	8.01	8.03	7.85
▲─ 업무 처리 절차의 공정성	8.18	8.33	8.49	8.57	NA
✳─ 이의 제기 수월성	5.71	5.48	6.67	7.95	NA

주 1: 각 점수는 10점 만점으로 환산한 점수이며, 점수가 높을수록 긍정적인 의미로 해석.
  2: 업무 처리 절차의 공정성, 이의 제기 수월성은 2011년도까지 조사되었음.
자료: 국민권익위원회. 「공공기관 청렴도 측정 결과 보고서」 2008년-2012년.

투명성을 구성하는 항목들은 이의제기 수월성 이외에도 업무 처리
기준 절차의 공개 정도, 기준 절차의 수용 가능성 정도, 업무 처리 절
차의 공정성 등으로 나누어 조사되었는데 <그림 6>에서 보듯이 모든
항목에서 점수가 개선되고 있는 것으로 분석되었다.

(3) 책임성 측면

책임성은 공무원이 맡은 직무를 충실하게 수행함으로써 국민들의
요구에 성실히 대응하는 것이다. 이러한 관점에서 국민권익위원회에서
는 직무상의 권한 남용과 업무 완수에 대한 노력 정도를 책임성 측정
의 주요 지표로 삼아 조사하고 있다. 책임성을 구성하고 있는 세부 항
목은 업무 처리 결과의 신뢰성, 권한 및 권위 정당성, 업무 완수에 대
한 노력, 업무 결과에 대한 책임성이다.

<그림 7>에서 보는 바와 같이 민원인들을 대상으로 조사한 공무

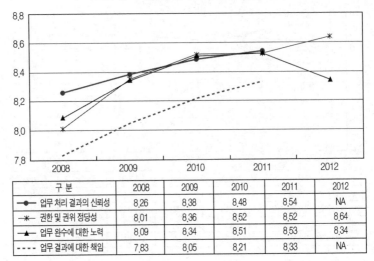

<그림 7> 책임성 항목들의 점수 변화 추이

구 분	2008	2009	2010	2011	2012
● 업무 처리 결과의 신뢰성	8.26	8.38	8.48	8.54	NA
* 권한 및 권위 정당성	8.01	8.36	8.52	8.52	8.64
▲ 업무 완수에 대한 노력	8.09	8.34	8.51	8.53	8.34
---- 업무 결과에 대한 책임	7.83	8.05	8.21	8.33	NA

주 1: 각 점수는 10점 만점으로 환산한 점수이며, 점수가 높을수록 긍정적인 의미로 해석.
  2: 업무 처리 처리 결과의 신뢰성, 업무 결과에 대한 책임 항목은 2011년도까지 조사되었음.
자료: 국민권익위원회. 「공공기관 청렴도 측정 결과 보고서」 2008년-2012년.

원들의 책임성에 대한 인식은 해마다 개선되고 있는 것으로 분석되었다. 다만 업무 결과에 대한 책임은 다른 항목에 비하여 낮은 점수를 보이고 있는데, 해당 업무를 담당하던 공무원이 다른 부서로 이동하거나 보직이 바뀔 경우라도 업무의 연속성을 확보할 수 있는 제도가 필요하다는 점을 알 수 있다. 예컨대 해당 민원 처리 시 담당 공무원이 누구인지를 밝히는 정책 실명제가 보다 체계적으로 시행되는 것뿐만 아니라 더 나아가 해당 업무에 대한 이력 관리가 가능하도록 하여 필요한 경우 신임 담당자가 전임·전전임 담당자에게 질의하기에 용이한 여건을 조성하여 업무에 대한 책임성을 제고할 필요가 있다.

2) 부패 수준에 대한 공직자의 인식

공무원은 각종 정책을 시행하는 담당자로, 국민들이 요청하는 서비스를 제공하고 분배하는 역할을 담당한다. 이러한 정부 조직은 폐쇄적인 특성이 있기 때문에 정보 보유 측면에서 국민들보다 우월한 지위에 있으며, 또한 한정된 자원을 선별적으로 배분·집행하는 임무를 수행하기 때문에 상당한 권력과 재량을 지니고 있다. 관료 조직 내 구성원들과 일반 국민 혹은 민원인 간의 이러한 불평등한 권력관계는 필연적으로 부패를 야기하는 측면이 있다.

관료 조직의 부패는 '조직 구성원의 일원으로서의 관료'의 지위를 고려해야 하기 때문에 다양한 측면에서 바라볼 필요가 있다. 예컨대 윤리의식이 강한 공무원이라고 하더라도 자신의 동료와 상관이 뇌물을 받는데 자신만 받지 않는다면 집단규범에 어긋나는 행동을 하는 사람으로 낙인찍혀 원만한 조직 생활을 할 수 없다는 이유로 부패 행위를 저지를 가능성이 크다.[40] 마찬가지로 자신이 속한 부서의 상관이 공정한 업무 수행을 저해하는 지시를 내렸을 경우, 이에 따르지 않는다면 인사상의 불이익, 부당한 처우 등을 받을 수 있다는 우려 때문에 역시 부패 행위를 할 수밖에 없는 상황이 될 수도 있다. 이처럼 관료는 한 조직의 구성원이기 때문에 조직문화에서 자유롭기가 매우 어렵다. 따라서 관료제 내부의 부패 취약 분야는 무엇인지, 또한 관료들의 행태, 업무 환경, 부패 통제 제도 등에 대한 실태는 어떠한지를 진단할 필요가 있다.

공무원이 스스로를 평가한 내부청렴도 조사 결과를 연도별로 살펴보면 2007년부터 점수가 매년 하락하고 있는데, 이는 각자 소속된 조직 문화와 담당 업무의 청렴 정도에 대해 부정적으로 평가하고 있음을 보여 준다(<그림 8> 참조). 특히 업무청렴지수 중에서도 인사 업무와 업무 지시의 공정성 측면은 다른 항목들에 비하여 낮은 점수를 보여 주고 있다. 이하에서는 청렴문화, 인사 및 예산 집행, 업무 지시 측면에서 공직자 내부의 부패 현황을 구체적으로 살펴보기로 한다.[41]

(1) 청렴문화

청렴문화는 공무원 조직 내 청렴성에 대한 측정으로, 부패 방지

윤리 규정이 어느 정도로 준수되고 있는지, 간부 및 일반 직원들의 업무 추진 시 공정성이나 투명성은 잘 지켜지고 있는지, 조직 내 부패 행위는 어느 정도 관행화되어 있는지 등의 항목으로 측정하고 있다. 우선 소속 기관에서 업무 처리 과정 중 금품·향응·편의 수수나 청탁·알선 등이 관행화 되어 있는지를 측정하는 조직 내 부패 행위 관행화에 대해서는 대체적으로 그렇지 않다고 응답한 사람들의 비율이 높은 것으로 나타났다. 또한 업무 추진의 공정성 역시 매년 소폭 개선되고 있으며 부패 방지 윤리 규정 준수도 잘 지켜지고 있는 것으로 나타났다.

요컨대 공무원들은 자신의 업무를 처리하는 과정에서의 공정성,

〈그림 8〉 연도별 공직 내부청렴도 총점, 청렴문화지수 및 업무청렴지수 변화 추이   〈그림 9〉 조직 내 청렴 측정 항목들의 점수 변화 추이

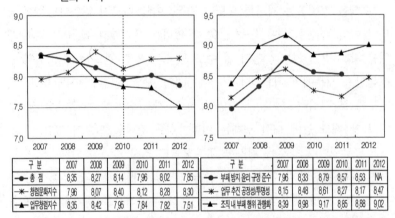

구 분	2007	2008	2009	2010	2011	2012
총 점	8.35	8.27	8.14	7.96	8.02	7.85
청렴문화지수	7.96	8.07	8.40	8.12	8.28	8.30
업무청렴지수	8.35	8.42	7.95	7.84	7.82	7.51

구 분	2007	2008	2009	2010	2011	2012
부패방지 윤리 규정 준수	7.96	8.33	8.79	8.57	8.53	NA
업무 추진 공정성/투명성	8.15	8.48	8.61	8.27	8.17	8.47
조직내 부패 행위 관행화	8.39	8.98	9.17	8.85	8.88	9.02

주 1: 점수가 높을수록 청렴하다는 것으로 해석.
  2: 청렴문화지수는 2010년에 급격히 점수가 하락하였는데, 이는 조사 대상 기관이 전년도보다 546개 추가되었기 때문임.[42] 따라서 2007년부터 2009년까지, 2010년도부터 2012년도까지의 구간으로 나누어 살펴보아야 함.
자료: 국민권익위원회. 「공공기관 청렴도 측정 결과 보고서」 2007년-2012년.

주 1: 각 점수는 10점 만점으로 환산한 점수이며, 점수가 높을수록 긍정적인 의미로 해석.
  2: 부패방지 윤리규정 준수정도는 2011년까지만 조사되었음.
자료: 국민권익위원회. 「공공기관 청렴도 측정 결과 보고서」 2007년-2012년.

투명성 및 윤리규정 준수에 대해서는 잘 지켜지고 있다고 스스로 평가하고 있었으며, 특히 업무 처리와 관련한 부패행위의 관행화는 적은 것으로 나타났다.

(2) 인사 및 예산 집행

인사 업무에서의 부패는 상관에게 제공하는 금품·향응의 규모, 제공 빈도 등을 통해 측정되었다. 인사 업무 영역에서의 금품과 향응 제공은 연도별로 비슷한 수준을 유지하고 있으나, 〈그림 10〉에서 보는 바와 같이 제공되는 금품 및 향응의 규모는 대체적으로 하락하는 추세로 파악되었다. 다양한 부패 척결 제도와 예산 관리 시스템의 도입에도 불구하고 인사 업무에 관하여 금품 및 향응이 제공되고 있는 이유에 대해서는 주로 인사상의 불이익을 받지 않도록 하기 위해(45.32%), 혹은 인사 시 금품 및 향응을 제공하는 것이 관행이기 때문(29.84%)인 것으로 파악되었다.

〈그림 10〉 금품·향응 제공 현황: 인사 업무 관련

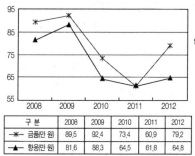

구 분	2008	2009	2010	2011	2012
※ 금품(만 원)	89.5	92.4	73.4	60.9	79.2
▲ 향응(만 원)	81.6	88.3	64.5	61.8	64.8

주: 금품과 향응은 숫자가 커질수록 제공 금액
이 크다는 의미로 해석.
자료: 국민권익위원회. 「공공기관 청렴도 측정 결과
보고서」 2008년-2012년.

〈그림 11〉 인사 시 금품 및 향응 제공 이유
(단위: %)

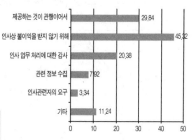

주 1: 5년간 응답 평균값.
2: 중복 응답이 가능하기 때문에 총 합이 100
을 초과함.
자료: 국민권익위원회. 「공공기관 청렴도 측정 결
과 보고서」 2008년-2012년.

예산 집행 부문의 구체적인 부패 현황은 업무추진비, 운영비 및 여비, 사업비로 세분화되어 각 항목의 부당 집행 빈도와 규모로 측정이 된다. 〈그림 12〉에서 보듯이 각 항목들의 점수는 비슷하지만 특히 업무추진비 집행 시 부패가 가장 빈번히 일어나고 있으며, 2008년부터 2012년도 기준으로 응답자 1인당 평균 약 129만 원 정도의 금액을 부당하게 집행한 것으로 분석되었다.[43] 사업비는 세 가지 항목 중 가장 부패 빈도가 낮게 나타났지만 규모면에서는 가장 큰 것으로 조사되었다.

이상의 결과를 고려하면 예산 집행에 있어 공무원들의 재량이 개입될 여지가 큰 항목일수록 부패가 일어날 가능성이 높다고 할 수 있다. 특히 공무원들이 응답한 예산의 부당 집행 이유 역시 '예전부터 관행적으로 했었기 때문'이 37.4%로 가장 높았고, 이어서 운영비 여비 업무추진비 등이 부족해서가 35.9%, 상급자의 지시가 24.1%로 나타났다. 따라서 예산의 부당 집행은 '조직 내 만연해 있는 관행'이 가장 큰 요인인 것으로 해석할 수 있다.

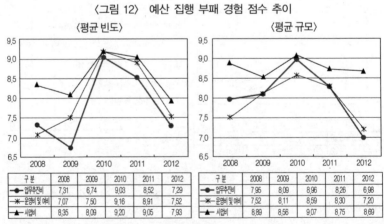

〈그림 12〉 예산 집행 부패 경험 점수 추이

〈평균 빈도〉

구분	2008	2009	2010	2011	2012
업무추진비	7.31	6.74	9.03	8.52	7.29
운영비 및 여비	7.07	7.50	9.16	8.91	7.52
사업비	8.35	8.09	9.20	9.05	7.93

〈평균 규모〉

구분	2008	2009	2010	2011	2012
업무추진비	7.95	8.09	8.96	8.26	6.98
운영비 및 여비	7.52	8.11	8.59	8.30	7.20
사업비	8.89	8.56	9.07	8.75	8.69

주 1: 숫자가 클수록 빈도 및 규모가 증가하는 것으로 해석.
 2: 2010년도에는 내부청렴도 조사 대상 기관이 대폭 확대되어 점수가 급격히 변화하였음(164개 기관→ 710개 기관).
자료: 국민권익위원회. 「공공기관 청렴도 측정 결과 보고서」 2008년-2012년.

(3) 상급자의 부당한 업무 지시

공직사회 내부 부패 행위의 발생 원인은 개인을 둘러싼 환경 중 공정한 업무 수행을 저해하는 상관의 지시로 인하여 발생할 경우가 있다. 특히 관료제의 특성상 상관의 지시에 불응할 경우 불이익을 받을 위험이 있기 때문에 부당한 지시가 명해지더라도 그대로 따를 가능성이 크다. 국민권익위원회의 조사 결과에 따르면 업무 지시의 부당함을 경험하는 비율은 매년 소폭 상승하고 있는 것으로 나타났다(〈그림 13〉).

〈그림 13〉의 업무 공정성 항목 점수 변화 추이에서 보듯이 부당한 업무지시 빈도는 2010년까지는 줄어들었지만 그 이후에는 상승 추세인 것으로 나타났고, 부당한 업무 지시 및 불이익에 대한 인식은 매년 악화되고 있는 것으로 나타났다. 실제 부당한 업무 지시 빈도 점수는 변화 폭이 큰 데 비하여 부당한 업무 지시와 지시 불응에 대한 불이익 인식은 매년 유사한 수준을 유지하고 있음을 볼 수 있다. 이러한 결과를 종합해 보면 업무의 불공정 행위는 상황이나 제도에 민감하게 반

〈그림 13〉 업무 지시의 공정성

(단위: %, 점)

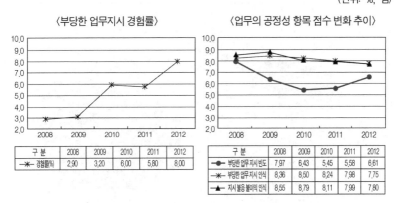

〈부당한 업무지시 경험률〉

구 분	2008	2009	2010	2011	2012
※ 경험률(%)	2.90	3.20	6.00	5.80	8.00

〈업무의 공정성 항목 점수 변화 추이〉

구 분	2008	2009	2010	2011	2012
부당한 업무지시 빈도	7.97	6.43	5.45	5.58	6.61
부당한 업무지시 인식	8.36	8.50	8.24	7.98	7.75
지시 불응불이익 인식	8.55	8.79	8.11	7.99	7.80

주 1: 경험률은 숫자가 커질수록 부당한 업무 지시를 경험하는 비율도 증가하는 것으로 해석
2: 업무의 공정성 항목 점수는 10점 만점으로 환산된 점수이며, 점수가 높을수록 공정하다는 의미임.
자료: 국민권익위원회. 「공공기관 청렴도 측정 결과 보고서」 2008년~2012년.

응하는 반면 이에 대한 인식이 개선되는 데에는 보다 오랜 시간이 걸릴 수 있음을 알 수 있다.

3. 공직자 부패적발 및 처벌

뇌물 수뢰, 공금 횡령 등과 같은 부패 사건의 적발은 정부의 부패 수준에 대한 국민들의 인식에 크게 영향을 미친다. 따라서 인식도 조사 외에 적발 처벌 현황과 같은 객관적 자료 분석을 통해 부패 수준을 측정할 필요가 있다. 감사원에서 실시하고 있는 위법 부당 사항 등에 대한 감사처리결과에 따르면 평균 약 677명의 공무원이 매년 징계·문책, 시정, 주의 개선·권고, 고발 수사 요청 등의 처분[44]을 받는 것으로 나타났다.[45] 이 중에서 실질적인 징계·문책을 받거나 인사 통보를 받은 인원은 평균 571명인데, 파면이나 해임, 강등보다는 기관인사권자의 개량에 맡겨지는 부지정 징계가 대부분의 비중을 차지하는 것을 볼

〈그림 14〉 감사원 징계 현황

(단위: %)

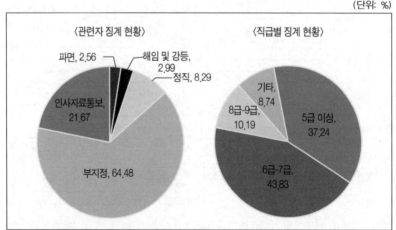

주: 2002년-2012년 평균값.
자료: 감사원. 「감사연보」 2002년-2012년.

〈그림 15〉 징계 사유 및 징계 분야 현황

(단위: %)

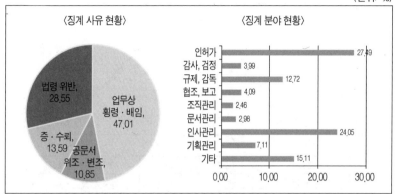

주: 2002년-2012년 평균값.
자료: 감사원, 「감사연보」 2002년-2012년.

수 있다. 직급별 징계 현황을 보면 실무급인 6급-7급이 약 44%로 다수를 차지하고 5급 이상도 약 37%로 높은 비중을 보여 주고 있다. 특히 실무자인 6급-7급의 부지정 징계 비율이 전체 부지정 징계 중 약 47%에 달해 자칫 '제 식구 감싸기' 혹은 '솜방망이 처벌'에 그칠 우려가 매우 크다.[46]

징계받은 공무원들의 사유는 업무상 횡령 배임이 약 47%로 가장 높은 비율을 차지하였고, 법령위반, 증·수뢰, 공문서 위조 및 변조 순으로 나타났다. 또한 가장 빈번하게 부패가 일어나는 직무 분야는 인허가 분야이며, 인사 관리, 규제 및 감독 분야에서도 부패행위가 많이 일어나고 있는 것으로 파악되었다.

한편, 국민권익위원회에서는 2009년부터 부패 행위 징계자 현황을 점수화하여 기관의 청렴도를 평가하는 데 반영하고 있다. 구체적으로는 부패 공직자 적발 처벌 점수는 고위직의 부패에 가중치를 더 부여하는 직위 점수와 부패 금액 점수로 구분되며,[47] 중앙행정기관, 광역 및 기초자치단체, 시도교육청을 대상으로 조사가 이루어지고 있다.[48]

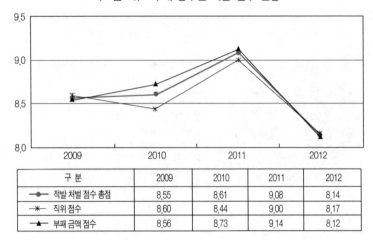

〈그림 16〉 부패 공무원 적발 점수 현황

구 분	2009	2010	2011	2012
●— 적발 처벌 점수 총점	8.55	8.61	9.08	8.14
✱— 직위 점수	8.60	8.44	9.00	8.17
▲— 부패 금액 점수	8.56	8.73	9.14	8.12

주 1: 각 점수는 10점 만점으로 환산된 점수임.
　　2: 점수가 높을수록 청렴하다는 의미임.
자료: 국민권익위원회. 「공공기관 청렴도 측정 결과 보고서」 2009년~2012년.

〈그림 16〉에서 보듯이 2010년에는 전년도와 비교하여 직위 점수는 낮아졌지만 금액 점수는 개선된 것으로 나타났다. 이에 비해 2011년도에는 직위 점수가 증가하였고, 금액 점수 역시 증가하였다. 그러나 2012년에 와서는 직위, 금액, 적발 처벌 점수 모두 낮아진 것을 확인할 수 있다.

기관유형별로 살펴보면 2009년과 2010년에는 시도교육청의 점수가 높았으나 2011년도에는 광역과 기초자치단체, 중앙행정기관 점수가 개선되었다. 특히 기초자치단체의 약진이 두드러진 것으로 나타났다. 그러나 2012년에 와서는 전 기관의 점수가 하락하였고 시도교육청은 점수가 급격하게 떨어진 것으로 나타났다. 국민권익위원회의 적발 노력이나 평가 절차가 부패 발생을 줄이는 데 어느 정도 기여하는지는 좀 더 시간을 두고 관찰해 보아야겠지만, 여전히 공직 부패는 우리 사회에 만연해 있고, 이는 결국 국민들이 공직사회를 부패했다고 인식하

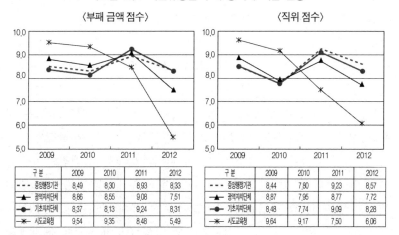

〈그림 17〉 기관유형별 부패 공직자 적발 현황

〈부패 금액 점수〉

구 분	2009	2010	2011	2012
중앙행정기관	8,49	8,30	8,93	8,33
광역자치단체	8,86	8,55	9,08	7,51
기초자치단체	8,37	8,13	9,24	8,31
시도교육청	9,54	9,35	8,48	5,49

〈직위 점수〉

구 분	2009	2010	2011	2012
중앙행정기관	8,44	7,80	9,23	8,57
광역자치단체	8,87	7,95	8,77	7,72
기초자치단체	8,48	7,74	9,09	8,28
시도교육청	9,64	9,17	7,50	6,06

주 1: 각 점수는 10점 만점으로 환산된 점수임.
   2: 점수가 낮을수록 고위직에서 규모가 큰 부패가 발생하였다는 의미임.
자료: 국민권익위원회, 「공공기관 청렴도 측정 결과 보고서」. 2009년-2012년.

도록 하는 주요 원인으로 작용할 것이다.

Ⅳ. 우리나라 부패의 특성

1990년대 이후 정부의 책임성과 효율성을 제고하기 위해 신공공 관리론(new public administration)의 시각에서 행정개혁이 이루어졌다. 경제 부문에 대한 규제 완화, 각종 성과 측정을 객관화할 수 있는 제도 및 시스템의 도입, 성과에 기반한 인적 자원 관리가 가능하도록 함으로써 조직 내부의 비효율성과 부조리한 관행들을 극복하고자 하였다. 이러한 배경하에서 이루어진 일련의 반부패 정책들은 공공 부문 부패에 대한 국민들의 인식을 개선하는 데 긍정적인 효과를 미친 것으로 나타났다. 다만 아직도 '정부는 부패하다'는 인식이 지배적이기는 하지만 이러한 시각은 점차 긍정적으로 변화하고 있을 뿐만 아니라, 정부의 지속적인 반부패 정책의 시행으로 국제사회 속에서 우리나라의 부패 통제 수준 역시 점진적으로 향상되고 있다.

그럼에도 불구하고 우리사회의 청렴성 수준은 개선해야 할 여지가 많은 것으로 판단된다. 예를 들어, 공무원과 민원인들의 관계에서 나타나는 부패의 특성은 부패 발생 빈도는 줄어들었지만 부패의 규모는 더욱 커졌다는 점을 꼽을 수 있다. 또한 명절이나 개인적인 경조사에 감사 표시 등의 명목으로 금품 및 향응, 편의의 제공이 관례적으로 지속되고 있다는 것을 알 수 있다. 이러한 유형의 부패 행위를 근절하기 위해서는 민원인들과 공무원이 어떠한 경로를 통해 관계를 맺고 있는지를 명확하게 파악할 필요가 있다. 부패의 발생 경로와 유형에 대한 정확한 정보가 부패 통제 제도의 실효성을 확보하는 데 매우 중요하기 때문이다. 게임이론에서 주장하듯이, 두 행위자가 단발성 관계(one-shot game)를 맺고 있을 경우, 각 행위자들은 각자의 이익을 극대화하는 전략을 사용한다. 따라서 민원인들은 금전적인 대가를 치루더라도 신속하게 처리하는 것이 이익일 경우에만 금품을 제공하는 행위를 보일 것이다. 반면 관료들은 내부고발 제도 등과 같은 부패 행위에 대한 제도적인 통제로 인해 적발가능성이 높아지면 뇌물 수수보다는 이를 거부할 전략을 구사할 가능성이 크다. 그러나 이 두 행위자의 관계가 반복적이라면(repeated game) 전혀 다른 상황이 될 수 있다. 즉, 민원인의 경우에는 언젠가 관료의 도움이 필요한 상황이 되었을 때를 대비하여 평소에 정기적으로 금품이나 향응을 제공할 유인이 커진다. 또한 관료 역시 적은 액수를 반복적으로 받을 경우 단발적인 관계에 비하여 죄책감을 느끼지 못할 가능성이 커져서 뇌물을 수수할 유인이 커진다. 이러한 관계가 지속될수록 현재의 경제적 이익뿐만 아니라 퇴직 후 자리마련 등 미래의 잠재적 이익 역시 가능할 수 있으므로 부패 행위로 인한 기대이익이 매우 높아진다. 이처럼 민원인과 관료 간 관계에 대한 정확한 정보를 파악하는 것은 업무 성격이나 정책 분야별로 특화된 맞춤형 감시 제도를 도입하는 초석이 될 수 있다.

민원처리 및 정보 공개는 현재 온라인 시스템을 통해 이루어지고 있는 부분도 있지만, 관료제 내부에서 여전히 복잡한 과정과 다단계 절차를 거쳐야 하기 때문에 이로 인해 발생하는 부패도 상당한 것으로 파악되었다. 특히 인허가, 승인 등과 같이 오랜 시일이 걸리는 사안 혹은 처리 절차가 복잡한 민원일 경우 민원 담당 공무원이 재량을 이용하여 부당하게 이득을 취할 우려가 크다. 부패가 관료제의 대표적 병리 현상인 레드테이프(red-tape)와 밀접한 관련이 있음은 널리 알려진 사실이다.[49] 즉 업무 처리를 위한 규칙과 절차가 복잡할수록 관료는 행정 절차를 경직적으로 만들어 고의적으로 부패를 유발할 우려가 있으며, 뇌물 공여의 가능성을 높일 수 있다.[50] 따라서 행정 절차를 간소화하고 업무 처리 과정의 공개 범위를 확대한다면 민원인들이 경험하는 부패의 상당 부분이 개선될 것으로 전망할 수 있다. 아울러 이러한 정보의 공개는 민원인들과 관료들 간 정보의 비대칭성(information asymmetry)을 감소시켜 책임성을 제고하는 데에도 긍정적인 영향을 미칠 것으로 기대할 수 있다.

한편 정부 부패 수준에 영향을 미치는 핵심 요인으로서의 공무원 조직 내부의 청렴성 수준은 그동안 수많은 제도들이 도입되어 시행되었음에도 불구하고, 여전히 답보 상태인 것으로 파악되었다. 관료조직 내에서 승진 등 인사 고과, 업무 추진비 등 예산 집행의 재량이 비교적 넓게 인정되는 영역, 그리고 상관의 부당한 업무 지시 등 아직 개선되어야 할 난제들이 산적한 것으로 조사되었다.

이는 관료 조직 내에서 발생하는 부패는 행위자 개인 수준에서만 접근할 문제가 아니라 조직 구조적·문화적 수준에서 포괄적으로 접근해야 한다는 점을 시사해 준다. 아울러 공공 부문의 특성상 정보의 제한과 폐쇄성으로 인하여 적발이 어렵고 무엇이 부패 행위이고 어디까지가 용인되는 범위인지에 대한 경계 역시 모호한 실정이다. 따라서 개인 행위를 감독할 수 있는 수단뿐만 아니라 관료들이 소속되어 있는 조직의 구조적인 측면에서 개선 방안을 모색해야 할 필요가 있다. 구조적인 부패는 다양한 요인들의 복합적인 상호작용으로 발생할 수 있기 때문에 이를 해결하기 위해서는 지속적이고 체계적인 부패 방지 노력이 필요하다.

V. 맺음말

우리나라는 민주화, 정보 통신 기술의 발달, 시민사회의 성장 등 관료제를 둘러싼 환경이 급격하게 변화하면서 정부 부패의 발생과 부패 통제를 위한 제도 측면에서도 큰 변화를 겪었다. 예컨대 민주화가 공고화되는 과정에서, 그리고 시민사회가 성장하면서 정경유착 현상에 대한 비판, 부당한 권력 행사자에 대한 처벌, 비리 공무원 척결에 대한 요구가 높아졌고 이에 따라 정부에서는 공직자 감사, 부패 공직자 처벌 현황 조사 등과 같은 제도를 도입하였다. 또한 정보 통신 기술의 발달에 힘입어 나라장터, 전자조달 시스템 등 전자정부 시스템을 구축하여 부패 가능성을 줄였을 뿐만 아니라 온라인 민원 접수 및 처리 현황 조회, 부패 공무원 신고 등 시민들 역시 정보화 기기와 시스템을 통해 정부서비스에 접근할 수 있도록 함으로써 뇌물 공여의 가능성을 줄이고자 하였다. 또한 작은 정부 논의와 더불어 부패 척결은 국가 경제 성장에 긍정적인 역할을 할 뿐만 아니라 사회 불평등을 줄일 수 있는 요인임이 밝혀지면서 친시장적 개혁 및 성과 관리 제도들이 다수 시행되기도 하였다. 그럼에도 불구하고 여전히 부패 행위는 빈번하게 발생하고 있음을 확인하였다.

시민들의 공공서비스에 대한 요구가 세분화되고 다양해짐에 따라

이에 대응하기 위해서는 관료의 자율성이 보다 강화되어야 하는 측면이 있고, 아울러 작고 효율적인 정부를 실현하기 위해서는 위탁과 계약을 통한 공공서비스의 제공이 보편화될 가능성이 크다. 이렇듯 공공서비스가 다양한 주체에 의해 제공될 경우, 관료제의 유연성을 높이고 맞춤형 공공서비스를 제공하기에 유리한 측면이 있지만 기존과는 다른 유형의 부패가 만연할 가능성 역시 배제하기 어렵다.

서비스 공급 방식의 다양화에 따라 관련 공무원들의 부패 행위를 감시하고 통제할 수 있는 방안들도 보다 정교해져야 할 것이다. 또한 부정부패 현황에 대한 자료 구축과 체계적인 분석이 선행됨으로써 부패의 발생 원인을 사전에 차단하고 정부 관료 및 고위 공직자들뿐만 아니라 대다수의 국민들에게도 부패의 정치적·사회적 비용에 대한 정보가 공개되도록 해야 한다. 이러한 정보들이 전체 국민들에게 공유될 때, 부패 척결을 위한 담론과 사회적 합의를 끌어낼 수 있을 뿐만 아니라, 부패 처벌과 통제 제도에 대한 공무원들의 인식 개선 및 순응 확보가 보다 용이해질 수 있을 것이다. 공공 부문의 청렴성은 민간 부문을 포함한 국가 전체의 다양한 자원이 적재적소에 쓰일 수 있도록 하는 첫걸음이다. 이를 통해 우리사회의 건강한 성장을 기대할 수 있을 뿐만 아니라 더 나아가 정부의 신뢰를 회복하는 중요한 수단이 될 수 있다. 반부패 실현을 위한 정부의 강력한 의지와 꾸준한 제도의 시행으로 보다 강건한 민주주의의 실현과 국부의 성장을 기대해 본다.

제 1 편

부패와
국가발전

서울대학교 행정대학원 한국정책지식센터

제 1 장 부패와 불평등

금 현 섭

Ⅰ. 문제 제기: 왜 불평등인가?

1. 부패 불감증

각종 군납 비리, 입찰담합, 인허가 특혜, 성접대, 전관예우, 각종 외압의혹, 인사특혜(보은인사), 공금 횡령, 떡값 수수, 각종 세제비리, 단속 정보 누출, 입학 비리, 병역 비리 등 최근 들어 연일 부패 관련 기사를 접하게 된다. 일부는 단발성·개인 수준의 사례이지만 수년간 조직적으로 이루어진 경우도 있고, 어린이집에서부터[1] 학교, 병역, 금융시장에 이르기까지 그 영역도 다양하며, 사회복지부터 조세, 환경보호 등 공공 분야는 물론 산업, R&D 등 민간 부문까지 그 분야도 다양하다. 수만 원에서 수천억 원까지 규모도 다양하고, 일선 공무원부터 경찰과 검찰, 국회의원 및 정부를 책임지는 대통령의 주변인들에 이르기까지 관련자 역시 다양하다. 부패는 사회적 불신은 물론 제도의 정당성, 사회적 결속, 그리고 시장경제에 대한 지지를 거두게 하는 대표적인 사회적 위협으로서 시급한 대처가 필요하다는 지적이 언론을 통해 매일 이루어지고 있다. 하지만 주목해야 할 점은 이러한 부패 행위에 대한 일반 국민들의 반응이다. 우려할 만한 수준이지만 유사한 사례를 주변에서 쉽게 발견할 수 있으며 따라서 그리 놀랍지 않다는 것이다. 즉, 부패 불감증이다.

부패에 대한 불감 증상은 상당히 광범위하다. 일부 기업가들은 뇌물을 비효율적 관료 행태(red-tape)를 우회하거나 또는 경쟁에서 이기기 위한 공식화되지 않은 관행으로 여기고 있고, 일부 학부모들은 일종의 감사(gratitude)의 표시와 혼용하고 있다. 병원에서의 특진, 각종 공공 서류 발급에서의 급행료(express fee) 등도 원래의 취지와는 달리 뇌물의 양성화된 양태로 보는 시각도 있고, 일부의 경우 지나친 조세와 규제 하에서 약간의 뇌물 제공은 거래(transaction) 활성화를 통해 경제적 효율성을 제고할 수 있다고 주장하기도 한다. 이러한 혼선 또는 오판의 경우들은 그 잘잘못을 따지기에 앞서 부패에 대한 몇 가지 시사점을 제공한다.

첫째, 부패 개념의 모호성이다. 부패는 이에 대한 일반적인 혐오감에도 불구하고 그 규모와 수준, 그리고 참여자에 따라 다양한 양태를 보이는 일상적인 사회 현상으로서 부패 행위와 그렇지 않은 행위 간의 명확한 경계를 긋기가 어려운 부분이 많다. 감사의 표시와 뇌물인 촌지가 대표적인 경우로 해당 사회의 문화적 맥락에 크게 좌우되는 경향이 있다.[2] 그럼에도 불구하고 이를 척결하고 방지하기 위해서는 사회적 특수성과는 구별되는 보다 일반화할 수 있는 부패 개념과 그 특징에 대한 고찰이 필요하다.

둘째, 정부개입과의 관련성이다. 일반 국민들이 주목하는 부패의 대부분은 정부개입과 관련되어 있는 공공부패이다. 하지만 정부개입의 주요 목적이 시장실패를 교정하기 위해서라는 점에서 모순이 발생한다. 즉, 정부개입이 도리어 시장 거래의 장애가 되거나 효율성을 악화시킨다는 것이다. 공공부패는 특히 정부개입의 원래 취지가 이를 수행하는 관료에 의해 왜곡된 경우로 볼 수 있는데, 주인－대리인 이론(principal-agent theory)은 이러한 측면에서 중요한 분석틀이 되고 있다.[3]

셋째, 뇌물 제공이 경쟁적으로 이루어질 만큼 큰 이해가 관련되어 있다. 현대 자본주의 사회에서는 노력에 비례한 대가를 정당한 것으로 본다. 하지만 그렇지 않은 경우 불법적이거나 최소한 정당하지 않은 것으로 간주되는데 그 대표적인 경우로 지대(rents)를 들 수 있다. 지대 추구행위(rents-seeking behavior)는 바로 이러한 점에서 부패 행위를 설명하는 중요한 분석틀로 자리매김하고 있다. 이때 주목할 점은 지대의 크기(부패 행위로부터의 편익)와 이에 따른 위험의 크기(부패 행위가 발각된 경우 부담할 비용)의 차이, 그리고 지불 의사(willingness to pay)와 지불 능력(ability to pay)의 차이가 부패 행위의 원인과 결과를 설명하는 중요한 요인이라는 점이다.

넷째, 부패의 부당성 판단 기준이 경제적 효율성에 의존하고 있다. 부패에 대한 높은 사회적 관심은 주로 부패가 갖는 사회적 악영향, 특히 부의 외부성(negative externality) 때문이다. 후술하겠지만 부패 행위가 야기하는 비용은 뇌물 또는 횡령 규모에 그치지 않고, 자원 배분의 왜곡, 경제성장의 저해 등 사회적 후생 손실(social welfare loss)로 증폭된다. 따라서 시장 기능의 복원 또는 교정을 통한 자원 배분의 효율성 제고가 핵심 대안이 된다. 하지만 이러한 효율성 중심의 접근이 간과하고 있는 중요한 측면 중 하나가 부패로 인한 사회적 비용(즉, 후생 손실)을 누가 부담할 것인지와 같은 분배적 측면이다.

부패로 인한 피해는 단순히 직접적인 관련자에만 한정되지 않는다. 부패로 인한 피해는 직접적·간접적 경로를 통해 환경, 건강, 산업, 경제발전 등 다양한 분야에 영향을 미치는데, 가장 큰 피해자는 바로 저소득층으로 대표되는 사회적 약자라고 할 수 있다. 직접적이던 간접적이던 사회가 공유해야 할 경제적 자원을 부패 행위에 의해 일부 집단이 독점하는 것은 결국 다른 집단의 몫을 박탈하는 것과 다르지 않다. 이때 충분한 능력이 있는 집단의 경우 새로운 대체재를 구할 수 있겠지만 그러한 능력이 없는 경우 적절한 대안 역시 없는 것이 대부분이다. 예를 들어, 누군가가 사회복지 보조금을 횡령했다면 이를 수령하지 못한 사회복지 대상자의 대안은 정부의 추가적 보조를 기대하는 수밖에 없다. 하지만 추가적 보조 자체도 주어진 예산 제약하에서 다른 지출 수요와 우선순위를 따지거나 예산 자체를 확대해야 하는 새로운 정치적 선택(또는 국민 선택)에 의해 결정되기 때문에 그들은 정부에 더욱 의존적일 수밖에 없게 된다. 이처럼 위험시장(risk market)이 충분히 성숙하지 못한 상황에서 위험분산(risk spreading)에 큰 제약을 안고 있는 저소득층은 결국 위험이 발생하는 경우 가장 큰 피해자가 될 수밖에 없다.4 따라서 부패 관련 논의에서 빈곤 문제는 간과할 수 없는 사안이다.

하지만 부패로 인한 피해(비용 부담)가 빈곤층 또는 사회적 약자 계층에 치우친다는 점(skew to the right)과 함께 이로 인한 부당한 이익의 분포는 주로 그 방향이 반대라는 점(skew to the left) 역시 주목할 필요가 있다. 부패에 따른 피해가 빈곤층에 집중되는 것도 문제이지만 부패로 인한 이득이 부유층에 집중되는 것 역시 적절하지 않다는 것이다. 더욱이 앞서 언급한 바와 같이 소득 분포의 중간을 차지하는 중산층들 사이에 부패에 대한 무감각한 인식이 팽배해지고 있음은 관련 논의를 전체 구성원에 대한 분배 측면(distributional aspect)에서 접근할 필요성이 있음을 의미한다. 이는 단지 사회정의(social justice) 차원에서의 불평등 완화를 위한 주장이 아니다. 그보다는 부패의 발생 또는 유지 메커니즘에 소득을 비롯한 다양한 사회적 차원에서의 불평등(inequality) 수준이 중요한 역할을 담당한다고 판단하기 때문이다.5 예를 들어, 빈부 격차가 커지게 되면 지하경제의 규모도 커지게 되는데,6 이는 정상적인 일반시장에서 일자리를 찾기 어려워지게 된 저소득층이 지하경제로 몰리게 되고, 고소득층 역시 보다 큰 규모의 이익을 추구하기 위해 탈세(부패)에 기초한 지하경제 활동에 참여하기 때문이다.

2. 불평등 관점의 필요성

빈부 격차로 대표되는 불평등 문제는 사실 어제오늘의 일은 아니지만 급속한 경제 발전을 통해 절대 빈곤을 탈출하는 과정에서는 크게 주목을 받지 못했다. 하지만 어느 정도 생활 수준이 제고되면서 성장의 과실이 어떻게 분배되는지, 보다 적절한 성장을 위해 무엇이 필요한지에 대한 관심이 높아지게 되었다. 예를 들어, 경기 침체기에는 실업이 늘고, 임금은 하락하며, 기업 매출 역시 감소할 것으로 누구나 예상한다. 따라서 기업의 영업 이익 역시 감소하는 것이 일반적이다. 하지만 최근 우리 사회가 겪는 경기침체기의 특징은 임금 비중(share of wage)은 하락하는 데 반해, 기업의 수익률은 증가하는 양상을 보인다.[7] 즉, 분배양상이 악화되고 있는 실정이다.[8]

사실 불평등의 발생은 상당 부분 시장에 의한 것으로 볼 수 있지만 그 완화 또는 심화 과정에서 정부의 역할이 중요하다는 점 역시 일반화된 견해이다. 다만 그 역할의 범위와 수준에 대해서는 많은 논란이 있다. 보수를 표방하는 사람들은 현재 복지 정책의 대부분을 일부 부유층이 부담하고 있고, 공짜 점심을 즐기려는 사람들에 대해 정부가 지나치게 우호적이며, 따라서 투자 의욕과 근로 의욕을 제약하고 있다고 비판하고 있다. 반면 진보를 표방하는 사람들은 여전히 국민소득 증가의 대부분이 일부 부유층에 집중되고 있으며, 정부가 조세 및 규제를 통해 이를 제어하기보다는 도리어 이들에게 우호적이고, 따라서 빈곤층 및 중산층의 자활 의욕을 뒷받침해 주지 못하고 있다고 비판한다. 어떤 시각이 보다 적절한지를 판단하는 것은 본 연구의 범위를 벗어난다. 하지만 불평등과 관련된 시각은 부패 문제에 있어서도 다음과 같은 이유로 필요하다.

첫째, 앞서 언급한 바와 같이 부패 관련 논의를 효율성 왜곡뿐 아니라 분배적 형평성 시각에서도 고려함으로써 그 부당성을 강조할 수 있다. 특히 부패의 피해자로서 저소득층 또는 사회적 약자에 대한 고려와 함께 보다 포괄적으로 전체 구성원에 대한 부패의 분배적 효과(distributional consequence)에 대한 논의를 통해 피해(비용)는 물론 정당하지 않은 이익의 귀착과 그 분배구조를 살펴볼 수가 있다. 나아가 이러한 접근은 후술하겠지만 부패의 원인을 파악하기 위해서도 중요하다.

둘째, 기존 논의는 부패의 피해에 대한 고려가 압도적이고 따라서 이에 대한 기술적 대처가 주종을 이루고 있다. 하지만 보다 적절한 대처를 위해서는 부패의 원인에 대한 논의가 보다 활성화될 필요가 있다. 부패의 원인에 대한 기존의 논의는 대체로 시장실패, 정부실패, 지대추구행위, 주인-대리인 문제, 그리고 포획 이론에 기초하고 있다. 즉, 개인(agent) 중심의 합리성(사익추구)에 근거하고 있다. 하지만 이러한 사익추구행위를 조장하거나 방기하는 사회적 인식(공정성), 위약한 제도(weak institution) 등 인지적·제도적 측면들이 좀 더 강조될 필요가 있다. 부패의 핵심은 제도적으로는 견제와 균형(check and balance)의 실패로서 그 기저에는 정부 능력(government capacity)의 부재가 존재하기 때문이다. 또한 개인적으로는 지대추구행위로서 그 기저에는 지대라는 인센티브의 존재와 이를 조장하는 정치적 불평등과 경제적 불평등이 역할을 한다고 보는 것이 본 연구의 기본 입장이다. 따라서 소득을 포함한 다양한 차원에서의 불평등 수준은 바로 이러한 점에서 부패에 대한 이해와 설명에 중요한 역할을 하는 것으로 보인다.

셋째, 부패의 시계열적(세대 간) 접근 역시 필요하다. 스티글리츠(Stiglitz, J.)[9]는 경제적 불평등은 기득권의 유지와 강화를 위해 기존의 시장실패와 정부실패를 강화하는 경향이 있다고 주장한다. 이 과정에서 부패는 기득권의 유지 및 강화를 위한 중요한 수단이 된다. 예를 들어, 자산(assets) 또는 부(wealth)는 세대를 거쳐 누적되면서 후속 세대의 초기 조건의 차이를 발생시킨다. 그리고 이러한 초기 조건 차이는 개인이 당면하는 기회 구조의 차이를 통해 노력과 성과에 영향을 주게 된다. 문제는 이러한 초기 조건 또는 이에 따른 기회 구조의 차이를 교정하기 위한 정부개입이 도리어 이들을 강화하는 방향으로 작동할 수 있다는 점이다. 단적으로 부패가 바로 그 채널이 될 수 있다. 자주 회자되는 빈곤의 덫(poverty trap)은 물론 부유층의 세습까지 포함한 불평등의 덫 (inequality trap)은 바로 이러한 기회 구조의 불평등이 고착되는 현상을 의미하며, 부패 행위의 중요한 동인이 될 수 있다.

본 연구는 소득불평등을 포함한 경제적·정치적 불평등이 관료의 부패 행태와 부패에 대한 왜곡된 인식의 조성에 영향을 준다는 점을 강조함으로써 부패 관련 논의의 외연을 넓히는 데 기여하고자 한다. 이러한 입장에서 Ⅱ.에서는 부패의 유형과 개념적 특징에 대해 살펴볼 것이다. 특히 공공부패의 특징을 고찰하면서 본 연구에서 강조하는 불평등 접근의 여지를 파악하고 공공부패의 부당성과 원인, 그리고 대처 방안에 대한 단초를 찾고자 한다. Ⅲ.에서는 부패 행위가 유발하는 피해 즉, 사회적 비용에 대해 살펴볼 것이다. 특히 기존 연구에서 강조된 부패의 다양한 부정적 영향 중 불평등에의 효과를 조명하는 데 그 초점을 맞출 것이다. Ⅳ.에서는 불평등과 부패 간의 인과관계에 대해 살펴볼 것인데, 경제학적 접근에서 주로 다루는 시장실패와 정부실패와 관련된 논의를 중심으로 지대추구행위 이론을 소개한다. 그리고 간단한 부패 결정 모형을 제시하고 기존 논의의 유용성을 제고하기 위해서라도 불평등 측면의 고려가 필요하다는 점을 지적하고자 한다. 즉, 지대의 생성 과정과 분배 과정 그리고 부패 동기에 경제적·정치적·사회적 불평등 구조가 어떻게 영향을 미치는지를 살펴볼 것이다. Ⅴ.에서는 부패발생의 또 다른 계기가 되는 제도적 측면을 살펴볼 것이다. 주로 기존 연구들에서 제기되었던 효율적 임금이나 모니터링의 강화, 처벌의 강화 등이 부패 통제에 얼마나 효과적일 수 있는지를 고찰해 볼 것이다. 맺음말에서는 체계적 부패 통제 또는 진단을 위해 보다 정확하고 신뢰할 수 있는 측정 문제의 중요성을 강조하며 논의를 마치고자 한다.

Ⅱ. 부패의 유형과 특징

1. 부패 유형

다양한 기업 및 가구 조사에 근거한 세계은행(World Bank)의 추정에 따르면 매년 약 1조 달러 정도의 뇌물이 통용되고 있다고 하는데, 이는 전 세계 GDP의 약 3%에 해당하는 규모라고 한다.[10] 또한 *World Development Report*는 선진국의 15%에 이르는 기업들이 사업상 뇌물 수수를 하고 있으며, 아시아 지역의 경우 그 수치가 40%에, 구소련 연방 국가들의 경우 60%에 이르는 것으로 추정하고 있다.[11] 이처럼 부패 규모는 전 세계적으로 광범위하고 그 피해는 심각하지만 막상 부패의 개념 자체는 그 다면적(multi-faceted) 성격으로 인해 정의하기가 쉽지 않다.[12] 따라서 본 연구에서는 어느 특정한 개념으로 부패를 한정하기 보다는 많은 기존 연구들에서 논의되는 공통 영역을 중심으로 부패를 구성하는 특징들을 고찰해 봄으로써 의미를 유추해 보고자 한다.

부패는 그 기준에 따라 다양하게 분류할 수 있다. 대체로 뇌물(bribery), 각종 사례(kickbacks), 횡령(embezzlement), 절도(theft), 사기(fraud), 갈취(extortion), 외압(trading influence), 특혜(nepotism, cronyism), 내부 거래(inside trading), 조직적 범죄(organized crime) 등이 포함된다. 하지만 이들 부패 행위에 대해 모두 공분(公憤)하는 것은 아니다. 우리가 우려하는 부패는 일부 일반인들이 저지르는 촌지 제공이나 새치기 등이 아니라 사회적으로 인정받고 힘이 있고 타의 모범이 될 것으로 여겨지는 사람들이 저지르는 부패이다. 부패의 규모와 관련자의 지위와 관련하여 에반스(Evans, B. R.)는 크게 우발적 부패, 체계적 부패, 그리고 체제 부패로 부패 유형을 구분하고 있다.[13]

먼저 우발적 부패(incidental corruption)는 규모도 작고, 체계적이지 않으며, 지속적이지도 않은 단순한 형태의 부패를 말하는데, 예를 들어, 서비스를 받기 위해 또는 빨리 받기 위해 뒷돈을 제공하는 기름칠(grease money), 급행료(speed payment) 등이 그것이다. 'petty corruption'이라고 지칭되며, 개인 수준의 이전(transfer)으로서 사회적으로 큰 파장이 있다고 보기 어렵다. 한편, 체제 부패(systemic corruption)는 대규모의 부정 축재(kleptocracy)와 같이 전체 정부 차원에서 부패가 만연된 상태로서 정상적인 사회규범을 기대하기 어려우며 부패 행위 자체가 규범화되어 정직한 행위가 도리어 비합리적인 것으로 간주되는 수준이라 할 수 있다. 필리핀의 마르코스(Marcos, F. E.), 이라크의 후세인(Hussein, S.), 리비아의 카다피(Gaddafi, M.) 등 아프리카와 아시아의 일부 독재 정권들에서 발견되는 부패가 이에 해당된다. 하지만 이러한 유형의 부패가 우리 사회에 발생할 가능성은 향후 그리 높지 않을 것으로 보인다. 우리가 주목해야 할 경우는 대부분의 공공부패를 포함하는 체계적 부패 유형이다.

체계적 부패(systematic corruption)는 보통 고위직 관료와 일부 기업 간 큰 규모의 체계적이며 지속적인 뇌물 및 혜택(지원, 보호, 독점적 권리)의 교환 행위로 볼 수 있다. 이는 시장 기능을 대체함으로써 자원 배분의 왜곡을 가져올 뿐만 아니라 특혜 집단을 양산함으로써 사회적 형평성에도 폐해를 끼치게 되는데, 특히 이러한 부패 행위의 정점에 정치인과 고위 관료, 그리고 사법제도가 관련되어 있을 뿐 아니라 이러한 부패의 대상이 되는 이익은 대부분 일반 국민들이 납부하거나 또는 지급받아야 할 몫에서 떼어 낸 것이다. 따라서 일반 국민의 권익을 보호해야 할 것으로 기대되는 관료와 법제도가 도리어 부패를 방조하거나 관여하였기 때문에 정부에 대한 신뢰는 물론 일반 사회규범 및 제도에 대한 신뢰 역시 저하되며, 사회 발전의 미래에 대한 기대에 있어서도 비관적이게 된다. 이는 다시 관료 부패와 정치 부패로 구분하기도 하는데, 전자는 주로 정책 집행 과정에서 발생하며, 'red-tape'를 그 예로 들 수 있고, 후자는 주로 정책 결정 과정에서 발생하면서 특정 권리 및 수혜 관련 법령 제·개정에 영향을 주는 경우를 말한다. 그 영역으로는 인사 관련, 예산 할당 관련, 정부 투자 관련, 민원 관련, 공공 정보(투명성) 관련 등으로 구분해 볼 수 있다.

2. 부패의 특징

공공부패에 대한 연구는 특히 1990년대 이후 부패의 경제성장에 대한 부정적 영향에 대한 분석에서 본격화되었다고 할 수 있다. 많은 국제적 원조에도 불구하고 후진국 또는 일부 개발도상국들의 경제성장이 더딘 이유를 탐색하던 과정에서 부패의 역할에 주목하였고, 세계은행, 국제통화기금(International Monetary Fund; IMF), UN 등 국제기구들은 이들 국가의 제도적 특징에서 부패의 원인을 찾고자 하였다. 하지만 부패 문제는 후진국이나 개발도상국과 같이 특정 국가 유형에 한정되는 것은 아니다. 민주주의 국가이든 사회주의 국가이든, 후진국이든 선진국이든, 큰 정부를 갖고 있든 작은 정부를 갖고 있든 그 유형에 상관없이 존재한다는 것이 지금까지의 경험이다. 따라서 부패와 관련된 특정한 시공간적 맥락에 대한 이해만큼, 이로부터 구별되는 보다 일반화할 수 있는 개념 또는 그 특징에 대한 이해가 필요하다.

먼저 일반적인 부패의 특징으로는 ① 게임의 규칙(rule of game) 위반과 ② 그 동기가 되는 사익추구의 인센티브(incentive) 존재, ③ 부패행위를 가능하게 하는 우월적 권력으로서 재량(discretion)의 존재, 그리고 ④ 이익만을 취하는 내부자와 비용만을 부담하는 외부자의 구별이 존재한다는 점을 들 수 있다.[14] 이러한 점에서 요사이 한창 회자되는 갑을관계의 횡포는 일정 부분 부패의 한 부분이라 할 수 있다. 하지만 우리가 주목하고자 하는 공공부패는 여기에 관료 또는 정치인이 공공자원(public resources)을 남용(abuse) 또는 오용(misuse)함으로써 결과적으로 공익(public interest)을 저해하는 행위라는 점을 추가할 필요가 있다.[15] 이에 대해 좀 더 살펴보면 다음과 같다.

첫째, 공공부패의 대상은 공공 자산으로 부패 관련자에게는 일종의 지대가 된다. 주지하다시피 지대추구행위는 새로운 가치를 창출하는 직접적인 생산 활동이 아니라 그 환경에 대한 조작(예를 들어, 경쟁 제한)을 통해 이익을 추구하는 행위로서 그 비용은 타인에게 전가한다는 성질을 갖는다. 국민 세금 기반의 정부 지출에 부패의 가능성이 높은 이유는 이를 주인 없는 돈, 즉, 지대로 간주하기 때문이다. 예를 들어, 서류 조작이나 기준 조작 등을 통해 정부 조달이 이루어지는 경우 부패가 결부된 상품과 서비스의 가격은 경쟁에 의한 정상적인 가격에 비해 높아지기 때문에 이에 대한 구매 비용 역시 상승하게 된다.[16] 즉, 불필요한 비용 지출이 일어나거나 또는 다른 용도의 지출이 감소하는 경우가 발생할 수 있다.[17] 이와 같은 지대추구행위는 과다 가격(over pricing)과 과소 생산(under production)을 가능하게 하는 것으로 이익 추구를 하는 입장에서는 효과적이지만 사회적으로는 부당한 이익 이전(transfer)일 뿐 아니라 새로운 가치 창출의 기회가 제한되는 비효율을 유발한다.

둘째, 공공 자산의 배분 과정은 시장에서와 같이 다수의 참여(수요, 공급)에 의해 이루어지는 것이 아니라 단일의 행위 주체인 정부에 의해 이루어진다. 더욱이 정부에 의한 집행은 다시 관료(개인 또는 집단)에 의해 대행된다. 따라서 소수의 개인 또는 집단의 영향력은 커질 수밖에 없다. 정치인이나 관료가 갖는 정책 결정(입법) 또는 집행(행정)에서의 우월한 지위는 바로 이러한 점을 반영한다. 이때 우월한 지위는 자원 배분에 직간접적으로 영향력을 행사할 수 있는 위치를 말한다. 하지만 이러한 우월적 지위는 재량과 책임을 함께 부여하게 되는데, 재량은 행사하되 책임을 방기하는 경우가 바로 부패 행위라고 할 수 있다. 즉, 관료나 정치인이 업무상 견지해야 할 공익에 앞서 자신의 개인적 이익을 추구하는 것이다. 여기서 주목할 부분은 재량과 책임의 중간 영역에 위치하는 관행이라는 부분이다. 특히 공공 분야에 광범위하게 존재하는 조직 행태의 관성이라 할 수 있는 비공식적 관행은 조직문화 차원에서 조직의 안정성에 기여하고 제도적 결여 부분을 채워 주는 세부적인 행위규범이라 할 수 있지만 거꾸로 합리성을 제약하고 기득권을 옹호하며 목표와 수단을 도치하는 기제로 작용할 수 있다. 따라서 관행에 대한 적절한 판단이 이루어지지 못할 때 부패의 발생 가능성은 높다고 할 수 있다.

셋째, 부패 행위는 공익을 해한다. 부패 행위는 관련자에 그 피해가 국한되지 않는 음의 외부성(negative externality)을 갖는다. 따라서 과다 공급의 가능성이 높다. 사실 최소한 제로섬(zero-sum) 수준의 비리인 경우 적절하지는 않지만 그래도 사회적으로 용인될 가능성이 높다. 하지만 공공부패의 경우 그 사회적 비용의 크기는 증폭될 뿐 아니라 비용 부담자 역시 특정 대상이기보다는 일반 국민으로 전환된다. 오염물 방지 시설을 구비하지 않은 기업이 뇌물을 통해 단속받지 않은 경우 뇌물의 규모보다는 환경 피해의 규모가 훨씬 크고, 피해 대상자도 광범위 해지는 것과 같은 이치다. 또한 부패가 빈번한 것으로 알려진 조세 분야에 있어 뇌물을 통해 특혜(감세, 면세)가 발생하게 되면 세수 감소로 인해 정부 지출은 제약되고 공공서비스의 질과 양은 낮아질 수밖에 없으며, 사회 투자에 제약이 가해진다. 이러한 점에서 사회적으로 우려가 되는 부패 행위는 단일의 행위보다는 지속적이고, 체계적인 경우이다.

본 연구에서 주목하고자 하는 또 다른 특징은 공공부패가 해당 사회의 공정성(fairness)에 대한 가치 평가를 반영한다는 점이다.[18] 부패 행위는 위법성을 띠는 것이 일반적이나 그렇지 않은 경우도 있다. 하지만 공정하지 않다는 공통점을 갖고 있다. 따라서 대체로 은밀하게 이루어진다. 문제는 이러한 은밀함의 정도가 부패 행위자와 일반 국민이 인지하는 사회적 공정성의 정도와 관련된다는 점이다. 즉, 해당 사회가 불공정하다고 인식하는 정도가 높을수록 부패 행위에 대한 심리적 저항감은 낮아지고 이에 대한 수용 수준은 높아진다.[19] 그리고 그 정도가 심해지면 스스로의 성취 수준을 제고하는 효과적인 방법으로 부패를 간주하기에 이를 수 있다. 즉, 부패 발생 및 수용의 원인이 되는 것이다. 이러한 상황에서는 비용 부담자가 상대적으로 구체화되는 민간 부패에 비해 불특정 다수에 비용이 귀착하는 공공부패가 더욱 빈번해질 수 있다. 이때 사회의 공정성 정도는 빈부 격차와 같은 사회적 불평등 수준을 이용해 판단할 수 있으며, 공공부패는 바로 이러한 사회적 불평등에 대한 가치 평가를 반영한다고 할 수 있다. 이를 좀 더 살펴보기 위해 이하에서는 부패와 불평등 간의 관계에 대해 살펴보고자 한다. 먼저 부패의 사회적 영향으로서 불평등에 대한 효과를 살펴볼 것이고, 이후 부패와 불평등 간의 인과관계에 대해 살펴볼 것이다.

Ⅲ. 부패의 불평등에 대한 영향: 고소득층, 저소득층, 그리고 미래 세대

부패의 사회경제적 영향에 대해서는 많은 연구가 진행되고 있다. 이는 부패에 대한 관심이 무엇보다 이로 인한 사회적 폐해에서 기인하기 때문이다. 부패 수준이 높을수록 자원의 효율적 배분이 왜곡되고 경제성장은 저하된다고 주장하는 마우로(Mauro, P.) 이후 많은 연구들은[20] 부패가 개입되는 경우 재화와 서비스의 가격 상승, 역진적 세제 부담 상승, 경제적 안정성 악화, 경제 발전 저하와 같은 경제적 비용은 물론 공공 신뢰의 저하, 환경 악화, 사회규범 와해, 미래에 대한 비관적 기대 상승 등 사회적 비용 등이 유발된다는 점을 지목하고 있다.[21]

그 중 분배 측면에 대한 영향에 초점을 둔 연구들은 상대적으로 최근의 동향이라 할 수 있다. 예를 들어, 탄지(Tanzi, V.)는 부패가 정부의 재분배 역할을 왜곡하고 불평등 수준을 더욱 심화시킬 수 있음을,[22] 그리고 체트윈(Chetwyn, E.)과 스펙터(Spector, B.)는 정부의 자원 배분 또는 지출이 주로 가진 자의 선호에 경사될 수 있음을 지적하고 있다.[23] 이들의 기본적인 논리는 부패로 인한 혜택은 대체로 고소득층에 귀결되며, 특히 그 크기가 클수록 부패 발생의 가능성은 높아지는 반면 비용 부담은 상대적으로 저소득층에 귀속될 가능성이 높다는 것이다.

부패 편익이 주로 고소득층에 귀속된다는 점은 다양한 조세 회피나 감면 등의 부패 행위가 발생하는 조세 분야에서 쉽게 발견된다. 최근 언론에 보도된 역외 탈세를 의도한 조세 피난처(tax haven)지역의 페이퍼 컴퍼니(paper company) 사례[24]에서 볼 수 있듯이 결코 일반인이 이를 수행하기는 쉽지 않다. 또한 새로운 정부가 들어서고 새로운 정책의 도입과 함께 세수 확대를 위한 세무 조사가 확대되는 관행도 그만큼 조세 체계에 왜곡의 여지가 많다는 점을 반영한다. 하지만 보다 일반적인 경우는 공공 분야의 의사 결정에 대한 정치적 영향력을 통해서이다. 예를 들어, 헬만(Hellman, J.)과 카우프만(Kaufman, D.)은 측근 편의(crony bias)라는 개념을 이용해 고소득층의 정치적 영향력을 통한 부패를 설명하고 있으며,[25] 소닌(Sonin, K.) 역시 재산권의 보호에 있어서 사법부와 같은 공적 보호에 의존하는 저소득층에 비해 고소득층은 사적 보호를 선호하면서 부패를 통해 타인의 재산권 침해를 시도하거나 정당화하는 경향을 보인다고 주장한다.[26] 정치적 또는 사법적 결정에 대한 뇌물 공여의 경쟁(bribery competition)이나 포획(capture)의 시도를 통해 결국 고소득층의 우위로 귀결될 것이기 때문이다.[27] 흥미로운 점은 이러한 상황에서 일부 사회적 약자들은 스스로의 권리를 보호하고자 다양한 이해집단을 형성하여 집단 수준에서 로비(lobby)를 강화하고자 할 수 있는데, 그 결과 다양한 규제의 양산이 발생할 수 있고, 이렇게 양산된 규제가 다시 부패 발생의 원인이 될 수 있다는 점이다.[28]

한편, 부패로 인한 비용 부담이 저소득층에 집중되는 경우로는 사회복지 분야가 대표적이다. 누수(leaky bucket)로 대표되는 재분배 정책이 갖는 비효율성은 오쿤(Okun, A.)[29] 이후 지속적으로 지적되었는데, 정책 집행 과정에서 발생하는 비효율적 거래 비용뿐만 아니라 적극적인 부패 행위에 따른 자원 배분의 왜곡(전용 또는 횡령) 역시 이에 포함될 수 있다. 즉, 실제 복지 혜택을 받아야 할 대상 집단이 아닌 다른 집단(부패 집단)에게 사회복지 재원의 제공이 일어나는 경우이다. 이 경우 다수의 저소득층에 제공되는 복지 혜택은 개별적으로는 작은 규모에 불과하지만, 이를 수혜하지 못함으로써 그들의 열악한 상황은 더욱 심화되고 이를 완화하기 위한 미래 세대의 사회적 비용은 더욱 증폭된다. 더욱이 피해자의 기본적인 지위가 수혜를 받는 입장의 약자이고 수혜자와 공여자 간의 정보 비대칭으로 인해 피해에 대한 적극적인 대처가 곤란하다는 점은 그 피해의 가능성이 지속적일 수 있음을 의미한다. 반면, 복지 재원을 전용하거나 횡령하는 부패 집단의 규모는 상대적으로 소수여서 그들에게 편익의 규모는 상당해지기 때문에 이를 통해 새로운 부패의 창출이 가능해질 수 있다. 수년간에 걸쳐 일부 공무원들이 사회복지 재원을 횡령하거나 일부 사회복지 기관들이 형식적이거나 잘못된 기준에 근거하여 사회복지 재원을 수령한 경우 등이 그 예가 될 수 있다. 불평등 완화를 의도한 사회복지 프로그램이 전달 체계의 비효율성으로 인해 불평등 수준을 도리어 악화시키는 역설적인 현상인 것이다.[30]

부패로 인한 저소득층의 피해는 비단 여기에 그치지 않는다. 세원 및 세수 감소와 누수의 발생으로 정부 지출을 위한 예산 제약이 압박받게 되면 당장 필요한 지출은 물론 사회 발전을 위한 장기적 투자 역시 축소될 수밖에 없다. 복지 및 교육 분야가 대표적이라 할 수 있는데 이는 결국 저소득층 인적 자본의 질적·양적 제고를 저해하게 된다. 특히 정치적 과정을 통해 고소득층에 유리한 또는 기득권을 유지하는 공공 의사 결정이 빈번해지면 사회규범과 규칙에 대한 불확실성이 증가하고, 정부에 대한 불신 역시 증가함으로써 사회적 선호를 반영해야 하는 전반적인 정부 정책의 왜곡을 유발하게 된다. 상호 연계성(network)과 긍정적 외부성(positive externality)을 핵심으로 하는 사회적 자본(social capital)은 신뢰에 기초하고 불확실성에 대한 공동의 대응을 유도한다는 점에서 사회 발전의 주요 기제가 될 수 있지만 부패는 이를 와해하고 형성을 저해하는 것이다.

또한 이러한 불확실성과 불신의 영향은 현재에 그치지 않는다. 즉, 미래 세대의 잘못된 선택을 유도할 수 있다. 부패의 만연은 기업으로 하여금 고위험－고수익에 참여하고자 하는 동기를 저해하고 보수적인 투자와 독점 이익 또는 정치적 영향력을 통한 수익 창출에 의존하도록 유인한다.[31] 또한 정부는 부패 통제를 위해 다양한 규제와 모니터링을 위한 보다 많은 관료가 필요하게 되고, 이들을 채용하기 위해서 상대적으로 높은 수준의 임금과 편익을 제공해야 한다.[32] 이러한 상황은 결국 민간 부문은 축소되고, 공공 부문의 규모는 커질 가능성이 높아지는 것으로 유능한 인재들이 보다 생산적인 민간 부문보다 기대이익이 크고 안정적인 공공 부문을 선호하게 하는 유인이 될 수도 있다.[33] 즉, 부패는 그 자체로부터 발생하는 일차적 사회적 비용과 이를 통제하기 위해 정부가 투입해야 할 이차적 사회적 비용은 물론 인적 자원 배분의 왜곡을 통한 사회 발전의 저하와 같은 삼차적 사회적 비용을 유발할 수도 있다.[34]

물론 부패로 인한 편익과 비용이 차별적으로 고소득층과 저소득층에 귀속된다는 점은 보다 많은 실증 연구를 통해 확인되어야 한다.[35] 해당 사회의 발전 수준에 따라 발생하는 부패의 유형이나 수준, 범위 등에 있어서 차이가 날 수 있으며, 동일 유형의 부패라 할지라도 소득 계층에 대한 차별화 가능성에 따라 그 영향도 달라질 수 있기 때문이다. 실제 총(Chong, A.)과 칼데론(Calderon, C.)의 경우 부패로 인한 불평등의 증가가 곧 빈곤의 증가를 의미하는 것은 아니라고 주장하고 있다.[36] 다만 일부 연구[37]에서와 같이 부패 증가에 따른 불평등지수 변화를 측정했을 때 분포의 하부(저소득층)에 민감한 불평등지수가 그렇지 않은 경우에 비해 그 변동 크기가 상대적으로 크다는 점은 부패의 영향력에 대해 저소득층이 보다 민감할 수 있음을 보여 주는 경우라고 하겠다.[38] 하지만 여전히 더 많은 실증 연구가 필요한 부분이다.

Ⅳ. 불평등과 부패의 악순환

앞서 부패는 그 성격상 편익과 비용의 귀착(incidence)이 차별화됨으로 인해 불평등(빈부 격차)에 영향을 준다는 점을 지적하였다. 여기서는 부패와 불평등 간의 순환적 인과관계에 대해 살펴보고자 한다. 기본적인 아이디어는 시장실패와 이에 따른 정부개입은 지대를 창출하고, 이를 추구하는 과정에서 부패는 중요한 수단이 되며, 그 결과 불평등 수준의 심화가 나타나게 되는데, 이렇게 심화된 불평등은 다시 부패 가능성을 제고할 뿐 아니라 이를 수용하고 고착화하는 역할을 한다는 점이다. 즉, 부패와 불평등은 악순환 관계를 갖는다는 점이다.

1. 부패의 원인에 대한 기존 접근

UN, 세계은행, 국제통화기금 등 국제기구 등은 부패의 원인으로 정부의 과도한 규제, 비민주적 정치체제, 그리고 낙후한 경제 수준 등을 가장 많이 거론하고 있으며 따라서 경제자유화(economic liberalization), 민주화(democratization), 경제성장(economic development) 등을 그 대안으로 제시하고 있다.[39] 하지만 이를 그대로 받아들이기에는 몇 가지 문제점이 있다. 먼저 정부의 과도한 규제를 원인으로 보는 이유는 주로 부패가 많이 발견되고 있는 후진국 또는 개발도상국에 대한 관찰에서 비롯된 것으로 지나친 규제를 통해 시장의 자연스러운 거래가 방해받는다는 점을 강조한다. 하지만 현재의 많은 선진국들 스스로 과거 높은 경제성장률을 추진할 때 이러한 각종 무역 규제, 특정 산업에의 보조금, 가격 통제, 환율 규제, 신용 규제 등의 방법을 활용했음은 익히 알려져 있다.[40] 더욱이 최근의 새로운 경제적·사회적 위험들은 국민들로 하여금 다양한 정부개입을 요구하게끔 하고 있다. 도리어 각종 규제 완화, 민영화 등 경제자유화가 부패의 새로운 여지를 만들 가능성이 높다는 지적도 자주 제기되는 실정이다. 멕시코나 러시아 등에서 최근 등장한 거대한 개인 자산은 국영기업의 불하 또는 국유 자산의 민영화 과정에서 성장한 경우가 대부분이다. 즉, 규제의 과다·과소 또는 신설·철폐보다는 규제 자체로 인해 발생하는 새로운 자원 배분의 기회와 이를 이용하고자 하는 지대추구행위가 문제인 것이다.

한편, 비민주적 정치체제가 부패의 원인이라는 주장도 구 소련 연방 및 동유럽 국가의 해체 과정을 살펴보면 적절하지 않다는 점을 알 수 있다. 유스레너(Uslaner, E.)[41]가 주장하듯이 과거에도 부패로 악명이 높았던 이 지역의 부패 수준은 민주화 이후 더욱 심화되었다는 것이 일반적인 견해이다. 또한 중앙집권의 폐해에 대한 대안으로 제시된 지방분권 역시 많은 경우 부패의 지방으로의 이전(transfer) 또는 부패의 지방화(localization)에 불과하다는 지적이 있다. 민주화나 지방화 모두 자원 배분의 결정 방식(단일에서 다수, 중앙에서 지방)을 달리했을 뿐 정부에 의한 자원 배분이라는 점에서 지대의 존재와 지대추구행위 가능성은 여전하기 때문이다. 낮은 경제 수준 역시 부패의 원인으로 보기에는 문제가 있다. 현재의 선진국들도 부패 문제로부터 자유롭지 못한 것이 사실이며, 도리어 최근의 각종 경제 위기의 대부분은 선진국 금융계에서의 부패에 기인했고 그 피해 규모 역시 후진국의 전형적인 부패로 인한 피해에 비해 막대했다.[42]

2. 부패 결정 모형

이처럼 특정 정치체제 또는 경제 수준 등의 구조적 측면은 부패 발생에 좀 더 용이한 환경이 될 수는 있지만 직접적인 원인으로 보기에는 다소 무리가 있다. 그보다는 부패 행태에 대한 분석, 즉, 정부의 자원 배분으로 인해 발생하는 지대와 이를 사적으로 전용하려는 지대추구행위, 그리고 이를 적절하게 견제하지 못하는 제도적 미비 등이 극단적으로 표현되는 경우가 부패라는 접근이 보다 설득력이 있다. 특히 최근 들어 급증하는 부패 발생의 경향은 이들 요인들과 함께 불평등 문제의 역할 가능성도 제기하고 있다.

사실 지대의 존재와 지대추구행위, 그리고 제도적 미흡과 같은 요인은 부패 행위를 행태적으로 설명하려는 전통적인 접근으로 대체로 정부의 정책 집행이 관료에 의해 대리된다는 점과 관료 역시 개인으로서 스스로의 이익추구 행태를 보인다는 점에 주목한다.[43] 즉, 공익을 추구하는 집단으로서의 정부와 사익을 추구하는 개인으로서의 관료 간의 이해갈등(conflicts of interest)이 발생하며, 부패는 그 양태 중 하나라는 것이다.[44]

간단한 부패 행위의 결정 모형을 가정해 보자.[45] 여기서 관료의 부패 참여는 부패로부터 얻는 기대이익의 크기와 기대위험(발각에 따른 비용)의 크기의 함수로 구성된다. 즉, 기대위험이 일정하다면 기대이익이 클수록 부패에 참여할 가능성이 높을 것이고, 기대이익이 동일하다면 기대위험이 높을수록 부패 참여 가능성은 낮을 것이다. 먼저 기대이익은 부패 행위를 통해 얻을 수 있는 지대의 크기와 현재 소득 간의 차이를 말하는데, 그 차이가 클수록 부패 참여 유인은 커지게 된다. 이때 지대는 부패로부터의 직접적 이익(횡령)이나 이를 위한 뇌물 등을 포함하는데 정부의 자원 배분(규제) 또는 재분배 기능의 상당 부분이 정치적 권위에 의한 사회적 자원의 할당(allocation)[46] 성격을 갖고 있어 이에 대한 참여 유인은 매우 크다고 할 수 있다. 더욱이 앞서 언급한 우월적 지위에 따른 재량의 존재는 이러한 기대치를 더욱 제고하게 된다. 한편, 현재 소득은 관료의 임금 수준을 말하는데 그 절대적 액수뿐 아니라 민간 부문과의 비교에 따른 상대적 의미를 포함한다. 예를 들어, 민간부문에 비해 공공 부문의 임금이 상대적으로 높거나 또는 민간 부문의 임금불평등 수준이 높은 수준이라면 관료의 현재 소득은 상대적으로 그 가치가 커질 것이다.[47]

기대위험은 부패 행위가 발각되었을 때 개인이 부담해야 할 비용을 말하는데, 발각 가능성과 처벌의 크기로 결정된다. 발각 가능성은 대체로 관리 법규, 모니터링과 같은 제도적 정비 수준에 따르지만 관행이나 측근의 존재, 조직화 정도 등 문화적 요인도 함께 작용할 수 있다. 많은 국가에서 제도적 정비를 제고하고 있음에도 불구하고 부패 발각률이 상승하지 않는 이유로 그 운용상의 허점(loophole)을 지목하는 경우가 많은데 문화적 요인이 그 근간이 된다. 처벌은 실제 발각으로 인해 부담해야 하는 현재 소득의 포기와 벌금 등의 징벌 그리고 해임에 따른 재취업 시장에의 참여 부담 등을 포함한다. 포기해야 할 현재 소득이 상대적으로 크거나 벌금이 커질수록 객관적인 처벌 수위는 높아지고, 처벌 사실이 대외적으로 공개가 되거나 노동시장의 여건이 좋지 않아 해임이후 새로운 취업이 힘들어질수록 주관적인(인지적) 처벌 수준은 높아지게 된다. 이처럼 발각 가능성과 처벌의 강도가 높아지게 되면 기대위험이 높아지게 되어 부패 참여 가능성은 낮아질 것으로 예상할 수 있다.

이러한 기본적인 모형에 불평등 시각을 추가해 보자. 불특정 타인에 대한 상대적 지위를 측정하고 있는 불평등 수준은 직접 관찰할 수 있는 개인의 특징이라기보다는 집단 차원의 개념적인 구성요소(construct)이다. 따라서 불평등 수준에 대한 판단은 상당히 주관적 인지 과정을 통해 행태에 영향을 미친다. 예를 들어, 개인적 준거 수준에 대한 자신의 상대적 지위를 비교하거나 또는 전체 사회에 대한 가치 평가의 척도로서 불평등 수준을 이해하게 된다. 이러한 불평등 수준에 대한 지각(perception)은 부패에 대해 크게 세 가지 경로를 통해 영향을 미치는데, 먼저 상대적 소득 가치의 척도로 보는 경우를 들 수 있다. 앞서 언급한 바와 같이 민간 부문에서의 임금불평등 수준이 공공 부문의 임금 수준에 대한 상대적 가치에 영향을 주어 부패의 기대이익에 영향을 줄 수 있는 경우를 말한다.

두 번째로는 불평등 수준을 소득 측면에 한정하기보다는 건전한 윤리 수준 또는 신뢰와 같은 인지적 사회규범의 척도로 보는 경우다. 즉, 불평등 수준의 상승은 사회적 거리감을 제고하고 이에 따른 공동체 의식을 와해함으로써 부패 발생은 물론 부패 수용 수준을 제고한다.[48] 예를 들어, 허스테드(Husted, B. W.)는 소득 분배상의 중간계층은 사회의 건전한 윤리와 반부패 정서 수준을 대표한다고 보면서, 불평등의 증가로 중간계층이 감소하면 사회 내 반부패 정서의 비중이 낮아지게 되고 부패 발생의 가능성은 높아지게 될 것으로 예상한다.[49] 또한 유스레너는 불평등 심화에 따라 사회적 신뢰가 약화되면 이는 다시 부패 증가를 유발한다고 본다.[50] 특히 주목할 점은 구성원 간 일반적 신뢰(generalized trust)의 감소는 특정화된 신뢰(particularized trust)의 증가를 야기하는 경향이 있는데, 이는 신뢰 공간에 있어서 집단 간 거리는 확대되고, 집단 내 거리는 축소되는 현상이라고 할 수 있다. 이처럼 '우리 집단'(we-group)과 '그들 집단'(they-group)의 구분이 보다 명확해지게 되면, 부패의 발생은 물론 그 유형도 집단 내 보다는 집단 간 거래관계에서 더 빈번할 것으로 예상할 수 있다. 또한 불평등 심화에 따른 윤리 수준 및 신뢰의 저하는 발각 가능성에도 영향을 줄 것으로 보이는데, 부패에 대한 모니터링 수준은 대체로 제도적 측면과 운용상의 엄격성(austerity)을 포함한 문화적 측면이 함께 하는데, '그들 집단'에 비해 상대적으로 '우리 집단'에 대한 애착이 높아지게 되면 각종 비리 의혹에 있어서 '제 식구 봐 주기'의 경향이나 포획의 가능성 역시 높아지게 된다. 따라서 부패의 기대위험은 낮아질 것으로 예상할 수 있다.

마지막으로 불평등 수준을 사회적 공정성에 대한 평가 척도로 보는 경우다. 자산(wealth)의 분배 상황을 예로 들어 보자. 자산불평등에 대한 일반적인 인식은 복합적인데, 자산 분포를 온전히 개인 노력에 따른 성과의 분포로 보기보다는 스스로의 노력과는 상관없이 사전적으로 결정된 부분이 포함되어 있다고 본다. 자산 자체가 갖는 세대 간 누적성(accumulation)이나 자산 창출 과정의 정당성에 대한 평가 등이 포함되기 때문이다. 이처럼 자신의 상대적 자산 정도가 자신의 노력을 벗어난 요인에 의한 것이라고 인식하는 경우 현재의 분배 상황을 공정하지 못하다고 판단할 가능성이 높다. 즉, 공정한 기회가 주어지지 않았고, 따라서 공정한 결과가 아니라고 여기게 되는 것이다. 따라서 이에 대한 반응은 소극적으로는 무관심하거나 이를 수용하는 방식으로, 적극적으로는 다양한 이해집단을 형성하여 로비를 펼치거나 직접적인 폭력(범죄) 또는 부패 행위를 통한 대처 또는 보상을 추구하는 방식으로 표현된다.[51] 이러한 행태는 고소득층이나 저소득층이나 관료나 기업이나 기본적으로는 마찬가지이다. 다만 일부는 현실 안주를 위해, 다른 일부는 기득권 유지를 위해, 또 다른 일부는 스스로의 상황을 돌파하기 위해서일 것이다.[52] 물론 이러한 판단과 선택에는 다양한 요인이 관여하기에 일률적으로 단정할 수는 없지만 불평등 정도를 통해 공정성에 대한 개인의 평가가 이루어지고 이는 정부 정책 및 규범에 대한 수용 정도는 물론 지대추구행위의 선택 여부에 영향을 미친다는 점은 여러 연구를 통해 밝혀지고 있다.[53]

불평등의 이러한 측면은 기대이익이나 기대위험에 영향을 주어 부패와 연결되는 첫 번째의 경우와는 구별된다. 즉, 부패 행위를 설명하는데 이익과 비용(위험) 중심에서 벗어나 보다 사회적·인지적 측면의 독립적 역할을 강조하는 부분으로 사회 후생에 대한 개인의 평가의 중요성을 의미한다. 더욱이 이러한 공정성에 대한 평가는 스스로 심화되는 경향이 있다. 빈곤에 처해 있다는 느낌, 그리고 정당하게 대우받지 못한다는 느낌은 다른 상황이 일정하다고 가정할 때 시간이 지날수록 더욱 심화되는 경향이 있다. 따라서 부패 행위를 결정하는 수정된 함수는 기대이익의 크기, 기대위험의 크기, 그리고 불평등 수준으로 구성되며, 다른 조건들이 동일하다면 불평등 수준이 높을수록 부패에의 참여 가능성도 높아지게 될 것이다. 이러한 불평등에 대한 고려가 기대이익과 기대위험과의 관계에서 어떤 관련성을 갖는지 살펴보고자 한다. 환언하면, 지대의 발생 및 지대추구행위(기대이익)와 제도적 미흡(기대위험)에 대한 불평등의 영향에 대한 논의라고 할 수 있다.

3. 불평등과 지대 창출 및 지대추구행위

우리가 시장경제 체계에 정당성을 부여하는 근거 중 하나는 노력에 대한 대가가 공정하다고 믿기 때문이다.[54] 이러한 가정에 기초해서 그 부산물인 빈부 격차에 대해서도 일정 부분 수용하게 된다. 하지만 현재의 빈부 격차 수준이 시장의 정상적인 작동에 기인한 것이라는 점에 의문을 갖는 순간 이러한 믿음은 흔들리게 된다. 예를 들어, 시장은 효율성(efficiency)과 공정성(fairness), 그리고 이들을 통한 안정성(stability)을 기반으로 하지만 시장 자체의 불완전성(불완전 경쟁, 외부성, 정보 비대칭, 공공재 등)으로 인해 시장실패(market failure)가 발생하게 되면 이 경우 개인과 사회의 보상과 편익이 서로 일치하지 않게 된다. 따라서 노력의 대가가 공정하지 않게 되며 그 반영물인 빈부 격차 역시 일정 부분은 공정하지 못하다는 평가를 하게 된다. 문제는 이러한 시장실패가 빈번하다는 점이다.[55]

정부의 개입은 바로 이러한 시장실패를 교정하려는 취지에서 정당화되며,[56] 그 취지는 시장의 효율성 제고뿐만 아니라 분배 공정성의 제고까지 포함한다. 따라서 불평등의 심화(일종의 시장실패)는 정부개입의 가능성을 제고한다. 그러나 정부개입(각종 규제 또는 지원)에 의한 사회자원의 배분은 시장과 달리 다양한 형태의 지대를 발생시키는데, 지대는 비생산적 활동으로 노력의 대가 이상의 보상이라는 특징을 갖고 있고, 이를 방임하는 경우 특정 집단에 대한 특혜 시비가 발생할 수 있으며, 이를 규제하는 경우 사회적 비용이 최적의 그것에 비해 커질 수 있다는 딜레마가 있다. 정부로부터 시장가격 이하로 자산을 구입하거나(각종 자연 자원 개발권), 시장가격 이상으로 물품과 서비스를 정부에 판매하거나(각종 정부 조달에서의 수의계약), 정부 보조를 공개적으로(각종 보조금) 또는 비공개적으로 받거나(각종 진입 규제 및 세제상 감면 등) 또는 독과점 및 불공정 거래에 대해 정부 규제를 받지 않거나, 일정 수익을 보장해 주는 정부 계약은 물론 특정 사안에 대해 정부의 관여를 금지하는 법규를 설정하거나, 더 이상 경쟁력이 없고 근거가 소멸한 산업에 대해 지속적인 보조를 의무화하거나, 신생 산업의 성장을 위한 보호 및 보조 정책을 지속적으로 연장해 오는 정책 등이 바로 지대 창출을 보여 주는 대표적 사례들이다. 이처럼 정부개입 자체가 지대 창출의 가능성을 내재하고 있다는 점에서 정부의 개입 과정에는 공정성과 투명성이 강조된다. 하지만 전형적인 지대추구행위로서 부패는 이를 최소화하고자 한다. 즉, 불공정하고 은밀하게 이루어지고자 한다.

뿐만 아니라 지대추구행위는 사회적 선호를 왜곡함으로써 부패가능성을 제고한다. 원칙적으로 정부의 자원 배분은 정책적 목적에 근거하여 공정하고 투명하게 수행되어야 한다. 하지만 지대의 경우 그 배분에 있어서 지불 의사나 수용 의사보다는 지불 능력이나 수용 능력이 우선하게 되는데, 이때 능력은 주로 경제적 또는 정치적 능력을 말하며 결국 경제적 또는 정치적 불평등 수준에 의해 영향을 받게 된다. 재분배 정책 과정을 예로 들어 보자(다른 정책들도 마찬가지이다). 빈부 격차로 재분배 정책에 대한 저소득층의 수요가 높아지는 것은 기본적으로 경제적 불평등에 기인한다. 멜쳐(Meltzer, A.)와 리차드(Richard, S.)[57]의 중위 투표자 모형(Median Voter Theorem)에 따르면 불평등수준이 높을수록 평균 이하의 소득인구, 즉, 저소득층이 많아지게 되며 이들은 보다 높은 수준의 재분배(높은 세율과 높은 보조)를 요구하게 된다.[58] 이때, 높은 조세 부담과 상대적으로 낮은 보조 혜택이 기대되는 고소득층에서도 규범적으로는 재분배 정책의 확대를 지지하거나 최소한 반대하지는 않을 것으로 예상되는데 규범적으로 이타심(공정성)이 작동할 수 있기 때문이다.

하지만 실제에 있어서 고소득층의 재분배 정책에 대한 지지는 다른 이유에 기인할 수 있다. 빈부 격차의 심화로 인한 정치적 소요를 미연에 방지하고자 하는 의도와 새로운 자원 배분 과정에 정치적 영향력을 행사함으로써 보다 많은 이익(지대)을 추구하려는 목적 등이 그것이다. 이를 가능하게 하는 것은 정치적 불평등, 즉, 공공 의사 결정에 대한 영향력의 차이라고 할 수 있는데, 고소득층의 정치적 자원은 저소득층에 비해 우월한 것이 일반적이기 때문이다. 이러한 점에서 알레시나(Alesina, A.)와 엔젤레토스(Angeletos, G.)[59]는 불평등 완화를 위한 재분배 정책이 도리어 고소득층의 지대추구를 위한 일종의 온상(fertility territory)이 될 수 있음을 이론적으로 밝히고 있다.[60]

더욱이 이러한 재분배 정책에 대한 저소득층과 고소득층의 역설적인 연합(paradoxical coalition)을 보조하는 것이 바로 관료의 행태다. 그들은 새로운 정책의 도입이나 기존 정책의 변경을 언제나 선호한다. 업무 증가는 인력 및 예산 증가로 연결되고 이는 자신의 재량 범위의 증가를 의미하기 때문이다(와그너 법칙(Wagner's Law)). 그리고 의사 결정에서의 재량 증가는 관료 스스로 지대추구행위를 할 수 있는 기반이 된다. 따라서 불평등의 심화로 인한 재분배 정책이나 규제 정책의 급속한 확대는 관료에게는 지대 창출의 가능성을 제고하며 기대이익은 커지게 하는 반면 기대위험은 감소하는 상황이 된다. 정부 조직 내에서 예산과 인력의 확대보다 더 어려운 것이 감시와 모니터링의 확대여서 발각 가능성이 저하되기 때문이다. 물론 이들 중 일부만이 실제 부패를 저지르게 되지만 부패의 여지가 증가하는 것은 분명하다.

V. 불평등과 제도적 허점

부패는 제도적 측면의 질적 수준(institutional quality)을 말해 준다. 부패 행위가 가능한 것은 이를 규제하는 제도에 허점이 있기 때문이다. 모든 정부 행위는 견제와 균형(check and balance)의 원리에 따라 독립성과 책임성(independence and accountability)을 담보할 수 있도록 조직과 업무가 구성되고 배분된다. 부패 행위의 발생은 이러한 원리가 제대로 작동하지 않고 있음을 말한다. 모니터링이 미흡하거나, 처벌 수준이 경미한 경우는 물론 앞서 언급한 비공식적 관행이 만연하여 책임 규명이 모호하게 되면 부패의 기대위험은 낮아지고 도리어 부패 참여의 인센티브로 작동하게 된다. 문제는 이러한 제도적 결함을 보완하기 위해서는 전반적인 행정 개혁과 의식 개혁이 요구되지만 새로운 제도 변화는 그 성격상 완벽할 수 없을 뿐 아니라 항상 새로운 지대 창출이 수반되어 다시 부패의 여지가 된다는 점이다. 더욱이 불평등이 심화되는 경우 제도나 규범 및 정부의 공정성에 대한 불신이 증가하게 되어 제도의 효과적 운영은 더욱 어렵게 된다. 보다 큰 뇌물과 보다 은밀한 기법으로 거의 모든 분야에서 부패가 행해지는 상황 뒤에는 항상 이를 용인하는 사회적 분위기와 이를 따라잡지 못하는 제도나 법규의 미비가 있다. 선·후진국을 막론하고 부패 수준이 증가하는 국가들의 경우 불평등 수준 역시 과거에 비해 상승하고 있음[61]은 간과할 수 없는 점이라고 하겠다.[62] 다만 부패 행위는 지대라는 인센티브로 인해 완벽한 통제는 쉽지 않으며 도리어 불가피하다는 주장[63]도 있지만, 부패 통제를 위한 추가적인 비용을 고려할 때, 완전한 통제보다는 사회가 용인할 수 있

는 수준으로 부패를 관리하는 것이 보다 현실성 있는 대안이라 할 수 있다.[64]

부패 통제를 위한 제도적 방안은 기존의 것이든 향후의 것이든 대체로 발각 가능성을 제고하거나, 발각으로 인한 비용을 제고함으로써 기대위험을 높이려는 취지이다. 강력한 처벌, 의사 결정 과정에서의 투명성 제고 및 모니터링 강화, 내부고발자에 대한 보호, 순환 보직 및 공공서비스 제공의 전달 단계 단축 등을 예로 들 수 있다. 그중 일부를 살펴보자. 부패 통제를 위해 가장 많이 제기되었던 방안은 상대적으로 높은 임금(efficiency wage)을 제공하는 것으로 정당하거나 그 이상의 처우를 받을 때 보다 높은 생산성을 이끌어 낼 수 있다는 노동시장에서의 경험에 기초한다.[65] 그 논리는 첫째, 상대적으로 높은 임금 수준은 부패 참여의 기대이익은 줄이고 기대위험은 제고하며, 둘째, 상대적으로 높은 임금 수준은 충성심을 유발하여 본연의 임무에 충실하도록 할 수 있다는 점이다. 상대적으로 낮은 임금 수준을 유지하는 경우 부패에 참여해 낮은 임금 수준을 보충하거나 또는 부패가 이미 만연하기 때문에 공식적인 임금 상승은 필요하지 않다는 왜곡된 신호(distorted signal)를 줄 수 있다는 점도 고려된다. 하지만 상대적으로 높은 공공 부문의 임금을 위해서는 일반 국민의 조세에 기반을 둔 예산 확대가 필요하기 때문에 정치적으로 그 실현 가능성이 높지 않고, 어느 수준의 임금이 높은 임금인지를 결정하는 것 역시 용이하지 않다는 문제가 있다. 더욱이 빈부 격차가 심한 경우 상대적으로 안정적인 임금 체계와 근속성을 가진 공공 부문에의 임금 인상 논의는 더욱 힘들다. 하지만 부패로 인한 사회적 비용의 규모가 막대한 경우 적절한 형량이 필요한 방안인 것은 분명하며, 특히 인위적으로 공공 부문의 임금 수준을 낮게 통제하는 경우 부패와 관련된 왜곡된 신호를 보낼 수 있다는 점은 주목할 점이다.

관련해서 최근 확대되는 공공 부문의 성과급(performance based wage)

역시 부패에 대해 역효과를 야기할 수 있다. 성과만큼 대가를 지불하는 유인 체계를 근간으로 하는 성과급은 그 장점만큼이나 단점의 폐해도 만만치 않다. 유인 체계는 조금만 잘못 설계되어도 왜곡된 행위를 유인할 가능성이 높은데, 성과급의 경우 질적 측면을 무시하고 양적 측면만 강조하는 현재의 성과 평가 체계는 과도한 위험 부담, 근시안적 행위, 회계 부정 및 속임수 등의 부패를 조장할 수 있다. 고성과를 위한 유인이 도리어 건전한 노력을 잠식하거나 가시적 성과를 위해 조직 내 개인 간 유대관계를 훼손할 수도 있다는 것이다. 유인은 외적·물질적 측면뿐 아니라 내적·심리적 측면도 함께 포함한다는 점을 충분히 고려하지 못한 정책 설계라고 할 수 있다.

한편, 모니터링의 강화는 발각 가능성을 제고하여 부패 발생을 억제하려는 방안이다. 모니터링은 기본적으로 재량에 대한 책임을 확보하려는 제도적 장치로서 투명한 업무 절차와 제3자에 의한 점검을 주요 특징으로 한다. 최근 들어 참여적 모니터링(participatory monitoring)의 필요성과 효과성에 대한 논의가 많이 이루어지고 있으며[66] 우리 정부에서도 적극적으로 도입하고 있는 실정이다. 흥미로운 점은 참여적 모니터링의 효과에 대한 올큰(Olken, B.)의 연구이다.[67] 그는 전통적인 위로부터의 모니터링(top-down)과 세계은행이 주장하는 아래로부터의 모니터링(bottom-up)에 대한 효과를 현장 실험(field experiment)을 통해 비교하였는데, 감사(auditing)와 같은 위로부터의 모니터링이 보다 효과적임을 밝히고 있다. 즉, 발각률을 제고하고 처벌 수준을 강화하고 그 결과를 공개하는 경우 부패 가능성을 줄일 수 있는 반면, 아래로부터의 참여적 모니터링은 아주 제한적인 경우에만 효과적일 수 있는데, 첫째, 모니터링 대상이 공공재가 아니라 직접적으로 참여자의 이해관계가 관련된 사항인 경우, 둘째, 지역 엘리트들의 간섭 또는 관여를 배제할 수 있는 경우가 그것이다. 물론 인도네시아라는 지역적 특수성에서 이루어진 실험 결과이지만 규범적 측면에 의존한 참여 기제의 효과에 대해서 좀 더 신중한 선택이 필요함을 말해줄 뿐 아니라 이곳의 빈부 격차 수준이 높다는 점도 그 효과 해석에 고려해야 할 것으로 보인다.

기대위험을 제고하는 또 다른 방안은 처벌의 수위를 강화하는 것이다. 보육 시설에 맡겼던 아이를 늦게 데리러 갈 때 느끼는 심리적 부담감이 경미한 수준의 벌금을 부과하면서 도리어 저하되었다는 이스라엘의 연구 결과에 알 수 있듯이 솜방망이로 대표되는 무력한 처벌은 기대위험을 높이기보다는 도리어 부패에 대한 심리적 저항감을 줄이는 역할을 한다. 또한 처벌은 벌금이나 해임과 같이 현재 상태에 한정되지 않는다. 퇴직 후 재취업 제공이 중요한 뇌물로 사용되듯이 해임된 경우 관련 분야로의 재취업 금지 역시 중요한 처벌이라고 할 수 있다. 불평등이 심화될수록 노동시장의 여건 역시 나빠지는 것이 일반적이라는 점을 고려하면 재취업 여건에 대한 제약은 기대위험에 영향을 줄 수 있기 때문이다. 문제는 이러한 처벌 수위의 강화가 기대위험을 제고할 수는 있지만 동시에 발각가능성을 감소시킬 수도 있다는 점이다. 즉, 제 식구 감싸기가 나타날 수 있다는 것인데, 특히 불평등의 심화로 '우리 집단'과 '그들 집단'의 구분이 강해질수록 더욱 강화될 가능성이 높다.

또 다른 처벌 수단으로 인지적 측면에서의 처벌인 정보 공개가 최근 많이 활용되고 있다. 이는 명예를 중요시하는 사회에서 일종의 수모(humiliation) 가능성을 이용한 방안이다. 하지만 그 효과는 정보 공개의 수준에 따라 다소 복합적이라 할 수 있어 이에 대한 지나친 신뢰는 조심할 필요가 있는데, 예를 들어, 윈터(Winter, M.), 테스타(Testa, P.), 프리드릭슨(Fredrickson, M.)의 현장 실험 결과에서 청렴정치인을 선출해야 하는 중요성에 대한 정보 제공은 유권자의 투표 행태를 바꾸지는 못하지만, 투표 매수 행위의 부당성에 대한 정보 제공은 매표 행위를 하락시키는 것으로 나타났다. 하지만 구체적으로 부패정치인에 대한 비리 정보를 제공하는 경우 선거 참여는 낮추지만 부패정치인에 대한 투표 자체는 낮추지 못하는 것으로 나타났다.[68] 하지만 공개된 부패 정보에 대한 인지 정도는 다시 사회가 얼마나 공정한지에 대한 개인들의 평가에 영향을 받는다는 점에서 불평등 수준의 영향 역시 고려할 필요가 있다.

VI. 맺 음 말

부패는 비용 부담 측면에서 기본적으로 불평등하다. 즉, 비용의 부담이 동일하지 않으며 더욱이 기존의 정치적·경제적 불평등 구조에 동조 또는 강화하는 경향이 있다. 보다 많은 권력을 갖거나 부를 가진 사람들이 상대적으로 적은 부담을 진다는 것이다. 여기에 더해 부패를 통한 부정한 이익 역시 보다 많은 권력을 갖거나 부를 가진 사람들이 상대적으로 많이 취한다는 점에서 더욱 불평등하다. 그 핵심은 무엇보다 게임의 규칙이 유지되지 않기 때문이다. 시장경제에서의 기본적인 편익과 비용의 배분 구조는 사회에 대한 기여와 이에 따른 보상에 의해 정해진다. 보다 높은 기여를 하는 경우 보다 많은 보상(편익)을 받게 되며 따라서 이를 위해 노력을 기울이게 된다. 부패는 이 과정에서 게임의 규칙을 위반하여 기여(비용)에 비해 많은 보상을 취하려는 행위로서 결국 타인에 대한 비용 전가가 일어난다. 이때 타인은 저소득층과 같은 사회적 약자뿐 아니라 일반 국민까지 포함될 가능성이 높다. 부패의 대상이 공공 자산이기 때문이다. 더욱이 이러한 부패의 주체가 국민으로부터 우월적 지위를 부여받은 관료들과 이들과 결탁한 경제적 능력과 정치적 배경을 가진 사람들이라는 점에서 게임의 불공정성은 더욱 심화된다.

부패 발생의 핵심은 정부 내에서 견제와 균형의 원리가 작동하지 않기 때문이다. 시장실패와 사회적 위험의 상승으로 정부개입이 빈번해지고, 이를 통해 사회적 자원의 배분이 일어나면서 지대 창출과 지대

추구행위가 발생하는 것은 일부 불가피한 측면도 있다. 하지만 부패 가능성을 예견하고 이를 방지하기 위한 제도적 장치를 수립하고 운영하는 것은 정부의 또 다른 책임이다. 지속적인 제도 개혁은 물론 수립된 제도가 적절하게 운영될 수 있도록 모니터링과 환류가 이루어져야 한다. 푸트남(Putnam, R. D.)[69]이 지적한 바와 같이 제도의 수립보다는 그 제도가 적절히 작동하도록 하는 것이 힘들지만 더욱 중요하다. 부패 척결을 위한 각국의 노력에서 오직 홍콩이나 싱가포르 등 소수의 성과만이 보고되는 이유도 그만큼 집행의 어려움에 기인한 것으로 볼 수 있다.

본 연구는 부패에 대한 이해에 있어서 소득불평등과 같은 분배적 형평성의 시각이 필요하다는 점을 강조하고 이를 통해 부패 관련 연구의 외연을 확대하고자 하는 취지에서 준비되었다. 기존의 연구들로부터 부패 행위의 본질이라 할 수 있는 지대추구행위를 살펴보고 이러한 위반 행위를 가능하게 하고 가속화하는 요인으로 경제적 불평등과 정치적 불평등을 고려하고자 하였다. 이 과정에서 불평등 문제는 일부는 객관적으로, 일부는 주관적으로 부패 행위와 관련되며, 부분적으로 부패의 원인이자 결과로 작동할 수 있음을 설명하였다. 더욱이 불평등 수준은 부패 행위를 결정하는 기대이익과 기대위험에 때로는 직접적으로, 때로는 간접적으로 영향을 미치기 때문에 이에 대한 적극적인 고려가 부족한 대처 방안은 부분적일 수밖에 없으며 그 효과도 기대치를 밑돌 수밖에 없음을 제시하고자 하였다.[70]

논의를 마치면서 부패 논의와 관련해 두 가지 고려 사항을 첨언하고자 한다. 첫째, 부패는 그 특성상 측정이 곤란한 것이 사실이다. 앞서 언급한 개념의 모호성뿐 아니라 불법성 또는 비정당성으로 인해 은밀할 뿐 아니라 암수(hidden value)의 가능성이 매우 높다. 따라서 현재 통계로 잡히는 부패 수준은 충분히 신뢰하기 힘든 것이 사실이다. 이런 이유로 기존의 부패 논의는 대체로 사건 중심적(incidental) 접근이거나 일부 시민들에 대한 부패 인식(perception) 조사,[71] 또는 전문가 조사를 통해 간접적으로 추정하는 방법이 주종을 이루고 있었다. 하지만 이러한 주관적·인지적 접근은 측정상의 오류로부터 자유롭지 못할 뿐 아니라 체계적인 대응 방안 마련에 한계가 있을 수밖에 없다. 보다 체계적인 양적 지표의 개발과 이에 근거한 방안 마련이 시급하다. 이러한 점에서 최근 주목받고 있는 심리학 및 행태경제학 분야에서의 실험(lab, field, natural experiment)을 통한 다양한 환경 및 경쟁 요인의 통제를 통한 부패 측정 방법에 우리 학계도 좀 더 많은 관심을 기울일 필요가 있다.

둘째, 부패는 일정 부분 불가피한 것이 사실이다. 따라서 이에 대한 완벽한 방지보다는 부패가 야기하는 사회적 비용과 이를 통제하는 데 필요한 비용 간의 적절한 사회적 합의가 필요하다. 또한 부패의 성격상 이를 사후적으로 발각하고 치유하는 것은 많은 비용이 들 뿐 아니라 발각 가능성도 그리 높지 않은 것이 사실이다. 따라서 사전에 예견하고 대처할 수 있는 방안을 강력히 추진해야 하는 과제가 대두된다. 이러한 점에서 미국의 뉴딜(New Deal) 사례는 참고할 만하다. 미국에서도 뉴딜 이전의 사회복지 프로그램은 대부분 지방정부에 의해 수행되었으며 부패 문제가 심각하였다. 따라서 1933년 실업률이 25%에 이르는 대공황 상황에서 중앙정부는 국민총생산(Gross National Product; GNP)의 약 4%에 해당하는 사회복지 프로그램을 추진하였는데, 이때 루즈벨트(Roosevelt, F. D.) 대통령은 부패의 가능성에 대비한 강력한 대책을 동시에 추진하였다.[72] 즉, 부패 방지를 완벽히 대비할 수는 없지만 이를 정책 결정 단계에서 충분히 인지하고 이에 대한 대비를 사전적으로 밝히는 것은 대단히 중요한 반부패 의지의 표명으로서 부패 가능성을 완화할 수 있는 중요한 조치라고 할 수 있다.

제 2 장 부패는 경제성장에 영향을 미치는가*

I. 제도 변수가 경제에 미치는 영향

'제도'와 관계되는 변수들은 쉽게 정량화되기 어려운 특성을 지니고 있다. 예를 들어, A라는 경제가 B라는 경제보다 더 법체계가 잘 갖추어져 있는지 여부를 명쾌히 판단하기 어려울 뿐 아니라, 잘 갖추어져 있더라도 몇 배 더 잘 갖추어진 것인지 기수적으로 판단하는 것은 사실상 불가능하다.

따라서 국가 지배구조(governance)나 제도(institution)와 관련된 변수들을 서베이 등을 통하여 지수화한 변수를 보고 각국의 수준을 판단하고 분석에 사용하는 것이 불가피하다. 이러한 변수들을 지수화하여 정기적으로 각국의 수준을 조사하고 발표하는 기관으로는 국제투명성기구(Transparency International; TI), PRS(Political Risk Service Inc.), 세계경제포럼(World Economic Forum; WEF), 국제경영개발대학원(International Institute for Management Development; IMD), 세계은행(World Bank; WB) 등이 있다. 각 기관별로 중점을 두는 사항이 조금씩 다르고, 변수의 정의도 차이가 나지만, 스벤손(Svensson, J.)은 부패를 예로 들며 서로 다른 기관

---

* 차문중은 한국개발연구원 KDI에, 김병연은 서울대학교에 재직 중이다. 본 논문은 차문중(2005, 2008, 2009)의 주요 부분을 발췌·수정·보완하여 재구성한 것이다. 서울대학교 김민정 조교와 KDI 김대용 전문연구원의 헌신적인 도움에 감사드리며, 본 작업을 지원해 준 서울대학교 행정대학원 한국정책지식센터에도 감사의 뜻을 표한다.

에서 발표하는 국가들의 제도 변수의 수준이 매우 높은 상관관계가 있음을 밝히고 있다.[1] 즉, 어느 기관에서 발표하는가에 관계없이 각국의 제도적 여건에 대해 대체적으로 유사한 결론을 도출할 수 있는 것이다.

연구자에 따라서는 객관성을 더욱 확보하기 위하여 여러 기관에서 발표한 지수들을 종합하여 나름대로의 지수를 계산하여 정량적 분석에 활용하는 경우도 있다. 실증적인 연구의 결과는 ① 제도와 관련된 변수들이 경제 성과에 영향을 미치는지, ② 영향을 미친다면 어느 정도 영향을 미치는지에 대해 다른 결론을 내리는 경우도 있다. 이 경우 분석에 사용된 제도 관련 지수들이 다른 기관에서 발표되어서라기보다는, 분석 대상이 되는 시기와 국가, 사용된 방법론, 그리고 분석에 포함되는 변수들이 다르기 때문일 가능성이 크다.

좋은 제도가 성장에 미치는 영향에 대해 아직도 모든 연구자 사이에서 완벽한 공감대가 형성되어 있는 것은 아니지만, 대체적으로 ① 투자의 증대, ② 생산성의 증대, 그리고 ③ 자원의 효율적 배분이라는 세 채널을 통해 성장에 긍정적 영향을 미친다고 알려져 있다. 그러나 보다 각론적으로 각 연구자가 '제도'라는 변수의 정의를 어떻게 내리고 어떻게 개념적·실증적 분석에 사용했는지, 그리고 어떤 국가들과 기간을 대상으로 분석했는지에 따라, 분석 결과가 다르게 나타난다.

II. 청렴이 경제에 영향을 미치는 기제와 유의성

경제에 있어 부패의 중요성은 다른 제도적 변수의 중요성과 더불어 리고본(Rigobon, R.)과 로드릭(Rodrik, D.), 서브라마니안(Subramanian, A.)과 트레비(Trebbi, F.), 스벤손, 차문중[2] 등의 최근의 연구에서 많이 강조되어 왔다. 바단(Bardhan, P.)[3]은 부패를 "공적 권한(office)의 사적 이익을 위한 행사"로 정의한다. 공적 권한뿐 아니라 "사적 권한의 사적 이익을 위한 행사" 역시 미국, 유럽연합(European Union) 등에서는 중요한 문제로 간주하지만, 이 경우에도 공공 부문이 이러한 민간 부문의 행위에 대해 적절히 규제하지 못했다는 면에서, 부패에는 결국 공적 부문이 연계되어 있다고 할 수 있다.

공적 부문의 부패는 ① 관료집단의 부패와 ② 정치적 부패로 대별할 수 있다. 이 두 가지 부패는 많은 경우 연결되어 있다. 예를 들어, 세계 각국에서 대규모 정부조달이나 물품 구매에서 관료와 유력한 정치가가 연계되어 있는 것이 자주 목격된다. 민주화가 진전된 사회에서는 정치가들이 정기적으로 '선거'에 의해 평가받는 반면, 특수한 에이전시에서 일하거나 행정부서를 담당하는 공무원들은 상대적으로 공공의 감시에서 자유롭다는 점에서 덜 '경쟁적'일 가능성이 높다고 바단[4]은 지적한다.

부패는 민주적 사회제도에 직접적인 폐해를 끼친다.[5] 정치적 체제와 지도자들이 갖는 합법성은, 이들이 공공의 이익을 수호할 힘이 있다는 데에서 출발하는데, 부패의 존재는 공공의 이익 수호가 실패했다는 것을 뜻하고, 따라서 체제와 지도자들의 권위와 정통성을 훼손시킨다. 즉, 부패는 사회의 기초를 흔드는 것이다.

문제는 부패의 측정이 매우 어렵다는 것이다. 부패 행위 발생 건수나 뇌물 수수액 등이 부패의 한 대용 변수로 사용될 수도 있지만, 부패한 사회에서 부패 행위의 '발생'은 실제보다 훨씬 낮게 발표될 가능성이 크다. 언론이 통제되어 있는 국가에서는 상대적으로 부패를 파악하기 어렵다. 또한 개도국의 거리에서 자잘한 부패는 무수히 목격되지만 정말 심각한 부패, 예를 들어, 강대국의 무기 구입 관련 부패는 쉽게 목격할 수 있는 것이 아니다.

인류학자나 사회학자들은 사회적 규범이나 도덕적 가치를 강조하고, 부패의 증가는 도덕성 쇠퇴의 지수로 간주하고 있으나, 경제학자는 부패가 왜 존재하게 되었는가라는 유인과 부패의 존속을 가능하게 하

는 조직이라는 측면에서 접근한다. 단순히 '문화'의 차이로 설명하는 것
(예를 들어, 특정 사회에 자신이 속한 조직이나 상사에 대한 의리나 충성이 매우 강조되
는 '문화'가 있는 경우, 다른 국가에서는 부패로 간주되는 것이 이 국가에서는 일상적인
일로 받아들여질 수 있다)은 비록 중요하고 현실적이기는 하지만 순환 논리
적 성격이 강하다.

싱가포르는 10년-20년 만에 부패를 척결하였는데, '문화적 규범'
이 이렇게 빨리 변화하기는 어렵다는 것이 일반적인 견해이다. 싱가포
르의 성공 사례는 정부가 주도한 강력한 정책적 변화가 부패에의 참여
에 대한 유인체계에 단기간에 유효하게 변화를 주고, 이것이 부패의 존
속을 어렵게 하는 방향으로 작용한 것으로 이해하여야 한다.

근본적으로 부패는 한 국가의 법적, 경제적, 문화적, 정치적 제도
를 반영하는 것이고, 따라서 이들의 결과물적인 측면이 있다.[6] 예를 들
어, 진입 규제가 존재하는 경우에 뇌물 수수 등에 의해 정상적인 진입
비용보다 적은 비용으로 진입이 가능해지면 기업은 비정상적인 방법으
로 진입을 꾀할 가능성이 있다.[7]

특히 공공 부문의 부패는 경제에 유의한 영향을 미치는 가장 중요
한 제도적 요인 중의 하나로 인식되어 왔으며, 부패와 다양한 경제 변
수와의 관계, 특히 경제성장과의 관계는 경제학자와 정책 입안자들의
폭넓은 관심을 불러일으켰다. 부패와 경제 변수와의 관계에 대한 분석
은, 부패가 과연 전적으로 경제에 부정적인 영향만 끼치는 것인지, 그
리고 만일 그렇지 않다면 서로 다른 형태나 종류의 부패가 특정 변수
에 체계적으로 다른 영향을 미칠 수 있는지 등의 논의로 인해 더욱 복
잡해지는 양상을 띠고 있다.

마우로(Mauro, P.)와 낵(Knack, S.)과 키퍼(Keefer, P.)의 연구[8]에 뒤이
어 부패가 거시 경제 변수에 미치는 영향에 대한 연구가 꾸준히 증가
하는 이유 중의 하나도, 그 영향이 항상 부정적인 것인지, 만일 긍정
적인 면도 있다면 어느 경우인지를 알아보기 위한 시도의 일환으로

볼 수 있다. 슐라이퍼(Shleifer, A.)와 비쉬니(Vishny, R.), 그리고 카우프만(Kaufmann, D.)과 웨이(Wei, S.)[9]가 지적한 바와 같이, 부패가 경제에 미치는 가장 심각한 악영향 중의 하나는, 공공 부문에서의 보상이 부패에 의해 증가하게 되고, 결국 민간 부문에 고용될 경우 훨씬 생산성이 높았을 고급 인적 자원을 부패한 공공 부문이 비생산적인 관료체계 안으로 흡수함으로써 발생한다는 것이다.

그리고 민간 부문은 부패한 공공 부문과 협상하고 대처하기 위해 시간과 자원을 허비해야 한다. 부패 관련자들과 기관들은 비밀 유지를 위해 경제와 시장을 왜곡하게 되며, 관료들이 고의적으로 부정확한 기록을 남기거나 기록 자체를 말살함으로 인해 정부의 세수 등을 감소시키기도 한다. 그뿐 아니라 많은 경우 부패는 투자에 대한 수익을 감소시키는 세금과 같은 역할을 수행한다. 이러한 부정적 역할은 결국 국민소득에도 영향을 미치게 된다.

부패와 일인당 국민소득과의 관계는 에를리히(Ehrlich, I.)와 루이(Lui, F. T.), 게츠(Getz, K. A.)와 볼케마(Volkema, R. J.), 골드스미스(Goldsmith, A.), 홀(Hall, R. E.)과 존스(Jones, C. I.), 허스테드(Husted, B. W.), 산드홀츠(Sandholtz, W.)와 코엣첼(Koetzel, D.), 트레이스먼(Treisman, D.) 등에 의해 분석되었다.[10] 이 연구들은, 대체적으로 높은 수준의 부패와 낮은 수준의 일인당 국민소득이 밀접하게 연관되어 있다고 결론 내리고 있다.

부패는 국민소득의 수준에 영향을 미칠 뿐 아니라 그 동태적 변화에도 영향을 미친다. 부패가 경제성장에 미치는 영향에 대한 연구는 주로 법치 또는 법·질서가 경제성장에 미치는 영향에 대한 연구와 마찬가지로, 부패가 투자 및 생산성에 미치는 영향을 통해 분석되었다. 스벤손은 실증 분석을 통해 부패와 기업 성과와의 관계가 유의해서, 청렴도가 높은 경제에서 기업 성과가 높게 나타나지만, 부패와 경제성장과의 관계는 명확히 인과관계가 있다고 주장하기 어려운 부분이 있음을 보였다.[11] 기업 성과가 높은 경제에서 경제성장이 빠를 것이라는 직관에 위배되는 이러한 결과를 스벤손은 '퍼즐'이라고 밝힌 바 있다.

반면 마우로는 부패는 세금과 같아 민간투자를 심각하게 구축하고 결국 성장에 악영향을 미친다고 주장하고 실증 분석을 통해 이를 입증했다.[12] 부패지수를 0(대단히 부패) − 10(대단히 청렴)[13]으로 측정할 때, 한 경제의 부패지수가 6에서 8로 증가할 경우 투자는 4%p 증가, 일인당 국민총생산(Gross National Product; GNP)은 0.5%p 증가한다는 것이다. 그런데 이 경우 일인당 GNP의 성장이 투자의 증가에 의한 일반적 일인당 GNP 증가보다 크게 나타나는 특징이 있다. 마우로는 이 결과를, 부패의 개선이 단순한 투자 증가 이외에도 경제적 거래 비용 감소, 생산성 증가 등 다양한 개선 효과가 있어, 성장 효과가 크게 나타나는 것으로 해석하였다.

많은 연구들이 부패가 증가하면 투자가 감소하는 것을 이론적으로 입증하거나 실증적으로 검증하였으며, 이를 바탕으로 부패는 경제성장에 해를 끼친다고 주장했고(예를 들면, 브루네티(Brunetti, A.), 넥과 키퍼, 마우로 리베라-바티즈(Rivera-Batiz, F. L.)는 부패를 제거할 경우 총생산성이 증가함을 실증적으로 보여 주었다.[14]

하지만 이러한 다수의 연구와는 달리, 부패가 관료제와 배분적인 효율성을 증가시킴으로써 경제에 긍정적인 효과를 가져올 수도 있다는 주장도 제기되었다. 레프(Leff, N.)는 부패가 부담스러운 여러 규제들을 회피하게 함으로써 관료 조직의 효율성을 증가시킴을 역설하였고,[15] 카우프만과 애커먼(Ackerman, S. R.)은 관료가 자신의 수뢰 가능성을 증가시키기 위해서는 자신이 효율성이 높다는 것을 입증하여야 하므로 부패는 비효율성을 감소시키는 유인으로 작동할 수 있다고 주장하였다.[16]

카우프만은 또한 경쟁적인 입찰을 통해 수뢰가 이루어질 경우, 가장 효율적이고 낮은 비용을 유지하는 기업이 가장 높은 액수의 뇌물을 제의하여 선택될 수 있으므로, 경제 전반적인 자원 배분의 효율성이 부패에 의해 향상될 수 있다고 주장하였다.[17] 반면 애커먼은 이럴 경우 가장 높은 액수를 제안하는 기업은 가장 낮은 비용을 유지하는 기업이라기보다는 낮은 질의 제품을 생산함으로써 절감한 비용으로 뇌물을 준비한 기업일 가능성이 있다고 반박하였다.[18]

드레어(Dreher, A.)와 가쩨브너(Gassebner, M.)는 다른 각도에서 이 주제를 분석하였다. 이들의 연구 역시 부패와 규제의 밀접한 관계에서 시작한다.[19] 규제는 경우에 따라 실제적으로 기업들의 시장 진입을 저해하고 기업 활동을 저해하는 효과가 있는 것을 검증하고, 특히 기업의 창업을 위해 많은 절차와 높은 수준의 최소자본금이 필요한 경우 앙뜨프리너십(기업가 정신)에 치명적인 영향을 미친다는 주장이다. 이들이 43개국을 대상으로 분석한 결과, 규제가 심한 경제에서는 부패가 오히려 긍정적일 수도 있는 것으로 나타난다. 즉, 이들의 연구에서, 가장 규제가 심한 국가군에서는 부패가 이러한 규제를 회피하고 기업가 정신을 제고할 수 있는 방편이 되는 윤활유 역할을 할 경우가 있다. 이는 레프가 주장한바 "정부가 그릇된 결정을 내릴 경우, 부패 행위에 의해 일이 진척된다면, 이 부패 행위가 오히려 정부의 정책보다 더 나을 수도 있다"[20]와 일맥상통한다. 그러나 이러한 결과를 해석하고 적용하는 데에는 주의가 필요하다. 첫째, 시장에 진입하는 기업가의 수가 많은 것이 반드시 사회에 도움이 되는 것은 아니다. 규제가 시장에 진입한 이후 곧 파산하는 기업이나, 시장에서 제공되는 것을 공식적으로 금지하는 재화나 서비스를 생산하는 기업의 진입을 효과적으로 제어할 수 있다면, 규제의 약화로 인한 진입 기업 수의 증가는 해로운 것이다.

둘째, 이러한 분석은 부패가 규제에 장기에 걸쳐 미치는 잠재적인 환류(feedback)를 간과하고 있다. 단기에는 부패와 규제가 시장 진입에 관한 기업가의 결정에 외생적으로 영향을 미칠 수 있지만, 장기에서는 더 이상 그렇지 않을 가능성이 높다. 또한 부패한 관료가 더 많이 이권을 추구할 가능성이 높아진다. 즉, 과정의 의도적 지연을 통해 뇌물 수수의 기회를 만들고, 금융계좌의 통제 등 뇌물 수수를 위한 더 많은 규제 및 암묵적 통제를 강화하게 될 것이다. 이렇게 강화되는 규제와 이를 회피하려는 부패의 효과 중 어느 것이 더 우월한 효과를 보일지는 불확실하다. 예를 들어, 쟌코프(Djankov, S.) 등은 진입 규제가 부패와 깊은 관계가 있지만, 부패로 인해 진입이 증가해도, 이것이 질 높은 공공재 또는 사적재의 공급 증가로 연결되는 것은 아니라는 것을 밝혔다.[21]

셋째, 무엇보다도 부패가 효율성을 증가시킬 수 있다는 가능성은 사회가 매우 부패하였을 때만 성립한다. '윤활유' 주장에 대한 동의가 확산되는 것은 사회를 고부패의 함정에 빠뜨릴 우려가 있고, 고부패 함정에 빠진 경제는 중장기적으로 막대한 손실을 지불할 수밖에 없다. 부패가 경제에 긍정적인 효과를 가져올 수도 있다는 연구에 더해, 최근에 발전된 부패에 대한 연구는 경제의 균형이 높은 수준의 부패와도 연결될 수 있는 개념임을 제시해 주었다. 앤드비그(Andvig, J.), 에를리히, 루이 등이 다양한 방법을 통하여 발전시킨 "복수 균형"의 모델은,[22] 〈고부패－저소득〉, 〈저부패－고소득〉이라는 두 개의 균형점과 이 두 안정적 균형점 사이의 불안정 균형점 또는 추축의 존재를 보여주고 있다.[23]

이 모델에 따르면, 경제가 〈고부패－저소득〉으로부터 〈저부패－고소득〉의 균형점으로 이동하기 위해서는 반드시 그 두 균형점 사이에 존재하는 불안정 균형의 상태를 지나야 한다. 그리고 경제가 〈고부패－저소득〉으로부터 탈출하여 저부패 균형점으로 움직일 경우, 추축점(pivot point)이나 불안정 균형에 이르기 전 더욱 낮은 소득을 경험하게 된다. 이런 맥락에서 볼 때, 아주 높은 수준의 부패를 겪고 있는 나라에게 단기적으로 가장 적절한 선택은 높은 수준의 부패를 유지하는 것이 될 수 있다. 그러나 경제 전체의 후생을 장기적으로 극대화하는 것이 목표라면, 단기간의 소득 감소를 감수하고라도 〈저부패－고소득〉 균형으로 이동하여야 하는 것이 필수적이다.

Ⅲ. 청렴이 경제성장에 미치는 영향

1. 청렴과 경제성장

본장에서는 청렴 또는 부패가 경제성장에 미치는 영향을 살펴보기로 한다. 〈그림 1〉은 부패지수와 일인당 국민소득 간의 산포도이다. 분석 결과, 청렴도가 높은 경제가 대체적으로 일인당 국민소득이 높다고 볼 수 있는 유의한 양(+)의 상관관계가 나타났다.[24] 반면 〈그림 2〉를 전체적으로 볼 경우 부패지수와 성장률 간에 유의한 관계가 없는 것으로 나타난다. 하지만 소득 수준에 따라 부패가 경제성장에 미치는 영향이 확연하게 차이가 있을 수 있다는 측면을 고려하여 경제협력개발기구(Organisation for Economic Co-operation and Development; OECD) 내의 저소득 국가 그룹(그룹 A)과 고소득 국가 그룹(그룹 B)으로 나누어 살펴보

〈그림 1〉 국민소득과 부패지수

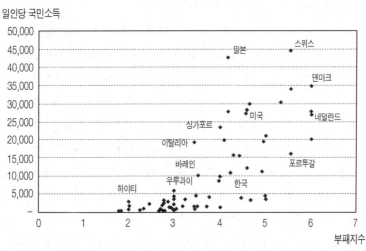

자료: 차문중 편(2009). 「사회적 청렴과 국가경쟁력 간 연관성 분석·연구」. KDI.

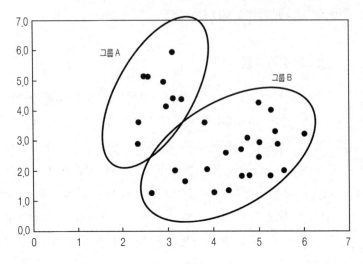

〈그림 2〉 OECD 국가 부패지수와 평균 경제성장률(2000년-2006년)

자료: Political Risk Group(2007)과 IMD(2007)에서 재구성.

면, 〈그림 2〉의 두 그룹 모두에서 두 변수 사이에 강한 양의 상관관계
가 나타난다. 다만 그룹 A의 경우 부패지수의 변화에 따라 성장률의
변화가 상대적으로 크다는 차이가 있다.

차문중은 1991년-2000년간 약 70개 국가의 자료를 분석한 결과
대체적으로 청렴한 경제에서의 성장률이 높고, 성장률의 편차도 적은
것으로 보고하였다.[25] 구체적으로, 1991년-2000년간(리커트 척도 5단계
로 표시된) 제도적 여건이 전체적으로 한 단위 정도 개선될 때 성장은
0.9%p-1.4%p 내외 영향을 받는 것으로 해석할 수 있다는 분석 결과
를 제시하였다. 또한, 차문중[26]은 부패 수준이 OECD의 평균인 국가와
비교해 볼 때 우리나라는 부패로 인해 1990년대에는 연평균 약 0.72%p-
0.83%p 내외, 2000년 이후에는 약 0.65%p-0.78%p 정도의 성장 손실
을 경험한 것으로 추정하였다.

〈표 1〉은 1991년부터의 네 기간 동안 우리의 평균부패지수를 각
각 구하고, 이를 같은 기간 OECD 평균부패지수 및 성장률과 비교하

<표 1> 부패와 성장 손실

기 간	1991년-2000년	1991년-2001년	1991년-2002년	1991~2003년
평균부패지수				
한 국	4.22	4.11	3.95	3.85
OECD	4.80	4.75	4.70	4.71
한국 성장 손실* (%p)	0.83	0.97 (0.78)	1.19 (0.72)	1.37 (0.73)
한국 성장 손실** (%p)	0.72	0.85 (0.70)	1.05 (0.65)	1.22 (0.66)

주: *, **는 회귀식을 다르게 이용하여 추정하였을 경우를 뜻함. 괄호 안의 수치는, 2000년 이후 한
   국의 부패지수가 4.22를 유지했을 경우를 가상했을 때의 성장 손실임.
자료: 차문중(2008). 「국가경쟁력 제고를 위한 법·질서 수준 제고 방안」. KDI 재가공.

여, 우리가 OECD 국가들보다 부패 수준이 높아 그 기간 동안 감수해
야 했던 연평균 경제성장의 손실을 계산한 것이다. 이는 한국의 현저히
낮은 청렴 수준이 경제성장에 악영향을 주고 있음을 시사한다.

　　이와 더불어 부패 수준(부패지수로 측정된)과 경제성장과는 일의적이
거나 단조적인 관계 이상의 복잡한 관계가 존재한다는 점을 간과해서
는 안 된다는 점도 강조하여 제시되었다.[27] 분석에 쓰인 데이터를 기초
로 하여 살펴본 결과, 부패의 정도와 경제성장이 단순한 선형관계가 아
닌, 비선형관계를 지닐 개연성을 지님이 나타나고 있기 때문이다.

2. 이론적 모형

　　차문중은 시장에 대해 발생하는 공적 부문의 부패가 기업의 시장
진입, 생산, 이윤, 그리고 소비자의 후생에 미치는 영향에 대해 다음과
같이 분석한다.[28]

1) 기본적 생산 모형

인적 자본과 자본을 결합하여 한 가지의 대표 소비재를 생산하는 경제를 가정하자. 이 경제의 생산 함수는 다음과 같이 주어진다.

$$Y = AH^{\alpha}K^{1-\alpha}$$

여기서 A는 이 경제의 기술 수준을, H는 인적 자본을, K는 실질 자본을 뜻한다. 이디어(Ethier, W.)와 배로(Barro, R. J.)와 살라-이-마틴 (Sala-i-Martin, X.) 등의 논문에서 가정하는 바와 같이,[29] 자본은 서로 다른 특성을 지닌 자본재들의 총합으로 이루어지며, 자본의 축적은 이 특성들의 종류가 증가하며 이루어진다. 이 경우, 경제 내의 자본 스톡은 아래와 같은 식으로 표시될 수 있다.

$$K = \left(\int_{0}^{N} x(j)^{1-\alpha} dj \right)^{1/(1-\alpha)}$$

다시 말해 총 자본 스톡은 각각이 $x(j)$로 표기되는 다양한 종류의 자본재의 연속적 총화(composite)로 해석된다. 경제 내의 대표 기업의 자본 임대 수준은 아래의 식 (1)과 같이 자본의 한계 생산성에 의해 결정된다.

$$m = \frac{\partial Y}{\partial x} = A(1-\alpha)H^{\alpha}x^{-\alpha} \qquad (1)$$

분석의 편의를 위해, 자본재 $x(j)$의 한계 생산비는 항상 1이라는 가정과 자본재는 완전히 감가상각된다는 가정을 채택한다.[30] 이자율(r)이 고정되어 있는 정상 상태에서 기업의 이윤 극대화 함수는 아래와 같다.

$$\pi_t = -F + \int_t^{\infty} [mx - x]e^{-r(s-t)}ds$$

이 식에서 F는 고정 비용을 의미한다.

2) 부패와 새로운 기업의 진입

경제 내에 부패가 존재하지 않을 경우, 시장은 완전경쟁 형태를 유지한다고 가정하자. 또한 경제에 부패가 존재하기 시작하면서, (위험 중립적인) 기업이 특정 시장 내에서 조업하기 위해서는 당국자에게 뇌물을 공여해야 한다고 가정하자. 즉, 경제 내의 부패가 암묵적으로 진입 규제의 역할을 담당하고 있는 것이다. 이 경우 뇌물 공여는 이 경제 내에 존재하는 암묵적 진입 규제를 피해가는 '허가' 또는 '세금'과도 같다.[31]

뇌물이 상품의 판매량과 비례하거나 또는 럼썸(lump-sum)이거나에 관계없이 어느 경우에나 본 연구의 기본적인 결과는 변화하지 않지만 편의상 상품의 판매량(또는 시장점유율)에 비례한다고 가정하자. 이 경우 시장에 진입하는 기업이 한 단위 더 생산하기 위해 지불해야 하는 한계 비용(ν)은 뇌물이 없는 상태에서의 한계 비용($=1$)보다 크거나 같고 ($\nu \geq 1$), 뇌물 공여의 대가로 당국은 뇌물 공여 기업이 불완전 경쟁이 이루어지는 시장에 진입, 일정 수준의 편익($\mu \geq 1$)을 올릴 수 있게 해줄 것이다.[32] 이에 따라 뇌물 공여 기업의 이윤 함수는 아래와 같이 표현된다.

$$\pi_t = -F + \int_t^{\infty} [\mu mx - \nu x]e^{-r(s-t)}ds \qquad (2)$$

μ과 ν는 이 경제의 부패 수준인 c의 함수이다. 경제의 부패 수준이 증가할수록 비용을 지불하고 시장에 진입하는 기업의 수는 감소한

다고 가정하자. 그리고 논리의 전개를 위해서 비용과 편익에 대한 다음
의 두 가정을 도입한다.

〈가정 1〉 다른 조건이 동일할 때, 경제의 부패 수준이 상승함에 따라
뇌물 공여의 편익은 증가하지만$\left(\frac{\partial \mu}{\partial c} \geq 0\right)$, 한계 편익의 증가율은
감소한다$\left(\frac{\partial^2 \mu}{\partial c^2} < 0\right)$.

〈가정 2〉 다른 조건이 동일할 때, 경제의 부패 수준이 상승함에 따
라, 기업이 지불해야 하는 뇌물 비용은 초기에는 감소하지만
$\left(\frac{\partial \nu}{\partial c} \leq 0\right)$, 부패가 일정 수준에 도달한 이후에는 비용이 증가하
고$\left(\frac{\partial \nu}{\partial c} > 0\right)$, 그 이후 한계 비용의 증가율은 증가한다$\left(\frac{\partial^2 \nu}{\partial c^2} > 0\right)$.

〈가정 1〉은 전반적 부패 수준이 증가함에 따라 자유로운 시장 진
입이 저해되기 시작하며 이에 따라 진입 기업의 수가 감소, 시장이 불
완전 경쟁으로 변화하고 진입 기업들이 매 단위 생산으로부터 받는 편
익이 증가함을 의미한다. 그러나 생산 단위당 획득할 수 있는 한계 편
익은 감소한다. 〈가정 2〉는 부패가 거의 없는 경제에서는 제도적 환경
이 정비되어 있어 뇌물의 공여를 통해 시장에 진입하는 것이 높은 비
용을 필요로 하지만, 부패가 만연되어가며 상대적으로 낮은 뇌물 비용
을 지불하고도 시장에 진입할 수 있음을 의미한다. 그러나 부패가 어느
수준 이상으로 심해질 경우 시장에 진입하여 조업할 수 있는 기업의
수는 매우 적어지며, 이 적은 수의 '허가증'을 획득하기 위해 기업이 지
불해야 하는 비용은 증가하기 시작함을 의미한다.[33]
　　본 연구에서는 먼저 부패의 수준이 심화됨에 따라 시장에서 조업하
는 기업들의 수는 감소한다는 가정과 뇌물의 공여와 이에 따른 비용과 편
익에 대한 두 가지 가정하에, 부패의 증가가 생산과 소비에 미치는 영향
을 분석하고자 한다. 기존의 전통적인 연구에서는, 특히 꾸르노(Cournot)
형태의 경쟁이 존재하게 될 경우 생산자의 수가 감소함에 따라 각 생
산자의 생산량은 증가하지만 시장 전체적인 생산량은 감소함을 밝히고

있다. 그러나 본 연구에서는 부패에 따른 묵시적 진입 비용이 존재할 경우, 부패의 수준이 증가하고 생산자의 수가 감소함에 따라 기업이 생산량을 오히려 감소시키는 경우도 있음을 보여, 부패에 따른 시장의 왜곡이 일반적인 경우보다도 더 심각하게 후생을 감소시킴을 보인다. 또한 소비자들의 소비 행태의 왜곡 역시 분석하고, 데이터에 근거하여 경제 성장에 미치는 영향을 실증적으로 분석할 것이다.

3) 자본 임대율과 기업의 생산 및 이윤에 미치는 효과

기업이 그 경제에 주어진 부패 수준에서 이윤을 극대화하기 위하여 생산하여야 하는 최적 수준의 생산량 x를 구하기 위해 식 (2)의 일계 조건을 구하여 정리하면 아래의 식 (3)과 같다.

$$x|_{corruption} = x^B = \left(\frac{\mu}{\nu}\right)^{\frac{1}{\alpha}} A^{\frac{1}{\alpha}} (1-\alpha)^{\frac{2}{\alpha}} H \qquad (3)$$

식 (3)을 (1)에 대입하여 풀면 자본 임대율은

$$m = \frac{1}{(1-\alpha)} \frac{\nu}{\mu}$$

이 결과를 경제 내에 부패가 존재하지 않는 경우의 임대율 $1/(1-\alpha)$과 비교하면, 부패가 시장 임대율을 왜곡시킴을 알 수 있고, 그 왜곡의 정도는 부패의 함수가 되는 μ와 ν의 크기에 의해 결정된다. 본 연구의 가정에 따르면, 기업들이 뇌물의 수수를 통한 진입 동기를 지니는 경제의 부패도는 $\mu \geq \nu$의 조건을 만족시키는 $c \in (0, c_2)$이다. 즉, 이 범위 내에서는 시장 임대율이 정상 임대율보다 낮아진다.

이 기업이 각 기간 중 항상 동일한 $x(= x|_{corruption})$단위를 생산, 판매하는 경우 기업의 장기 이윤 π^B는 다음과 같이 도출되는데, 기업이 뇌물을 공여하고 시장에서 조업하기 위해서는 이 이윤이 양의 값을 가

져야 한다.

$$\pi^B = -F + \left(\frac{\alpha}{1-\alpha}\right)\left(\frac{\nu}{r}\right)x^B \geq 0 \qquad (4)$$

$\eta_{\mu c}$를 추가 편익의 부패 탄력성$\left(= \frac{\partial \mu}{\partial c}\frac{c}{\mu}\right)$, 즉, 다른 조건이 동일할 경우 경제의 부패 수준이 심화됨에 따라 뇌물 공여의 대가로 시장에 진입한 기업이 상품을 한 단위 더 판매함으로써 얻는 수익의 변화율이라고 하고, η_{vc}를 뇌물의 부패 탄력성$\left(= \frac{\partial \nu}{\partial c}\frac{c}{\nu}\right)$ 즉, 다른 조건이 동일할 경우, 경제의 부패 수준이 심화됨에 따라 당국의 비호를 받고 시장에 진입하기 위해 기업이 상품 한 단위당 공여해야 하는 뇌물 비용의 변화율이라 하자. 식 (3)으로부터 부패 수준에 따른 기업의 생산량의 변화를 구한 뒤, 이 두 가지의 탄력성을 이용하여 재구성하면 부패 수준의 변화에 따른 기업의 생산량의 변화는 다음과 같다.

$$\eta_{xc} = \frac{\partial x}{\partial c}\frac{c}{x} = \frac{1}{\alpha}[\eta_{\mu c} - \eta_{vc}] \qquad (5)$$

즉, 경제의 부패 수준이 증가함에 따라 시장에 진입한 기업이 생산량을 어떻게 변화시킬지는 두 개의 탄력성의 상대적 크기에 의해 결정된다. 대가의 부패 탄력성이 비용의 부패 탄력성보다 클 경우 $(\eta_{\mu c} > \eta_{vc})$, 뇌물을 공여하고 시장에 진입한 기업은 경제의 부패 수준이 증가함에 따라 생산량을 증가시킨다. 그러나 부패 수준이 일정 수준을 넘는 경우 부패 수준 1% 변화에 따른 비용의 변화율이 편익의 변화율보다 크고, 이는 $(1/\alpha)$에 의해 확대되어 생산량의 변화율에 음(-)의 영향을 미친다. 즉, 부패가 증가함에 따라 생산량은 감소하는 것이다.

앞서 논의한 바와 같이 시장 내의 생산자의 수가 감소할 경우 일반적으로 각 생산자의 생산량은 증가하지만, 시장 전체의 생산량은 감소하고 이것은 가격의 상승과 소비자의 후생 감소로 이어진다. 위의 분석은 부패에 의한 진입 비용이 존재할 경우 진입 기업들은 주어진 부패 수준과 이에 따른 비용 및 편익을 고려하여 생산량을 조절하게 되는바, 기업의 수가 감소하며 오히려 기업당 생산량이 감소하는 경우가 발생하는 것이다. 이는 당연히 생산 총량의 급격한 감소로 이어지고, 소비자의 후생은 규제나 부패가 없이 생산자의 수가 적었던 경우보다도 더욱 감소하게 된다.

기업의 생산량과 마찬가지로 이윤도 부패 수준의 영향을 받을 것이다. 부패가 기업의 장기 이윤 π에 미치는 영향은 역시 비교 정태적 방법으로 식 (4)를 부패 수준인 c에 대해 미분한 뒤 탄력성을 이용하여 정리하면 식 (6)과 같이 구해진다.[34]

$$\frac{\partial \pi^B}{\partial c}\frac{c}{\pi^B} = [\frac{1-\alpha}{\alpha}][\frac{1}{1-\alpha}\eta_{\mu c} - \eta_{vc}] \qquad (6)$$

진입 기업이 누리는 이윤은 부패의 수준에 따라 정해지는 진입 지불 비용과 그로부터의 편익의 크기에 따라 정해진다. 다시 말하면 부패의 수준이 일정 수치에 도달할 때까지는 부패 수준이 증가함에 따라 편익의 탄력성이 비용의 탄력성보다 크고 진입 기업의 이윤은 증가하지만 부패가 그 수준을 넘어설 경우, 진입 기업의 이윤은 감소하기 시작한다.[35]

IV. 청렴과 경제성장 — 실증 분석

1. 기존 실증 연구 분석

부패는 모든 국가의 사회 전반에 공통적으로 나타는 현상이지만 그 규모는 국가의 특성에 따라 상당한 차이가 있다. 지금까지 많은 경제학자들이 부패의 규모를 결정하는 원인과 부패가 사회·경제적으로 미치는 영향에 관하여 연구하였다. 그리고 최근에는 부패가 어떠한 경로를 통하여 경제성장에 영향을 주는지에 관하여 상당한 연구가 이루어지고 있다. 부패와 경제성장의 관계에 관한 연구에는 앞서 지적한 바와 같이 대립되는 두 가지 가설이 있는데, 그중 하나는 부패가 경제성장을 촉진한다는 것이다. 예를 들어, 레프는 부패가 지닌 긍정적인 측면을 지적하였는데,[36] 그 첫 번째는 부패가 공무원들의 성과급(piece-rate)과 유사한 성격을 갖고 있으며, 이는 공공서비스를 보다 효율적으로 제공하게 만든다는 것이다. 두 번째는 부패된 행동, 예를 들어, 뇌물 지급을 통하여 기업은 경제활동 시 발생할 수 있는 불필요한 규제를 회피할 수 있는 기회를 얻는다는 것이다. 따라서 이와 같은 부패의 긍정적인 측면을 감안하였을 때, 일정 수준의 부패는 경제에 긍정적인 기여를 한다고 레프는 주장하였다.

부패와 경제성장의 관계를 조명한 대부분의 연구에서는 부패가 경제성장에 악영향을 준다고 주장하고 있다.[37] 부패와 경제성장의 관계에 관한 실증 분석 중 가장 폭넓게 인용되고 있는 최초의 연구는 마우로[38]의 연구 결과이다. 마우로는 1960년부터 1985년까지 58개 국가별 자료를 사용하여 부패와 경제성장 간의 관계를 횡단면 분석하였으며, 부패의 표준편차가 한 단위 증가할 때 일인당 실질 국내총생산(Gross Domestic Product; GDP) 증가율은 0.8%p 감소한다는 것을 발견함으로써 부패가 경제성장에 악영향을 준다는 것을 검증하였다. 또한 부패와 투자 간의 강한 음(−)의 상관관계가 있다는 것을 추가적으로 발견함으로써 부패가 경제성장을 저해하는 주요한 경로로서 투자를 제시하였다.

한편 탄지(Tanzi, D.)와 다부디(Davoodi, H.)는 부패와 공공 부문의 투자와의 관계를 주목하여 부패가 경제성장에 부정적인 영향을 준다고 주장하였다.[39] 부패한 관료들은 뇌물을 보다 쉽게 획득하기 위해 소규모 사업 또는 기존의 사회기반시설을 유지·운영하기 위한 사업보다는 규모가 큰 사업에 주목하여 공공 부문의 지출을 확대한다는 것이다. 때문에 부패는 공공 부문의 투자를 증가시키는데, 이러한 투자가 생산성 증진 및 기존의 사회기반시설의 수준을 향상시키는 데 기여하지 못하기 때문에 경제성장이 저해된다는 것이다. 특히 굽타(Gupta, S.) 등은 정부 지출 중에서 국방비는 뇌물과 밀접한 관계가 있는 반면, 경제성장에는 주요한 영향을 주지 못한다고 지적하며 부패 수준과 국방비 간의 양의 상관관계가 있다는 것을 검증하였다.[40] 한편 에를리히와 루이는 정부의 개입, 정치제도, 그리고 부패가 경제성장에 미치는 영향을 1960년부터 1992년까지 152개 국가별 자료를 사용하여 패널 분석을 하였으며 실증분석 결과 정부의 개입 및 부패 수준이 높을수록 경제성장률이 감소한다는 것을 검증하였다.[41] 또한 경제 발전 단계를 구분하여 이들 간의 관계를 분석한 결과, 부패 및 정부의 개입이 경제성장률에 미치는 부정적인 영향력은 선진국일수록 더 작다는 것을 발견하였다. 이렇듯 부패가 경제에 미치는 영향과 관련한 연구를 종합적으로 살펴보면 부패가 경제 전반에 걸쳐 부정적인 영향을 준다는 주장으로 귀결되고 있다.[42]

부패와 경제성장 간의 음의 상관관계를 검증하는 데에서 더 나아가 이들 간의 관계의 주요한 경로를 실증적으로 분석하고 제시하는 연구도 이루어지고 있다. 예를 들어, 모(Mo, P-H)는 1960년부터 1985년까지 5년 단위의 평균값으로 구성된 패널 자료를 사용하여 부패가 경제성장에 미치는 영향과 그 경로를 구조적으로 분석하였다.[43] 분석 결과 모는 부패가 인적 자본의 수준과 사적 투자의 비중을 감소시키며 정치적 불안정을 야기함으로써 경제성장에 악영향을 준다는 것을 검증하였다. 또한 각 경로가 차지하는 상대적인 비중은 각각 14.8%, 21.4%, 53.0%이라고 설명하였다. 즉, 부패가 경제성장에 직접적으로 미치는 부정적인 영향은 약 11.8%이며, 나머지는 인적 자본과 사적 투자의 감소, 그리고 정치적 불안정으로 인한 간접효과로 설명된다는 것이다. 펠레그리니(Pellegrini, L.)와 젤라프(Gerlagh, R.)는 모와 유사한 방법론을 사용하여 부패와 경제성장 간의 관계와 그 경로에 관하여 실증 분석하였다.[44] 부패와 경제성장의 주요한 경로로 모가 고려한 투자, 인적 자본, 정치적 불안정과 더불어 펠레그리니와 젤라프는 무역 정책을 추가적으로 고려하여 분석하였으며, 실증 분석 결과 부패로 인해 가장 많이 왜곡되고 결과적으로 경제성장을 저해하는 주요한 요인은 투자와 무역개방도라고 주장하였다. 한편 메온(Meon, P. G.)과 세카트(Sekkat, K.)는 정부의 질적 수준이 낮을수록 부패가 투자에 미치는 부정적인 영향은 증폭되고 결과적으로 경제성장이 악화된다고 주장하였다.[45] 정부의 낮은 질적 수준의 대리지표로서 메온과 세카트는 법질서의 약화와 비효율적인 정부, 그리고 정치적 혼란을 사용하였는데 이러한 정부의 질적 수준이 낮을수록 부패가 경제성장에 미치는 부정적인 영향은 더 커지며, 이는 투자를 통제한 경우에도 통계적으로 유의미하다는 것을 검증하였다. 이와 같은 발견을 통해 메온과 세카트는 부패가 투자의 감소를 통해 경제성장에 부정적인 영향을 줄 뿐 아니라 다른 경로를 통해서도 경제성장을 저해한다고 주장하였다. 이처럼 지금까지 많은 학자들이 부패와 경제성장 간의 음의 상관관계를 검증하였으며, 그 주요한 통로로서 투자 감소, 인적 자본의 감소, 무역 정책, 정치적 불안정, 제도의 질적 수준 등을 제시하고 있다.

2. 연구방법

청렴과 경제성장 사이의 신뢰성 있는 결과를 도출하기 위해서는 기존의 성장회귀식의 추정에 사용된 주요 독립변수들을 통제할 필요가 있다. 즉, 기존의 독립변수들이 성장에 미치는 효과를 통제한다는 것은 부패가 누락된 다른 변수의 대리 변수가 되어 성장에 영향을 주는 가능성을 줄임으로써 추정 결과의 신뢰성을 제고할 수 있음을 시사한다. 따라서 성장회귀식은 기존의 주요 독립 변수를 다 포함하는 포괄적(encompassing) 추정식이 되어야 한다. 이러한 판단에 입각하여 이 연구는 기존의 경제성장 추정식에서 독립 변수로 사용되었던 자본, 교육, 제도, 정책 관련 변수를 통제한 상태에서 청렴과 경제성장 사이의 관계를 추정한다.

이 연구는 다음과 같은 측면에서 기존의 연구에 기여하고자 한다. 첫째, 최근의 자료를 포함하여 가능한 장기간의 시계열 자료와 횡단면 자료를 구축하여 패널 추정을 시도한다. 둘째, 그동안의 경제성장의 결정 요인에 대한 문헌의 성과를 고려하여 기존 문헌에서 강조하였던 결정 요인들을 통제한 상태에서 부패와 경제성장 사이의 관계를 추정한다. 즉, 자본 축적, 인적 자본, 제도, 무역, 인구 성장률 등의 변수와 더불어 부패를 독립 변수로 추가한 후 부패가 경제성장에 미치는 효과를 분석한다. 셋째, 경제성장에 미치는 시간불변적인 요인들을 제어하기 위해 고정효과 패널 분석을 시도한다. 넷째, 본 연구의 논의는 부패에 관한 두 종류의 연구 성과들, 즉, 부패가 경제성장률에 주는 영향과 부패가 경제성장률에 영향을 미치는 경로에 대한 연구를 동시에 진행한다.

실증 분석에 쓰인 추정식은 다음의 두 개의 식으로 제시되었다. 그리고 1980년부터 2007년까지 5년 단위의 평균값으로 구성된 204개 국가별 패널 자료를 사용하였다.

$$Growth = \alpha_0 + \alpha_1 Corruption + \alpha_2 Corruption^2 + T'\Gamma + X'A + e$$

$$T_j = \beta_0 + \beta_1 Corruption + \beta_2 Corruption^2 + Z'B + \nu$$

첫 번째 식은 배로의 성장회귀 모형을 기반으로 구성된 부패와 경제성장률 간의 추정식이다.[46] 따라서 통제 변수 X는 배로의 기본성장회귀 모형에서 사용한 일인당 실질 GDP의 초기값, 인적 자본의 초기값, 인구 성장률을 나타낸다. T는 경제성장의 동력인 동시에 본 연구에서 주목하고 있는 부패와 경제성장의 관계에 대한 통로로서 기존 연구에서 지금까지 주요하게 제시되고 있는 투자와 인적 자본, 그리고 무역을 고려하였다. 다만, 기존 연구에서는 무역 정책의 대리 변수로서 무역 개방도를 고려하여 분석함으로써 부패가 무역 개방 수준을 악화시키고 그로 인해 경제성장이 저해된다고 주장하였다. 하지만 본 연구에서는 보다 실질적인 변수로서 GDP 대비 무역액이 차지하는 비중을 고려하기로 한다. 이를 통해 부패가 무역 감소의 경로를 통해 경제성장에 악영향을 미친다는 가설을 보다 명확하게 설명할 수 있을 것이다. 또한 인적 자본은 시차를 두고 성장에 영향을 주기 때문에 전기의 인적 자본을 사용하였다. 이를 통해 배로의 성장회귀 모형에서 고려한 인적 자본의 초기값이 미치는 영향을 통제함과 동시에 부패와 경제성장의 관계에 대한 통로로서 인적 자본이 미치는 영향을 살펴볼 수 있다. 또한 민주적 책임성이 성장에 미치는 영향을 추가적으로 고려함으로써 실증 분석 결과의 견고함을 제시하였다.

두 번째 식은 부패가 각 경제성장 동력에 어떠한 영향을 미치는지 분석하기 위한 추정식이며, Z는 통제 변수로서 일인당 실질 GDP, 인구 증가율, 제도가 이에 포함된다. 제도 변수는 관료들의 권력 분배를 위한 제도화된 제약, 즉, 제도의 균형을 나타내는 지수로서 1(법적 의회의 부재)부터 7(다수 정당의 민주주의)까지 지수화되어 있으며, 숫자가 높을수록 견제와 균형의 원칙이 작동하는 제도를 의미한다.

한편 기존의 연구에서 밝혀진 대로 부패와 성장 간의 비선형관계를 주목하여 본 연구에서는 각각의 모형에 부패의 제곱항을 추가하였다.[47] 본 연구에서 사용한 부패지수는 PRS(Political Risk Service Inc.)에서 매년 제공하는 국제국가위험가이드(International Country Risk Guide; ICRG) 자료이다. ICRG 부패지수는 특정 국가의 부패 정도를 외국인 투자자를 대상으로 설문하여 평가하며, 가장 부패한 것을 의미하는 0부터 가장 청렴한 것을 의미하는 6까지 지수화되어 있다. 이때 부패는 수입과 수출의 인허가, 세금 책정, 대출 등과 연관하여 정부 관료들에게 비합법적으로 지급되는 뇌물의 형태를 의미한다.[48]

부패가 경제성장을 저해한다는 가설은 첫 번째 식을 통해 검증할 수 있다. 이와 더불어 부패와 경제성장 간의 주요한 통로인 경제성장 동력이 통계적으로 유의미한지 역시 첫 번째 식을 통해 검증할 수 있다. 또한 두 번째 식을 추정함으로써 부패가 각각의 경제성장 동력에 어떠한 영향을 미치는지 검증할 수 있다. 이상의 분석 결과를 통해 부패가 경제성장에 미치는 직접적인 효과와 부패가 경제성장 동력을 악화시키고 그로 인해 성장을 저해하는 간접효과를 모두 추정하고자 한다.

3. 분석 결과

본 연구는 1980년부터 2007년까지 5년 단위의 평균값으로 구성된 204개 국가별 패널 자료를 사용하였다. 부패와 경제성장, 그리고 제반 변수들의 장기적인 관계를 분석하는 데 있어 5년 단위의 평균값의 사용은 단기 변동성을 감소시켜준다.[49] 한편 추정 방법은 Pooled OLS와 고정효과 패널 추정 방법을 사용하였다. 사회·정치적 제도의 수준, 문화적 차이, 법적 구조 등 부패 및 경제성장에 모두 영향을 주는 눈에 보이지 않는 요인들 간의 상관관계는 부패와 경제성장 간의 내생성 문제를 야기한다. 때문에 이와 같은 내생성 문제를 고려하지 않고 OLS로 추정하게 되면 편의가 발생한다. 따라서 본 연구는 고정효과 패널 추정방법을 사용하여 국가 간의 시간불변적인 이질성을 통제함으로써 Pooled OLS 추정치보다 신뢰성 있는 추정 결과를 제시하고자 한다.

Pooled OLS와 고정효과(Fixed Effect) 추정 방법에 근거하여 부패와 경제성장 간의 관계를 분석한 결과는 다음의 〈표 2〉와 〈표 3〉과 같다. 모형(8)은 마우로가 사용한 기본 모형이며, 모형(9)와 모형(10), 모형

(11)은 마우로의 기본 모형에 부패와 경제성장의 통로로서 투자변화율과 무역을 추가적인 통제 변수로서 고려한 것이다. 그리고 모형(12)는 제도 변수인 민주적 책임을 추가적으로 고려하여 분석 결과의 견고함을 검증하였다.[50]

〈표 2〉 부패가 경제성장에 미치는 영향(1980년-2007년): Pooled OLS

	(8)	(9)	(10)	(11)	(12)
부 패	0.010 (2.93)***	0.011 (3.05)***	0.010 (2.99)***	0.011 (3.10)***	0.010 (2.90)***
부 패^2	−0.001 (2.42)**	−0.001 (2.56)**	−0.001 (2.55)**	−0.001 (2.67)***	−0.001 (2.60)***
초기 GDP	−0.007 (5.47)***	−0.007 (5.56)***	−0.008 (5.88)***	−0.008 (5.99)***	−0.008 (6.01)***
인구 성장률	−0.772 (6.05)***	−0.771 (6.33)***,	−0.861 (6.85)***	−0.854 (7.14)***	−0.818 (6.48)***
초기 인적 자본	0.018 (2.29)**	0.021 (2.75)***	0.017 (2.19)**	0.020 (2.65)***	0.018 (2.39)**
투자 변화율		0.148 (5.09)***		0.144 (5.08)***	0.142 (4.95)***
무 역			0.005 (1.90)*	0.004 (1.77)*	0.004 (1.83)*
민주적 책임성					0.001 (0.92)
관측치수	403	396	398	392	392
R^2	0.1806	0.2530	0.2128	0.2829	0.2826
F-test	[0.000]	[0.000]	[0.000]	[0.000]	[0.000]

주 1: 종속 변수는 1인당 경제성장률임.
　2: ( )의 숫자는 t값이고 [ ]의 숫자는 P값이다. ***, **, *는 각각 1%, 5%, 10% 유의 수준에서 유의함을 의미.
　3: 부패지수는 높을수록 부패 수준이 낮다는 것, 즉, 청렴하다는 것을 의미.
　4: 초기 GDP와 초기 인적 자본은 1980년의 값을 사용.
　5: 고정효과 패널 모형과 같이 초기값을 전기값으로 사용하여 관측치 수를 동일하게 하였을 경우에도 추정치의 유의성 및 결과가 이상의 결과와 동일하게 검증됨.

한편, 모형(8)(또는 모형(13)), 모형(9)(또는 모형(14)) 그리고 모형(10)(또는 모형(15))의 결과를 통해 전기의 인적 자본, 투자변화율, 무역 등 본 연구에서 주목하고 있는 성장동력 요인의 유의성을 살펴볼 수 있다. 이 중 투자변화율은 모든 추정식에서 유의한 것으로 나타났다. 즉,

〈표 3〉 부패가 경제성장에 미치는 영향(1980년~2007년): 고정효과 모형

	(13)	(14)	(15)	(16)	(17)
부 패	0.007 (1.70)*	0.007 (1.96)*	0.008 (1.94)*	0.008 (2.05)**	0.006 (1.68)*
부 패^2	-0.001 (2.45)**	-0.001 (2.54)**	-0.001 (2.41)**	-0.001 (2.48)**	-0.001 (2.35)**
전기 GDP	-0.035 (7.41)***	-0.028 (6.28)***	-0.038 (7.64)***	-0.030 (6.14)***	-0.031 (6.36)***
인구 성장률	-0.836 (4.46)***	-0.878 (5.04)***	-0.802 (4.15)***	-0.858 (4.71)***	-0.794 (4.37)***
전기 인적 자본	0.020 (2.55)**	0.012 (1.59)	0.015 (1.81)*	0.010 (1.30)	0.006 (0.76)
투자 변화율		0.156 (6.80)***		0.146 (6.15)***	0.139 (5.88)***
무역			0.022 (3.06)***	0.011 (1.50)	0.010 (1.36)
민주적 책임성					0.003 (2.79)***
관측치수	419	411	414	407	407
no. of groups	80	80	80	80	80
R^2	0.2159	0.3208	0.2383	0.3219	0.3381
F-test	[0.000]	[0.000]	[0.000]	[0.000]	[0.000]

주 1: 종속 변수는 1인당 경제성장률임.
  2: ( )의 숫자는 t값이고 [ ]의 숫자는 P값이다. ***, **, *는 각각 1%, 5%, 10% 유의 수준에서 유의함을 의미.
  3: 부패지수는 높을수록 부패 수준이 낮다는 것, 즉, 청렴하다는 것을 의미.
  4: 고정효과 패널 모형에서는 인구 성장의 초기값과 같은 시간불변의 변수는 자동적으로 통제가 되므로 여기서는 그 전기의 값을 사용하여 추가적으로 통제.

OLS와 고정효과 패널 모형으로 추정한 결과 유의 수준 1%에서 투자와 경제성장률 간의 양의 상관관계가 있다는 것이 검증되었다. 한편, 중등 교육 취학률을 이용한 전기 인적 자본과 GDP 대비 무역의 비중을 사용한 무역 관련 변수도 투자와 마찬가지로 OLS와 고정효과 패널 추정식에서 유의한 것으로 나타났다. 또한 제도 변수의 경우 고정효과 패널 모형으로 추정한 모형에서 민주적 책임성과 경제성장 간의 양의 상관관계가 있다는 것이 검증되었다. 그 밖에 GDP의 초기값이 높을수록 경제성장률이 감소한다는 것이 통계적으로 유의미하게 검증됨으로써 신고전학파의 경제성장 모형[51]에서 제시하는 성장수렴 가설과 일치하는 결과가 도출되었다. 또한, 인구성장률과 일인당 경제성장률은 음의 관계가 존재함이 검증되었다.

이 연구의 목적상 가장 중요한 결과로서 〈표 2〉와 〈표 3〉은 부패와 경제성장 사이에 음의 상관관계가 존재함을 보여 주고 있다. 즉, 모든 추정식에서 부패와 경제성장은 음의 관계가 발견되었으며 그 계수는 유의한 것으로 나타났다. 계수값의 크기로 이를 살펴본다면 부패의 제곱항을 제외하고 부패지수 자체가 1만큼 감소할 때, 즉, 추정식에서 사용된 부패지수 변수가 의미하는 대로 청렴지수가 1만큼 증가할 때, 경제성장률은 약 0.6%p에서 0.8%p 상승한다는 것을 알 수 있다. 이는 부패지수가 1만큼 감소할 때 경제성장률은 0.8%p 상승할 수 있다는 마우로[52]의 추정 결과와 유사한 수준이다.

한편, 부패의 제곱항과 경제성장 간의 음의 상관관계가 검증됨으로써 부패와 경제성장 간의 비선형관계, 즉, 부패가 경제성장에 미치는 악영향은 부패 수준이 증가할수록 감소한다는 것을 발견하였다. 부패와 성장 사이의 이 결과는 다른 변수들을 통제한 상태에서 유의하며 특히 다른 변수와 관련된 추정 결과도 대부분의 경제성장 분석 결과와 유사하여 이 연구의 발견의 신뢰성을 더해 주고 있다. 이 발견과 이상에서 논의한 부패지수와 경제성장 사이의 발견을 종합하면 부패는 경제성장에 음의 영향을 미치되 그 효과는 부패가 감소함에 따라 체감한 다는 것이다.[53] 이는 다음의 예시가 보여 주듯 부패가 경제성장에 미치 는 음의 효과가 부패의 제곱이 경제성장에 미치는 양의 효과를 동시에 고려해서 얻은 결과이다.

부패가 경제성장에 미치는 영향의 크기는 다음과 같이 예시될 수 있다. 부패지수의 평균은 3.4이며 부패의 제곱의 평균은 13.6이다. 모 든 통제 변수를 다 추가하여 추정한 모형(17)의 고정효과 추정에서 부 패의 계수값은 0.006이며 부패의 제곱항의 계수값은 -0.001로 추정되 었다. 따라서 부패지수의 한 단위, 즉, 1만큼의 변화는 연평균 경제성장 률에 0.41%의 영향을 미친다. 즉, 부패지수가 1만큼 감소한다면 연평균 경제성장률은 0.41%p 증가할 수 있다는 의미이다.[54] 예를 들어, 2000년 에서 2007년까지의 한국의 부패지수는 평균 2.55이었으며 동일한 기간 일본의 부패지수는 3.41이었다. 이는 만약 한국이 일본의 수준만큼 부패 를 감소시킬 수 있다면 한국의 연평균 경제성장률이 0.35%p 더 증가할 수 있음을 시사한다. 그리고 이는 부패가 투자, 인적 자본, 무역 등의 변 수를 통해 간접적으로 경제성장률에 미치는 영향을 제외한 효과, 즉, 경 제성장률에 영향을 미치는 직접적인 효과로 평가할 수 있다.[55]

경제성장에 영향을 미치는 다른 변수와 부패와의 관계, 즉, 성장동 력과 부패 간의 관계를 분석한 결과는 다음 〈표 4〉와 같다. 모형(18) 은 부패가 투자변화율에 미치는 영향을 분석한 것이며, 모형(19)는 부 패가 무역에 미치는 영향을 분석한 것이다. 마지막으로 모형(20)은 부 패가 인적 자본에 미치는 영향을 분석한 것이다. 각각의 모형은 고정효 과 추정 기법을 사용하여 분석하였다.

추정 결과, 유의 수준 1%에서 부패 수준과 각 성장동력 간의 음의 상관관계가 검증되었다. 이를 통해 부패 수준이 높을수록 투자가 감소 하며 GDP 대비 무역 비중이 줄어들고 인적 자본이 감소한다는 사실을 발견할 수 있다. 그리고 부패의 제곱항과 경제성장 동력 간의 음의 상

〈표 4〉 부패가 경제성장 동력에 미치는 영향(1980년-2007년)

	(18) 투자변화율	(19) 무역	(20) 인적 자본
부 패	0.025 (2.59)***	0.062 (2.02)**	0.101 (3.32)***
부 패^2	−0.003 (2.33)**	−0.014 (3.09)***	−0.017 (3.96)***
GDP 수준	−0.002 (0.23)	0.211 (6.07)***	0.233 (6.82)***
인구 성장률	0.472 (1.06)	−3.960 (2.68)***	−10.134 (7.05)***
제 도	0.001 (3.16)***	0.002 (1.85)*	0.001 (0.96)
관측치수	365	370	368
no. of groups	73	73	71
R^2	0.0688	0.2804	0.3917
F-test	[0.001]	[0.000]	[0.000]

주 1: 모형(18)-모형(20)의 종속 변수는 각각 투자변화율, 무역, 인적 자본임.
 2: ( )의 숫자는 t값이고 [ ]의 숫자는 P값임. ***, **, *는 각각 1%, 5%, 10% 유의 수준에서 유의
    함을 의미.
 3: 부패지수는 높을수록 부패 수준이 낮다는 것, 즉, 청렴하다는 것을 의미.

관관계가 검증됨으로써 부패와 경제성장 동력 사이의 비선형관계, 즉,
부패가 투자, 무역, 인적 자본 등 경제성장 동력에 미치는 영향은 부패
지수가 증가할수록, 즉, 청렴도가 개선될수록 그 한계효과가 감소한다
는 것을 발견하였다.

　　다른 변수들과 경제성장 동력과의 관계는 대체로 예상과 일치한
다. 보다 구체적으로 제도의 질은 투자변화율 및 무역과 양의 상관관계
가 있다는 것이 모형(18)과 모형(19)의 추정을 통해 검증되었다. 또한
일인당 GDP 수준이 높을수록 무역은 증가하고, 인적 자본의 수준은
향상된다는 것을 모형(19)와 모형(20)을 통해 알 수 있다. 그 밖에 인
구 성장률은 무역 및 인적 자본의 수준과 음의 상관관계를 가지고 있

다는 것이 모형(19)와 모형(20)을 통해 검증되었다.

V. 청렴이 국가 경제에 미치는 직간접적 효과

앞서 살펴본 바와 같이, 부패 및 성장동력과 경제성장 간의 관계와 부패와 성장동력 간의 관계를 분석함으로써 부패가 경제성장에 미치는 직간접 효과를 모두 추정하였다. 지금까지의 추정 결과를 바탕으로 부패가 경제성장에 미치는 직접효과와 간접효과의 크기를 다음의 식과 같이 계산할 수 있다.

$$\frac{d경제성장}{d부패} = \frac{\partial경제성장}{\partial부패} + (\frac{\partial경제성장}{\partial성장동력} \times \frac{\partial성장동력}{\partial부패})$$

예를 들어, 부패 감소가 투자 증가의 경로를 통하여 경제성장에 기여하는 효과를 살펴보기 위해서는 모형(14)와 모형(18)의 추정 결과를 사용한다. 모형(18)에서 부패지수가 1만큼 감소할 때, 투자변화율은 0.025%p만큼 증가한다는 것이 검증되었다. 또한 부패의 제곱항은 투자변화율과 양의 상관관계를 갖는 것으로 검증되었다. 따라서 부패 수준과 부패 수준의 제곱을 모두 고려하여 부패가 투자변화율에 미치는 영향을 계산할 수 있다. 이를 모형(14)에서 추정된 투자변화율의 계수 값(0.156), 즉, 투자변화율이 경제성장에 미치는 효과와 곱함으로써 부패가 투자변화율의 경로를 통하여 경제성장에 미치는 간접효과를 산출할 수 있다. 한편 모형(14)에서 부패지수가 1만큼 감소할 때, 경제성장률은 0.7%p만큼 증가하며, 부패의 제곱항이 1만큼 감소할 때, 경제성장률은 0.1%p만큼 감소한다는 것이 검증되었다. 따라서 부패 수준과 부패 수준의 제곱을 모두 고려하여 부패가 경제성장에 미치는 효과를 계산할 수 있으며, 이는 부패가 투자를 통해 간접적으로 경제성장률에 미치는 영향을 제외한 효과, 즉, 부패가 경제성장에 미치는 직접적인 효과를 나타낸다.

부패와 성장동력, 그리고 경제성장 간의 보다 종합적인 관계는 각 성장동력을 모두 고려하여 분석함으로써 살펴볼 수 있다. 즉, 투자, 무역, 인적 자본을 모두 포함하여 추정한 결과를 바탕으로 부패와 경제성장 간의 관계에서 개별 성장동력이 미치는 간접효과의 상대적인 비중을 비교해 볼 수 있다.

모형(17)은 성장동력, 즉, 투자, 무역, 인적 자본을 모두 포함하고 있으며, 이와 동시에 민주적 책임성을 고려함으로써 제도가 경제성장에 미치는 영향을 통제하였다. 따라서 이 모형을 이용한 추정 결과를 바탕으로 부패와 경제성장 간의 직접효과와 간접효과를 계산하였으며, 그 결과는 다음 〈표 5〉과 같다.[56] 앞에서 상술한 것처럼 부패지수 자체와 그 제곱항을 고려하여 부패가 직접적으로 경제성장에 미치는 효과는 0.41%p로 추정된다. 그리고 간접효과 중에서 먼저 부패가 투자를 통해 간접적으로 경제성장률에 미치는 영향을 살펴보면 부패지수가 1만큼 감소할 때 이는 투자변화율을 증가시켜 약 0.56%p 경제를 성장시키는 데 기여하게 된다. 그리고 부패지수의 개선은 GDP 대비 무역의 비중을 증가시켜 경제성장에 기여하는데, 그 효과는 약 0.05%p이다. 마지막으로 부패지수가 1만큼 개선될 때, 인적 자본의 수준이 향상되어 경제성장은 약 0.21%p 상승할 수 있음이 발견되었다. 이 간접효과의 합은 0.64%p로서 직접효과와 간접효과를 더한 총효과는 1.05%p로 추정되었다. 이는 부패지수 1단위의 감소는 경제성장율을 약 1.05%p 상승시키는 효과가 있음을 의미한다.

부패가 경제성장에 미치는 총 효과 중 직간접 효과의 기여도를 보면 전체 중 39%는 부패가 직접적으로 성장에 영향을 주는 효과이다. 그리고 나머지 61%는 부패가 성장동력을 통해 간접적으로 경제성장에 영향을 주는 효과이다. 다시 말해서 부패지수의 1단위 감소는 투자변화율을 증가시키고 무역을 증진시키며 인적 자본의 수준을 향상시켜 경제 수준을 약 0.64%p 상승시킬 수 있다. 부패지수의 개선이 경제성장에 기여하는 전체 효과 중에서 투자변화율 증가를 통한 간접효과가 차지하는 비중은 약 53.6%p이다. 또한 GDP 대비 무역액 비중의 증가를 통해 부패가 경제성장에 미치는 간접효과는 전체 효과에서 약 1.8%를 차지한다. 그리고 인적 자본의 수준 향상을 통해 부패가 경제성장에 미치는 간접효과는 전체 효과에서 약 5.8%를 차지한다고 설명할 수 있다. 한 국가의 부패지수의 개선, 즉, 청렴도 향상이 경제성장에 기여하는 주요한 통로로서 투자변화율과 무역, 인적 자본의 수준을 제시할 수 있는데, 그중에서 투자가 미치는 간접효과의 비중은 상당히 크다는 것을 살펴볼 수 있다. 이는 무역 또는 인적 자본에 비해 부패가 투자에 미치는 악영향이 보다 직접적이고 주요하다는 것을 시사한다.

〈표 5〉 부패가 경제성장에 미치는 직간접 효과

	직접효과	간접효과			전체효과
		투자변화율	무 역	인적 자본	
실제 크기	0.41%p	0.56%p	0.02%p	0.06%p	1.05%p
상대적 비중	38.8%	53.6%	1.8%	5.8%	100%

VI. 결   론

부패는 경제의 자원 배분을 왜곡시켜 생산의 비효율을 증가시킨다. 뇌물의 한계 편익이 한계 비용을 능가하여 뇌물 수수를 통해 진입과 같은 경제행위를 추구할 경우 시장의 자본임대율은 정상임대율보다 낮아진다. 진입을 위해 필요한 자본에 대한 수요 자체가 감소하기 때문이다. 또한 부패에 의한 진입 비용이 존재할 경우 진입 기업들은 정상 상태와는 다른 조업 결정을 내리게 된다. 주어진 부패 수준과 이에 따른 비용과 편익을 고려하여 내리는 생산량의 수준은 정상 수준에서의 생산량보다 전반적으로 낮게 나타난다. 당국의 비호를 받는 기업만 진입하고 생존할 수 있게 됨에 따라 기업의 수 자체도 감소하므로 결과적으로 경제 내의 생산량은 감소하고 가격은 상승하게 된다. 생산자 부문에서 발생하는 부패의 비용이 소비자에게도 전가되는 것이다.

부패가 경제성장에 미치는 영향은 선형적(비례적)으로 나타나지 않을 가능성이 높다. 차문중은 3차 함수를 활용하였으며,[57] 본 연구에서는 1차 또는 2차 함수를 원용하였다. 분석 결과 모든 추정식에서 부패와 경제성장은 음의 상관관계가 발견되었으며 그 계수는 유의한 것으로 나타났다. ICRG 자료를 이용했을 때, 1980년-2006년간 부패지수의 한 단위, 즉, 1만큼의 변화는 연평균 경제성장률에 0.41%p의 영향을 미쳤다.

부패가 경제성장에 미치는 총효과 중 직간접 효과의 기여도를 보면 전체 중 39%는 부패가 직접적으로 성장에 영향을 주는 효과로 나타났다. 그리고 나머지 61%는 부패가 투자와 무역, 그리고 인적 자본과 같은 성장동력을 통해 간접적으로 경제성장에 영향을 주는 효과이다. 다시 말해서 부패지수의 1단위 감소는 투자변화율을 증가시키고 무역을 증진시키며 인적 자본의 수준을 향상시켜 경제성장을 약 0.64%p 상승시킬 수 있다.

한 가지 유의할 점은 부패와 다른 제도적 변수 간의 상관관계는 매우 높은 편이며, 따라서 부패와 성장의 관계를 살핀 본장의 정량적 분석 결과가 사실상 다른 제도적 변수들 또는 포괄적 의미의 제도적 여건의 영향으로 해석할 수 있다는 것이다. 특히 우리나라의 제도적 경쟁력은 부패뿐 아니라 전반적으로 낮으며, 동시에 세계 각국의 제도적 변수들의 상관관계가 매우 높게 나타나고 있다. 결국 부패를 고립되고 독립된 하나의 변수로 인식하는 것보다는 사회제도의 전체적인 틀에서 파악하는 것이 중요하다고 하겠다. 부패가 경제성장에 미치는 함의 역시 동일한 맥락에서 해석될 필요가 있다.

제 2 편

반부패 정책과 제도

제3장 공직자의 윤리 확보와 이해충돌의 방지

윤 태 범

I. 서   론

새로운 정부가 출범할 때마다 여지없이 장관급 고위 공직 후보자
의 도덕성 등 자질을 둘러싸고 많은 논란이 벌어지곤 한다. 이 중 상당
수는 고위공직자로서 공직을 퇴직하여 이해충돌 발생 가능성이 매우
농후한 기업 등으로 취업하여 단기간에 고소득을 올렸다가 다시 장관
급 후보자로 복귀한 전형적인 '회전문 인사'의 사례들이다.

이와 같은 이해충돌을 야기하는 퇴직 후 취업 및 전관예우 등의
부정적 관행은 어제오늘의 일은 아니며 우리의 오래된 구조적·관행적
문제라고 할 수 있다. 퇴직 후 벌어지고 있는 이해충돌의 문제는 비단
퇴직 공직자에게만 국한되는 것은 아니다. 오히려 재직 중인 공직자에
게 더욱 부정적인 영향을 미친다는 점에서, 이해충돌의 회피 문제는 공
직자의 윤리 확보와 관련하여 매우 중요한 이슈이다.

또한 공직자의 부패나 윤리 문제는 공직자 개인의 문제로서 그치
는 것이 아니며 공공부문 전반에 부정적 영향을 미쳐서, 국민들로 하여
금 정부는 물론 정책에 대해서도 불신하게 하는 등 그 영향이 적지 않
다. 이로 인하여 정부는 또다시 국민들의 신뢰를 얻기 위한 정책 홍보
등 추가적 비용을 지출하게 된다. 부패와 낮은 수준의 윤리가 단순히

규범적 문제가 아니라 적지 않은 사회적·경제적 비용을 유발하고 있음을 보여 준다.

일반적으로 공직자에게 요구되는 '윤리'(ethics)는 '특정 지역이나 조직에서 준수할 것으로 기대되는 바람직한 가치'를 의미한다. 그런데 공직자의 윤리는 일반적인 윤리와 구별된다. 즉, 공직자(public servant)는 어원상 '다수를 위한 이익(즉, 공익)을 유지, 보존하는 사람'을 의미하기 때문에, 공직자의 윤리는 '다수를 위한 이익(즉, 공익)을 유지, 보존하는 사람들(즉, 공직자)에게 기대되는 바람직한 가치'로 정의될 수 있다. 따라서 공직자의 윤리는 기본적으로 선언적·가치 지향적 내용으로 구성되지만, 어원상으로도 실천성을 강조한다는 점에서 현실적인 내용도 동시에 지니고 있다. 따라서 공직 윤리를 제고한다는 것은 현실에서 가장 바람직한 것으로 기대되는 가치를 사전적으로 정립한다는 것을 의미하기도 한다.

특히 공직자의 '부패'(corruption)는 윤리성이 배제된 가운데, '사적인 이익의 획득을 위하여 공직자가 자신의 직무상 권한을 오·남용하는 것'을 의미한다는 점에서, 부패는 낮은 수준의 윤리의 이면 혹은 그 결과라고 할 수 있다. 예방적 성격의 윤리와 비교하면 부패는 결과 지향적 의미를 갖고 있다.

이렇게 공직자에 대해서 윤리를 강조하고 부패 발생을 억제하고자 하는 것은, 기본적으로 공직 혹은 공직자의 존립이나 정당성의 근거가 '국민'이라는 다수를 위한 직무의 공정한 수행이 이루어지는 가운데 인정될 수 있기 때문이다. 즉, 국민과 공직자의 관계는 법에 의한 계약적 관계로서도 설명되지만 그 이전에 믿음, 즉, 신탁으로 형성된다. 공직자의 윤리가 국민의 기대 수준 이상으로 확보되지 않으면 국민과 공직자 간의 신탁관계는 존립할 수 없다.

이와 같은 윤리와 부패 문제에 대한 대응을 위하여 다양한 제도들을 활용하였는데, 이 중 가장 대표적인 것이 바로 공직자윤리법(1981)과 부패방지법(2002)(부패방지법은 2008년 국가청렴위원회가 국민고충초리위원회 등과 통합됨에 따라서 폐지되었고, 대신 「부패방지 및 국민권익위원회의 설치와 운영에 관한 법률」(이하 '부패방지법'으로 칭함)이라는 새로운 명칭의 법으로 대체되었다)이다. 이 중 여기서 논의하고자 하는 이해충돌이나 퇴직 후 취업 제한과 관련한 법은 공직자윤리법이다. 그런데 공직자윤리법은 이미 제정된 지 30년 이 지났지만 여전히 많은 한계를 갖고 있는 것으로 평가되고 있다.

II. 공직윤리 및 부패 방지의 제도화[1]

1. 우리나라에서 공직사회 및 공직자가 차지하는 특별함

우리나라에서 공직자가 차지하는 비중은 매우 크다. 규모면에서도 그렇지만, 공직자의 사회적 평판이나 위상이 매우 높아서 많은 취업 지원자들이 공직자가 되기 위하여 길게는 수년 동안 시험 공부에 매달리고, 경쟁률도 민간 기업의 경우와는 비교가 되지 않을 정도로 높다.

이와 같은 공직자의 높은 위상은 공직 및 공직자에게 본래적으로 부과되어 있는 고귀한 가치, 즉, 이타성, 공공성 등의 선한 가치에 기인하기도 하지만 더 큰 이유는 공직이 갖는 세속적인 권력성과 안정성임을 부인할 수 없다. 즉, 공직자에게는 비록 신탁이나 법에 근거한 것이라고는 하지만 민간 부문을 규율할 수 있는 권력이 부여되어 있다. 그러나 이 권력이 충분히 견제되지 않는 것으로 평가되고 있다.[2] 반면 공직사회 구성원의 균질성으로 인하여 내부 결속력이 강하고, 이것은 대외적으로는 폐쇄성으로 나타난다. 물론 이를 완화하기 위한 많은 노력들이 그동안 있어 왔다. 공직자윤리법도 그 한 예에 해당한다. 이 외에 정보 공개와 관련한 제도, 개방형 임용제도, 최근에는 참여예산제도 등 많은 장치들이 만들어졌다.

그러나 현재의 공직사회가 하루아침에 만들어진 것이 아니듯, 공직사회의 변화도 하루아침에 이루어질 수 있는 것이 아니다. 많은 시간과 노력을 필요로 한다. 특히 공직사회가 국가 통치구조에 있어서 일종의 과두제(oligarchy)처럼 작동해 왔던 것이 사실이라는 점에서 변화가 쉽게 일어날 수 있는 것은 아니다.

2. 공직윤리의 특성과 관리 필요성

일반적으로 공직자의 윤리(및 이에 따른 책임성)가 제대로 논의되기 위해서는 결과주의(Consequentialism)와 의무론(Deontology)이 균형 있게 반영되어야 한다.[3] 공무원의 행위에 대한 평가는 결과주의적이며 동기(motivation)에 대한 평가는 의무론적인 것으로서, 양자는 각각으로서는 모두 불완전한 상태이기 때문이다.[4]

결과주의에 근거하는 공직자의 행위에 대한 평가는 사후적인 것으로서 예방보다는 발생한 문제의 처리에 중점을 두는데, 이것은 톰슨(Thompson, D. F.)이 말하는 '더러운 손'이나 '여러 손의 문제'로 인하여 책임성을 명확하게 하는 것이 쉽지 않다. 반면 의무론에 입각한 동기에 대한 평가는 도덕적 원칙을 더 강조하는 것으로서, 이 의무론을 충족시키기 위해서는 선한 목적을 위해 부도덕한 수단을 사용할 필요성이 없어야 하고, 사용한 수단 또한 도덕적일 것을 요구하는데,[5] 이 또한 쉽지 않은 것이 현실이다. 양자의 균형 있는 활용이 필요한 이유이다.

그런데 우리나라의 경우, 공직자의 책임성과 도덕성을 확보하기 위한 정책들이 오랫동안 결과주의적 관점에 편중되었으며, 의무론에 입각한 방안들은 상대적으로 적극적으로 고려하지 못했다. 의무론적 입장에 관련된 제도로서 윤리강령, 행동강령, 공직자윤리법을 들 수 있다. 이들은 (다는 아니지만) 기본적으로 행위의 '결과'보다는 '동기'에 초점을 두고 있으며, 동기의 부도덕한 실현을 사전에 제어하는 데 중점을 두고 있어서, 적발과 처벌 중심의 사후 통제 수단을 강조하는 기존의

결과주의적 접근과 차이가 있다.[6]

　공직자에 대한 윤리 관리(ethics management)를 강조하는 것은 공직자가 처하고 있는 독특한 특성에도 기인한다. 공직자들은 무엇보다도 공직자로서의 신분과 더불어 사회를 구성하는 사인(私人)으로서의 신분도 동시에 지니고 있기 때문에 이율배반적인 상황에 자주 처하게 된다. 그런데 공직자에게는 직무 수행에 있어서 자신의 사적 이익에 앞서서 정부와 사회의 공적 이익을 충족시켜야 할 책무가 법적·도덕적으로 부과되어 있다. 게다가 사인으로서 개인의 윤리적 관점에서는 수용할 수 없는 정책일지라도, 조직의 구성원으로 '공직자'라는 신분 때문에 어쩔 수 없이 수용하는 경우도 있다.

　이러한 특성 때문에 "공무원이기 때문에" 어쩔 수 없이 자신의 양심에 위배되는 비윤리적 행동을 할 수도 있다. 비록 부도덕한 행위로 보일지라도 조직의 일원으로서 "어쩔 수 없었다"는 변명을 하며, '행위의 부도덕성을 결과(법적 정당성)가 변명해 준다'(When the act accuses, the results execues)는 명제를 채택한다.[7]

　그런데 문제는 공직자들이 이와 같은 '더러운 손'의 문제가 발생할 수 있는 상황을 피하기 쉽지 않다는 데 있다. 이를 회피할 경우 오히려 무능력하거나, 자질이 없거나, 의리 없거나, 혹은 자기만 챙기는 사람으로 낙인되기도 한다. 그러나 왈쩌(Walzer, M.)는 "정부의 개별적인 행위가 공리주의적인 관점에서는 수용될 수 있지만, 그러한 행위를 수행한 사람에게는 도덕적으로 잘못을 범했다는 죄의식을 남길 수 있다"고 하여,[8] 조직의 이익이 개인의 죄의식에 근거하여 만들어짐을 설명하였다. 때문에 공직자들이 직면하게 되는 다양한 윤리적 딜레마 상황의 해결 책임을 공직자 개인에게만 부과할 수는 없으며, 오히려 그 책임은 법과 제도를 만들어 운용하는 조직(관리자)에 부과하는 것이 필요하다.

3. 공직윤리 확보를 위한 다양한 방법들

공직윤리를 기관 수준에서 관리하고자 할 경우, 공직윤리는 대개 윤리(행동)강령과 윤리법 등의 법률상 계층적 구조 속에서 다양한 형태로 입법화되어 있다. 따라서 법적 체계와 그 속에 담겨진 내용을 통해서 공직윤리에 대한 입법 주체들의 가치나 의식을 알 수 있다. 이러한 법령에서 윤리 관리를 위하여 가장 많이 강조되는 것이 이해충돌(conflict of interest)의 회피를 위한 제도의 설계이다.

공직자의 윤리 확보는 공직자윤리법과 같은 구속력이 강한 법을 통해서 이루어지기도 하지만, 또 한편에서는 윤리강령이나 행동강령과 같이 규범적 성격이 강한 방법을 통하여 이루어지기도 한다.[9] 여기서 강령(code)은 특정한 조직이나 전문가 집단의 가치를 대표하는 열망, 규제, 혹은 안내의 집합체이기 때문에,[10] 조직별로 활용하고 있는 강령의 제정 형식이나 내용이 다양하다.[11]

기본적으로 공직윤리는 공직자들이 직무를 수행하는 과정에서 기대되는 '선'을 선택하고 '악'을 피하도록 도와주는 안내자의 역할을 한다.[12] 이 안내를 구체적이고 세밀한 법의 형태로 규정하고 있는 것이 '공직자윤리법'이다. 공직자윤리법을 통하여 무엇이 공직자에게 필요한 행동이며, 어떠한 행동을 하지 말아야 할 것인가를 비교적 명확하게 알 수 있다.[13] 또한 윤리법은 제정 당시 지배적 가치에 근거하여 사회적으로 합의된 다양한 규범들 중 일부가 강제력 확보를 위하여 법의 형식을 갖는 법으로 제정된 것이기 때문에[14] 규범성과 실천성(혹은 강제성)을 동시에 갖고 있다.[15] 이 같은 의미를 지닌 법이 나라별로 윤리법 혹은 부패방지법 등의 다양한 명칭으로 제정, 운용되고 있다.[16]

윤리강령이나 윤리법에서 공통적으로 활용되는 윤리 관리 방식의 하나가 이해충돌 방지이다. '이해충돌'은 둘 혹은 그 이상의 이해가 서로 충돌하는 경우로서, 한 사람 내에서 혹은 두 사람 이상 간에 발생한다.[17] 공직자의 이해충돌은 '공무원들에 공적으로 부여된 직무 수행상의 의무와 사인으로서 개인의 사적 이해의 충돌'을 의미한다. 경제협력개발기구(Organisation for Economic Co-operation and Development; OECD)에서는 '공무원의 공직과 사적 이익 사이의 충돌로서, 공직자의 사적 이익 추구 과정에서 나타나며, 이 이익들은 공직 수행에 부정적인 영향을 미칠 개연성이 있다'고 구체적으로 정의하였다.[18]

　공직자가 이해충돌의 상황을 적절하게 회피하지 못할 경우 윤리 문제가 발생하기 때문에, 공직윤리 확보 방법으로서 '이해충돌의 회피'가 필요하다. 물론 이해충돌이 늘상 부패 문제 발생으로 바로 연결되는 것은 아니다. 이해충돌이 명시적 부패로 전환되기 위해서는 일정한 시간이 필요한 경우도 많다.[19] 예를 들어서, 공직 임용 후보자가 보유하고 있는 주식이나 재산과 관련하여 이해충돌 발생 가능성을 제기할 경우, 대부분의 후보자들은 소유 재산과 관계없이 공정하게 직무를 수행할 것이며, 아직 이해충돌을 일으키지 않았음을 주장하여 이해충돌의 사전적 회피를 거부한다.[20] 그러나 해당 공직자의 이해충돌이 있는 직무의 수행으로 인한 이익은 공직을 떠난 후에 얼마든지 발생할 수 있기 때문에, 부패가 발생하지 않았다는 이유로 이해충돌이 문제없다고 주장하는 것은 적절하지 못하다. 특히 이와 같은 주장은 기존의 결과주의적 입장에서 벗어나지 못한 것이다.[21] 의무론에 입각한 이해충돌 회피제도의 기본적 입장은 행위의 고의성, 자의성, 결과에 대한 판단을 처음부터 배제하기 때문이다.

III. 이해충돌의 회피

1. 공직자의 이해충돌 회피의 의의와 논리

최근 공공 부문과 민간 부문의 접촉이 증가하면서 공익과 사익의 충돌(즉, 이해충돌) 가능성이 증대되고 있다. '이해충돌'은 이익충돌, 이익갈등, 이익상충, 이해상충 등 다양하게 불리는데, 일반적으로는 이해충돌이라는 용어를 다수가 사용하고 있다.

이해충돌은 한 사람의 특정한 이익이 다른 사람(공동체 혹은 공익 등)을 대신해야 하는 자신의 적절한 활동을 방해하는 상황을 의미한다. 이러한 측면에서 이해충돌을 구성하는 주요 요소로서 관계, 판단, 이익, 적절한 행동 등을 들 수 있다. 이해충돌은 문제의 발생 시점에 따라서 다음과 같이 세 가지로 분류되기도 한다.

첫째, 실질적 이해충돌(actual conflict of interest)로서 현재 발생하고 있고, 과거에도 발생한 이익충돌의 경우를 의미한다.

둘째, 외견상 이해충돌(apparent conflict of interest)로서, 공무원의 사익이 부적절하게 공적 의무의 수행에 영향을 미칠 가능성이 있는 이익충돌의 상태이나 부정적 영향이 현재화된 것은 아닌 상태를 의미한다.

셋째, 잠재적 이해충돌(potential conflict of interest)의 경우로서, 공무원이 미래에 공적 책임에 관련되는(갈등을 야기하는) 일에 연루되는 경우를 의미한다.

이와 같이 다양한 이해충돌을 회피해야 하는 가장 기본적인 원칙은 "누구도 자신의 사건에 대하여 판결할 수 없다"(No one may judge his/her own case)이다. 이러한 원칙은 자신만이 아니라 부적절한 의사 결정에 영향을 미치는 가족 구성원과 여타 사적 관련자들에게도 확장, 적용되는 것으로 인식된다. 이에 대해서는 미국 등 다수의 국가들이 유사한 입장을 취하고 있다.

이해충돌의 회피에서 '회피'는 충돌되고 있는 이해관계에서 벗어난다는 것을 의미한다. 즉, 이해충돌에는 기본적으로 '관계'라는 속성이 내재되어 있는데, 이 관계는 공무원 본인에 있어서의 공적 의무와 사적 이익의 관계, 공무원과 타인(기업가든, 친척이든)과의 관계 두 가지를 모두 포함한다. 이러한 관계 속에서 이해충돌이 발생하기 때문에 이해충돌이 적절히 해소되기 위해서는 이와 같은 불편한 관계를 제거하는 것이 필요하며, 이것은 통상 '회피'라는 용어로 정의된다.

2. 이해충돌의 발생 영역

공직자의 이해충돌을 공직의 생애주기별로 보면 공직 입직 단계, 재직 중, 그리고 퇴직 후의 전(全) 단계에서 모두 발생 가능성이 있다. 통상적으로 공직자의 이해충돌은 공직자의 공직 재직 중에 가장 명확하게 나타날 수 있는데, 공직의 특성과 이해충돌의 회피가 추구하는 가치 면에서 입직단계와 퇴직 후의 단계에서도 중요하게 고려되고 있다.

입직 단계 혹은 퇴직 후의 이해충돌은 재직 중의 직무와 별개의 것이 아니라 사실상 밀접하게 연관되어 있는 경우가 대부분이다. 즉, 공직자의 직무 수행과 관련한 공정성 확보는 재직 중의 일에 의해서만 결정되는 것이 아니라, 입직 전의 상황(주로 재정적 상태) 및 퇴직 후의 상황(주로 재취업 혹은 퇴직 후 활동)과 매우 밀접하게 관련되기 때문에, 공직자의 이해충돌 문제에 제대로 대응하기 위해서는 각 단계별로 논의하는 것이 필요하다.[22]

입직 단계의 이해충돌은 주로 공직자가 입직 당시 보유하고 있는 재산과 입직 후 담당하게 될 직무와의 관계에서 발생한다. 예를 들어서, 장차관 등 고위직으로 임용이 예정되어 있는 민간 부문 후보자가 보유하고 있는 재산(주식 혹은 부동산)과 담당하게 될 직무가 이해충돌에 직면할 가능성이 있다. 정보통신 관련 주식을 보유한 인사가 관련 부처에 임용될 경우, 이 공직자가 주도하는 정보통신 관련 정책은 공정성 여부와 상관없이 국민들의 불신을 받을 가능성이 높다. 그리고 실제로 합리성을 가장한 공정하지 못한 정책 결정이 얼마든지 이루어질 수 있다. 이와 같은 이유로 인하여 미국, 우리나라 등 다수의 국가들이 백지신탁(blind trust)제도를 도입하였다. 이 경우의 이해충돌의 해소는 해당 후보자를 공직에 임용하지 않거나 혹은 이해충돌 해소 후 임용하는 것이다.

재직 중 발생 가능성이 높은 이해충돌도 역시 앞서의 경우와 일부 유사한 부분이 있다. 즉, 재직 중 보유하고 있는 재산이나 혹은 사적인 이해관계가 공직자가 수행하는 업무의 이해와 충돌할 가능성이 있다. 예를 들어서, 보유하고 있는 사적인 재산만이 아니라 사적인 연고관계도 공적인 직무와 충돌할 가능성이 있다. 이 때문에 공무원 행동강령에서는 이해관계 직무에 대한 회피규정을 두어서, 이해충돌의 발생 가능성은 물론 이에 대한 회피규정을 마련하고 있다. 즉, 재직 중에 발생하는 이해충돌을 해소하는 가장 일반적인 방법은 해당 직무를 회피하는 것이다.

퇴직 후에도 공직자는 이해충돌의 가능성에 직면한다. 퇴직 후 발생 가능한 이해충돌은 크게 두 가지로 나누어진다. 하나는 재직 중 지득·확보하고 있는 공적인 정보와 권한을 퇴직 후에 사적인 이익을 위하여 활용하거나 혹은 공익에 반하는 목적으로 활용하는 경우이며, 또 다른 하나는 퇴직 후 특정 기업이나 단체에의 고용을 예상(혹은 약속)하여 재직 중에 이 기업에 대하여 표면상 공정하게 보이는 이권(인허가권 등)을 부여하고, 퇴직 후에 이 기업에 취업하는 경우로 나눌 수 있다. 어느 경우이든 이와 같은 행위들은 공직자가 당연히 추구해야 할 공직수행의 공정성을 훼손하며, 공직을 사적인 이익을 위하여 부당하게 행사하는 것이라는 점에서 퇴직 후라 할지라도 재직 중과 유사한 이해충돌 회피규정을 두어야 할 것이다.

3. 이해충돌의 회피 방식

이해충돌의 발생 혹은 회피의 논리를 설명하는데 '주인 – 대리인' 이론이 많이 활용되고 있다. 즉, 공직자의 이해충돌은 대리인인 공직자가 주인인 국민의 이익에 반하는 행동을 하는 것이기 때문이다.

대리인 이론의 측면에서 이해충돌을 회피하는 방식으로 대리인의 입장이냐 혹은 주인의 입장이냐에 따라서 두 가지가 가능하다. 대리인의 입장에서는 관련된 주식이나 재산을 이익의 충돌이 발생하지 않도록 처분하는 소극적 회피의 방식이 있을 수 있다. 주인 입장에서는 대리인관계를 철회하거나 혹은 대리인의 직무를 변경하여 이해충돌을 해소하는 보다 적극적인 회피 방식이 있다. 그러나 대리인관계의 철회(즉, 공직에서의 배제)가 갖고 있는 현실적인 어려움을 감안하면, 이해충돌 회피의 법제화와 관련해서는 소극적 회피와 적극적 회피의 두 가지 방식을 모두 활용할 수 있도록 규정하는 것이 바람직할 것이다.

현행법상 대통령이 임명하는 일부 장관급 공직자에 대해 인준을 필요로 하는 국회 인사청문회가 적용되고 있다. 인사청문회는 후보자의 자격이나 능력에 대한 검증도 하지만, 직무 수행 시 발생할 수 있는 이해충돌의 발생 가능성을 사전에 확인하고 이를 제거하는 데도 중요한 목적이 있다. 미국의 경우 이해충돌이 없거나 혹은 제거된 후보자가 상원 인준 청문회에 나가는 반면, 우리의 경우 이에 대한 확인이나 해소가 매우 불완전한 가운데 국회 청문회장에 후보자가 들어선다. 결국 우리 국회가 인사권자가 해야 할 후보자의 이해충돌의 확인을 하고 있는 상황이다.

따라서 대통령이 이와 같은 의미를 갖고 있는 국회의 인사청문회 결과를 존중해야 한다는 것은 그 절차가 바로 국민의 직접적 대리관계에 있는 의원들에 의하여 진행되며, 국회 논의의 상당 부분은 후보자의 이해충돌 해소 등 윤리적 문제에 대한 것이기 때문이다. 비록 인사청문회 결과가 임명권자에게 제한적인 구속력만을 갖지만, 대의민주주의의 기본적 취지에 비추어 보면 그것은 임명권자에 의하여 마땅히 존중되어야 할 것이다.

이해충돌의 회피는 그 자체로서도 중요하다. 체계적인 이해충돌 회피제도를 운영하고 있는 것으로 평가되는 미국의 경우, 당연히 이해충돌의 회피를 공직자의 윤리성 확보를 위한 핵심 의제로 보고 있다. 사전적 예방을 강조하고 있는 것이다.

앞서 언급한 바와 같이 공직자의 이해충돌은 공직에의 입직 단계, 재직 중, 그리고 퇴직 후 등 다양한 단계에서 발생 가능하다는 점에서, 단계별로 이해충돌을 회피할 수 있는 방안도 다양하다.

먼저 입직 단계에서 발생 가능한 이해충돌을 회피하기 위해서는 백지신탁제도의 경우처럼 이해충돌을 야기하는 관련 주식이나 자산을 처분하거나, 혹은 이해충돌을 야기하지 않는 직무를 담당하도록 하는 것이다. 물론 이것이 제대로 이루어지기 위해서는 입직 전에 공직 후보자가 처하고 있었던 상황과 담당하게 될 직무 간의 이해충돌 발생 가능성에 대한 체계적인 분석이 이루어져야 할 것이다.

재직 중의 이해충돌 방지와 관련해서는 주로 공무원 행동강령에서 해소 방안이 제한적이나마 제시되어 있다. 예를 들어서, 담당하고 있는 특정 직무와 자신의 사적인 이익이 충돌할 경우 당해 직무를 수행하지 못하게 하거나 다른 직무를 수행하도록 하거나, 혹은 상급자에게 보고하고 투명하게 처리하는 등의 안을 들 수 있다. 현행 공무원 행동강령에서는 이와 같은 이해충돌의 방지를 위하여 이해관계 직무의 회피, 특혜의 배제, 이권 개입 등의 금지, 직무 관련 정보를 이용한 거래 등의 제한, 외부 강의 등의 신고, 금전의 차용 금지 등 다양한 규정들이 제시되어 있다.

퇴직 후 발생 가능한 이해충돌 방지를 위한 가장 대표적인 규정은 현행 공직자윤리법상의 '퇴직 후 취업의 제한'이다. 현행법에서는 퇴직 후 2년간 퇴직 전 3년 동안 담당하였던 직무와 밀접한 관련이 있는 영리사기업체 등에 대한 취업을 금지하고 있다. 물론 아직도 많은 흠결이 있다는 비판이 있다. 비위면직자의 퇴직 후 취업 제한에 대해서는 부패방지법에 규정되어 있다.

Ⅳ. 우리나라의 공직윤리 관련 법체계 및 문제점

1. 공직자윤리법

우리나라에서 공직자의 이해충돌을 방지하기 위한 대표적인 법이 공직자윤리법이다. 「공직자윤리법」은 1981년 12월 31일 제정되었는데, 바로 1년 전인 1980년 12월에 「공무원윤리헌장」이 제정되었다. 헌장과 공직자윤리법 모두 당시 새롭게 들어선 정부[23]가 설치하였던 사회정화위원회 활동의 한 결과로서 만들어졌다. 1980년 10월 10일 당시 전두환 대통령은 사회정화위원회 관련 회의에서 공무원 재산등록제도를 마련하라는 지시를 하였으며, 이에 따라서 내무부가 실무위원회를 구성하여 공직자윤리법 제정을 준비하기 시작하였다. 이 법의 준비와 관련하여 당시 사회정화위원회에서도 위원회 직원과 대학 교수 등을 외국에 파견하여 연구하도록 하였다.[24] 1981년 5월 14일 내무부에 의하여 정부안이 마련되어 국회에 제출되었으며,[25] 같은 해 12월 17일 국회에서 무수정으로 통과되었다.[26]

그러나 제정 당시의 법은 명칭과 달리 핵심적인 내용을 충분히 담지 못한 채 일부 형식적 골격만 갖추었을 뿐이었다. 이 법은 앞서 1978년 미국에서 제정되었던 「정부윤리법」(Ethics in Government Act)의 명칭과 일부 규정만 차용하였을 뿐, 미국 정부윤리법의 핵심 내용인 공직자의 이해충돌 회피, 등록된 재산의 공개, 이해충돌 공직 후보자의 취임 제한과 '백지신탁', 퇴직 후 이해충돌 방지를 위한 활동 제한 등을 누락하였다. 즉, 1981년에 제정된 공직자윤리법에서는 등록된 재산을 비공개로 하도록 하고, 이해충돌 방지와 관련한 규정은 아예 포함되지 않았으며, 퇴직 후 취업 제한도 일부 영리사기업체에 대한 취업 제한으로 최소화하여 규정하였을 뿐이다.

이와 같이 공직자윤리법은 근본적 결함이 있었음에도 불구하고 오랫동안 개정되지 못하고 유명무실하게 존재하다가, 부패 청산을 주요 공약으로 제시한 김영삼 정부가 들어선 1993년 6월에 들어서야 비로소 의미 있는 일부 개정이 이루어졌다. 이와 더불어, 시행령으로 위임한 등록 대상 특정 공무원의 범위도 확대하였다.[27] 공직자윤리법의 가장 의미 있는 개정 중의 하나는 2005년의 백지신탁제도 도입이다(자세한 내용은 본장 V. 3. 이해충돌 방지제도 참조). 이 제도는 참여연대 등 시민단체 주도로 도입이 주장되었다.

2003년과 2004년에 이 제도 도입을 골자로 하는 공직자윤리법 개정안이 참여연대에 의하여 국회에 입법 청원되었다. 당시 이 제도에 대해서 공직자윤리법 소관 부처인 행정자치부는 초기에 부정적 입장을 갖고 있었지만, 총선과 대선을 거치면서 각 정당들이 이 제도의 도입을 공약화하고, 대통령도 도입 의지를 밝힌 가운데 2005년에 도입되었다. 이로써 미국의 정부윤리법의 핵심 조항인 백지신탁제도가 우리의 공직자윤리법에 도입되었다. 현재까지 이루어진 공직자윤리법의 주요 개정 사항을 간략하게 정리하면 다음과 같다.

〈표〉 공직자윤리법의 주요 개정 내용[28]

개정 연도	주요 내용
제 정 (1981. 12. 31.)	- 공직자의 재산 등록(3급 이상 공무원, 5급 이상 세무공무원 등) - 등록된 재산의 비공개 원칙 - 퇴직 후 유관 사기업체에의 취업 제한(퇴직 전 2년간 업무 관련) - 공직자윤리위원회의 설치(9인 중 2인 민간위원 선임)
1993. 6. 11.	- 재산 등록 의무자 범위 확대(3급에서 4급 이상으로, 대령 이상, 지방의원) - 등록 대상 재산의 구체화(시행령 내용 법에 포함시킴) - 유자별 재산 취득 일자, 경위, 시기 등을 기재, 소명 자료 첨부 - 공직자윤리위원회 구성 변경(9인 중 5인은 민간위원 선임) - 등록된 재산의 공개(1급 이상 공무원, 3급 이상 세관장, 치안감 이상) - 공직선거후보자의 재산 등록 및 공개 - 처벌규정 강화(재산 등록 거부의 죄 등)
2001. 4. 27.	- 재산 변동 사항 신고 시 주식 거래 내역 신고서를 등록기관에 추가 제출 - 퇴직공직자가 퇴직 전 2년 이내에 담당하였던 업무와 관련 있는 사기업 체에 대한 취업 제한을 퇴직 전 3년간으로 확대
2005. 11. 19.	- 이해충돌 방지의 의무 규정 추가 - 백지신탁제도 도입(이해충돌 있는 주식의 매각 또는 신탁) - 주식백지신탁심사위원회의 직무 관련성 심사 - 이해충돌 있는 주식 취득의 제한
2007. 6. 29.	- 직계존비속의 고지 거부 허가제도
2009. 2. 3.	- 정부공직자윤리위원회의 업무 대상에 한국은행, 공기업 등 공직유관단 체 포함

2011. 10. 30.	- 등록 의무자에 공기업 상임이사, 금융감독원 부원장보 추가
	- 공개 대상자에 소방정감 이상 소방공무원, 금융감독원 부원장보 추가
	- 공직자윤리위원회 민간위원 정수를 5인에서 7인으로 확대
	- 업무 관련성 판단 기간을 퇴직 전 3년에서 5년으로 확대
	- 취업심사대상기관을 영리사기업체에 외에 일정 규모 이상 법무법인, 회
	  계법인, 세무법인 등까지 확대
	- 사외이사, 비상근 자문 고문 등의 직위 취업도 취업 심사 대상 포함
	- 재산 공개 대상자는 퇴직 후 1년간, 퇴직 전 1년부터 퇴직할 때까지 근무
	  한 기관과 관련한 업무 취급 금지
	- 퇴직공무원과 공직유관단체 임직원은 본인 또는 제3자의 이익을 위하
	  여 부정한 청탁 또는 알선 금지

2. 공직자윤리법의 내용과 문제점

① 공직자윤리법 제정 및 운용 목적의 미정립

1981년 제정 이후 수십 차례 개정되었고, 특히 백지신탁제도 도입을 계기로 공직자윤리법의 내용이 다양해지면서 동법의 목적이 비체계적으로 구성되었다. 사실상 공직자윤리법의 핵심적인 가치는 공직자의 이해충돌을 방지하는 데 있음에도 불구하고, 이것이 명확하게 규정되어 있지 않다. 다만 제2조의 2에서 이해충돌 방지 의무만 규정되어 있을 뿐이다. 그리고 주식과 관련한 이해충돌 및 퇴직 후 발생할 이해충돌에 대해서만 제한적으로 규정하고 있을 뿐, 현직에 있는 공직자의 이해충돌을 방지하기 위한 관련 규정은 마련되어 있지 않다.

② 공직윤리의 확보를 위한 기본법으로서 규정 미흡

공직자윤리법은 애초 공직자 재산 등록을 핵심적인 내용으로 하고 있었으며, 최초 제정 이후 개정 과정에서 다양한 공직윤리 관련 내용들이 추가되었음에도 불구하고 여전히 기본법으로서의 규정이 취약하다. 예를 들어서, 공직자에게는 윤리와 관련한 의무가 있음에도 불구하고 현행법에서는 이해충돌 방지 의무만 규정되어 있다. 물론 이와 관련한 규정이 부패방지법에 있어서 중복규정의 문제가 제기되기도 한다. 이와 같은 문제는 통합의 필요성이 있는 두 법이 별개의 법으로 존재하고 있기 때문이다.

③ 공직자윤리위원회의 협소한 권한

현행 공직자윤리법상 공직자윤리위원회의 권한은 해당 공직자가 보유 재산을 성실히 등록하였는가를 확인하는 것이 주된 것이다. 공직자윤리법의 핵심적 가치가 되어야 할 이해충돌, 즉, 공직자가 등록한 재산과 수행 중이거나 혹은 수행 예정인 직무 간의 이해충돌을 심사하지 못한다. 이로 인하여 결국 공직자가 처하게 될 다양한 이해충돌의 상황을 적극적으로 해소하지 못한다. 물론 주식에 대해서만 제한적으로 심사가 이루어지고 있을 뿐이다.

④ 고지거부권의 활용을 통한 재산 등록의 회피

그동안 많은 비판이 있었던 문제임에도 여전히 제대로 해결되지 못한 고지거부권이 존치되어 있다. 이로 인하여 많은 등록 대상자들이 등록을 거부하고 있다. 현행법과 같이 등록 대상자의 범위를 확대하여 법을 운영하고 있는 것은 다른 나라와 구별되는 우리나라만의 특성을 강조한 것으로서 의미가 있다. 지극히 원론적인 차원에서 위헌의 문제를 제기하지만, 한국적 상황을 고려하지 못한 지적이라고 할 수 있다.

⑤ 공직윤리의 핵심인 이해충돌 회피에 대한 규정 미비

주요 선진국에서는 공직자의 윤리를 확보하기 위한 가장 핵심적 제도로서 이해충돌 방지제도를 활용하고 있다. 그러나 우리의 공직자 윤리법에는 이와 관련한 규정이 매우 미비하다. 이해충돌 방지 의무가 선언적으로 규정되어 있을 뿐, 공직자의 이해충돌 여부에 대한 심사도 이루어지지 않을 뿐만 아니라, 이해충돌의 상황을 어떻게 해소할 것인 가에 대한 방안도 제시되어 있지 않다.

⑥ 퇴직공직자의 이해충돌 행위 방지규정 미흡

현행 공직자윤리법에서는 퇴직공직자의 이해충돌 방지를 위하여 '취업'을 중심으로 규정하고 있다. 그리고 그동안 시민단체가 지속적으로 강조하였던 취업이 아닌 형태의 이해충돌 관련 '행위의 방지 요구'를 수용하여, 일부 행위 제한에 대한 규정을 2011년 신설하였다. 그러나 공직자윤리법에서 규정한 행위는 법령 위반 및 권한 남용을 야기하는 부정한 청탁 및 알선의 규제에 대한 것으로서, 이해충돌 행위에 대한 규제는 아니라는 점에서 여전히 이해충돌 행위의 규제에 대한 명확한 규정을 마련하지 못하고 있다.

⑦ 취업 제한 대상기관의 협소

현행법에서는 퇴직공직자의 취업 제한 대상기관으로서 '영리를 목적으로 하는 사기업체' 및 법무법인, 회계법인, 세무법인 등을 들고 있다. 법무법인 등은 그동안 누락되었다가 지난 2011년에 포함되었다는 점에서 의미 있는 개정이라고 할 수 있다. 다만 여전히 영리업체로만 제한되어 있어서 이해충돌의 방지에는 제한적이다. 즉, 이해충돌은 영리업체만이 아니라 비영리업체에 대해서도 적용되어야 하는데, 이에 대해서는 현 공직자윤리법이 제한하지 않고 있는 실정이다.

V. 미국의 공직자 이해충돌 방지를 위한 제도

1. 윤리강령

미국의 윤리강령들은 기존의 강령을 지속적으로 대체, 발전시키는 형태로 진행되어 왔다. 즉, 강령 제정이 필요한 경우에 각기 관련 강령들이 제정되거나 혹은 수정되어 왔다.[29]

1) 공무원 윤리표준지침(1961)

케네디(Kennedy, J. F.) 대통령 취임 이전부터 고위공직자의 이해충돌 문제를 둘러싸고 법정 다툼 등 고위공직자에게 적용되어야 할 바람직한 윤리적 기준이 충분하지 않다는 평가가 있었다. 이에 따라서 케네디 대통령은 취임한 지 이틀 만인 1961년 1월 22일 '이해충돌 자문위원회'(Advisory Panel on Conflict of Interest)를 설치하였다. 3월 2일 동 자문위원회는 고위공직자 윤리 개선을 위한 개선안을 마련하여 대통령에게 제출하였으며, 케네디 대통령은 4월 27일 이 개선안에 기초한 '정부에 있어서의 윤리적 행동'(Ethical Conduct in Government)라는 제목의 메시지를 의회로 보냈다. 자문위원회의 건의안에 기초한 연방집행명령 10939인 「공무원 윤리표준지침」(To Provide a Guide on Ethical Standards to Government

Officials)이 5월 5일 제정, 서명되어 연방정부 공무원 및 백악관 직원들에게 적용되기 시작하였다.[30]

2) 공무원 윤리적 행동표준(1965)

존슨(Johnson, L. B.)은 대통령 당선 후 1964년 대통령실과 인사위원회 공동으로 정부윤리 제고 방안을 마련토록 하였다. 1965년 회계감사원(General Accountiong Office; GAO) 조사를 통해서 주요 계약 당사자들이 정기적으로 국방부 공무원들에게 선물, 향응 등을 제공한 것이 밝혀진 가운데, 존슨 대통령은 5월 9일 연방집행명령 11222인 「공무원 윤리적 행동표준」(Standards of Ethical Conduct for Government Officers and Employees)을 제정하였는데, 이것은 케네디 대통령의 연방집행명령 10939를 대체하였다.[31] 1989년 부시(Bush, G. H. W.) 대통령에 의한 연방집행명령 12674 제정 전까지 이것은 연방정부에서 가장 중요한 윤리적 기준으로 활용되었다.

3) 공무원의 윤리적 행동원칙(1989)

1980년대 레이건(Reagan, R.) 행정부 동안 많은 연방 공무원들이 윤리관련 문제로 조사 대상이 되었다. 이에 따라서 부시 대통령은 1989년 1월 25일 '윤리법 개혁에 대한 대통령위원회'(President's Commission on Federal Ethics Law Reform)를 설치하여 윤리 개선 방안을 마련토록 하였다. 이에 따라 자문위원회는 2달 정도 연구를 거쳐 3월 10일 윤리법 개혁에 관한 보고서(To Serve with Honor: Report of the President's Commission on Federal Ethics Law Reform)를 제출하였다. 이 보고서는 전 정부적으로 공무원들이 사례를 받는 것을 금지하고, 존슨 대통령의 연방집행명령 11222를 새로운 표준강령으로 대체할 것을 권고하였다.[32]

그런데 이 보고를 받기 전날 1989년 3월 9일 상원은 부시 대통령이 지명한 전 텍사스 주 상원의원 출신 국방보좌관 후보자 타워(Tower,

J.)를 음주 관련 문제로 인준을 거부하는 등 윤리 문제가 쟁점으로 부각되었다. 이런 상황 속에서 1989년 4월 12일 부시 대통령은 이 보고서에 기초하여 이전의 존슨 대통령의 연방집행명령 11222를 대체하는 연방집행명령 12674인 「공무원의 윤리적 행동원칙」(Principles of Ethical Conduct for Government Officers and Employees)을 제정하여 열네 가지 원칙을 제시하였다.[33] 연방집행명령 12674는 정부윤리국(United States Office of Government Ethics; USOGE)에게 객관적·합리적이고 강제성 있는 단일의 종합적이고 명확한 표준행동강령을 제정하도록 하였다.

이후 1991년 4월 워싱턴포스트는 백악관 비서실장 수누누(Sununu, J.)가 비행기와 자동차 등을 사적 용도로 사용했다고 보도하였다.[34] 이러한 논란 속에 1991년 4월 23일 정부윤리국은 새로운 표준행동규정을 제시하였으며, 1992년부터 발효되었다.[35]

4) 고위공무원의 윤리적 헌신(1993)[36]

1993년 1월 20일 클린턴(Clinton, B.) 대통령은 취임 당일 대통령의 첫 번째 권한 행사로서 연방집행명령 12834(Ethical Commitments by Executive Branch Appointees)에 서명하였다.[37] 이를 통해서 클린턴 대통령이 임명한 정무직의 고위공직자는 공직을 떠난 후 5년 동안 해당 기관을 위하여 로비 활동을 못하도록 하였다. 특히 미국 정부를 대상으로 외국 정부나 외국 기업을 위한 로비스트의 역할을 하지 못하도록 금지하였다. 또한 대통령실에 근무하였던 전직 고위공직자들도 5년 동안 자신이 담당하였던 직무와 관련한 로비 활동을 하지 못하도록 하였다.

이것은 1992년 미국 대선 과정에서 불거진 논란과 관련된다.[38] 당시 대통령 후보였던 페롯(Perot, H. R.)은 전직 미국 고위관료가 미국을 대상으로 외국의 무역 협상의 로비스트로 활동하는 것을 비난하였으며, 이것이 선거의 이슈가 되었다.[39] 특히 1989년 윤리개혁법(Ethics Reform Act of 1989)이 제 역할을 하지 못하였음을 비판하며, 이것을 보완하는 목적으로 취임 첫날 이 같은 연방집행명령에 서명하였다. 클린턴은 이 명령에서 1993년 1월 20일 이후 고위직에 취임하는 공직자는 이 같은 명령에 근거한 윤리서약인 '고위공무원 서약'(Senior Appointee Pledge)에 서명하도록 하였다.[40] 이에 따라서 퇴직 후 활동에 대한 엄격한 제한이 이루어지게 되었다.

2. 윤리 관련 법[41]

1) 정부윤리법(Ethics in Government Act of 1978)

1974년 닉슨(Nixon, R.) 대통령이 워터게이트 사건으로 대통령직에서 사임한 지 4년 이상이 지난 1978년 10월 28일, 당시 카터(Carter, J.) 대통령은 새로운 「정부윤리법」에 서명하였다. 카터 대통령은 이미 선거 과정에서 선거 이슈로서 회전문(Revolving Door) 문제 등 정부의 윤리 문제를 강조하였다. 워터게이트가 상징하듯 많은 부패 방지 및 윤리법에도 불구하고 정치, 행정 부문의 윤리 문제[42]가 계속됨에 따라서 새롭게 정비된 윤리법의 제정 필요성이 강조되었기 때문이다.

새로운 정부윤리법은 크게 다섯 가지의 주요 규정들을 담았다. 무엇보다 연방정부, 사법부, 입법부 공무원들에게 공무원 자신만이 아니라 배우자나 자녀의 재정 상황도 '공개'(Public Finance Disclosure)하도록 하였다. 연방공무원의 재정적 이해충돌을 해결하기 위한 방법의 하나로서 백지신탁의 구체적 절차를 마련하였으며, 정부윤리국을 설치하였다.[43]

또한 의회는 이 법에 대통령과 부통령을 포함하여 고위직 공무원들의 위법한 행위를 조사하기 위한 특별검사를 임명하는 조항을 포함시켰다. 1982년 의회는 독립적 검사의 명칭을 Special Counsel에서 Independent Counsel로 변경하였다. 특별검사의 임명이나 사임에 대한 대통령의 통제권을 막기 위하여, 윤리법은 특별검사의 독립성을 보호하기 위해 특별검사가 쓰는 자금의 양이나 조사 기간에 제한을 두지 않았다.[44] 또한 윤리법은 전직 연방공무원에 의한 로비 활동을 제한하는 규정을 마련하였는데, 이른바 '1년의 냉각'(cooling off)이라는 규정을 통해 전직 공무원들이 연방정부를 대상으로 연방정부를 떠난 지 1년 이내에는 영향을 미치는 것을 금지하였다.[45]

2) 윤리개혁법(Ethics Reform Act of 1989)

1980년대 말 미국 통상대표부 소속 연방공무원들이 퇴직하여 바로 미국과 직접적인 이해충돌의 관계에 있는 외국 정부를 위하여 로비 활동을 하는 윤리적 문제들이 발생하였다.[46] 이에 따라서 이와 관련된 윤리적 논쟁들의 해소 방안으로 새로운 공직윤리법을 만들게 되었다.

이 같은 배경하에 1989년 1월 25일 부시 대통령은 연방집행명령 12668을 발표하였다. 이에 따라서 '연방 윤리법 개혁에 대한 대통령 위원회'를 설치하였으며,[47] 1989년 3월 10일 동 위원회는 정부 윤리규정에 대한 일련의 권고안을 마련하였다. 그리고 1989년 11월 28일, 부시 대통령은 의회와의 긴 토론 과정을 거쳐 「윤리개혁법」에 서명하였다. 동법의 주요 특징을 정리하면 다음과 같다.[48]

첫째, 하원의원은 보수 인상 대신 1991년부터 강연료나 사례를 받는 것이 금지되었다. 그런데 당시 상원의원들은 이에 반대하였기 때문에 상원의원들의 급여는 올라가지 않았다.[49]

둘째, 이 규정은 새로운 다수의 '회전문' 관련 규정을 포함하였다. 기존의 1년으로 되어 있는 로비 금지 기간을 분야별로 다양하게 확대 적용하여 강화하였다.

셋째, 연방공무원들이 연방윤리규정에 순응하기 위하여 자신의 재정적 재산을 매각하도록 하는 것을 허용하는 인증서에 대한 발급규정을 제시하였다.

3. 이해충돌 방지제도

공직자의 이해충돌 회피의 제도화에 대해서는 미국이 매우 적극적
으로 대응하고 있다.[50] 미국의 관련 제도가 너무 복잡하다는 문제점도
있지만, 적극적인 제도화 노력에 대해서는 긍정적 평가를 할 수 있다.

1) 뇌물 및 이해충돌에 관한 법률(Bribery and Conflict of Interest Act of 1962)

이해충돌에 대한 종합적인 입법으로서 「뇌물 및 이해충돌에 관한
법률」을 들 수 있다. 이 법을 통해서 그동안 여러 곳에 흩어져 있었던
이해충돌 회피 관련법들을 하나로 모을 수 있게 되었다.[51]

1950년 - 1960년에 걸쳐 연방정부기관에서는 국민들의 주목을 끌
었던 트루먼(Truman, H. S.)과 아이젠하워(Eisenhower, D.)가 지명한 고위
직들을 포함하는 몇 건의 재정적 이익충돌에 대한 문제가 제기되었다.
이러한 상황 속에서 1960년 뉴욕시 변호사협회는 시대에 뒤떨어진 사
법적 윤리법령들이 명확한 윤리적 가이드라인의 결핍으로 인하여 많은
윤리적 논쟁거리들을 야기했다는 보고서를 작성하여 제출하였다.[52] 당
시 이 보고서는 의회와 다음 대통령은 주요 사법적 윤리조항들을 개선
함으로써 연방정부들의 윤리시스템을 조사하고, 선물의 수수나 외부
고용 등과 같은 이슈들을 포함하는 새로운 윤리지침들을 제시할 것을
권고하였다.[53]

이에 따라 1961년 초반, 당시 케네디 대통령은 사법적인 윤리적
제한 조치들을 포함하는 연방정부의 윤리 프로그램의 효과성을 개선하
기 위한 일련의 조치들을 발표하였다. 이어서 1962년 10월, 미국 의회
는 뉴욕시 변호사협회의 권고를 상당수 수용한, 20세기의 가장 중요한
입법의 하나로 평가되는 「뇌물 및 이해충돌에 관한 법률」 수정안을 통
과시켰고, 케네디 대통령은 이 법안에 서명하였다.[54] 이 법은 U.S Code

Title 18조하에 가장 중요한 연방정부의 이해충돌 금지 조항들을 모아 놓았다는 점에서 긍정적인 평가를 받고 있다.[55]

2) 백지신탁제도

백지신탁제도가 활발하게 활용되기 시작한 것은 1953년 아이젠하워 대통령이 등장하면서부터 시작된 것으로 알려져 있다.[56] 즉, 당시의 재정적 이해충돌이 중요한 사회적 문제로 등장하고 있는 상황 속에서, 대통령과 고위 연방공무원들은 재정적 문제에 대한 국민들의 의혹으로 부터 벗어나기 위하여 백지신탁에 자신들의 재산을 신탁하기 시작하였다. 1978년 정부윤리법이 제정될 때까지, 역대 대통령 후보자들은 백지신탁 계약의 세부 사항에 대해서는 별도의 통일된 규정이 없었기 때문에 법무부 및 상원 인준위원회(Confirmation Committee)와 협의하여 처리하곤 하였다.

1977년 대통령 후보자와 대통령 지명자에게 적용되는 새로운 윤리지침이 마련되었다. 이 지침은 대상자들에게 상세한 재정적 공개(Financial Disclosure)를 요구하였으며, 이를 통해서 재정적 이해의 충돌이라는 외양을 만들어 내는 상황을 해소할 것을 요구하였다. 예를 들어서, 고위공직자로서의 경험을 이용하여 돈을 버는 것을 막기 위하여, 당시 대통령 당선자인 카터는 그의 후보자들과 지명자들이 정부를 떠난 1년 동안은 어떤 일이 있어도 자신의 전 직장을 대상으로 로비하지 못하도록 하였다. 약 30년 가까이 명료한 틀이 없는 상태에서 운용되던 백지신탁제도를 공식화하는 여론이 형성되었으며, 이러한 흐름의 결과 카터 대통령은 백지신탁[57]과 관련한 보다 엄격한 규정을 포함한 1978년 정부윤리법을 제정하였다. 그리고 정부윤리국을 설치해 백지신탁제도 운영 권한을 부여하였다.[58]

미국의 백지신탁제도는 재정 정보 공개제도와 이해충돌의 회피라는 제도를 통하여 제대로 이해된다. 이 두 가지 제도의 적절한 조화가 바로 백지신탁으로 제도화된 것이기 때문이다. 미 대법원의 판결의 표현을 빌면,59 "정부를 대신하여 일하는 공무원이 수행하는 직무가 자신의 사적인 재정적 이해관계에 영향을 미치게 된다면, 아무리 선한 사람이라 하더라도 공정한 판단이 훼손될 수 있다"는 것이다. 이해충돌은 이와 같은 공정성을 확보하기 위한 전제 조건의 하나로서 성립된다.

이해충돌규정의 적용 대상 공무원으로부터 입직 시의 재정보고서와 재직 중 재정보고서를 제출받으면, 이 자료는 감독 직위에 있는 해당 기관의 윤리담당자(Designated Agency Ethics Official; DAEO)에게 제출되며 윤리담당자에 의하여 이해충돌의 여부에 대한 확인을 받는다. 만일 이해충돌이 있을 경우 이를 해결하기 위한 방안을 마련하기 위하여 심사를 받는다.60 이해충돌이 있을 경우 윤리협정(Ethics Agreement)을 맺게 되는데, 윤리협정의 준수와 관련하여 해당 공무원들은 관련 자료들을 윤리담당자에게 제출하여야 한다.61

여기서 공무원의 재산이 심각한 이해충돌을 야기할 경우, 윤리감독관은 해당 공직자가 특정 자산을 처분하도록 한다(5 C.F.R. §2635.403(b)). 이중 자격의 박탈(Disqualification) 혹은 회피가 가장 일반적인 윤리협정이다. 정부윤리국은 이해충돌 해소를 위하여 가능한 한 회피를 권고한다. 다만 이것이 상황에 부적절한 방법인 경우에는 기타의 방법을 권고한다. 즉, 적격한 신탁(Qualified Trust: 5 C.F.R. Part 2634. Subpart D)은 비용과 복잡성 때문에, 앞서 언급한 회피, 포기, 처분, 기타 협정이 부적절할 때 활용되는 방법이다.

VI. 결 론

공직자의 존립의 근거는 공직자 본인에게 있는 것이 아니라, 국민과의 관계 속에서 찾아야 할 것이다. 그것은 공직 자체가 국민의 신탁에 의하여 만들어진 것이기 때문이다. 따라서 공직자와 국민 간의 신탁관계를 존속시키는 가장 강력한 연결고리는 바로 '신뢰'이다.

그러나 최근 공직자와 국민들을 강력하게 연결시켜주는 '신뢰'를 찾기 힘든 실정이다. 오히려 신뢰보다는 의심과 불신이 더 강력한 기제로서 작동하고 있다. 이로 인하여 국민들이 정부 자체에 대한 불신은 물론이고, 정책에 대해서도 의구심을 갖게 되는 것이 사실이다.

이와 같은 부정적 상황이 만들어진 이유로 여러 가지가 있다. 이 중 오랜 기간 동안 누적되었던 부정적 공직사회의 문화와 공직자에 의한 각종 부패 사건의 발생이 가장 중요한 요인으로 작용하였다고 할 수 있다.

이와 같은 문제의 해소를 위하여 정부는 정부대로, 시민사회는 시민사회대로 그동안 많은 노력들을 하였다. 수많은 법, 제도적 장치 중에서 가장 대표적인 공직자윤리법은 정부 주도로, 그리고 부패방지법은 시민사회 주도로 입법화된 대표적인 방안들이다. 그러나 이 법들은 명칭의 그럴듯함에도 불구하고 아직도 많은 흠결을 갖고 있으며, 제 역할을 하지 못하고 있다. 특히 최근 새 정부 장관 후보자들을 둘러싼 각종 도덕성 관련 의혹들(공직자들의 도덕적 해이, 피규제기관과의 담합과 감독 부실, 퇴직 후 이해충돌 가능성이 높은 사기업으로의 취업, 이해충돌을 야기하는 공직으로의 재진출 등)도 결국 이와 같은 법과 제도의 미비에 따른 문제라고 할 수 있다.

공직자의 윤리를 확보하기 위한 다양한 방법들이 있지만, 가장 기본적인 것은 공직자가 재직 중 혹은 퇴직 후 직면하는 다양한 이해충돌의 효과적 해소에 있다는 점에서, 이를 위한 방향으로 공직자윤리법 개정 등 관련 법과 제도의 정비가 이루어져야 할 것이다.

특히 이와 같은 이해충돌 관련 논의들이 장관 등 고위공직자에 대한 인사 검증 기준과 절차에서 제대로 논의되지 못하고 있다는 점에서, 차제에 고위공직자 인사 검증과 기준, 절차의 제도화에 대한 보다 체계적인 논의가 이루어질 필요가 있다. 참고로 고위공직자의 임용 과정에

서 이해충돌의 존재 여부 확인 및 해소를 핵심으로 하고 있는 미국의
상원 인준 대상 공직자의 임명 과정을 제시하면 다음과 같다.

〈참고〉 미국에서의 상원 인준 대상 공직자의 임용 과정

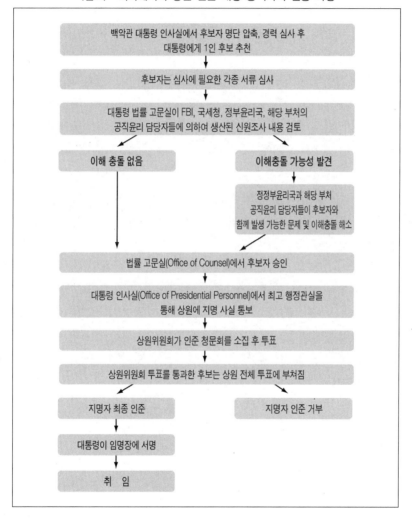

제 4 장 공직자 재산공개의 딜레마
: 부패 방지와 사생활 보호의 접점을 찾아서

이 창 길

Ⅰ. 서론: 부패의 시작, 소유

1. 무소유: 소유와 부패의 딜레마

"우리는 필요에 의해서 물건을 갖지만, 때로는 그 물건 때문에 마음을 쓰이게 된다. 무엇인가를 갖는다는 것은 무엇인가에 얽매이는 것이다."[1] 법정 스님이 '무소유'에 대하여 하신 말씀이다. 많이 소유하고 있다는 것은 그만큼 많이 얽매여 있다는 것이다. 소유하지 않으면 무언가에 얽매일 필요도 없어지고 편안하고 자유롭게 생활할 수 있다는 뜻이다. 이는 공무원의 재산과 부패의 관계를 설명하는데도 유용한 법언(法言)이 아닐 수 없다. 즉, 공무원들의 부패 역시 재산의 소유에서 시작된다. 공무원이 소유에 얽매이지 않으면 부패하지도 않을 것이다.

하지만 모든 사람은 법정 스님처럼 재산을 소유하지 않고 살아갈 수는 없는 일이다. 재산의 사적 소유를 인정하는 것은 현대 자본주의 사회의 가장 기본적인 원칙이기 때문이다. 공무원의 경우에도 일반 국민의 한 사람으로서 재산의 소유 자체를 부정할 수는 없다. 다만, 공무원들은 자기의 재산을 소유하고 여기에 얽매이게 되면서 자신에게 주어진 직무상 권한을 현재의 소유를 유지하기 위하여 또는 더 많은 소유를 위하여 행동하고 결정할 위험이 크다.

따라서 공무원 개인의 '소유'를 인정하되 얽매이지 않도록 하기 위하여 소유 재산을 등록하고 공개하는 제도를 도입하여 운영하고 있다. 부패 방지를 위하여 개인의 재산정보를 정부와 국민에 전면적으로 공개하는 것이다. 하지만 공무원 개인의 재산정보는 사생활 영역에 해당하는 중요한 사적 정보 중의 하나이다. 지금까지 부패 방지라는 공공의 이익을 위해서 개인의 사생활 보호는 경시되고 희생되어 온 것이 사실이다. 사회적 성숙도가 높아지면서 공공의 이익과 사생활 보호는 적절한 균형과 조화가 필요하다. 이러한 관점에서 공무원 재산공개의 제도적 의의와 쟁점을 살펴보고 그 미래 방향을 모색해 보고자 한다.

2. 재산공개, 그 의의와 실제

공무원의 재산공개는 부패를 방지하기 위하여 공무원의 재산 정보를 등록하고 공개하는 제도이다. 공무원 개인 재산의 부당한 증가를 감시함으로써 부패의 유혹에 빠지지 않도록 하기 위함이다. 공무원의 직무상 권한을 사적 이익보다는 공공의 이익을 위해 올바르게 사용하도록 하는 예방적 제도이다. 재산을 등록하고 공개하는 제도가 처음 도입된 것은 1965년 미국 존슨(Johnson, L. B.) 대통령 시절이다.[2] 공무원들로 하여금 공적 기관에 개인의 재산정보를 공개하도록 한 것이다. 하지만 의회를 통하여 공식적으로 입법화된 것은 1978년 정부윤리법이 제정되면서부터이다. 대부분의 유럽 국가들이 1970년대 이후 공무원의 재산, 소득, 기타 재정 이익을 공개하도록 법제화되었다. 영국의 경우에는 의회에서 공무원의 재산을 등록하고 공개하는 데 소극적이었다. 부패방지법은 일찍이 1889년에 제정되었을지라도 공무원, 특히 국회의원들의 명예를 존중하고 자기 절제력을 신뢰한다는 원칙에 따라 개인의 재산을 등록하거나 공개하지 않은 것이다. 하지만, 1974년에 드디어 공무원의 재산과 소득을 공개하였다.[3] 1982년 스페인과 이탈리아, 1983년에는 포르투갈, 그리고 1992년 이후 2006년까지 구 소련으로부터 독립된 중앙아시아 20여 개국이 모두 공무원 재산등록 및 공개제도를 도입하였다.[4] 최근에는 아프리카와 동남아시아, 그리고 중앙아시아 국가들의 도입이 증가하고 있는 현실이다.

우리나라의 경우 1993년에 도입되었다. 공직자윤리법에 의하면, 4급 이상의 공무원은 본인 및 배우자의 재산은 물론, 고지 거부가 가능하긴 하지만 직계존비속의 재산도 신고하도록 하고 있다. 소유자별 1천만 원이 넘는 재산을 신고하도록 하였으며, 500만 원이 넘는 금, 보석, 골동품, 예술품, 회원권 등도 신고 대상에 포함하고 있다. 신고된 재산은 심사하며, 허위 또는 누락할 경우 과태료 또는 징계를 부과할 수 있도록 하고 있다. 특히 대통령, 국무위원, 국회의원을 비롯하여 1급 상당 이상의 공무원들은 관보 또는 공보에 공개한다. 우리나라 재산등록 및 공개제도의 현황은 〈표〉에서 보는 바와 같다. 우리의 법제도와 같이 재산등록과 재산공개는 엄격히 구분하고 있으나, 실제 개인의 입장에서 보면, 재산등록도 자기 재산을 공공기관에 공개하는 것으로 넓은 의미에서 재산공개에 포함된다 할 것이다. 재산등록과 공개를 구분하지 않고 재산공개를 중점적인 논의의 대상으로 하고자 한다.

<표> 우리나라 재산등록 및 공개제도 개요

분 야	주요 내용
등록 대상 공무원	• 정무직, 4급 이상 공무원(일부 7급 이상), 법관 및 검사, 대령 이상 장교 • 대학총·학장, 지방자치단체장, 지방의회의원, 교육감, 공직유관단체 임직원

등록 대상 재산	• 본인, 배우자 및 본인의 직계존비속의 재산
	  * 단, 본인의 부양을 받지 않는 직계존비속은 고지 거부 가능
	• 부동산에 관한 소유권·지상권·전세권
	• 광업권·어업권, 그 밖에 부동산에 관한 규정이 준용되는 권리
	• 소유자별 합계액 1천만 원 이상의 현금(수표 포함), 예금, 주식·국채·
	  공채·회사채 등 증권, 채권, 채무
	• 소유자별 합계액 500만 원 이상의 금 및 백금
	• 품목당 500만 원 이상의 보석류, 골동품 및 예술품
	• 권당 500만 원 이상의 회원권
	• 소유자별 1천만 원 이상의 소득이 있는 지식재산권
	• 자동차·건설기계·선박 및 항공기
	• 합명회사·합자회사 및 유한회사의 출자 지분
	• 주식매수선택권

등록 사항 심사	• 등록 재산의 일부를 과실로 누락, 오기에 대한 보완 명령 • 등록 의무자에 대한 자료 제출 요구, 서면 질의, 사실 확인 조사 • 기관장에게 심사를 위하여 필요한 보고나 자료 제출 등 요구 가능 • 금융실명제에도 불구하고 금융기관장에게 금융 거래 자료 제출 요구 가능
심사 결과 처리	• 허위등록·중대한 과실에 의한 재산 신고 누락 등이 있는 경우 공직자윤리위원회에서 의결 처리 : 경고 및 시정 조치, 과태료 부과, 일간신문에의 공표, 해임 또는 징계 요구

등록 재산 공개	• 등록 또는 신고 기간 만료 후 1월 이내에 관보 또는 공보에 공개
	• 공개대상자
	  – 대통령, 국무총리, 국무위원, 국회의원 등 국가의 정무직 공무원 등
	  – 지방자치단체장, 지방의회의원 등 지방의 정무직 공무원
	  – 일반직 1급 공무원 및 상당 별정직 공무원
	  – 교육감 및 교육위원, 중장 이상의 장관급 장교, 치안감 이상의 경찰공무원 및 지방경찰청장, 지방국세청장, 지방국세청장 및 2급 또는 3급 세관장 등

위반자 처리	• 규정 위반 시 해임, 징계 의결 요구, 재산등록 거부, 허위 자료 제출, 출석 거부 등의 경우 형사적·행정적 처벌

자료: 행정안전부.

3. 재산공개의 목적과 취지

공무원 재산등록과 공개는 두 가지 목적을 가지고 있다.[5] 첫째는, 사후적 의미에서 직무 수행 기간 동안 재산의 부정한 증식을 확인하고 이를 처벌하기 위함이다. 공무원 재산의 부정한 획득이나 은닉 여부를 확인하여 형사적·행정적 제재를 가하는 것이다. 둘째는, 사전적인 의미에서 직무 수행 과정에서 공익과 사익 간의 이해충돌(conflict of interest)을 확인하고 예방하기 위함이다.[6] 예를 들면, 공무원이 주식이나 토지를 소유하고 있다면, 직무 수행 과정에서 공익보다는 사익을 위한 결정이 이루어질 위험성이 크다는 것이다. 이와 같이 재산등록과 공개는 재산 축적 과정의 비리와 불법을 사후에 점검하기보다는 재산권의 행사와 공직 업무 수행 간에 이해충돌의 여지가 있는지를 사전에 점검하여 공무원의 부패를 방지하고자 하는 예방적 수단이다.[7]

일반적으로 아프리카 등 개발도상국이나 새로 재산등록제도를 도입한 나라의 경우에는 재산등록 및 공개제도의 목적을 부의 부정한 축적 방지에 두는 반면,[8] 유럽연합(European Union; EU), 미국 등 선진국의 경우 이해충돌의 확인과 예방에 두고 있다.[9] 우리의 경우에도 1981년 재산등록제도가 처음 도입되고, 1993년에 재산공개제도가 도입되어 많은 공직자들이 사퇴했던 사례는 사후적인 의미의 결과로 해석할 수 있다. 하지만, 공직자윤리법 제 1 조를 보면, "공직자의 부정한 재산 증식을 방지하고, 공무집행의 공정성을 확보하여 국민에 대한 봉사자로서 가져야 할 공직자의 윤리를 확립함"을 목적으로 함과 동시에 제 2 조에는 "공직자가 수행하는 직무가 공직자의 재산상 이해와 관련되어 공정한 직무수행이 어려운 상황이 일어나지 아니하도록 노력"해야 한다고 규정함으로써 사전적 의미와 사후적 의미를 동시에 포함하고 있다.

이와 같이 공무원 재산등록과 공개제도는 공공 결정의 공정성을 확보하고 이해충돌 상황에서 공익을 선택하도록 하는 '청렴'(integrity)을 확보하기 위함이다.[10] 청렴은 일반적으로 "권력을 공식적인 권한으로 부여받아 공개적으로 정당화된 목적을 위하여 사용하는 것"(using power for officially authorized and publicly justified purposes)으로 정의된다.[11] 즉, 청렴은 권력을 올바르게 사용하는 것인 반면, 부패는 권력을 넘치게 사용하거나 잘못 사용하는 것이다. 따라서 청렴은 소극적 의미에서 "허위, 비난, 또는 책임 회피 등에 빠지는 것에 대한 거절"[12]임과 동시에 적극적인 의미에서 "엄격한 도덕적·윤리적 강령의 지속적인 준수"[13]이다. 즉, 청렴한 공직자는 이해충돌 상황에서 사익 추구, 즉, 부패에 빠져들지 않아야 함은 물론 보다 적극적으로 공익을 추구할 수 있는 행동과 태도가 필요한 것이다.[14] 공무원의 재산등록과 공개는 공무원이 부패에 빠져들지 않고 직무상 청렴을 유지하도록 하기 위하여 도입된 제도라 할 수 있다.

II. 사적 재산정보의 보호와 공개

1. 공무원의 프라이버시와 재산공개

"나는 가난한 탁발승이오. 내가 가진 거라고는 물레와 교도소에서 쓰던 밥그릇과 염소젖깡통, 허름한 담요 여섯 장, 수건 그리고 대단치도 않은 평판, 이것뿐이오." 인도의 간디(Gandi, M.) 수상이 런던에서 열린 원탁회의에 참석하기 위해 가던 도중 마르세유 세관원에게 소지품을 펼쳐 보이면서 했던 말이다.[15] 만약에 간디나 법정 스님이 공직자였다면 가장 이상적인 청렴한 관리가 되었을지 모른다. 하지만 감히 두 분에게 재산등록을 하시라고 하면, 즉, 물레와 밥그릇, 깡통과 담요를 모두 신고하라고 하면, 그리고 이를 만천하에 공개하려 한다면 어떨까? 한편으로는 부끄러움이 없으니 떳떳하게 등록하고 공개할 법도 하지만,

다른 한편으로는 개인적인 소지품에 대한 제도적 통제에 어이없어 했을지 모른다.

공무원 재산의 등록과 공개는 공적 이익을 위하여 개인의 재산정보를 공개함으로써 프라이버시를 제한하는 제도이다. 일반 시민이라면 당연히 보호받아야 하는 사적 재산정보를 공무원의 경우 등록하고 공개하도록 하는 것이다. 반면에 프라이버시 권리는 개인정보에 대한 접근 권한을 제한하고자 하는 제도이다. 따라서 공무원 개인의 프라이버시 권리와 공무원 재산의 등록과 공개제도는 불가피하게 서로 상충될 수밖에 없다.16 공무원의 재산목록과 내용은 침해받지 말아야 할 사생활의 가장 민감하고 중요한 정보 중의 하나에 해당되기 때문이다. 공직자 자신의 재산은 자신의 신체와 같이 스스로 관리하고 활용할 수 있는 권리를 가지고 있음은 당연하다. 개인의 신체적 특성이나 질병, 장애 등 특별한 기록을 일반에 공개하는 데는 제한이 있을 수밖에 없다.17 공직자의 재산도 부패의 우려가 있다고 해서 개인의 사적 재산의 규모와 내용에 대한 프라이버시의 존재 자체를 부정할 수는 없다. 우리 헌법규정에서도 "국가는 개인이 가지는 불가침의 기본적 인권을 확인하고 이를 보장할 의무를 진다"(제10조)고 규정하고 있으며, "모든 국민은 사생활의 비밀과 자유를 침해받지 아니한다"(제17조)고 명시하고 있다.

일반적으로 프라이버시는 쿨리(Cooley, T. M.)가 말한 '홀로 있을 권리'(right to be let alone)18에서 출발하여 워렌(Warren, S. D.)과 브랜다이스(Brandeis, L. D.)가 '프라이버시 권리'(right to privacy)19라고 명명하면서 신체의 자유는 물론 인간의 존엄성과 인격의 불가침성에 기반한 독자적인 권리로 정착된 개념이다. 이러한 프라이버시 침해는 네 가지 유형의 불법행위로 요약된다. 즉, 사생활의 침입, 난처한 개인적 사실의 공개, 공중의 오해를 유발하는 공표, 그리고 성명 초상의 영리적 무단 사용을 말한다.20

이와 같이 프라이버시는 19세기 재산권 개념에서 유래되어 언론의 부당한 재산권 침해로부터 경제적 이익을 보호하고자 시작되었으나, '홀로 있을 권리'로 변화하면서 보통법상의 별도의 재산권 개념으로 고안된 것이다. 이후 프라이버시는 단순히 정보의 통제와 제한의 의미로 해석하기보다는 "자기에 관한 정보를 선택적으로 공개할 수 있을 때 타인과의 친밀감이 형성되므로 자신의 정보에 대한 통제를 인간이라면 누구나 설정할 수 있는 사회적 관계에 있어서 필수적 요소"[21]로 파악하는 현대적인 의미를 담게 되었다.

일반적으로 프라이버시로 보호받아야 하는 개인정보는 "생존하는 자연인의 내면적 사실, 신체나 재산상의 특질, 사회적 지위나 속성에 관해 식별되거나 또는 식별할 수 있는 정보의 총체"로 규정된다.[22] 여기에는 병력과 전과, 취업정보, 교육정보, 재무거래정보는 물론, 개인의 성명이나 식별 부호 또는 사진 등도 포함된다. 재산규모, 거래정보와 그 특질 등 재산과 관련된 사적 정보도 프라이버시 권리의 중요한 보호 대상이 아닐 수 없다. 이는 당초 재산권 개념에서 출발한 프라이버시 권리의 시초와 역사에 비추어 공무원에게도 적용될 수 있는 중요한 헌법상의 권리에 해당한다.

사유재산에 대한 프라이버시의 보호는 적극적인 의미에서 개인의 사적 영역을 보호함으로써 인간의 자율적인 의지와 생활을 존중하는 것이다. 반면에 소극적 의미에서 프라이버시는 개인의 사적 정보에 대한 정부의 접근 권한을 제한하는 것이다. 전자는 개인 상호 간의 관계를 전제로 하고, 후자는 개인과 정부와의 관계를 전제로 한다. 일반적으로 일반 시민의 개인정보가 보호받아야 하는 이유는 후자, 즉, 정부 또는 공무원이 일반 시민의 개인정보를 오용하거나 남용할 우려가 있기 때문이다. 반대로, 공무원의 재산정보가 보호받아야 하는 이유는 정부 또는 일반 시민이 이를 부정한 용도에 활용할 수 있다는 점이다.[23]

먼저, 공무원의 재산 및 거래정보를 이용하여 개인의 경제적 이득을 높이는 데 활용될 수 있다. 개인적인 투자정보로 활용하고, 공개를 원하지 않는 공무원의 재산정보를 직무 수행상의 약점으로 활동하기도 하며, 기부금을 강요하는 자료로 활용될 수 있다. 둘째, 정치적인 이득에 활용될 수 있다. 정치적 협상에 활용하고, 특정한 정치적 집단과 공유하여 정치적 입지를 강화하고, 그리고 사회적 차별에 활용될 수도 있다. 미국의 후버(Hoover, H.) 대통령은 민간인의 재산거래정보를 재선 선거와 정치 토론에 활용하였고, 독일의 나치정부는 유태인들의 재산 거래정보를 통제수단으로 활용하여 친 나치와 반 나치를 구분하는 데 이용하기도 하였다.[24] 셋째는 개인적인 재산 기록에 대한 호기심의 대상이 되기도 한다.[25] 개인적인 이득이 없을지라도 자신의 친구나 친지 또는 유명인들의 재산상황은 흥미를 유발할 수 있다. 공무원 개인들의 구매 기록, 납세 금액, 재산 거래 등을 추적할 수 있고, 언론 등의 과잉 노출과 호기심으로 정상적인 직무 활동을 어렵게 하는 요인으로 작용할 수도 있다.[26] 이 밖에도 공무원의 개인적인 이득이 아니라 자신의 직무 결정에 불법적으로 활용될 수 있다. 예를 들면, 소위 '정치검사'가 특정 인을 구속하기 위하여 내부정보를 불법적으로 활용할 수 있을 것이다.

이와 같이 재산공개제도는 공무원 개인의 프라이버시를 심각하게 제한하는 제도의 하나이다. 재산등록제도에 의하여 개인정보에 대한 정부의 접근 권한을 인정함으로써 발생할 수 있는 다양한 문제점과 함께, 재산공개제도에 의하여 개인정보에 대한 일반 시민의 접근 권한을 인정함으로써 공무원 개인의 프라이버시의 침해 가능성이 더욱 높아지게 된다.[27]

2. 프라이버시와 재산공개의 경계

1) 법이론적 근거: 프라이버시와 언론의 자유

공무원의 사적 재산 정보에 대한 공개 여부는 공무원 개인의 프라이버시 권리 보호의 중요성에 의해서만 결정될 수 없다. 언론의 자유를 통한 국민의 알권리 충족이라는 사회적 공익이 있기 때문이다.[28] 공무원 재산등록과 공개는 공직 내부적인 윤리 통제 수단임과 동시에 공공의 목적을 위하여 공무원에 대한 감시와 비판 기능을 확보하는 외부적 통제 수단임을 부인할 수 없다. 공무원의 재산과 관련한 언론보도 역시 정당한 공적 관심사에 해당하고, 어느 정도의 보도 가치가 존재한다고 볼 수 있기 때문에 프라이버시권의 침해라고 인정하기 어려운 경우가 많다는 것이다.[29] 즉, 공무원의 도덕성·청렴성이나 그 업무 처리가 정당하게 이루어지고 있는지 여부는 항상 국민의 감시와 비판의 대상이 되어야 한다.[30]

이러한 기준에 의할 경우 "언론보도가 공직자 또는 공직 사회에 대한 감시·비판·견제라는 정당한 언론활동의 범위를 벗어나 악의적이거나 심히 경솔한 공격으로서 현저히 상당성을 잃은" 경우에 한하여 공무원의 프라이버시가 인정될 수 있을 것이다.[31] 언론보도 등을 통한 국민의 알권리와 사생활 보호의 경계를 규정하기 위한 법이론적 논의는 일반적으로 두 가지로 구분된다. 공적인물론과 권력포기론이다.

첫째, 공적인물론에 의하면, 소위 '공적 인물'의 경우 국민의 알권리가 개인의 프라이버시보다 선행하는 권리로서 개인의 사적 정보라 하더라도 공개할 필요성이 인정된다는 의미이다.[32] 공무원의 경우 당연히 공적 인물에 포함되는 지위를 가지고 있기 때문에, 국민의 알권리를 위해서 공무원 재산에 대한 등록과 공개의 대상과 범위는 확대되는 것이 마땅하고, 이를 상세히 보도하는 것이 사회적 공익에 부합한다고 본다. 이는 공무원이 아닌 유명인 등의 경우에도 공적 인물로 규정하고 프라이버시 제한의 논리를 제공할 수 있다는 이론적 의의가 있다. 하지만, 보호해야 할 프라이버시는 사생활의 침입에 제한하는 것인지, 아니면 난처한 개인적 사실의 공개나 공중의 오해를 유발하는 공표 등을 포함할 것인지 경계를 규정하기에 현실적인 어려움이 있다. 이에 따라

1964년 미국의 설리번 판결에서는 '현실적 악의' 원칙을 적용하여 그 경계를 구분했다. 즉, "공무원이 자기의 공직업무에 관한 허위적인 명예훼손으로 인한 손해배상을 구하려면 그 명예훼손적인 내용이 '현실적 악의'(actual malice) 즉, 그것이 허위임을 인지하거나 혹은 그것의 진위를 무모할 정도로 무시하고서 보도되었음을 입증해야만 한다"는 것이다.33

둘째, 권리포기론이다. 이는 대중적 관심을 가지는 지위나 직업을 가진 사람은 프라이버시 권리를 포기했다고 인정한 것으로 의제하는 이론이다.34 즉, 공무원은 공직 수행을 위하여 자신의 프라이버시를 포기한 것으로 간주한다. 공무원 자신의 재산규모와 거래정보를 일반 국민에 공개하고 자신의 사유재산권 행사의 일부가 침해되었더라도 이를 주장하지 않는다고 약속한 것으로 보는 것이다. 하지만 공무원이 자신의 프라이버시 권리를 현실적으로 주장하고 있는 경우 이를 포기한 것으로 간주하기 어렵고, 일정한 권리 포기가 모든 프라이버시 권리를 상실한 것으로 인정하기도 어렵다는 문제가 제기된다. 특히 포기된 프라이버시 권리를 회복하는 방법에 대한 논의도 부족하다. 결국 공적 지위나 직업에서 벗어난 경우 프라이버시 권리 회복이 가능하다는 점에서 공적인물론의 설명이 불가피하다는 이론적 한계를 가진다.

이러한 두 가지 법이론은 공무원 이외에 사회적 지도자나 유명 인사들의 프라이버시의 범위를 제한할 수 있는 이론적 근거를 찾고자 하는 노력이라는 측면이 있기 때문에 공무원의 프라이버시를 확대 해석하기보다는 가급적 제한하고 국민의 알권리 차원에서 사회적 권익을 강조하게 될 우려가 있다. 하지만 두 이론은 공무원이나 유명 인사 개인의 프라이버시 권리와 사회적 공기로서 언론의 역할이나 국민의 알권리와의 경계를 구분하는 명확한 기준을 제시하고자 노력한 점에서 그 의의가 크다 하겠다. 특히 관료적 권위와 집단적 문화가 일반화되어 있는 우리의 경우 공무원의 프라이버시와 사회적 권익이 균형 있게 조화하는 형태의 제도 운영이 필요하다는 점에서 시사점을 제공하고 있다. 현재 우리 법원은 공적인물론의 '현실적 악의' 원칙이나 권리포기이론에 대한 구체적인 논의가 다소 부족하고 정확한 법리적 인식과 이해나 판단을 보여 주지 못하고 있으며, 명예훼손과 언론자유에 관한 철학적·법률적 인식의 정도가 다른 나라 법원에 비해 현격하게 낮다고 지적되는 이유도 여기에 있다.[35] 다만, 두 이론의 실제 적용 과정에서는 구체적 문제 상황에 따라 사생활 보호와 사회적 권익을 비교 형량하여 결정할 수밖에 없다.[36] 최근 공적인물론에 따라 개인이 차지하는 지위보다는 언론상에 표현되는 구체적인 내용과 성질을 고려하여 판단해야한다는 주장이 보다 설득력이 높아지고 있다.[37]

2) 프라이버시와 공개재산의 범위

공무원 개인의 프라이버시와 부패 방지라는 사회적 권익을 조화하는 방향에서 공무원의 사유재산 정보를 등록하고 공개하는 범위에 관한 구체적 논의가 필요하다. 이러한 프라이버시 보호와 재산공개의 경계를 명확하게 구분하기는 곤란하지만 원론적 의미에서 두 가지 기준이 제시될 수 있다. 즉, 재산공개의 대상은 공식적인 활동과 관련된 재산을 공개하는 방법과, 공식적인 활동과 관련된 재산은 물론 직무 활동에 관련되어 있지 않더라도 공개하도록 하는 방법이다.

첫째는 공무원의 공식적인 활동과 관련된 재산만을 공개하도록 하는 방법이다. 재산등록과 공개의 도입 목적이 직무 활동상의 잠재적 이해충돌을 예방하는 데 있기 때문에 공식적인 활동과 관련성이 있는 재산만을 공개하도록 하는 방법이다. 공식적인 활동은 공적 영역에서의 활동을 말하며, 공식적인 활동 이외는 사적 영역에서의 활동을 말한다. 이에 따라 공식적인 활동과 관련된 재산의 공개는 이해충돌을 방지한다는 차원에서 인정될 수 있다. 미국 캘리포니아주 대법원도 모든 공직자들의 1만 달러 이상 투자를 공개하도록 하는 법률이 합헌인가에 대하여 헌법 위반에 해당한다고 판결하여 같은 입장을 취하고 있다.[38] 즉, 공직자의 프라이버시 권리와 주 정부의 부패를 막는 데 있어서 얻는 이익을 비교 평가한 결과, 주 정부에 의한 재산공개 요구의 '범위가 지나치게 넓다'(overbreadth)는 점을 들어 위헌 판결한 것이다. 즉, 주 정부가 공직자로서의 직무 책임과 관련이 없는 개인적인 재산 문제까지 부당하게 공개를 요구하는 법률을 제정하였으며, 이로 인하여 공직자의 재산권 행사 자유를 침해하였다는 것으로 판시한 것이다.[39] 이에 따라 주 의회는 재산공개제도를 공직자 직무의 범위 안에서 공직자가 취한 모든 행동과 결정에 의해 실질적으로 영향을 받는 재산상의 이익의 공개에 한정하는 것으로 해당 법률을 개정하였다. 즉, 법률에 의한 공직자 재산의 의무적 공개는 공직자의 공식적 활동(official activities)에 관련된 문제로 한정한 것이었다.[40]

둘째, 공무원의 공식적인 활동과 관련이 없는 재산이라 하더라도 공개하도록 하는 방법이다. 현실적으로 공무원의 공식적인 활동이 무엇인지 명확하게 규정하기 어렵다. 특히 그러한 활동이 직무상의 이해충돌을 발생할 것인지 판단하기는 더욱 어려우며, 만약 현재 이해충돌이 발생하지 않고 있더라도 추후에 이해충돌이 발생할 것인지 알 수 없다. 따라서 공무원의 공식적인 직무 활동과 상관이 없더라도 재산공개를 추진할 수밖에 없고, 이러한 범위 내에서는 공무원 재산공개제도는 공익을 위한 제도로서 사생활 침해라고 보기 어렵다는 판단이다. 캘리포니아주 이외의 다른 주 대법원들은 공직자의 모든 재산의 공개를 허용하고 있다. 예를 들어, 일리노이주 대법원은 재산공개에 관한 법률이 합헌인가라는 문제 제기에 대해, 주 정부의 어떤 공식적 활동과도 관계가 없는 직무 활동에 관계된 재산의 공개는 '이해의 충돌'을 미연에 막는 데 도움을 준다고 판결하였다.[41] 이와 같이 재산공개의 범위에 대한 미국 대법원의 판결은 직무와 무관한 재산공개의 정당성을 인정하는 추세로 볼 수 있으나, 재산공개의 범위와 내용, 방법 등 제도의 세부적인 설계는 프라이버시 보호와 부패 방지와의 균형적 관점에서 사안별로 논의할 필요가 있을 것이다.

III. 공무원 재산, 그 무엇이 문제인가?

공무원 재산정보의 공개에 대한 논의를 위해서는 무엇보다도 먼저 공무원의 재산 자체가 왜 문제가 되는지에 대한 논의가 필요하다. 공직 임용 또는 직무 수행 요건으로서 공무원의 재산은 두 가지 차원에서 논의할 수 있다. 즉, 재산의 절대적인 규모와 재산의 형성 과정에 관한 문제이다. 청렴성을 판단하는 기준으로 결과적 측면에서 재산규모와 내용, 그리고 과정적 측면에서 재산변동 상황과 재산형성 과정에 대한 검토가 필요하다. 재산규모나 형성 과정에 관한 논의 역시 부패 방지와 사생활 보호의 균형적 관점에서 바라보는 것이 중요하다.

1. 재산규모와 내용

먼저 공직자의 임용이나 직무 수행 요건으로서 개인이 가지는 절대적인 재산규모를 문제삼아야 하는가? 재산규모와 내용, 특히 재산규모를 청렴성 판단의 기준으로 활용할 수 있느냐의 문제이다. 우선 재산규모 자체는 문제가 되지 않는다는 의견이 많다. 공직자의 재산규모나 내용 자체가 청렴성이나 윤리성을 판단하는 기준이 될 수는 없다는 것이다. 즉, 재산이 많으면 청렴하지 않고 재산이 적으면 청렴한 것으로 판단할 수는 없다. 조선시대 이상적인 관료상인 청백리는 관직 수행 능력과 함께 청렴(淸廉)·근검(勤儉)·도덕(道德)·경효(敬孝)·인의(仁義) 등의 덕목을 겸비한 관리를 말한다. 이와 같이 청백리는 조선시대 의정부(議政府)에서 뽑은 관직자에게 주어진 호칭으로, 맹사성·황희·최만리·이현

보·이황·이원익·김장생·이항복 등 총 217명이 배출되었다.[42] 하지만 이들 청백리들은 재산의 다과에 따라 판단하기보다는 관직 수행 과정에서 부의 축적 기회가 충분히 있음에도 부패의 위험성을 물리치고 공평무사하게 관직을 수행한 관리들로 보는 것이 타당할 것이다. 다만, 조선시대에는 재산의 다과는 주로 관직에 의하여 결정되며, 관직 이외의 다양한 민간 직업이 분화되지 않고 공직자의 사생활 개념이 발전되지 않았던 시대를 반영한 것으로 볼 수 있다. 즉, 조선시대 과다한 재산의 보유는 관직의 부패를 통해서 이루어질 개연성이 높고, 따라서 청렴한 공직자는 청빈(淸貧)할 수밖에 없었던 것으로 해석된다.

하지만 사유재산권이 철저하게 보장된 현대 자본주의 사회는 공직 이외의 민간에서 재산축적의 기회가 많아졌기 때문에 청렴성과 청빈성은 구분될 필요가 있다. 청빈리가 아니고 청백리를 사용하는 것은 청렴 결백하게 공무를 수행하는 공직자의 경우도 경제적으로 개인 소유 재산은 많을 수 있다는 뜻으로 현대적 해석이 가능할 것이다. 윤종용 삼성 부회장이나 김종훈 벨연구소 소장 등 절대적 재산규모가 많은 경우에도 고위공직에 임용될 수 있고, 그리고 진대제 정보통신부 장관이나 안철수 의원처럼 이미 고위공직에 임용된 경우도 있다. 이와 같이 공직 임용이나 임용 후 직무 수행 요건으로 절대적인 재산규모를 문제삼기는 어렵다 할 것이다. 즉, 재산규모와 청렴성과의 인과관계가 있다고 단언할 수 없기 때문에 절대적인 재산의 과다를 문제삼는 것은 자본주의 사회의 기본 원칙과 사생활 보호 측면에서 수용하기 곤란한 측면이 있다. 다만, 재산이 많은 공직자는 직업 생활 또는 직무 수행 과정에서의 부당하게 획득한 재산이 아니라는 적극적인 설명이 필요할 뿐이다. 오히려 재산규모와 청렴성과는 역관계, 즉, 재산이 많으면 오히려 청렴할 수 있을 것이라는 주장도 있는 것이 사실이다.

이와 같이 절대적인 재산규모의 다과는 문제가 없는 논리적 당위성에도 불구하고, 실제 고위공직자 재산에 관한 논의가 재산형성 과정에 대한 논의와 함께 재산의 절대적 규모 자체에 대한 사회적 논란의 대상이 되는 것은 피할 수 없는 현실이다. 재산의 절대적인 규모 자체가 논란이 지속되는 이유는 다음 세 가지로 요약될 수 있다.

첫째, 부와 권력을 동시에 갖는 경우 권력이 부패할 우려가 있다는 점이다. 절대적 재산규모가 클 경우 이를 유지하고 관리하기 위하여 권력을 남용할 우려가 있다. 과거에 권력을 획득하면 부는 권력과 함께 자동적으로 축적할 수 있다는 인식이 강하였다. 따라서 권력을 가지려는 궁극적인 목적은 부의 축적에 있기 때문에 권력을 통제하기 위해서는 권력이 부와 함께 해서는 안 된다는 논리이다. 하지만, 오히려 절대적 재산규모가 많을 경우 권력의 부패로부터 자유로울 수 있다는 반론도 있을 수 있다. 재산이 많은 경우 부정과 부패의 유혹에서 벗어나 직무를 공정하고 떳떳하게 처리할 수 있다는 것이다. 하지만 이러한 논리는 모든 사람은 어느 정도의 수준의 재산에 만족할 수 있다는 전제를 가지고 있지만, 실제 아무리 많은 재산을 가지고 있더라도 만족하지 못하고 재산축적의 유혹에서 벗어나기 어렵다는 점을 감안하면, 재산이 많은 사람이 오히려 공정하고 합리적인 정책 결정을 할 것이라는 인식이다. 99개를 가진 사람이 1개를 더 채워 100개를 만들려는 심리에 기초하여 추정할 수 있다.

둘째, 공직자의 국민 대표성이 약하다는 점이다. 재산규모가 많은 사람이 공직을 수행하는 것은 국민들이 납득하지 못한다. 왜냐하면 대표성이 약하기 때문이다. 공직은 국민 전체에 대한 봉사자로서 공정하게 직무를 수행해야 하지만, 재산이 많은 사람의 경우 사회의 부유층을 대변하기 쉽지 않다는 것이다. 수조 원대의 재산을 가진 사람이 국민의 대다수를 차지하는 중산층과 서민을 위해 일하기 곤란하다는 주장이다. 여기에서 선출직과 임명직은 차이가 있다. 국회의원의 경우 최고의 공직자이지만 국민에 의한 선출 과정을 통하여 검증될 수 있다. 또한 행정과 예산을 직접 집행하는 직접적인 권력을 갖는 것이 아니고 정치적 과정을 통하여 공개되고 검증되기 때문에 크게 문제삼지는 않는다. 하지만, 정책을 직접 수립하고 관련 예산을 직접 집행하는 장차관 등 임명직의 경우에는 투명한 공개의 과정이 부족하고 자신에게 주어진 권력을 축재와 연계하여 부패가 발생할 수 있기 때문에 더 큰 문제가 될 수 있다.

셋째, 국민감정과 정서의 문제이다. 재산규모가 많은 부자에 대한 반감이 있다는 점이다. 전통적으로 공직이란 원래 청렴해야 한다는 다산 정약용의 목민관에 기초하고 있다. 재산이 많은 사람의 경우 청렴한 공직 생활을 보장하기 어렵다는 시각이다. 이러한 다산이 주장한 선비의 청빈정신이 지금까지 이어져 오고 있다고 할 것이다. 공무원은 공복으로서 배고픈 직업으로 인식하고 명예와 사명감을 가지고 직무에 임해야 한다는 것이다. 정주영 현대 회장이 대통령을 하고자 할 경우 이에 대한 부정적 시각이 확산되었던 적이 있었고, 김우중 씨가 대통령에 출마한다는 소문이 있었던 적이 있다. 그리고 만약 이건희 회장이 대통령을 하고자 할 경우에는 국민들의 상당한 거부감을 예상할 수 있다. 재산 형성 과정에 아무런 문제가 없더라도 부의 절대적인 규모 자체에 대한 거부감이 존재하기 때문이다.

2. 재산형성/변동 과정

이와 같이 공직 임용 과정에서 재산의 절대적인 규모도 문제가 될 수 있다. 하지만, 재산의 절대적인 규모에 대한 문제는 결국 재산의 형성 과정에 대한 문제로 귀결된다. 공직자들이 재산이 많을 경우 청렴하지 않을 것으로 인식하는 것은 재산의 형성 과정 즉, 변동 과정에 대한 불신 때문이다. 따라서 재산규모가 많은 공직자에 대한 청렴성 담보는 재산형성 과정이나 변동 사항에 대한 투명한 공개와 감시에 의하여 가능할 것이다. 즉, 재산의 절대적 규모보다는 재산형성 과정의 청렴성에 중점을 두어야 한다. 현재의 재산등록과 공개제도는 역시 재산의 절대적 규모를 중심으로 이루어졌으며, 형성 과정이나 변동 사유에 대한 내용이 보완되어야 할 것이다. 특히 변동의 금액과 변동 사유에 대한 관심이 집중되어야 한다.

절대적 규모가 많으면 자신의 노력이나 능력보다는 비정상적인 형성 과정을 의심하게 된다. 진대제 장관처럼 자기 노력과 능력에 따라 부를 축적했다는 긍정적 인식이 작용하여 공직 임용에 대한 거부감이 상대적으로 적은 경우가 있다. 윤종용 씨가 정보통신 관련 장관을 할 경우 재산규모 자체에 대한 문제에 대한 거부감은 약화될 수 있을 것이다. 김종훈 미래부 장관 후보자의 경우에도 여러 가지 논란에도 불구하고 재산규모 자체에 대한 논란이 적었던 것은 외국에서 자기 능력과 노력에 의하여 축적되었다고 판단했기 때문이다. 이와 같이 이러한 재산규모가 문제되는 이유는 그 재산형성 과정에 대한 의문에 기인한 경우가 많다.

재산규모의 정당성에 대한 논의 과정에서 재산형성 과정의 정당성을 확인하는 과정이 필요하다. 따라서 재산형성 과정은 절대적인 재산규모와는 상관없이 이루어진다. 절대적인 규모상으로 보면 많지 않은 금액이라 하더라도 재산형성 과정에서 문제가 제기될 수 있다. 공직 임용과 관련하여 재산형성 과정에 대한 논의는 두 가지 측면에서 이루어진다. 하나는 기존의 공직에서 재산증가가 정당했는지의 문제, 다른 하나는 일반적인 직업 생활을 통하여 정당하게 부를 축적했는지에 대한 논의가 가능하다.

첫째, 과거 공직 수행 과정에서 축적된 재산의 정당성이다. 과거 직책이나 직위와 재산규모를 비교하여 적정하지 않을 경우가 문제된다. 20년의 공직 생활을 한 사람의 30억의 재산규모와 30년의 대기업 임원 생활을 한 사람의 30억의 재산규모와는 차이가 있을 수 있다. 이와 같이 과거 공직 등 직책 수행 과정에서 정당하게 형성한 부는 문제가 되지 않는다. 하지만 공직 임용 과정에서 이에 대한 검증 과정은 필요하게 된다. 상속을 받은 것인지, 봉급을 저축한 것인지, 그리고 복권에 당첨된 것인지 확인할 필요가 있다. 하지만 과거의 직책 수행 과정에서 부당하게 축적한 재산은 문제가 될 수 있다. 이는 위법의 가능성을 내포하고 있기 때문에 임용 요건을 충족하지 않는 것으로 볼 수 있다. 또한 도덕적 해이나 부당한 행동으로 임용 자격에 대한 논란이 될 수 있기 때문이다. 이러한 사람은 임용 후에 직무 수행 과정에서도 부당한 재산축적이 이루어질 수 있다는 추정이 가능하기 때문에 이에 대한 철저한 검증이 수반된다.

또 하나의 문제는 과거에 공직을 하지 않았더라도 일반적인 사회 통념상 부당한 재산축적 과정은 문제의 소지가 있다. 아파트 등 부동산 투기에 의한 재산을 축적할 경우 정당한 공직 생활을 기대하기 어렵기 때문이다. 주식 투자의 경우, 정당한 투자라 하더라도 자기 직무와 본분을 지키면서 했는지에 대한 의문을 제기할 수 있다. 주어진 근무 시간에 자기 직무를 충실히 하면서 재산을 축적하기는 곤란할지 모른다. 또는 부당한 정보를 수집하거나 활용하여 부당하게 재산증식을 도모한 경우에는 공직 임용 후 이해충돌 상황에서 공익보다는 사익을 선택할 가능성이 높기 때문이다. 하지만 재산규모가 아무리 많다 하더라도 자기의 노력이나 능력에 의하여 이루어질 경우에는 재산규모에 대한 문제가 제기되지 않는다.

공직 임용 요건으로서 재산형성 과정의 적정성은 공직 수행 요건으로 재산변동 과정의 적정성과 구별될 수 있다. 재산형성 과정은 공직 임용 전에 형성된 재산상황을 의미한 반면, 재산변동 과정은 공직 임용 후에 변동된 재산상황을 말한다. 재산형성 과정은 공직 임용 후 이해충돌 상황에서 개인의 잠재적 선택을 예측하는 데 그 목적이 있는 반면, 재산변동 과정은 이해충돌 상황에서 개인이 선택한 결과를 확인하는 데 그 목적이 있다. 후자의 경우, 재산변동의 원인이 직무상의 이해충돌 상황과 연계되어 있는지 여부를 확인하는 것이기 때문에 보다 중요하고 직접적으로 재산공개의 목적과 부합한다. 특히 재산변동 과정에 관한 논의는 재직자를 대상으로 청렴성을 확보하기 위한 것임을 감안할 때 재산공개제도의 근본적인 목적에 부합하게 된다.

이러한 재산변동 과정은 최초 신고와 현재 신고와의 차이를 구분하는 것이다. 재산증감과 직무 수행과의 관련성의 문제는 프라이버시 문제가 상대적으로 적어진다. 왜냐하면 재산변동 내역이 공적 업무 수행과의 직접적인 연관성에 중점을 두기 때문이다. 이 경우, 프라이버시를 제한할 만한 보다 명확한 정당성을 가지게 된다. 하지만, 직무 수행과 무관하게 이루어진 재산증감 내용에 대한 공개는 역시 재산의 절대적인 규모나 형성 과정에 대한 공개와 같이 프라이버시 문제가 제기될 수 있다.

Ⅳ. 효과적인 재산공개를 위한 제언

1. 재산공개제도의 운영 현실

부패의 방지와 청렴성의 확보라는 공무원 재산공개의 목적과 취지는 긍정적으로 평가된다. 하지만, 제도 운영 과정에서 발생하는 다양한 문제와 부정적 효과에 대한 비판이 제기된다. 이러한 비판 역시 부패 방지라는 공익적 측면과 프라이버시라는 개인적 측면의 충돌에 기인한다.[43]

무엇보다도 먼저, 부패 방지 목적을 달성하고 있는지에 대한 의문이다. 부패 방지나 청렴 확보를 위하여 실질적인 효과가 발생하기 어렵다는 것이다. 등록 대상, 적용 범위, 공개 방법 등 제도 집행 과정에 발생하는 여러 가지 한계이다. 특히 재산형성 과정에 대한 심사의 실효성에 대한 비판이 많이 제기된다. 실질적 효과를 거두기보다는 공개 과정에서 정치화될 우려가 크다는 것이다. 재산공개는 '의식정치'(儀式政治, ritualistic politics)적 성격을 가지고 있어 제도가 운영 과정에서 공무원 청렴을 검증하는 하나의 의식처럼 작동하게 되고, 누가 얼마나 더 청렴한지를 서로 증명해야 하는 정치적 게임 상황을 만들어 낼 수 있다는 것이다.[44]

둘째는 공무원의 재산공개는 개인재산에 대한 프라이버시를 제한할 수 있다는 우려가 많다. 이것은 공무원으로 하여금 일종의 자신의 사적 생활을 공개하도록 하기 때문이다. 이러한 이유로 인하여 영미권에서 많은 소송과 논의를 통해 제도화하는 데 시일이 많이 소요된 것이다. 미국의 경우 공무원 재산공개의 시행은 1965년에 되었을지라도 실제 법제화된 것은 정부윤리법(Ethics in Government Act)이 제정되어 제도화된 1978년의 일이다.[45] 또한 재산공개제도에 의한 공무원 재산권 행사 자유의 규제는 개인의 기본권 제한을 전제로 한 것인데, 이러한 기본권의 희생을 통하여 얻어지는 공직 윤리의 개선효과는 미미하다고 주장하기도 한다.[46]

셋째는 재산공개로 인한 부정적 파급효과이다. 고위공무원에 대한 지나친 재산공개 요구로 유능한 인재를 공직에 끌어들이는 것을 부당하게 방해하는 등의 역효과가 발생하기도 한다.[47] 또한 제도 집행 과정에서 지나치게 비용과 노력이 많이 소요된다. 개인의 재산의 등록과 공개, 그리고 매년 증감 보고 과정에서 공무원 개인은 물론 이를 주관하는 기관의 행정 비용이 과다하게 소요될 수 있다는 것이다.

이러한 운영 현실에 비추어 공무원 개인의 프라이버시와 부패 방지의 사회적 편익을 조화할 수 있는 제도의 설계가 필요하다. 재산공개의 대상, 내용, 방법, 심사, 위반 시 처리 등 단계별로 점검하고, 부패방지의 실질적인 효과를 확보하면서 개인의 기본적인 프라이버시도 존중하는 방향으로 개선할 필요가 있다.[48]

2. 재산공개제도의 개선 과제

1) 재산공개의 대상

재산공개 내용과 범위를 지위별로 차별화할 필요가 있다. 권력의 크기에 따라 부패의 가능성과 파급효과, 그리고 사생활의 범위도 다르기 때문이다. 현재 지위의 고하나 직책의 경중에 대한 고려 없이 일률적으로 등록 대상자와 공개 대상자로 나누어 등록과 공개 대상 재산과 친족 범위가 동일하게 되어있으나, 부패의 위험성이 높고 파급효과가 큰 직위의 경우 보다 강화하는 등 적합성 있는 제도의 개선이 필요하다. 예를 들어, 대통령을 비롯한 국회의장, 그리고 대법원장 등은 권력이 가장 큰 지도자급 공직자로서 고지거부제도를 폐지하고 직계존속은 물론 직계비속, 그리고 형제자매의 재산을 포함하도록 하는 등 친족의 범위를 확대하는 방안도 검토할 수 있을 것이다. 국가지도급 친인척의 부패 비리가 항상 문제가 되어 왔던 우리나라 역사를 볼 때 국가 주요 직위의 경우 일반적인 공개 범위와 기준, 그리고 내용이 보다 강화되어야 할 것이다. 즉, 국가 주요 인사에 대한 재산공개는 일반직 고위공무원의 재산공개보다 강화된 범위와 내용으로 차별화되어야 할 것이다.

장관급 이상의 정무직 공무원과 선거직 공무원의 경우에도 직계존비속에 대한 고지거부제도를 폐지하여 배우자와 직계존비속의 재산은 반드시 공개 대상에 포함하는 방안도 고려할 필요가 있다. 다만 고위공무원 이하의 경우에는 재산등록 범위에서 직계존속은 제외하고 배우자와 피부양자인 직계비속에 한정하는 방안에 대한 검토도 필요하다. 미국의 경우에도 재산등록과 공개 대상자의 신고 대상은 배우자와 생계능력이 없는 직계비속에 한정되며, 직계존속은 포함되지 않는다. 이 경우 생계능력이 있는 직계존속이나 직계비속의 재산은 등록은 하되, 일괄적으로 공개 항목에서는 제외하는 차선책도 검토 가능할 것이다. 즉, 등록은 하되 공개는 하지 않는 방식이다. 특히 공개 대상자가 아닌 등록 대상 하위직의 경우에는 생계능력이 있는 직계비속을 제외하고 본인과 배우자, 그리고 부양하는 직계비속의 재산만을 등록하도록 개선하는 것이 필요할 것이다.

2) 재산공개의 내용

현재의 경우 재산등록과 공개의 대상과 범위가 동산·부동산을 포함하여 주식·채권 등 모든 재산을 대상으로 하고 있다. 특히 공적 이익과 사적 이익의 충돌과 상관없이 개인적인 세세한 재산까지도 모두 등록 재산에 포괄적으로 포함하고 있다. 선진국의 재산등록의 경우에는 등록 대상 재산은 매우 포괄적으로 되어 있으나 개인들의 권익과 사생활을 보호하기 위한 다양한 예외규정을 두고 있다. 예를 들면, 미국의 경우 금융기관 예금계좌 등을 제출할 필요가 없으며, 정부에서 매월 받는 봉급이나 정기 생명보험(term life insurance), 정부 채권, 정부 퇴직연금 등은 제외될 뿐만 아니라, 직접 살고 있는 주택(residence)은 신고 대상에서 제외된다.[49] 모기지, 학자금 대부, 신용카드 금액 등의 경우에도 신고 대상에서 제외되고 있다. 차량은 신고 대상이 아니며, 차량 구입 시 대출금도 차량 금액을 초과하지 않는다면 신고하지 않아도 된다.[50]

우리의 경우에는 소득 유형에 따라서 정확한 소득 금액을 신고하도록 되어 있다. 하지만 각 은행별 구체적인 계좌와 저축 유형까지, 그리고 천원, 백원 단위까지 등록 내용에 포함되어 있어 재산 등록자들의 불필요한 시간 낭비와 부담으로 작용하고 있다.[51] 후술하는 바와 같이, 미국 재산등록의 경우에도 자산 또는 소득 유형별로 정확한 금액을 신고하여 공개하기보다는 일정 금액의 범위를 규정하고 등록 대상 공무원의 재산 범위를 체크하는 것으로 되어 있다. 세부 단위의 금액을 신고하기보다는 일정한 구간을 정하여 등록하도록 조정할 필요가 있다.[52] 이는 이익충돌을 방지하고 부패를 예방한다는 재산등록의 취지를 맞도록 제한적으로 운영하는 것이며, 이를 통하여 재산등록자 개인의 사생활을 보호하는 효과도 기대할 수 있다.

앞에서 언급한 대로, 우리의 경우에도 모든 재산을 등록 재산으로 하기보다는 이익충돌 가능성이 높은 분야에 한정할 필요가 있다. 이러한 개인들의 사유재산권을 존중하고 사생활을 보호하기 위한 다양한 조치들이 필요하다. 현행 공직자윤리법은 모든 재산을 포괄적으로 등록하고 공개하고 있으나 병역 사항 공개나 미국의 재산공개 사례에서 보듯이 부패와 직접 관련이 없거나 이해충돌의 가능성과 직접 연관되어 있지 않은 재산의 경우에는 사생활 보호 차원에서 등록 대상에서 제외할 필요가 있다.

3) 재산공개의 방법

현행 매 연도별 재산공개 방식은 재산의 다과만을 중심으로 사회 문제화되는 경향이 있다. 즉, 재산의 변동 과정이나 증가 내용에 대한 정당성보다는 공직자의 절대적인 재산규모가 우선적인 관심 사항이 된다.[53] 특히 이 과정에서 재산의 많고 적음을 구분하는 사회적 합의를 획득하지 못함에도 불구하고 언론을 통하여 자의적으로 그 기준을 정하여 해석하는 경향이 있다.[54] 마치 5억이면 봐줄 만하고 10억이면 대단히 큰 재산이어서 공직을 통한 부정 이외에는 그만한 재산을 형성할 수 없다는 흑백논리로 끌고가기도 한다.[55] 현재의 재산변동 내역의 공개의 경우에도 재산의 절대적 규모와 변동의 절대적 규모에 대하여 지나치게 사회적 관심이 높다. 예를 들면, 2010년 지상욱 후보의 재산공개에서 대부분 언론의 헤드라인은 "지상욱 재산공개 … 심은하 예금만 17억"이라고 보도하고 있다. 매년 3월 재산변동 신고내역 공개의 경우에도 언론은 "국회의원 재산백태 … 100억 이상 재벌 정치인은 누구?" 또는 "기획재정부 장관 재산은 20억, 1차관은 8억, 2차관은 35억" 등으로 보도하고 있다. 국민들 인식 속에 부패한 공직자상을 확대 생산할 수 있으며, 재산등록제도의 본래적인 목적인 공직자의 청렴성 확보를 넘어 공직자의 사유재산권 행사의 자유에 대한 심각한 침해가 우려되는 상황이다.

따라서 재산공개의 취지와 목적에 따라 부패를 방지하고 이해충돌을 예방하는 방향으로 재산공개의 방식도 수정될 필요가 있다. 앞에서 지적한 바와 같이 재산공개를 재산항목별로 범주화하는 방법, 재산형성 과정과 증가 내역의 세부적인 소명, 그리고 공개 대상 재산의 일부 조정 등을 도입하는 방안이 검토 가능할 것이다. 미국의 경우 재산공개를 위한 신고 내역은 정확한 금액을 기재하기보다는 1,000달러 이하, 1,000달러에서 15,000달러, 15,000달러에서 5만 달러, 5만 달러에서 10만 달러, 10만 달러에서 50만 달러, 50만 달러에서 100만 달러, 100만 달러에서 500만 달러, 500만 달러에서 2500만 달러, 2500만 달러에서 5000만 달러, 5000만 달러 이상 등 재산항목별 금액의 범위를 정해 놓고 여기에 체크하는 방식으로 신고한다.[56] 등록 재산 신고의 경우에는 신고서에 금액 범위에 대한 기재란이 없기 때문에 금액을 표시하지 않을 수 있으며, 자산항목별로 세부 내역만을 기재하도록 되어 있다.

뿐만 아니라 일반 대중을 대상으로 공개할 것인지, 아니면 신청자에 한하여 공개할 것인지도 검토가 필요하다.[57] 참고로 미국의 경우 정보공개법에 의거하여 특정 기관이나 단체가 재산등록자의 등록 재산 정보를 요청할 경우 윤리청(Office of Government Ethics) 또는 해당 기관에서 그 내역을 통보하는 방식으로 재산 공개가 이루어지고 있다. 우리의 경우에도 공개 재산에 대한 정보 공개 청구나 재산 열람 청구를 하는 경우에만 재산공개를 하는 방식도 검토할 필요가 있다. 만약 일반 대중에 전면 공개할 경우에도 상시공개시스템의 구현이 필요하다. 현재의 재산공개는 전자관보에 PDF 파일로 게시하는 방식으로 이루어지고 있으나, 고위공직자의 병역 공개, 경영공시나 장차관의 업무추진비 등과 같이 각 부처의 홈페이지에 공개하여 일반 국민의 접근과 감시를 보다

용이하게 할 수 있을 것이다.

4) 공개 재산에 대한 심사

일반적으로 심사는 사실확인 심사(technical review), 윤리성 심사(ethical review), 이해충돌 심사(conflicts review)로 구분될 수 있다.[58] 재산공개의 목적에 따라 심사의 유형과 기준이 달라질 수 있다. 첫째는 사실확인 심사이다. 재산의 누락과 허위 등록 여부 등 법률과 규정에 따라 재산을 빠짐없이 적정하게 신고했는지를 확인하는 기술적 심사이다. 현행 공직자윤리법에서는 공직자윤리위원회의 심사 결과 허위 등록이나 성실의무의 위반 사실이 밝혀지면 위원회는 허위 등록자에 대한 조치를 취할 수 있을 뿐 아니라 해임 또는 징계의결을 요구할 수 있다(제8조의 2와 제22조). 특히 재산을 누락할 경우에는 고의 또는 중과실이 있는 경우 중징계하고, 경과실의 경우 경징계하는 원칙에 따라 엄격히 집행할 필요가 있다.

둘째, 윤리성 심사는 재산형성 과정과 재산변동 과정에 대한 윤리적 적정성 심사이다. 공개 재산의 심사 과정에서 재산변동 과정과 재산형성 과정에 대한 면밀한 심사가 필요하다. 미국의 경우 윤리청 직원이 직접 검토보고서를 작성하고 개인별 재산공개 내역에 심사 검토자들의 이름과 직책, 그리고 친필사인이 신고자의 사인과 함께 일반에 공개된다.[59] 예를 들면, 대통령의 재산공개 내역은 신고자인 오바마(Obama, B.) 대통령의 사인과 심사 검토자 2명 및 윤리청장 등 3명의 검토자의 친필사인이 되어 있는 신고서가 그대로 공개된다. 재산공개와 심사의 투명성과 객관성을 담보하기 위한 조치로 단순히 신고자 본인의 사인만을 하는 우리나라와는 대비된다.

셋째, 이해충돌 심사이다. 직무 수행 과정에서 이익충돌의 발생 여부에 대한 내용이다. 이는 다양한 형사상·민사상 규정이나 행동 통제 기준에 따라 공익과 사익의 충돌 여부에 대한 판단적 심사이다. 물론 이해충돌 심사의 경우에도 반드시 주관적인 심사가 아니고 법령과 규정에 의한 객관적인 심사이다. 심사 대상은 공직자의 직무 수행 과정에서 이익충돌이 현재 발생하고 있는지, 그리고 앞으로 이익충돌이 발생할 위험성이 있는지에 대한 심사이다. 미국의 경우 이해충돌 여부에 중점을 두고 모든 공개 대상자의 공개 재산을 대상으로 하여 윤리 담당 공무원이 검토하여 보고서를 작성하고 해당 보고서를 일반에 공개하도록 하고 있다.[60] 공개 대상자별로 그 직책과 직무 수행에 있어 이해충돌의 위험 정도를 판단하고, 그 내용을 보고서에 포함하여 일반에 공개함으로써 이해충돌 시 사익 추구에 빠지지 않도록 예방하는 기능을 한다. 우리나라의 경우 세 가지의 심사 내용 중 첫 번째의 사실확인 심사에 치중한 반면, 재산형성 과정에 대한 윤리성 심사나 직무 수행 과정에서 발생할 수 있는 이해충돌 심사는 소홀히 하는 경향이 있어 이에 대한 보완책이 필요하다.

5) 공개 위반 처벌과 사후 관리

제도가 시행된 1993년 이후 정부공직자윤리위원회의 재산심사 결과 조치 사항을 보면, 징계 요구나 해임 요구는 매우 적은 인원에 불과하고 대부분의 경우 정정조치, 보완명령, 경고와 시정조치, 과태료 부과에 해당한다.[61] 따라서 공직자윤리법에서는 공직자윤리위원회의 심사 결과 허위 등록이나 성실의무의 위반의 경우에는 법령의 규정에 따라 행정적 징계와 처벌을 보다 엄격하게 집행하고, 재산변동 내역이나 형성 과정에 대한 심사 과정에서 문제가 있는 경우에는 민사상·형사상의 처벌을 강화하는 한편, 등록 공개된 재산과 직무와의 관련성을 심사·검토하여 예방 차원에서 이해충돌이 발생하지 않도록 하는 방안을 제시해 줄 수 있을 것이다. 다만, 형사상의 과도한 처벌은 정부 신뢰를 오히려 떨어뜨릴 수 있고 우수 인재의 임용에 부정적으로 작용할 수 있으므로 제외시키자는 의견도 있다.[62]

특히 이해충돌에 관한 심사 결과, 잠재적인 이해충돌의 가능성이 확인될 경우 이에 대한 사후조치가 필요하다. 이해충돌을 회피하는 방법은 첫째, 특정한 재산을 처분하도록 하는 방법, 둘째, 특정한 직위를 그만두게 하는 방법, 셋째, 특정한 사안에 대하여 기피하도록 하는 방법, 넷째, 다른 업무를 맡도록 하는 방법, 다섯째, 자발적으로 백지신탁을 하는 방법 등이 검토 가능하다.[63] 사생활 보호 차원에서 재산공개의 대상과 범위는 신중하게 결정하되, 공개된 재산에 대한 심사와 위반 시 처리는 엄격하게 할 필요가 있다.

V. 결론: 재산공개와 청렴문화

간디는 '소유를 범죄'로 인식했다고 한다. 하지만 현대사회는 소유를 인정하지 않을 수 없고, 이에 따라 모든 공무원은 부패 위험성에 항상 노출되어 있는 것이 현실이다. 이러한 측면에서 이해충돌 상황에서 사익보다는 공익을 선택하도록 하는 공무원의 청렴은 공무원이 지켜야 할 가장 기본적인 행동규범이라는 점은 누구도 부인할 수 없다. 재산공개제도는 공무원의 청렴성을 유지할 수 있는 중요한 방안 중의 하나임에 틀림없다. 특히 최근 빈번하게 발생한 부패 사건들에 대하여 공직사회에 대한 국민적인 분노와 불신이 엄존하고 있는 현실을 무시할 수는 없다. 하지만 재산공개를 비롯한 부패방지제도가 개인의 기본적인 권리를 심각하게 철회하는 것은 민주주의 사회의 또 다른 중요한 가치를 잃는 일이다. 다양한 가치를 균형 있게 유지하면서 개인과 사회가 공존하는 제도적 틀을 마련할 시점이다.

우리나라의 재산등록과 공개제도는 지나치게 공무원의 부당한 재산증식을 방지하고 처벌하는 부패 방지 차원에서 접근하여 왔다.[64] 공무원의 부패도 감소하고 신뢰와 투명성이 높아진 성숙한 미래사회에서는 재산공개제도의 근본적인 목적과 취지에 대한 전반적인 재검토가 필요하다.

　1978년 미국의 공직자윤리법이 제정된 후, 로르(Rohr, J. A.)는 카터 (Carter, J.) 대통령의 이해충돌 방지를 위한 강력한 의지에 공감하면서 "부패(corruption)의 방지가 미국사회의 주요문제임은 틀림없지만, 동시에 독립선언 이후 공화정의 기초가 되는 자유의 보존(preservation of liberty) 역시 미국사회가 지켜야 할 중요한 가치임"[65]을 강조하고 있다. 즉, 제정된 공직자윤리법이 공직자들의 정직(honesty)만이 중요하고, 사생활(privacy)의 자유는 중요하지 않다고 이해될 수 있음을 우려하고 있다.[66] 공무원 재산공개제도가 공무원의 청렴성을 담보하는 유일한 제도는 아닐 것이다. 공무원 재산등록과 공개를 통하여 공무원의 청렴성을 완전하게 구현할 수 있다는 지나친 기대는 오히려 제도의 목적과 취지를 실질적으로 달성하는 데 부정적으로 작용할 수 있다. 로젠슨(Rosenson, B. A.)[67]은 재산공개제도가 정부에 대한 신뢰를 오히려 감소시키고 국가에 봉사할 수 있는 우수한 인재의 공직 임용을 억제하는 효과도 발생할 수 있다는 점을 지적한다. 로버츠(Roberts, R. N.)[68]의 재산등록과 공개제도보다는 직무 관련성에 중점을 두어 고위공직자의 접촉자공개제도(contacts-disclosure)를 도입하고 제한하기도 한다. 재산공개제도에 대한 근본적인 목적과 취지를 살려 공무원 사회의 부패 방지와 청렴문화 정착을 위한 치열한 사회적 논의와 합의가 필요하다 하겠다.

제 5 장 내부고발자의 법적 보호, 그 후 10년
: 성과와 새로운 도전

박흥식·이지문·장용진

Ⅰ. 서 론

영국의 경제 주간전문지 이코노미스트(*The Economist*)는 많은 내부
고발 사례들로 표지를 장식하면서, 2012년은 "보상금 사냥꾼의 해"
(Year of the bounty hunter)가 될 것이라고 내다봤다.[1] 또한 미국의 내부고
발 전문 로펌인 필립스 앤 코헨(Phillips & Cohen LLP)는 내부고발자 보호
범위의 확대와 세계 각국에서의 내부고발자 보호프로그램에 대한 관심
의 증가를 근거로 2012년은 "내부고발자의 해"(Year of the Whistleblower)
가 될 것이라고 예측한 바 있다.[2] 이처럼 내부고발의 확산은 동시에 내
부고발에 대한 법적 보호의 지속적 강화 추세와 궤를 같이 한다. 실제
미국의 오바마(Obama, B.) 대통령은 2012년 11월 말 내부고발자보호개정
법(Whistleblower Protection Enhancement Act; WPEA)에 서명함으로써 연방공
무원은 자신의 직무 범위에 속한 것이라도, 또 문서가 아닌 구두로도
내부고발을 할 수 있도록 했고, 보호의 범위도 정신적 고통까지 확장하
였다. 한국에서 내부고발자에 대한 법적 보호는 국회가 2001년 부패방
지법을 통과시킴으로 시작되어 현재에 이르고 있다. 각국의 경험을 보
면 내부고발자에 대한 보호의 발전은 크게 두 단계로 이루어진다. 하나

는 법적 보호 이전 운동의 단계로, 이 시기 동안에는 내부고발의 필요와 중요성에 대한 인식, 보호 필요의 자각이 형성되고, 내부고발자에 대한 보호를 정책 의제에 넣으려는 시민사회 운동(grassroots campaign) 등이 나타난다. 한국에서는 내부고발자를 보호하기 위한 노력이 1990년대 초반부터 시작되었으며, 2001년「부패방지법」제정까지가 첫 단계에 해당된다. 이 기간은 내부고발자 보호를 위한 정책 커뮤니티 형성과 구체적 활동이 나타나는 시기였다. 내부고발자 보호의 두 번째 단계는 보호법이 제정된 이후의 시기이다. 한국의 경우「부패방지법」이 시행에 들어간 2002년부터 현재까지로 법적 보호와 더불어 내부고발자의 권리 확대와 보호법 강화의 시기로 볼 수 있을 것이다. 이 시기의 특징은 WPEA에서 알 수 있듯이 거듭된 개정을 통한 보호 내용의 강화, 범위의 지속적 확장이다.

2012년 기준 국가 차원의 내부고발자 보호 일반법을 가진 나라로는 미국(Whistleblower Protection Act, 1989, False Claims Act, 1986), 영국(Public Interest Disclosure Act, 1998), 뉴질랜드(Protected Disclosures Act, 2000), 남아프리카공화국(Protected Disclosures Act, 2000), 일본(공익통보자보호법, 2004), 캐나다(Public Servants Disclosure Protection Act, 2005), 루마니아(Act on the Protection of Whistleblowers), 자메이카(Protected Disclosures Act, 2011), 인도(Whistleblowers' Protection Act, 2011), 한국(공익신고자보호법, 2011)을 비롯하여 가나와 우간다도 도입하는 등 10여 개 국가가 있으며, 약 50여 개 국가는 반부패법(Anti-Corruption Act), 정보공개법(Freedom of Information Act), 근로관계법(Labor Relation Law) 등에 내부고발자 보호가 포함되어 있다. 아일랜드는 2012년 1월 내부고발자 보호법 제정을 약속하였으며, 케냐와 르완다, 헝가리, 크로아티아 등은 도입을 고려 중이다.[3] 한국의 경우 민간 부문은「공익신고자보호법」(2011. 3. 29. 제정, 법률 제10472호)이라는 일반법으로, 공공 부문은「부패방지 및 국민권익위원회의 설치와 운영에 관한 법률」(2008. 2. 29. 제정, 2012. 2. 17. 일부 개정, 법률 제11327

호, 이하 '권익위법')[4]에 포함된 보호로 양분되어 있다.

초기 보호법을 제정했던 나라들은 최근 제도의 안정적 정착 속에서 반성, 한계나 문제점 확인 등을 통한 검토에 나서고 있다.[5] 한국은 2002년 「부패방지법」 시행으로 법적 보호가 시작된 지 10년을 넘어서고 있는 만큼 그동안의 성과를 평가하고 이에 기초한 법적 보호 틀의 문제, 집행 과정에서 나타난 한계 등에 대한 검토, 그리고 이를 바탕으로 한 발전 방향, 구체적 대안 모색을 위한 고민이 필요한 시점이다. 아래에서는 먼저, 내부고발이 갖는 사회적 의미에 대한 인식, 법적 보호 필요에 대한 관심의 등장, 보호법 제정의 배경, 그리고 이어서 현행 법적 보호의 내용과 실적을 검토한다. 다음은 평가와 해석의 차원에서 한국의 입법적 성과를 미국의 경우와 비교하면서 검토하고, 이어 이것을 산출한 정책 네트워크의 구조적 특징과 참여자, 역할, 성격을 살펴볼 것이다. 구체적으로 한국사회에서 내부고발자 법적 보호의 내용과 조건, 그동안의 실적은 무엇인가? 이것을 어떻게 평가하고 해석할 것인가? 법적 보호의 이면에서 작동한 정책 네트워크의 구조, 참여자와 이들 간의 상호작용은 어떤 특징을 갖고 있는가? 그리고 이들은 보호법의 내용과 조건, 방향성에 어떤 영향을 미친 것인가를 볼 것이다. 마지막으로 한계를 식별한 후, 보호의 과제와 발전 방안을 논의한다. 이 부분에선 미래 변화의 전략, 쟁점 이슈, 과제도 언급할 것이다.

II. 내부고발자 법적 보호의 전개: 배경, 내용 및 성과

1. 공공 부문 부패 행위 신고자에 대한 보호 및 보상

1) 법률 제·개정의 배경과 의미

현재 권익위법은 복합 목적을 가진 것으로 부패 발생의 예방과 효율적 규제도 그중 하나이다. 공공 부문 부패 행위에 대한 신고자 보호도 이 법의 규정에 의한 것이다.[6] 한국에서 내부고발자에 대한 법적 보호는 2001년 「부패방지법」이 제정되면서 처음 시작됐고, 이것은 1990년대 시민사회의 노력의 산물이기도 하다. 내부고발을 사회적 의미를 가진 것으로 처음 인지한 것은 1990년대 초반으로, 공공 부문에서 내부고발이 이루어지면서부터이다. 초기 내부고발은 감히 맞선다는 것조차 상상할 수 없었던 권력 부패, 군부 독재 등의 거대 이슈를 문제삼았다. 권력의 부정을 목격한 내부의 구성원이 조직의 막강한 힘 때문에 참고 있다가 어느 날 매스미디어를 통해 자신의 양심 하나만 믿고 한꺼번에 일반 국민들에게 알리는 내부고발은 '양심선언'과 '폭로'라는 형태로 먼저 나타났다. 특히 권력에 대한 이러한 도전은 전례가 없던 것으로, 초점 사건(focusing event) 효과를 만들어 냈다.[7] 권력의 뒤에 감추어졌던 문제가 터지고, 시민사회가 문제의 심각성을 보고 폭발적 분노를 표출하는 식이었다. 또 매스미디어와 대중의 집중적 저항을 불러일으켰다. 예를 들어, 1990년 국군보안사령부(보안사) 윤석양 이병의 민간인 사찰 폭로, 1992년 이지문 중위의 군 부재자 투표부정 증언 등은 그러한 대표적 예이다. 시민사회는 이러한 내부고발을 통해 제도가 개선되고,[8] 국민의 알권리 보장 등에 대한 사회적 기여를 목격했다. 대체로 1990년대 중반부터의 시민사회 중심의 내부고발자 보호 운동은 이러한 결과로 나타났고 내부고발이 갖는 사회적 가치와 의미에 대한 평가와 보호의 필요에 대한 인식은 NGO(non-governmental organization)라는 사회적 단위와 내부고발자 보호 입법 관련 활동을 만들어 냈다. 첫 번째 공식 행사는 '양심선언자 보호 특별법 제정을 위한 공청회'로 1994년 5월 9일 양심선언자회(1992년 10월 결성), 민주사회를 위한 변호사 모임(민변), 양심선언군인 전경지원대책위원회, 전국불교운동연합이 공동 개최했다.

참여연대는 1994년 내부비리제보자 보호 등에 관한 법률안을 제14대 국회에 입법청원을 하였으며 1996년 11월 국회의원 과반수인 151명의 서명을 받아 제15대 국회에 내부고발 보호 규정을 포함한 부패방지 법안을 최초로 입법 청원한다. 이어 국민회의의 부패방지법안(1996년 야 당), 부패방지기본법안(1998년 여당), 반부패기본법안(1999년 여당), 한나라 당의 부패방지법안(1999년 야당) 등 내부고발자 보호를 포함한 부패방지 법안을 발의한다. 하지만 모두 입법화에는 실패한다. 이후 참여연대, 경제정의실천연합, 환경운동연합, 반부패국민연대, 흥사단 등 38개 시 민단체가 다시 부패방지입법시민연대를 결성하여 2000년 9월 내부고 발자 보호를 포함한 부패방지법안을 제16대 국회에 입법 청원하고, 같 은 해 11월 국민회의 후신인 당시 여당 민주당이 반부패기본법안을 발 의하고, 12월에는 한나라당도 부정부패방지법안을 발의한다. 또한 같 은 달 민주노동당에서 부패방지법안을 입법 청원한다. 이들 법안은 내 용의 차이는 있었지만 모두 부패 행위를 방지하는 법안으로 내부고발 자에 대한 보호를 규정한다. 「부패방지법」(법률 제6494호)은 이러한 입법 노력 끝에 나온 것으로, 2001년 6월 28일 국회를 통과한다. 핵심은 대 통령 직속 부패방지위원회(2005년 7월 국가청렴위원회로 개칭) 설치와 부패 행위 신고자의 보호이다. 2008년 2월 이명박 정부 출범과 함께 정부 통폐합 과정에서 기존 국가청렴위원회와 국민고충처리위원회, 국무총 리 행정심판위원회가 통폐합되어 국무총리 산하 국민권익위원회가 신 설되어 그 역할 담당하고 있다.

2) 법적 보호의 주요 내용

권익위법에 의한 내부고발자의 보호는 그동안 여러 차례의 변화를 거쳐 현재에 이르고 있다. 그 핵심은 첫째로 신분보장과 더불어 경제 및 행정적 보복으로부터의 보호다. 징계조치 등 어떠한 신분상 불이익 이나 근무 조건상의 차별, 인허가 등의 취소, 계약의 해지 등 경제적·행정 적 불이익을 당한 때에는 국민권익위원회에 원상회복 또는 시정조치를 요구할 수 있다. 둘째, 신변보호다. 신고자는 자신과 친족 또는 동거인의 신변에 불안이 있는 경우 국민권익위원회에 요청하여 경찰의 보호를 제공받는다. 셋째, 비밀보장이다. 국민권익위원회 및 신고 사항을 이첩받은 조사기관은 신고자의 동의 없이 그 신분을 밝히거나 암시할 수 없다. 넷째, 신고를 함으로써 그와 관련된 자신의 범죄가 발견된 경우, 신고자는 형을 감경 또는 면제받을 수 있다. 나아가 신고에 의해 공공기관에 재산상 이익을 가져오거나 손실을 방지한 경우, 또는 공익의 증진을 가져온 경우 포상 및 보상을 규정한다.

3) 처리 실적

다음 〈표 1〉은 2002년 이후부터 2011년 말까지 접수된 부패 행위 신고에 따른 조사 결과 및 이에 따른 추징액이다.

〈표 1〉 부패 행위 신고 조사 결과 및 추징액

| 연 도 | 구 분 | 조사 결과 | | | 조사 중 | 적발율 (①/②) | 추 징 액 |
		적발①	무 혐 의	소계②			
'02	내	19	9	28	–	67.9	6,763
	외	28	18	46	–	60.9	1,263
	계	47	27	74	–	63.5	8,026
'03	내	34	12	46	–	73.9	38,227
	외	33	21	54	–	61.1	2,233
	계	67	33	100	–	67.0	40,460
'04	내	16	7	23	–	69.6	1,123
	외	32	11	43	–	74.4	736
	계	48	18	66	–	72.7	1,859
'05	내	25	8	33	–	75.8	193
	외	28	21	49	–	57.1	1,002
	계	53	29	82	–	64.6	1,195
'06	내	26	4	30	–	86.7	2,154
	외	37	16	53	–	69.8	7,559
	계	63	20	83	–	75.9	9,713
'07	내	27	9	36	–	75.0	1,802
	외	43	13	56	–	76.8	42,820
	계	70	22	92	–	76.1	44,622
'08	내	18	8	26	–	69.2	32,988
	외	26	13	39	–	66.7	2,553
	계	44	21	65	–	67.7	35,541

'09	내	33	10	43	–	76.7	18,507
	외	40	23	63	–	63.5	8,013
	계	73	33	106	–	68.9	26,520
'10	내	35	16	51	1	68.6	6,232
	외	22	7	29	–	75.9	2,254
	계	57	23	80	1	71.3	8,486
'11	내	27	7	34	15	75.0	9,492
	외	16	4	20	4	80.0	2,646
	계	43	11	54	19	79.6	12,138
합 계	내	260	90	350	16	74.3	117,481
	외	305	147	452	4	67.5	71,079
	계	565	237	802	20	70.4	188,560

주 1: 연도는 축약형임(예, ' 02=2002). '내' =내부, '외' =외부를 가리킴.
  2: 조사 결과 및 조사 중의 단위는 건수이고 적발율은 %, 추징액(추징 회수 대상액) 단위는 백만 원임.
  3: ' 12년은 이첩된 52건 중 44건이 2013년 3월 현재 조사 중이어서 생략되었음.
자료: 「부패방지백서」(' 02-' 04, ' 08), 「청렴백서」(' 05-' 07), 「국민권익백서」(' 09-' 11), 그리고 ' 12년은 「국민권익 정책 자료집」(' 13)을 참고하여 재작성함.

국민권익위원회가[9] 부패 행위를 접수하여 조사기관에 이첩한 총 신고 건수는 822건(조사 결과＋조사 중인 사건)으로, 이 중 내부 공직자 신고는 366건으로 전체의 44.5%를 차지하였다. 이들의 적발율은 74.3%이다. 반면 외부 신고, 즉, "공공기관의 예산 사용, 재산의 취득, 관리, 처분 또는 계약의 체결 및 이행에 있어서 법령을 위반하여 공공기관에 대하여 재산상 손해를 가하는 행위"에 대한 공직자가 아닌, 기업의 내부자 신고 적발율은 67.5%이다. 공직사회 내부자 신고 적발율과 비교하면 6.8%가 더 낮다. 공직사회 내부 신고에 의해 적발된 총 260건의 부패 행위에 따른 추징·환수의 대상 금액은 117,481백만 원이었다. 이것은 전체 대비 62.3%로 적발 건수 565건 중 내부 신고가 260건(46.0%)이라는 점을 감안하면, 그 비율이 높다. 다음 〈표 2〉는 국민권익위원회의 신고자 보호(2002년 1월 25일부터 2012년 10월 말까지) 통계이다.

〈표 2〉를 보면, 지난 11년 동안 국민권익위원회에 대한 신고자와 협조자의 신분보장, 신변보호, 신분공개 여부에 대한 확인 요구는 총 147건이다. 신분보장이 120건(81.6%)으로 대부분을 차지한다. 신분보장

<표 2> 신고자 및 협조자의 보호

(단위: 건수)

구 분	'02	'03	'04	'05	'06	'07	'08	'09	'10	'11	'12	합 계
신분 보장	4	2	4	20	12	15	18	12	9	11	13	120
신변 보호	3	–	2	1	2	1	2	2	3	–	2	18
신분 공개	–	–	–	1	1	1	–	–	1	–	5	9

은 징계조치 등 신분상 불이익이나 근무 조건상의 차별을 받았을 때 "불이익 처분의 원상회복, 전직, 징계의 보류 등"이나 경제적 및 행정적 불이익을 당한 경우 "인허가 등의 취소, 계약의 해지 등" 원상회복 또는 시정에 관한 것으로, 내부고발자 법적 보호가 주로 신분보장 중심적으로 이루어지고 있음을 알 수 있다. 눈에 띄는 또 다른 대목은 2005년 이후 접수 건수의 뚜렷한 증가다. 정부는 2005년 그동안의 경험을 바탕으로 부패방지법상 신고자 보호와 관련 미흡한 규정을 개정하였는데, 이것이 증가의 하나의 이유로 보인다. 신변보호의 경우, 2002년 이후 총 18건의 신변보호 조치 요구를 받고, 13건(72.2%)에 대한 신변보호 결정을 하였다. 2008년 국민권익위원회 출범 이후 신청 9건은 모두가 신변보호를 받았다. 대표적 사례는 신고자가 정부지원금 횡령 의혹을 신고한 후, 신분이 노출되어 회유와 협박을 받고, 소속 기관의 직원들로부터 미행과 가족에 대한 협박이 있자 보호조치를 요청했고, 국민권익위원회가 신변위협이 발생할 개연성이 높다고 판단해, 관할 경찰서에 보호를 의뢰한 경우이다. 신고자의 신분공개 여부 확인에 관해서는 총 9건의 요구가 있었고, 3건은 조사 후 관련자에 대한 징계요구 등의 조치를 했고, 5건은 종결 처리하였다. 비밀보장 사례로는 신고자가 직원들의 행동강령 위반을 신고 후 조사과정에서 신고자의 신분이 노출되어 해고당하자, 자신의 신분이 공개된 경위 및 관련자 징계를 요구

<표 3> 신분보장의 요구 및 처리 결과

(단위: 건수)

| 구 분 | 신분보장 | | | | | 기 각 | 취 하 | 종 결 | 조사 중 |
	원상회복	취업알선	책임감면	인사교류	소 계				
'02	2	1	–	1	4	–	–	–	–
'03	–	–	–	–	–	2	–	–	–
'04	1	–	–	1	2	–	2	–	–
'05	1	–	–	2	3	8	7	2	–
'06	1	1	1	–	3	5	3	1	–
'07	5	–	1	1	7	2	5	1	–
'08	5	–	–	–	5	–	11	2	–
'09	3	–	–	–	3	–	4	5	–
'10	3	–	–	–	3	–	1	5	–
'11	6	–	–	–	6	–	–	5	–
'12	1	–	–	–	1	–	1	7	4
합 계	28	2	2	5	37	17	34	28	4

한 사례이다. 국민권익위원회는 보호법상 신고자 신분노출이 금지되는데, 소속 기업 관련 인사들이 회의에서 신고 내용을 열람할 수 있게 하여 궁극적으로 신고자가 누구인지가 공개되었다는 사실을 확인하고, 신분 비공개 의무 위반으로 판단, 관련자 징계를 요구하였다. 위 <표 3>은 신분보장 요구에 대한 처리 내용이다.

앞서의 <표 2>를 보면 120건의 신분보장 조치 요구가 있었고, 국민권익위원회는 이 중 총 37건(30.8%)에 대한 원상회복, 취업 알선, 책임 감면, 인사 교류 조치를 내리고 있다. 이 외에 기각 17건, 취하 34건, 종결 28건, 조사 중이 4건이다. 신분보장 조치를 한 37건은 원상회복 28건, 인사 교류 5건, 취업 알선 및 책임 감면 각 2건의 순이다. 특별히 눈에 띄는 것은 2008년 국민권익위원회 출범 후 기각이 한 건도

<표 4> 불이익의 사전 예방

구 분	'02	'03	'04	'05	'06	'07	'08	'09	'10	'11	'12*	합 계
건 수	-	6	6	3	3	4	6	9	12	4	-	53

주: *는 2012년 10월 말 기준임.

없고, 신분보장 조치는 18건 모두를 원상회복 조치하고 있다는 점이다. 다음 〈표 4〉는 신고자가 신분보장 등의 서면 요구를 하기에 앞서, 먼저 국민권익위원회에 전화 등을 통해 불이익조치에 관한 우려를 상담한 데 대하여 국민권익위원회가 사전에 전화나 방문 등을 통해 우려되는 불이익조치를 방지한 통계이다.

불이익의 사전 예방 건수는 총 53건으로 연평균 4.8건이다. 2008년 국민권익위원회 출범 이후 5년 동안은 총 31건으로 그동안 연평균 6.2건으로 증가하다가, 최근 감소하고 있다. 사전 보호 사례로는 허위 세금계산서를 발행한 후 상대방으로부터 현금을 돌려받는 방법 등으로 연구비를 횡령하고 있다는 부패 행위 신고를 한 후, 그로 인해 보복을 받게 되자 추가적인 불이익을 받지 않도록 국민권익위원회에 도움을 요청하여, 예방조치가 이루어진 경우이다. 기타 국민권익위원회는 대한변호사협회, 대한신경정신의학회 등과 업무협약(Memorandum Of Understanding; MOU)을 체결하여 부패행위 신고자가 신고 후 소송을 하는 경우 소송대리 등의 법률서비스를, 신고로 인해 정신적 고통을 겪는 경우 의료서비스를 제공한다.[10] 다음 〈표 5〉는 신고자에 대한 포상금 지급 실적이다.

국민권익위원회의 포상금제도가 도입된 2005년 7월부터 2012년 10월 말까지 지급한 포상금은 총 48건, 4억 450만 원이다. 건당 약 843만 원에 해당한다. 포상금은 권익위법 제68조 제 1 항에 따라, "신고에 의하여 현저히 공공기관에 재산상 이익을 가져오거나 손실을 방지한 경우 또는 공익의 증진을 가져온 경우"에 신고자에게 지급하는 것으로, 현재까지 국민권익위원회 지급 최고 포상 금액은 5천만 원으

<표 5> 포상금의 지급

연 도	건 수	금 액
'06	3	35,000
'07	8	50,000
'08	6	100,000
'09	6	77,500
'10	10	59,000
'11	5	25,000
'12	10	58,000
합 계	48	404,500

주 1: 단위는 천 원임.
  2: 포상금제도는 2005. 7. 21. 이후 신고부터 적용됨.

로, 2008년 대한약학연구소가 생동성 약효 실험 결과를 조작, 식품의약
품안전청을 속이고 시중에 약효 미달의 불량 의약품을 유통시키고 있
다는 사실을 제보한 신고자에게 지급되었다.[11] 다음 〈표 6〉은 보상금
의 지급 통계이다.

권익위법 제68조 제 2 항은 "신고로 인하여 직접적인 공공기관 수
입의 회복이나 증대 또는 비용의 절감"을 가져온 경우에 보상금 지급
을 규정한다. 국민권익위원회는 그동안 총 186건의 보상금 지급 신청
을 받아, 이 중 93.5%에 해당하는 총 174건에 48억 6326만여 원의 보
상금을 지급하고 있고, 건당 평균 보상 금액은 2795만원이다. 공공기관
환수액 대비 보상 비율은 전체 평균 9.9%임을 보여 준다. 미지급된 12
건은 취하 1건, 기각 9건, 보류 2건이다. 2008년 국민권익위원회 출범
이후 5년을 보면 110건 신청 중 104건(94.5%), 공공기관 환수액 대비
보상 비율은 10.3%로, 전체 11년 평균보다 평균 보상 금액 및 보상 비
율이 높다. 보상금 최고 금액은 지방자치단체가 발주한 하수관거 정비
공사를 시공하면서 가시설물을 설치하지 않았음에도 설계 내용대로 설

<표 6> 보상금의 지급

연 도	신 청	지 급	기 타	보상 금액	비율(%)
'02	1	1	–	743	10.0
'03	4	2	취 1/기 1	36,872	6.6
'04	5	5	–	19,660	6.1
'05	19	17	기 2	15,816	7.3
'06	21	19	기 2	4,455	8.2
'07	26	26	–	10,667	13.5
'08	19	18	기 1	18,232	15.2
'09	21	20	기 1	32,107	11.0
'10	26	23	기 1/보 2	26,245	13.4
'11	12	12		124,950	7.9
'12	32	31	기 1	31,814	12.1
합 계	186	174	12	27,950	9.9

주 1: 신청, 지급, 기각의 단위는 건수이고, 금액은 천 원임.
　2: '취' =취하, '기' =기각, '보' =보류임.
　3: 보상 금액은 평균 보상 금액이고, 비율(%)은 보상 가액 대비 보상 금액임.

치한 것처럼 공사 대금 약 44억 7천여만 원을 편취한 부정의 신고 건으로, 보상금 3억 7103만 원이 지급되었다. 또한 국민권익위원회는 2012년 신고로 인한 공사비 감액분 8억 2500여만 원을 확인하여 신고자에게 추가 보상금 3천3백9십여만 원을 지급하였다.[12]

2. 공익 침해 행위 신고자 보호 및 보상

1) 법률 제정의 배경과 의미

공익신고자보호법의 제정은 2011년 3월로 비교적 최근이다.[13] 이 법은 신고자 보호를 민간 부문에 확장한 것이자 기존의 공공 부문 부패 행위에 대한 신고자 보호를 국민 건강과 안전, 환경, 소비자의 이익 및 공정한 경쟁을 침해하는 행위에 대한 신고까지로 넓힌 것이다. 이러한 입법의 배경은 여러 가지로 먼저, 한국에서 부패방지법 제정에 따른 내부고발자 법적 보호가 시작된 이후 그동안 민간 부문 내부고발자 보호법 도입의 필요에 대한 주장이 지속적으로 제기되었고, 또 이러한 가운데 2004년 일본 제159회 국회가 개인의 생명 또는 신체, 소비자 이익의 보호, 환경 보전, 공정한 경쟁의 확보 등을 위해 공익통보자보호법을 통과시키자 이를 본 전문가들에 의한 권고도 이어진 점 등을 들 수 있다.14 그리고 KTX 철도 교량 보수 부실 공사, 폐기물 불법 매립, 폐수의 불법 유출, 가짜 참기름이나 오염 혈액의 유통 등의 많은 사례도 나타난다. K공사 역무원 5명은 열차 탈선의 위험을 언론에 제보한 후 공사 측의 제보자 색출로 인해 3명은 파면, 2명은 감봉 및 전출 당하는 일이 발생하고, 미군의 한강 독극물 방류를 제보한 주한미군 군무원의 경우는 재계약을 거부당한다. 또한 중국산 가짜 참기름을 신고했던 제보자는 수사 과정에서 신원이 밝혀지면서 무고죄와 신용훼손 혐의로 고발되는 어려움을 겪는다.15 현재의 공익신고자보호법(2011. 3. 29. 제정, 법률 제10472호)은 이러한 경험과 과정을 거쳐 국민권익위원회가 법안을 기초하고, 국회 통과로 제정된 것이다.

2) 보호의 주요 내용

공익신고자보호법은 "공익 침해 행위가 발생하였거나 발생할 우려가 있다는 사실을 신고, 진정, 제보, 고소, 고발하거나 수사의 단서를 제공"한 사람에 대한 보호를 규정한다. 단 "공익 신고 내용이 거짓임을 알았거나 알 수 있었음에도 공익 신고를 한 경우"와 "금품이나 근로관계상의 특혜를 요구하는 등의 부정한 목적으로 신고한 경우"는 예외이다. 공익 신고는 "공익 침해 행위를 하는 사람이나 기관, 단체, 기업 등의 대표자 또는 사용자, 해당 공익 침해 행위에 대한 지도, 감독, 규제 또는 조사 등의 권한을 가진 행정기관이나 감독기관, 수사기관, 국민권익위원회, 그리고 국회의원과 공익 침해 행위와 관련된 법률에 따라 설치된 공사나 공단 등의 공공단체"에도 할 수 있다. 공익신고자보호법 역시 앞서 살펴본 부패방지법상 제도와 마찬가지로 기본적으로 신고자의 보호를 위해 조사 및 형사 절차에서의 인적 사항 기재 생략, 신원공개에 대한 처벌, 책임의 감면, 신변보호조치, 보호조치, 불이익조치의 금지 등을 규정한다. 다만 불이익은 파면이나 해임과 같은 신분상의 불이익, 징계나 정직 등의 부당한 인사, 전보, 전근 등 본인의 의사에 반하는 인사, 근무 조건, 평가, 임금 또는 상여금, 교육 또는 훈련 기회 등에서의 차별, 기타 주의 대상자 명단 작성, 집단 따돌림, 폭언 또는 폭행을 비롯한 정신적 신체적 손상을 초래하는 행위, 부당한 감사나 결과의 공개, 인허가의 취소, 물품이나 용역계약의 해지와 같은 경제적 불이익 등을 포함하는 것으로, 범위를 매우 광범위하게 규정한다. 보상의 경우도 부패방지법에서 규정하고 있는 것처럼 국가 또는 지방자치단체에 직접적인 수입의 회복 또는 증대를 가져오거나 그에 관한 법률관계가 확정된 때에는 국민권익위원회에 보상금의 지급을 신청할 수 있다. 다만 공익 신고자, 그의 친족, 동거인은 공익 신고로 인하여 발생한 육체적·정신적 치료 등에 소요된 비용, 전직, 파견근무 등으로 소요된 이사 비용, 원상회복 관련 쟁송 절차에 소요된 비용, 불이익조치 기간의 임금 손실액, 그리고 그 밖에 중대한 경제적 손해에 대하여 국민권익위원회에 구조금 지급을 신청할 수 있는 반면 포상금이 없는 것이 부패방지법과 다른 부분이다.

3) 처리 실적

공익신고자보호법 시행(2011년 9월 30일) 이후 2012년 10월 말까지 국민권익위원회를 통해 접수되고 처리된 신고는 조직 내부자에 의한 신고와 그렇지 않은 신고를 합쳐 총 1,216건이다. 유형별로 국민 건강 분야가 가장 많은 485건(39.8%), 환경 분야가 156건(12.8%), 소비자의 이익 150건(12.3%), 안전 분야가 139건(11.5%), 공정한 경쟁 분야 45건

(3.8%), 기타 분야 241건(19.8%)이다. 이 중 심사 중인 308건을 제외한 총 908건 중 조사기관 및 수사기관으로의 이첩이 102건, 공공기관에 송부가 360건, 그리고 종결은 446건이다. 신분보호와 관련하여서는 보호조치 5건(수용 3건, 기각 1건, 조사 중 1건), 신변보호 3건(수용 1건, 종결 2건), 신분비밀 보장 3건(종결 3건), 불이익조치 금지 3건(기각 2건, 각하 1건), 책임 감면 1건(조사 중 1건), 구조금 요청 2건(취하 1건, 조사 중 1건)이 있었다. 보상금은 6건의 신고에 총 712만 원을 지급하였다.[16] 대표적 신고 사례는 B형 간염 조기 적발이 가능한 핵산증폭검사(NAT) 장비의 교체 명목으로 56억여 원의 보조금을 받고도 장비 도입을 지연하여 수혈로 인한 B형 간염과 간염 위험에 방치한 신고, 열차 부품 파손 사고와 관련된 자료를 외부에 유출했다는 이유로 해임과 정직 처분을 받은 신고자에 대한 보호조치 결정, 불법으로 수목을 베어 내는 입목채벌 행위를 제보한 신고자가 신분이 노출되어 피신고자로부터 욕설 및 협박 등으로 신변에 대한 위협을 느껴 신변보호를 요청을 한 사건에 대한 신변보호조치, 쓰레기 소각 시설의 배출 오염 농도를 낮추기 위해 회사 측의 요구에 따라 굴뚝자동감시시스템을 조작했다고 자진 신고한 4명에 대한 책임감면 등이다.[17]

3. 성과와 의미

2008년 10월 31일 그리스 아테네에서 열린 제13차 국제반부패회의(International Anti-Corruption Conference; IACC)에서 참석자들은 한국의 체계적인 부패신고자보호제도를 높이 평가한 바 있다.[18] 이는 그동안의 여러 성과를 압축해 표현한 것으로, 앞서 통계에서 볼 수 있듯이 어느 정도의 성과가 나타나고 있음을 보여 준다. 첫째, 성과는 무엇보다도 내부고발에 대한 체계적이고 안정적인 법적 보호시스템의 가동이다. 내부고발자들이 그동안 일방적으로 보복에 노출되었다는 점에 비추어

이는 가장 큰 성과이다. 신분보장, 신변보호, 신분공개 금지를 통한 보호, 특히 법적 보호조치 요구 이전 신고자에 대한 사전 예방적 차원에서의 보호도 여기에 포함된다. 둘째, 내부고발에 의한 부패 적발이다. 민크스(Minkes, J.)에 따르면[19] 재무 범죄(financial crimes)는 매우 복잡한데, 내부고발 정책은 내부에서 중요한 정보를 갖고 있거나 관련된 사람들이 앞으로 나오도록 고무하는 것으로 부패의 지속을 깨는 가장 효과적인 방법이라고 말한다. 실제, 공인부정조사관협회(Association of Certified Fraud Examiner; ACFE) 보고서를 보면, 민간 기업 부정 행위 발견의 42.4%는 내부자 정보 제공에 의한 것이고, 내부 감사 조직에 의한 것은 사실 28.8%에 불과하다.[20] 보우밀(Boumil, S. J.) 등도 내부고발과 보상금 지급은 수천 명의 경찰력을 대신한다고 말한다.[21] 한국에서 내부신고자의 부패 통제에 대한 기여는 제도 운영 실적에 대한 분석에서도 확인되고 있다. 셋째, 보호와 함께 인센티브 차원의 포상 및 보상, 업무협약(MOU) 체결 등을 통한 의료 지원은 내부고발자에 대한 신분상 불이익의 보호를 넘어 포상 및 보상, 의료서비스 지원까지 제공함으로써 내부고발자에 대한 형식을 넘어 실질적인 보호의 추구이자 보다 체계적이고 안정적인 보호시스템의 작동 노력이라는 점에서, 선진화 기반 구축의 의미로 평가된다.

III. 입법적 성과의 검토

1. 내부고발자 보호 입법 10년의 성과에 대한 평가

한국에서 내부고발자의 법적 보호란 권익위법과 공익신고자보호법에 의한 것으로, 특히 후자는 내용면에서 지난 10년간 법적 보호의 과정에서 발견되었던 문제점들을 보완하여 좀 더 실질적인 보호로 나간 것이다. 신고자의 신고와 관련하여 범죄행위가 발견된 경우에는 그 형을 감경하거나 면제할 수 있게 하여 처벌에 대한 부담을 줄이고, 신고가 다른 법령, 다른 협약, 그리고 취업규칙 등에 따른 비밀 준수의 의무를 위반하지 않는 것으로 명시함으로써 불이익을 최소화한다. 나아가 신고자는 보상금을 신청할 수 있을 뿐만 아니라 공익신고자보호법의 경우는 소요 비용이나 임금 손실액과 같은 경제적 손실에 대해 국민권익위원회에 구조금을 신청할 수 있다.[22] 특히 공익신고자보호법의 경우는 공익 신고의 채널을 다양화하고, 불이익조치에 대한 범위를 정함에 있어 신분이나 인사상의 불이익조치뿐만 아니라 직장 내의 집단 따돌림이나 폭언과 같은 정신적 손상을 가져오는 행위들까지 명확하게 제시함으로써 신고자에 대한 보호를 두텁게 규정한다. 이러한 입법적 성과는 다른 나라와의 비교를 통해, 분석과 평가가 가능하다. 미국은 내부고발자 보호에 관한 제도 발전에서 가장 앞서고 있다는 점에서 이를 비교 대상으로 할 경우, 한국 법제의 미흡한 점에 대한 파악과 성과의 확인에 도움을 준다. 두 나라는 비록 사법체계 및 소송에 의한 문제 해결에서 서로 문화의 차이가 있으나, 미국은 연방공무원을 대상으로 한 2012년 내부고발자보호개정법, 1986년의 부당청구금지법(False Claims Act; FCA)이 있다. 또 민간 영역 역시 분야별 보호법이 있다. 이는 한국과 같다. 두 나라 모두 공공 및 민간 부문의 부정(wrongdoing)을 신고한 내부자 보호 법률을 제정하여 운영하고 있으며, 각각 국민권익위원회와 특별조사청(Official of the Special Council; OSC)이라는 책임기관도 두고 있다. 이러한 점에서 입법 성과의 차원에서 법적 보호 항목 간 비교는 보호법 발전에 흥미로운 결과를 가져다줄 수 있다.

1) 보호 분야와 수준의 비교

내부고발자의 법적 보호의 분야는 내부신고자의 입장에서 보면 피해 분야로, 법적 보호가 필요한 분야는 곧 내부신고자가 신고를 이유로 당하는 피해의 영역이다. 내부고발자의 불이익은 소속 기관, 조직, 집단에 의한 보복뿐만 아니라 일반 사회의 무시와 냉대, 일자리 제공 거절, 거리두기 등을 통해서도 발생한다. 이들은 크게 경제적, 사회적 불이익으로 나뉜다. 전자가 고용관계의 파괴, 경제적 손실, 생활비의 추가적 부담의 발생에 관한 것이라면, 후자는 육체적·정신적 피해, 가족의 고통과 해체, 사회관계망의 붕괴이다. 다음 〈표 7〉은 피해 분야별 한국과 미국의 보호 입법 성과 간의 비교이다.

〈표 7〉 내부고발자 법적 보호의 분야와 수준의 비교

| 구 분 | 보호의 분야와 내용 | |
	한 국	미 국
고용관계의 파괴	4점. 신분상의 불이익, 부당한 인사, 평가, 교육, 예산, 인력 등 근무 조건상의 차별이나 부정적 영향을 주는 행위 금지. 직업 훈련의 기회 제공 및 취업 알선. 법률 상담·자문 및 소송의 대리 등 법률구조.23	3점. 적극적 보호(직업 훈련 기회의 제공·취업 알선, 소송의 대리 등) 없음.
경제적 손해	3점. 불이익조치 기간의 임금 손실, 그 밖에 중대한 경제적 손해. 인허가 취소, 계약의 해지 등 경제적 불이익으로부터의 원상회복. 변호사, 노무사의 수임료. 포상 및 보상금 지급(정액+비율제).	4점. 신고에 의한 피해, 변호사 비용. 퀴템 조항에 의한 15%-25% 보상금(정부가 조사, 소송 진행의 경우) 지급.
가족의 고통과 해체	2점. 질병치료, 건강관리, 상담 등.	1점.
사회관계망의 붕괴	1점.	1점.

	4점. 신변보호, 건강 관리를 위한 의료 지원. 집단 따돌림, 폭행 또는 폭언, 그 밖에 정신적·신체적 손상을 가져오는 행위. 육체적·정신적 치료를 위한 구조금 지급.	2점. 정신적 고통을 불이익조치로 규정함.
육체적·정신적 피해	4점. 신변보호, 건강 관리를 위한 의료 지원. 집단 따돌림, 폭행 또는 폭언, 그 밖에 정신적·신체적 손상을 가져오는 행위. 육체적·정신적 치료를 위한 구조금 지급.	2점. 정신적 고통을 불이익조치로 규정함.
생활비의 추가적 부담	2점. 이사 비용 등.	1점.

주 1: 한국 권익위법/시행령, 공익신고자보호법/시행령, 미국 내부고발자보호개정법, 부당청구금지법, 민간 부문 분야별 규제법에서의 내부신고자 보호 항목 기준의 비교임.
　2: 평가 등급 5점 척도. 5: 가능한 모든 피해 형태를 고려한 보호 조항의 마련으로 온전한 회복을 보장하는 단계이다. 4: 다양하고 구체적인 항목에 의한 보호이다. 3: 보호를 언급하나 제한적이다. 2: 논의 단계이다. 1: 전혀 없다.

〈그림 1〉 내부고발자 법적 보호의 분야와 수준의 추정

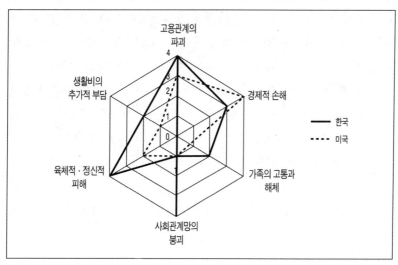

위 〈그림 1〉은 〈표 7〉의 분석 결과를 5점 척도를 사용, 그래프로 그린 것이다.

한국의 법적 보호의 특징은 신분보장, 특히 신변보호를 자신과 친족 또는 동거인, 그리고 협조자(신고와 관련하여 진술 그 밖에 자료 제출 등의 방법으로 신고 내용의 감사, 수사 또는 조사에 조력한 자)에게까지 확대하고 있다

는 점이다. 가족의 고통과 해체에 대해서도 한국은 보다 두터운 보호를 제공한다. 한국은 육체적·정신적 피해의 보호도 의료비 구조뿐만 아니라 신변보호, 공익신고자보호법의 경우는 왕따, 폭언 등에 대한 보호까지도 규정한다. 실제 신청인이 부패 행위 신고를 이유로 피신고자 측의 협박과 괴롭힘 등으로 극심한 스트레스와 불면증 등의 정신적 고통을 호소하며 의료 지원을 신청하자 진료비를 지급한 사례가 있다.[24] 생활비의 추가적 부담도 한국은 이사 비용 등의 구조금 지원 방법을 마련하고 있다. 다만 경제적 측면에서의 보호는 미국이 부당청구금지법상 퀴텀 조항에 의한 실질적 부의 획득까지 허용한다면 한국은 그렇지 못하고, 사실 거의 소극적 보호 수준에 머물고 있다. 하지만 두 나라 모두 내부신고자가 신고 후 겪는 사회관계망의 붕괴에 대하여는 어떤 보호의 필요나 인식을 찾아보기 어렵다. 전반적으로 두 나라의 입법적 보호는 금전적 손실 등 경제적 보상 중심적이다. 주로 신고자 자신이 받는 직접적, 일차적인 피해, 불이익의 보상에 초점을 둔다. 최근 보호가 신체 및 정신적 고통에 대한 것까지 확대되고는 있으나, 사회적 보호에 대해서는 아직 어떤 지원 방법도 알지 못한다. 한국은 미국에 비해 경제적 손해로부터의 보호에는 덜 적극적이나, 적어도 입법 항목상으로 볼 때 그 밖의 다른 보호 분야에서는 미국보다 구체적이고 세밀한 항목을 규정한다. 하지만 이는 어디까지나 법에 명시된 보호 항목의 비교, 즉, 형식적 수준에서의 비교로, 소송을 통한 보상 등은 고려되지 않은 것이다.

2) 신고 대상의 비교

법적 보호를 받는 신고 대상은 무엇인가? 즉, 내부자가 무엇을 신고했을 때 보호받는가? 공공 부문 내부고발자 보호는 한국은 권익위법, 미국은 내부고발자보호개정법, 부당청구금지법 소관이다. 한국은 부패 방지 차원의 신고자 보호로, 보호받는 신고 대상 항목은 부패 행위 하나이다. 반면 미국은 목적을 권력과 정부의 감시 책임성 확보에 두어, 보호받는 신고 대상을 법규 위반, 관리상의 중대한 실수, 막대한 예산 낭비, 권한 남용, 국민의 건강과 안전에 관한 실질적 위험으로 매우 폭넓게 규정한다. 민간 부문의 보호는 한국은 공익신고자보호법, 미국은 분야별 규제법이 규정한다. 보호받는 신고 대상 항목은 공익신고자보호법에서는 법이 접한 분야별 법률로 국민의 건강과 안전, 환경, 소비자의 이익 및 공정한 경쟁을 침해하는 행위이고, 미국에서는 분야별 법률 위반 행위이다. 다음 〈표 8〉은 두 나라 간 법적 보호를 받는 신고 대상 항목 및 수준의 비교이다. 설명의 편의를 위하여 아래에서는 보호받는 신고 대상을 '법률 위반'으로 분류한다.

〈표 8〉 보호받는 신고의 대상과 수준의 비교

구 분	신고의 대상과 내용	
	한 국	미 국
법률 위반	3점. 국민의 건강과 안전, 환경, 소비자의 이익 및 공정한 경쟁을 침해하는 행위로서 별표에 규정된 법률의 벌칙에 해당하는 행위. 인허가의 취소, 정지 처분 등 대통령령으로 정하는 행정 처분 대상의 행위.	4점. 법령의 위반, 국민의 건강과 안전에 대한 실질적이고 명백한 위험 (violation of law, rule or regulation; substantial and specific danger to public health and safety). 분야별 규제법의 위반 사항.
권한 남용	1점.	2점. 공직사회 권한의 남용(abuse of authority).
부패 행위	4점. 공직자 직무와 관련한 지위나 권한을 남용하거나 법령을 위반하여 자기 또는 제3자의 이익을 도모하는 행위. 공공기관의 예산, 재산 취득·관리·처분 또는 계약의 체결, 이행에서 법령 위반으로 재산상 손해를 가하는 행위. 부패 행위나 은폐의 강요, 권고, 제의, 유인 행위.	2점.
막대한 낭비	1점.	2점. 재정의 막대한 낭비(gross waste of funds).*

| 정책/관리의
대실패 | 1점. | 2점. 심각한 관리상의 실패(gross mismanagement).** |
| 부당한 결정 | 1점. | 2점. 부당한 검열에 대한 문제 제기. |

주 1: * 재정의 막대한 낭비는 기대된 편익에 비해 지출 규모가 지나치게 커서, 이론의 여지를 넘는 경우를 가리킨다. http://www.offutt.af.mil/library/factsheets/factsheet.asp?id= 4305. 최종검색일 2013. 3. 17.
　　** 심각한 관리상의 실패는 정부기관의 임무 수행 능력에 중대한 부정적 영향, 실질적 위험을 초래하는 관리상의 행동이나 해야 할 행동을 하지 않는 것(inaction)으로, 논란의 여지가 있는 결정, 사소한 부정이나 부주의, 잘못 등을 넘어, 그 정도가 매우 심각한 경우이다.
　2: 한국 권익위법/시행령, 공익신고자보호법/시행령, 미국 내부고발자보호개정법, 부당청구금지법, 민간 부문 분야별 규제법에서의 내부신고자 보호 항목 기준의 비교임.
　3: 평가 등급 4점 척도. 4: 신고 대상이 직접적이고 구체적이다. 3: 직접적이고 구체적이나 범위는 제한적이다. 2: 간접적이거나 구체적이지 못하다. 1: 전혀 없다.

〈그림 2〉 보호받는 신고의 대상과 수준의 추정

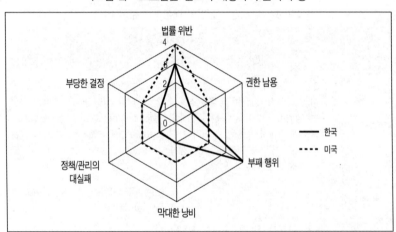

위 〈그림 2〉는 〈표 8〉의 분석 결과를 4점 척도를 사용, 그래프로 나타낸 것이다.

위 〈그림 2〉는 한국은 부패 방지, 공익 침해 행위(법규 위반)를 신고하는 내부자에 대하여 법적 보호를 제공하고 미국은 전반적으로 모든 분야별 법률 위반에 대한 신고자를 보호하는 구도를 보여 준다. 권익위법 제1조는 목적을 "부패의 발생을 예방하며 부패행위를 효율적으로 규제함으로써 국민의 기본적 권익을 보호하고, 행정의 적정성을 확보하며, 청렴한 공직 및 사회풍토의 확립에 이바지함"이라고 규정하여, 보호받는 신고의 대상을 부패에 한정한다. 그것도 공공 부문 관련 부패이다. 민간 부문 내부신고자 보호도 공익신고자보호법 제1조에서 목적을 "공익을 침해하는 행위를 신고한 사람 등을 보호하고 지원함으로써 국민생활의 안정과 투명하고 깨끗한 사회풍토의 확립"에 두고 대상을 "국민의 건강과 안전, 환경, 소비자의 이익 및 공정한 경쟁을 침해하는 행위"로 제한한다. 반면 미국 연방정부 내부고발자를 보호하는 내부고발자보호개정법은 법률, 시행령, 규칙의 위반, 권한 남용, 막대한 재정 낭비, 정책/관리의 심각한 실패, 부당한 결정, 국민의 건강과 안전에 대한 위험을 보호받는 신고 항목으로 지정한다. 이는 한국에서 내부고발제도가 권력과 행정부 통제에 실패하고 있음을 가리킨다. 한국의 내부고발자 보호는 공공 부문 부패 방지, 민간 부문은 몇 가지 분야에 대해서만 유효하다. 이 점이 한국과 미국의 보호 입법상의 가장 큰 차이이다. 예를 들어, 2012년 내부고발자보호개정법은 정부의 정책 결정 결과에 이의를 제기하는 연방공무원, 검열을 문제삼는 정부 과학자(government scientists)에 대한 보호를 규정한다. 이로 미루어 보면 두 나라 간의 내부고발자의 법적 보호 대상의 차이는 한국이 공직사회 부패 방지에 초점을 두고 발전했고, 입법 주체가 내부고발제도를 통해 공직 사회의 책임을 묻는 능력을 갖지 못했다는 점에서 비롯되고 있다. 반면 미국은 내부고발을 권력, 행정부의 감시, 공직자의 법률 위반과 책임을 확보하는 수단으로, 그리고 시민들의 법규 위반 억제의 목적으로 접근한다는 점이다. 내부고발자 보호 입법의 성과라는 측면에서 한국은 부패 분야에서는 크게 앞서고 있으나, 다른 분야는 정반대라는 평가와 해석이 가능할 것이다. 하지만 두 나라 모두 아직은 내부고발자 보호를 내부신고자 개인의 표현이나 양심의 자유, 보복을 인간의 존엄에 대한 침해로 보는 관점, 정부가 시민들이 보복으로부터 자유로운 환경을 만들고 내부신고자 보호가 자신의 역할과 책임임을 천명하는 데서 시작하지 않고 있다는 점이다. 보호 입법의 과제는 내부고발 권리의 존중부터일 것이다.

2. 책임 조직과 성격 변화

지난 10년간 책임 조직에 일어난 가장 큰 변화는 권한 축소와 성격의 변화이다. 2008년 초 이명박 정부는 「부패방지 및 국민권익위원회의 설치와 운영에 관한 법률」을 제정, 국민권익위원회를 설치한다. 이는 기존의 부패 방지와 내부고발자에 대한 법적 보호를 고충처리, 행정심판과 더불어 국민권익위원회 업무의 하나로 편입시킨 것으로, 정부기구에서 부패 방지와 내부고발자에 대한 법적 보호를 전담하는 독립기관의 소멸을 의미한다. 2001년의 「부패방지법」은 공직자 및 공공기관의 부패를 근절하고 내부고발자를 보호하고자 부패방지위원회를 대통령 직속으로 두었다. 또 부패방지위원회를 대통령, 국회, 대법원장이 각각 3명씩 추천하는 총 9명의 위원으로 구성하도록 규정하여, 권력에 의한 영향을 받지 않고 독립된 기관으로 공정하게 부패를 감시할 수 있도록 보장하였다. 하지만 「부패방지 및 국민권익위원회의 설치 및 운영에 관한 법률」은 제11조에서 "부패의 발생을 예방하며 부패행위를 효율적으로 규제하도록 하기 위하여 국무총리 소속으로 국민권익위원회를 둔다"고 규정하여, 대통령 직속에서 국무총리 소속으로 지위를 바꾸었다. 또 부패 방지를 고충처리, 행정심판과 더불어 관장하도록 하여, 기관의 업무 정체성과 독립성이 약화되고, 적어도 외형적으로는 권력 부패의 실질적인 감시 기능을 상당 부분 상실하면서, 책임기관은 내부고발을 통한 부패 통제, 권력 감시 조직에서 사실상 일반 행정기관으로 돌아갔다.

정책 네트워크(policy networks)가 특정 이슈에 이해를 가진 중요 정책 행위자 간의 상호작용 관계라면,[25] 이명박 정부에 들어와 나타난 책임기관으로서의 권한 축소, 기능 약화는 내부고발자 보호 정책 네트워크의 관계 구조, 주요 정책 행위자 역할 변화의 결과이다. 이는 크게 두 가지로 하나는 입법 네트워크의 구조, 즉, 정책 참여자인 NGO가 입법 과정에서 가졌던 지배적 역할의 상실이고, 또 다른 하나는 권력 부패 통제에 대한 시민사회 압력의 감소와 무관하지 않다. 후자는 초기 부패방지법 속에 내부고발자 보호 조항을 대안으로 밀어 넣었던 힘의 약화를 의미한다. 1990년대는 한국에서의 내부고발의 사회적 중요성 인식의 등장과 자각, 즉, 정책 커뮤니티가 형성되고, 내부고발자 보호를 위한 정책 행위자들의 활동이 시작되는 시기이다. 내부고발은 독재 권력의 부패라는 거대한 이슈를 끌고나와 민주화와 권력 감시의 필요를 초점화한다. 내부고발은 일반 국민과 정책 결정자들의 권력과 공직 부패의 원인과 피해에 관심을 집중시키고, 초점 사건(focusing event)의 효과, 즉, 단시간에 내부고발자 보호가 갖는 권력과 정부 부패의 감시 역할에 대한 설득과 학습을 이끌어 낸다.[26] 1990년대 중반 두 전직 대통령의 수천억에 달하는 비자금 불법 조성과 구속, 전국 시·군·구 중 3-4곳을 제외한 모든 곳에서의 납세 공무원 세금 횡령 사건의 발생 등은 NGO가 시민사회의 분노에 힘입어 권력과 정부 부패 통제 입법 네트워크를 주도할 수 있는 힘을 부여한다. 참여연대 내부비리고발자지원센터가 내부고발자 보호 법안을 제출하고, 대통령 후보자들은 예외 없이 보호 입법을 선거공약에 포함시킨다. 김대중 후보가 대통령으로 당선되고, 내부고발자 이슈는 2001년 법적 보호의 지위를 획득하는 결과를 낳는다. 「부패방지법」상의 대통령 직속의 부패방지위원회 설치, 내부고발자 보호, 국민감사청구제도의 도입 등은 NGO가 정책 행위자로서 입법적 노력의 이니셔티브(initiative)뿐만 아니라 정책 과정에서 지배적 영향력을 행사했던 결과이다. 초대 부패방지위원회 위원장을 1989년 경제정의실천시민연합 창립 회원으로 상임집행위원회 위원장(1995-

1997)을 맡았던 NGO 인사 강철규가 맡았던 것도 이 시대의 네트워크의 구조적 특성, NGO의 역할을 반영한다. 사실상 시민사회가 처음으로 정부기구 내에 권력과 정부의 부정을 감시하고 의혹을 해소하기 위한 감시 단위를 생성한 것이었다. 하지만 이후 권력부패 내부고발은 줄고, 위원장은 시민사회 인사가 아닌 공직자들이 맡는다. 보호 입법 과정도 NGO를 대신해 부패방지위원회가 주도한다. 이명박 정부의 책임 조직 축소 개편은 부패방지법 통과 이후 정책 네트워크의 구조 및 정책 참여자들에 의해 나타난 이러한 변화의 산물로, 내부고발자 보호가 권력과 정부의 감시, 투명성, 공직사회 책임성 개선의 기회로 나가지 못하고, 책임기관의 역할을 신고 후 겪는 고충 해소 서비스로 한정하여, 책임 조직의 후퇴로 평가된다.

3. 의미의 해석

지난 10년간의 내부고발자 보호 입법의 성과는 비록 이명박 정부에 들어와 조직 차원에서 독립기관으로의 지위 상실, 정체성 약화 등의 퇴보가 있기는 했으나, 그럼에도 불구하고 김대중 정부의「부패방지법」은 역사상 처음으로 내부고발자에 대한 법적 보호의 완성을 의미하는 것이었다. 보호뿐만 아니라 보상까지 규정하여, 각종 위험 부담을 안고 공익 차원에서 이루어지는 개인의 용기 있는 행동에 대한 보상을 분명히 하였다. 보호법 제정은 내부자가 누구보다도 부패의 사정을 잘 알고, 증거를 가지고 있어, 신고가 부패 통제에 효과적이라는 점을 인식한 입법이라는 점에서 공무원 스스로에 의한 자발적 부패 통제이고, 기존의 외부 감시가 지닌 한계를 극복, 부패의 수평 또는 상향적 개선, 조직 내 윤리적 긴장을 통한 부패 예방의 유효한 방안의 도입이었다. 보호법 제정 이후 책임기관의 여러 차례의 개정을 통한 부패 행위 신고자 보호 보상 제도의 기반 구축과 지속적 개선 역시 상당한 입법적 성과로 평가받을 만하다. 정부의 책임기관을 중심으로 한 지속적 개선 노력은 신고자와 시민단체의 제도 보완 요청, 업무 수행 과정에서 발견된 한계 및 문제점 보완이라는 차원에서 부패 행위 개념의 확대, 신고후 불이익을 당할 것으로 예상되는 경우의 보호조치, 입증 책임의 전환, 협조자 보호, 경제적·행정적인 불이익으로부터의 보호, 신변보호조치 기관의 확대, 특정범죄신고자 등 보호법 일부 준용, 비밀 준수 의무 위반 시 그에 대한 면책, 신고자의 보호, 포상금 신설, 보상금 지급요건의 완화 및 원상회복 소요 비용의 보상 신설, 벌칙 조항 추가 신설등을 이루어 냈다. 특히 최근의 공익신고자보호법 제정은 민간 부문에서의 내부고발 보호의 도입으로, 종래 내부고발자 보호가 공공 부문 부패 행위 신고에 한정되었다면, 공익신고자보호법은 보호를 국민의 건강, 안전, 환경, 소비자의 이익, 공정한 경쟁 분야로 확대하는 것이다.

IV. 과제와 변화의 방향

1. 내부고발자 보호의 정책 철학과 인식적 기초

내부고발자가 받는 불이익의 문제를 어떻게 풀어갈 것인가? 내부고발자를 어떻게 볼 것인가는 보호의 원칙과 수준을 결정한다. 먼저 세가지 질문에 대한 답을 찾아볼 필요가 있다. 내부고발자는 첫째, 누구도 불법행위를 신고할 것을 요구하지 않고 자신도 그렇게 할 어떤 법적 의무도 없는데, 공익이나 사회적 선(善)의 실현을 위해 스스로 자신의 희생을 무릅쓰고 나선 사람인가? 둘째, 시민으로서 정부가 요구하는 법률이나 정책을 준수할 뿐만 아니라, 한 걸음 더 나아가 다른 사람의 위반을 신고하여 보다 적극적으로 정부의 노력에 협력하고자 했던 사람인가? 셋째, 국가 공동체 해체를 초래하는 공익 침해나 불법행위 신고는 민주시민의 당연한 책임이자 의무이고, 내부고발자는 그러한 자신의 의무에 충실하고자 했던 사람인가? 내부고발자를 첫째의 경우로 본다면, 정부가 사실상 보호의 의무는 없다. 법률이나 정책적으로 어떤 요구도 하지 않은 까닭에 표창은 모르나 책임은 없다. 둘째는 정부가 법률이나 정책적 규제에서 시민들의 준수, 순응(compliance)을 요구한 만큼 본인의 준수뿐만 아니라 누군가 정부의 노력에 적극적으로 협력하고자 주변의 위반자를 신고하였다가 불이익을 받으면, 정부는 비록 명시적 언급을 하지 않았더라도 그에 대한 보상의 책임을 질 수 있음을 시사한다. 그러나 셋째의 경우는 다르다. 민주국가는 구성원 모두가 주권자로서 권리뿐만 아니라 공동체 사회와 공익을 위한 책임과 의무를 수반한다는 전제를 기반으로 한다. 따라서 내부고발은 구성원으로서 자신의 의무와 책임에 대한 충실한 이행이다. 이 점에서 정부에 보호를 요청할 당연한 권리를 갖는다. 정부는 그것을 넘어 구성원이 공동체 이익의 침해를 발견하면 신고하고, 그럴 경우 어떠한 불이익도 받지 않는 환경을 만들 의무를 진다. 원상회복의 책임도 물론이다. 내부고발 정책의 미래의 방향은 셋째, 즉, 내부고발을 특별하고 예외적인 사람만이 자기희생으로 하는 영웅적 행동이 아니라 주권자로서의 자연스런 책임과 의무의 이행으로, 그리고 미래에 노력해서 도달해야 할 이상적인 상태로 인식하는 것이다. 내부고발은 공공선과 공익의 실현을 위한 행위이고, 양심과 표현의 자유에 관한 것이며, 국민의 알권리에 기여한다는 점에서 적극적 해석이 필요하다. 현재처럼 정부가 보호의 여부와 범위를 결정하는 것이 아니라 내부고발자는 주권자로서 자신의 보호받을 권리를 행사한 것으로, 정부가 충분한 보호를 제공하고 원상회복을 못한 경우 원고의 자격으로 그 책임을 따질 수 있도록 하는 것이다.

2. 거시적 차원에서의 변화의 방향

내부고발의 주요 편익은 국민의 알권리 보장이며, 부패의 방지이다. 무엇보다 부정행위, 즉, 부패, 사기(詐欺, fraud), 기타 불법행위를 외부에 알리고, 위험의 예방과 문제를 개선할 기회를 제공한다. 국민의 건강과 안전, 소비자의 이익을 지키고, 환경 자원을 보호하고, 정부가 미처 적발하지 못한 금융 범죄, 탈세, 인권침해 등을 밝힌다. 누군가 정부 예산을 착복과 횡령으로 절취할 때, 막대한 낭비의 우려가 있을 때, 이를 환수하고 예방한다. 거시적 차원에서 내부고발자 보호를 위한 노력은 첫째, 내부고발자 기본법의 제정과 보호 원칙의 확인이다. 국회가 내부고발을 주권자가 공동체 보호와 유지를 위해 행사할 수 있는 기본적 권리이고, 개인의 양심과 표현의 자유이며, 인간 존엄의 요소로 누구든 공동체 이익에 도전하는 불법과 위험을 문제삼는다고 해서 어떤 불이익도 당하지 않는다는 정책 철학을 천명하는 일이다. 정부가 내부고발자에 대한 불이익을 방지하고, 그러한 사회적 환경을 만들 의무와 책임이 있음의 확인이다. 현재의 입법체계는 부패나 공익 침해 정보를 효율적으로 획득하기 위한 하나의 수단으로 관련 정보 제공자를 보호한다. 이를 통해 법 집행의 효과를 개선하는 식이다. 반이서(Banisar, D.)[27]가 지적하듯, 이와 같은 부패방지법 안에서 내부고발자에 대한 보호는 고발 가능한 부정행위들을 제한적으로 규정하게 만들고, 불이익조치를 통제하기 위해 징벌적 측면에만 초점을 맞추어 조직 내부적 관리 측면을 소홀히 하거나, 내부 채널을 통한 내부고발이나 기준 마련에 도움을 주지 못하는 한계가 있다. 공공 부문 내부고발자 보호부터라도 공익신고자보호법처럼 개별법부터 제정할 수 있을 것이다.

둘째, 현행 법체계의 재편의 필요성이다. 권익위법은 내부고발을 공공 부문, 공직자 부패 방지에 한정한다. 미국 의회는 내부고발자보호 개정법에서 만일 법률이 명확히 금지하는 경우가 아니라면, 연방정부

공무원들에 의한 정부의 법규 위반, 심각한 관리상의 실패, 재정의 막대한 낭비, 권한 남용, 국민의 건강과 안전에 관한 실질적 위험 신고에 대해 보호 제공을 명령한다.[28] 권익위법은 부패 행위를 제외하면 '관리상의 중대한 실수' 등과 같은 정부의 어떤 실패도 보호받는 신고 항목에 포함시키지 않고 있다. 이는 내부고발을 부패 감시의 정책적 수단으로 채택하나 권력과 정부 감시, 책임성 확보, 행정의 투명성이라는 편익과 기회는 고려하지 못한 입법적 소홀이다. 국회가 행정부 감시라는 자신의 역할 인식에 대한 미흡 때문이든 '집권당＝행정부'라는 구조적 문제 때문이든 입법적 한계의 시정이 필요하다. 미국의 경험을 보면 내부고발은 본래 의회가 행정부 감시라는 관점에서 시작된 것이라는 교훈도 참고할 만하다.

셋째, 간접적 피해 구제에 대한 필요성 인식이다. 내부고발자에 대한 불이익조치는 소속 기관, 조직이나 단체만 하는 것이 아니다. 소속 기관, 단체, 기업의 의도적 보복 못지않게 사회적 냉대, 고용 회피, 참여의 거부 등도 신고자에 심각한 고통을 초래한다. 사회적 불이익은 오히려 보다 뿌리 깊고 오래 지속되어 삶을 파괴한다. 내부고발자는 자신이 국가나 사회 전체, 일반 사람들을 위해 희생을 감수하고 신고를 해 홀로 그 어려움을 감당하고 있으나 정작 사회는 자신에 등을 돌린다는 점을 깨닫고 절망한다. 이것이 정부가 내부고발자에 대한 사회의 차별, 부당 대우의 금지, 신고자 개인의 사회적 네트워크, 인간관계의 파괴 등을 막기 위한 정책적 노력이 필요함을 시사한다. 루이스(Lewis, D.)[29]는 이와 같은 맥락에서 영국의 1998년 공익신고법(Public Interest Disclosure Act)이 직원 채용 단계에서 내부고발자에 대한 차별을 불법으로 규정할 것과 사용자가 효과적인 내부자 신고 절차를 수립 운영하도록 법적 의무를 부과할 것을 주장한다. 현재의 내부고발자 보호는 제한적 최소한의 보호, 소극적 접근에 관한 것이다. 보호는 경제적 차원의 보호 중심으로 피해의 보상이라도 단기적 및 고용관계상의 불이익 회복에 집중된다. 보호법은 사회적 측면에서 보호는 거의 제공하지 않는다. 내부고발자는 자신뿐만 아니라 가족들이 위협받고, 폭행 또는 살해당하며, 가족의 해체도 경험한다. 이러한 점에서 보호의 완성은 내부자 소속 기관, 조직, 단체뿐만 아니라 사회적 편견으로부터의 보호를 포함하는 것으로 해석하는 것으로 출발해, 사회적 소외, 가족 곤란이나 해체와 같은 불이익으로부터 이들을 방어하는 프로그램의 개발, 사회적 관계 회복이 될 것이다.

3. 미시적 개선

현재 내부고발자 보호제도는 책임기관을 두고, 보호 보상에 관한 지속적 개선 성과를 내고 있다. 철저한 보호, 미비점 개선 요구에 성공적 대처는 이러한 노력에 힘입은 것이나 현행법 틀 내에서도 몇 가지는 미흡하다.

① 국민권익위원회의 독립성 보장과 조사 수사권의 부여이다. 국민권익위원회가 현재는 국무총리 소속이고 위원장에 정부 공직자가 임명되어 권력 부패, 정부 감시 등 규모가 크고, 정치적으로 민감하고 복잡한 이해관계가 걸린 신고 등에 공격적·적극적 대처를 기대할 수 없는 구조이다. 부패 통제를 권력이나 정부 감시보다는 행정 업무의 하나로 인식하는 경향이 자리 잡고 있다. 조사권 문제의 경우, "김영수 국민권익위원회 조사관은 조사권 부재로 증거 제출 책임이 신고자에게 있는 (현재의 법)은 불합리하다"고 말한다. 부패 사건에 대한 조사권이 없고 심사권만 있어, 부패 신고를 접수해도 사실상 심사만 할 수 있다. 신고자가 명백한 증거 제출을 못하면, 결국 부패를 밝힐 수 없는 상황이다.[30] 이 때문에 내부고발자에 대한 보호 보상도 부패 조사와 관계가 면 행정 업무에 불과하다는 비판이 있다.[31] 중앙선거관리위원회, 공정거래위원회, 국세청 등의 국가기관은 조사권이 있다. 홍콩의 염정공서

(廉政公署, Independent Commission Against Corruption), 싱가포르의 탐오조사국, 말레이시아의 반부패청(反腐敗廳, Anti-Corruption Agency) 등 동남아 국가의 반부패기구도 압수·수색권 등을 포함한 수사 권한을 갖고 있다는 점에서 조사권을 가져야 하며, 접수된 비리 내용을 확인할 수 있는 제한적인 계좌 추적권과 부정이 발생한 국가기관 등에 대해 문서제출 등을 요구할 수 있어야 한다.

② 실질적인 지원이다. 내부고발자에 대한 승진 등 과감한 신분상승 조치 부여가 필요하다. 서울특별시는 내부고발 공무원에 희망부서 전보 등 인센티브를 제공하고, 경찰청은 신고 내용이 비리 경찰관의 강등 이상 사유에 해당하면 내부 공익신고자를 특진시킬 방침이다.[32] 행정안전부는 신고가 청렴도 제고에 기여했을 경우 인사상 인센티브를 제공한다고 발표하였다.[33] 취업 지원 등 보다 실질적인 지원책의 개발이 필요하다. 예를 들어, 미국은 제대 군인을 대상으로 고비용 고등기술 프로그램 참여 수업료, 자격 및 검증시험 비용 등의 지원과 창업 교육을 제공한다.

③ 권익위법의 공공기관 개념의 확대 정의이다. 권익위법은 「공공기관의 정보공개에 관한 법률」과 달리 사립학교와 사설 유치원 등을 공공기관에 포함시키지 않아 내부신고자가 필요한 법적 보호를 받지 못한다.[34]

④ 내부고발자 보호가 적용되는 법률의 확대이다. 공익신고자보호법은 국민의 건강, 안전, 환경, 소비자의 이익, 그리고 공정한 경쟁의 5개 분야에서 대통령령이 지정한 법률의 위반을 신고한 사람을 보호한다. 하지만 정작 중요한 분식회계, 비자금, 주식회사의 외부감사, 금융이나 부동산 관련 공정거래, 사학비리, 그리고 정치자금 등과 관련된 법률들은 적용 대상이 아니다.

⑤ 보상금 지급 정률제의 시행이다. 내부고발자는 신분이 공개되는 즉시 경제적 어려움에 봉착한다. 정보 수집이나 소송 수행뿐만 아니

라 가족 부양에 돈이 필요하나 정액제 보상으로는 이 문제를 풀기 어렵다. 방법은 상한을 푸는 것이다. 미국 부당청구금지법은 내부고발자에게 정부 회수 금액의 15%-30%를 지급한다.[35][36] 보우밀 등(Boumil, et al.)은 환수 금액에서 일정 비율 보상금 지급이 부정을 찾아내는 가장 주요한 역할을 한다고 말한다.[37] 화이자(Pfizer) 사례가 부당청구금지법의 미래 부정 방지, 정부의 손실 복구에 최선의 방법임을 보여 준다는 것이다.[38]

⑥ 신고 채널의 확대이다. NGO와 매스미디어를 통한 신고자의 경우에도 보호를 받을 수 있어야 한다. 특정한 경우 매스미디어가 위험을 알릴 수 있는 유일한 채널이다. 루이스는 이런 경우를 특정해 매스미디어를 통해 일반 국민에 공개할 수 있도록 하고, 보호할 것을 주장한다.[39] 예를 들어, 급박한 위험, 신고 절차를 밟을 경우 부패 증거의 소멸이 일어나 입증이 어려울 때, 조사기관의 정치적 중립성이 낮을 때 등이다.[40]

⑦ 대리 신고, 구두, 익명 신고의 허용이다. 변호사, 노동조합이나 시민단체 등 단체 명의의 위임 신고가 대안이다. 루이스도 노동조합 대표를 내부 신고를 접수할 수 있는 대리인으로 규정할 것을 주장한다.[41] 카(Carr, I.)와 루이스는 내부고발자 보호법이 내부자의 인터넷을 통한 신고를 허용하지 않는 것은 문제라고 지적한다.[42] 익명성을 유지하고, 그러면서도 부정에 관한 정보를 빠른 속도로 알릴 수 있되, 보복 위험은 적다는 것이다. 인적 사항 기재는 신분 노출 위험 때문에 사람들이 신고를 기피하게 만든다. 보호법은 증거도 함께 제시하도록 하는 만큼 익명 신고의 허용이 무분별한 신고를 초래하지는 않을 것이다. 오히려 익명 신고는 국민권익위원회나 조사기관이 신고자의 신분 비밀을 보장해야 하는 부담을 줄여 줄 수 있다.[43]

⑧ 즉각적이고 신속한 보호, 원상회복 절차의 진행이다. 최정학은 잠재적 신고자들은 소송 등 많은 시간이 걸리고 비용이 들며, 그 결과

또한 어떻게 될지도 모른다는 불확실성을 가장 우려한다고 말한다.[44] 증거만 확실하면 절차의 신속한 진행으로 신고자들이 보호를 믿을 수 있도록 하여야 한다.

⑨ 내부고발자 보복에 대한 강력한 처벌, 국민권익위원회 보호 요구를 이행하지 않는 기관에 대한 제재 강화이다. 내부고발자들은 강력한 법적 처벌을 원한다. 그러나 국민권익위원회가 "신고자에게 불이익을 가한 기관을 처벌한 사례가 없다."[45] 시정 권한의 강화도 중요하다. 국민권익위원회 보호 요구를 이행하지 않은 기관에 대한 제재를 강화하는 것이다. 소속 기관의 장에게 적절한 신분보장조치를 요구해도 여러 가지 이유를 대면서 듣지 않는다. 이런 경우 '정당한 이유'의 폭을 제한하고 명시적이고 강제적인 시정 권한을 법에 규정한 후, 신고자 소속 기관 기업 단체의 장에게 직접적이고 구체적인 책임을 묻거나 명령할 수 있도록 해야 한다.[46] 현재의 징역 또는 벌금 조항의 상향 조정도 필요하다.

V. 결 론

지금까지 공공 및 민간 부문의 내부고발자 법적 보호를 위한 제도의 전반적인 내용과 실적, 과제에 대해 살펴보았다. 공공 부문은 2001년 「부패방지법」이 제정되고 이듬해부터 시작해 지난 10년 동안 부패 행위 신고자에게 보호를 제공했고, 민간 부문은 2011년 「공익신고자보호법」 제정에 의해 5대 분야 공익 침해 행위 신고자를 보호하고 있다. 위에서 언급한 것처럼 두 법 모두 완벽한 내부고발자 보호를 위해선 아직 많은 제도적 개선의 여지가 있지만, 역사적, 문화적, 그리고 사회적으로 내부고발에 대한 시각이 호의적이지 않았던 상황 속에서 내부고발자 보호가 하나의 제도로서 자리 잡았다는 데 큰 의미가 있다. 내부고발 보호 입법 10년의 성과에 대한 평가에서 보호 분야와 수준, 신고 대상에 대한 미국과 비교를 보면 전자에서는 한국이 오히려 입법적 보호가 더 두터운 것을 알 수 있다. 비록 이러한 차이는 두 나라 간의 입법의 방식, 사법적 구조시스템의 차이, 문화를 충분히 반영하지 못한 것일 수 있으나 그간의 입법적 성과임은 분명하다. 이러한 제도 정착은 시민단체, 정부, 학계, 그리고 실제 내부고발자들의 적극적이고 협력적 노력이 있어 가능했다. 하지만 권익위법의 경우, 한국은 특별한 이유 없이 내부고발자가 보호받는 신고 대상에서 정부의 권한 남용, 정책이나 관리상의 실패, 막대한 재정의 낭비 등을 배제하여 앞으로 논의와 해결 방안 모색이 필요하다. 상기 논의를 통해 보호의 원칙, 중장기 정책 대안을 포함하여 부패방지법과 공익신고자보호법의 한계를 극복할 수 있는 대안을 제시하였으나, 이들이 현실화되기 위해서는 부패나 공익 침해 신고를 주권자의 의무라는 의식을 만들어 가는 노력이 중요하다. 국제사회와의 협력 등 국민권익위원회의 전략적 접근도 요구된다.

제 6 장 고위공직자의 부패 범죄에 대한 대책

이 효 원

I. 공직자의 부패와 법치주의

대한민국 헌법은 제 1 조 제 1 항에서 "대한민국은 민주공화국이다"
라고 규정하고 있다. 이것은 대한민국이라는 국호를 가진 국가 공동체
의 실존적인 의미(Sein)와 당위적인 의미(Sollen)를 동시에 선언한 것이
다. 국가형태는 "대한민국의 주권은 국민에게 있고, 모든 권력은 국민
으로부터 나온다"는 제 2 항의 규정을 통해 구체화된다. 따라서 대한민
국의 최종적인 정치 의사는 주권자인 국민에 의하여 결정되어야 하고,
모든 국가권력의 행사는 민주적 정당성을 가질 때에만 헌법적으로 수
용될 수 있다.

우리 헌법은 주권자인 국민의 의사를 최종적으로 결정하는 방식으
로 대의제도를 원칙으로 채택하고 있다. 따라서 국가정책의 입안과 결
정, 그리고 집행은 국민의 대표기관으로 선출된 대통령과 국회를 통해
이루어지고, 이들 국가기관이 국민의 대표라는 사실로부터 민주적으로
정당화된다. 대의제도에서는 주권의 보유자인 국민과 주권으로부터 파
생된 국가권력을 실제로 행사하는 국가기관이 서로 다르기 때문에 주
권자인 국민의 의사가 왜곡되기 쉽다. 국민의 의사가 왜곡되지 않기 위
해서는 개인에게 표현의 자유를 비롯한 정치적 기본권이 충분히 보장

되어야 하고, 국민의 의사를 제대로 반영할 수 있는 선거제도와 정당 조직이 갖추어져야 한다.[1] 국민이 주권자임에도 불구하고 실제로 모든 국가권력을 행사하는 것은 국가기관이고, 구체적으로는 국가기관을 구성하는 공무원이라고 할 수 있다. 이러한 의미에서 공무원이 국가권력을 제대로 행사하고 주권자인 국민에게 책임을 지도록 하는 것은 국민주권주의와 민주적 국가 운영을 실현하는 데 있어서 가장 중요한 요소가 된다. 즉, 공무원이 헌법과 법률을 준수하고 국가정책을 적정하게 수립하고 집행할 경우에는 헌법국가(Constitutionalism)를 실현할 수 있지만, 공무원이 부패되어 국가정책을 위헌 또는 위법하거나 부당하게 집행한 경우에는 헌법적 가치를 실현할 수가 없게 된다.

국제투명성기구(Transparency International; TI)는 국제적 부패 감시를 수행하는 민간단체로서 해마다 국가별 부패인식지수(Corruption Perceptions Index; CPI)를 발표하고 있다. 한국은 2012년 56점(100점 만점)을 받아 조사 대상 176개국 가운데 45위를 차지했다. 2010년에는 39위를, 2011년에는 43위를 차지하여 꾸준히 하락하고 있다. 이 평가지수에 따르면 한국은 경제협력개발기구(Organisation for Economic Co-operation and Development; OECD) 34개국 가운데서 27위에 해당한다.[2] 1948년 정부 수립 이후 대한민국이 산업화와 민주화를 달성함에 있어서 공무원은 공적 영역은 물론 사적 영역에서도 중요한 역할을 담당하여 왔다. 따라서 이러한 통계는 공무원에 대한 부패 인식과 밀접하게 관련되어 있는 것으로 추측할 수 있다.

우리 헌법은 제7조에서 공무원을 국민 전체에 대한 봉사자로 선언하고, 국민에 대하여 책임을 지도록 규정하며, 공무원의 신분과 정치적 중립성을 보장하고 있다. 또한, 국가 공동체의 공공 업무를 직업공무원에게 맡겨 안정적이고 예측 가능하게 운영할 수 있도록 하고, 이른바 '엽관제'(Spoil system)를 배격하고 있다. 이러한 것은 공무원으로 하여금 특정한 정파적 이해관계에 얽매이지 않고 국가 전체의 이익을 위하여 성실하게 공직을 수행할 수 있도록 하기 위한 제도적 장치이다.[3] 공무원이 부패하게 되면, 이는 개인의 부패에 그치는 것이 아니라 조직적이고 구조적 부패로 이어져 국가 공동체를 붕괴시키는 체제 부패가 되기 쉽다.[4] 또한, 공무원의 부패는 법의 지배(Rule of law)를 기초로 하는 법치주의에서는 단순히 도덕적 비난의 대상에 그치는 것이 아니라 대부분 위법한 행위로서 범죄를 구성하게 된다. 법치주의는 국민의 자유를 보장하기 위한 자유주의의 원리로서 발달한 것으로서 권력분립과 함께 자유민주주의의 구성 요소라고 할 수 있다.[5] 공무원의 부패 범죄는 공정한 법집행을 파괴하고, 법의 규범성과 실효성을 무력화함으로써 개인적 범죄보다 더욱 직접적이고 전면적으로 법치주의를 위협하여 국가 공동체를 와해시키게 된다.[6]

공무원의 부패 범죄를 예방하고 근절시킴으로써 헌법국가의 이념을 실현하기 위해서는 근본적으로 공무원이 공적 도덕성과 법치의식을 확고히 세워야 하고, 국민도 민주 시민으로서 성숙한 준법정신을 함양해야 할 것이다. 그러나 권력분립과 법치주의는 자기 보존과 확장의 무한한 욕망을 벗어날 수 없는 인간에 대한 불신을 전제로 하고 있으므로 공무원과 국민에 대한 도덕성과 신뢰에만 의존할 수는 없다. 이와 함께 공무원의 부패 범죄를 예방할 수 있는 제도적 시스템을 구축하는 한편, 공무원이 부패 범죄를 저지른 경우에는 이를 실효적으로 처벌할 수 있는 법적 장치를 마련하는 것도 반드시 필요한 일이다. 특히, 고위공직자의 경우에는 이와 같은 법제도를 정책적으로 결정하고 집행하는 중추적 역할을 담당하고 있는데, 이들이 부패 범죄를 저지른 경우에는 그 폐해가 더욱 크고 국가 공동체에 치명적인 위험을 초래하게 된다. 본장에서는 공무원의 부패 범죄에 대응하는 법제도를 분석하고, 특히 한국사회에서 끊이지 않고 정치적 쟁점이 되고 있는 고위공직자에 대한 부패 범죄를 근절하기 위해 그 도입이 논의되고 있는 특별범죄수사기구와 관련하여 그 필요성과 한계에 대한 헌법규범적 기준을 제시하고자 한다.

II. 공직자 부패 범죄에 대한 법제도

1. 공직자 부패 범죄의 개념

공직자 부패 범죄에 대한 법제도를 이해하기 위해서는 우선 공직자 부패 범죄를 정의하고, 그 범위를 명확하게 설정할 필요가 있다. 2008년 제정된 「부패방지 및 국민권익위원회의 설치와 운영에 관한 법률」(이하 '부패방지법'이라고 한다)은 공직자의 부패 행위에 대한 일반법으로 기능하고 있다. 이 법은 공직자에 대해서는 "국가공무원법 및 지방공무원법에 따른 공무원, 법률에 따라 공무원으로 인정된 자, 그리고 공직자윤리법에서 규정하는 공직유관단체의 장과 그 직원"으로 규정하고 있다(부패방지법 제2조 제3호). 이에 따르면 공무원은 당연히 공직자에 포함되고, 한국은행, 공기업, 정부나 지방자치단체 등의 출자·출연·보조를 받는 기관·단체(재출자·재출연을 포함한다), 그 밖에 정부나 지방자치단체의 업무를 위탁받아 수행하는 기관·단체, 임원 선임 시 중앙행정기관의 장 또는 지방자치단체의 장의 승인·동의·추천·제청 등이 필요한 기관·단체나 중앙행정기관의 장 또는 지방자치단체의 장이 임원을 선임·임명·위촉하는 기관·단체 가운데 공직자윤리위원회가 공직유관단체로 지정하는 단체의 장 및 그 직원까지 공직자에 포함된다(공직자윤리법 제3조의 2).[7] 헌법과 법률은 일반적으로 공무원에 대해 특별한 지위를 인정하여 그에 상응하는 권한, 의무와 책임을 부여하고 있는데, 부패방지법에서 규정하는 공직자에는 공무원 이외의 자도 광범위하게 포함된다. 따라서 공무원 이외의 공직자에 대해서는 법률에 특별한 규정이 없는 한, 공무원에 관한 특칙이 적용되지 않는다고 할 것이다.

한편, 부패 행위에 대해서는 그 개념이 법률에 규정되지 아니하여 그 개념과 범위에 대해서는 이론적으로만 광의와 협의로 구분하여 사용되었다.[8] 그러나 2001년 부패방지법이 제정되고 그 법률에서 부패 행위를 정의하면서 법적 개념이 되었으며,[9] 부패방지법은 부패 행위를 "가. 공직자가 직무와 관련하여 그 지위 또는 권한을 남용하거나 법령을 위반하여 자기 또는 제3자의 이익을 도모하는 행위, 나. 공공기관의 예산사용, 공공기관 재산의 취득·관리·처분 또는 공공기관을 당사자로 하는 계약의 체결 및 그 이행에 있어서 법령에 위반하여 공공기관에 대하여 재산상 손해를 가하는 행위, 다. 가목과 나목에 따른 행위나 그 은폐를 강요, 권고, 제의, 유인하는 행위"로 규정하고 있다(부패방지법 제2조 제4호). 이 법은 공직자가 직무와 관련한 부패로 이익을 취득하는 행위뿐 아니라 공공기관에 대해 재산상 손해를 가하거나 그 행위나 은폐를 강요, 권고, 제의, 유인하는 행위까지 부패 행위에 포함시키고 있어 부패 행위를 광범위하게 인정하고 있다.

부패방지법에 따르면 공직자는 공무원보다 그 범위가 넓고, 부패 행위도 제2조 제4호의 가목에서는 그 행위의 주체를 공직자로 제한하고 있으나 나목과 다목에서는 그 행위의 주체를 제한하지 않고 있어 누구라도 부패행위의 주체가 될 수 있다. 한편, 부패 범죄란 부패 행위 가운데 범죄행위로 인정되어 형사처벌의 대상이 되는 부패 행위를 의미하며, 이는 죄형법정주의에 의하여 범죄의 성립과 처벌이 법률에 의하여 명확하게 규정되어 있는 경우에 한정된다. 따라서 본장에서 검토의 대상이 되는 공직자의 부패 범죄란 공무원을 포함하여 부패방지법이 규정하는 공직자가 저지른 부패 행위 가운데 형사처벌이 되는 부패 행위만을 의미한다.[10]

2. 헌법적 통제

우리 헌법은 국민주권주의에 기초하여 인간의 존엄과 가치를 보호하고, 개인의 자유와 권리를 보장하는 국가 공동체를 유지하고 발전시키는 것을 이념으로 하고 있다. 헌법은 자유민주적 기본질서와 법치주의를 기본원리로 채택하여 민주적 정당성을 제고하는 한편, 대의제도를 원칙으로 권력분립을 구체화함으로써 위와 같은 이념을 실현하는 제도적 장치를 마련하고 있다. 우리 헌법은 직업공무원제도를 채택하면서 이와 동시에 공직자의 부패 범죄를 예방하고 감독하는 장치를 다음과 같이 마련하고 있다.

첫째, 개인의 권리와 자유를 보호하기 위해 다양한 형태의 기본권을 보장하고 있다. 국민은 누구나 인간으로서의 존엄과 가치를 가지며, 행복을 추구할 권리를 가지며, 국가는 개인이 가지는 불가침의 인권을 확인하고 이를 보장할 의무를 진다(제10조). 또한, 헌법은 언론·출판과 집회·결사의 자유(제21조), 선거권(제24조) 등 참정권과 공무원의 직무상 불법행위에 대한 손해배상권(제29조)을 보장하고 있다. 이와 같이 주권자인 국민이 알권리와 표현의 자유 등 기본권을 행사함으로써 공직자의 부패 범죄에 대해 상시적으로 감시할 수 있다. 또한, 국민은 선거권 등 정치적 기본권과 공무원의 불법행위에 대한 손해배상청구권 등을 통해 부패 범죄를 저지른 공직자에 대해 정치적 또는 법적 책임을 추궁할 수 있도록 하였다. 우리 헌법은 국민의 기본권에 대해 국가안전보장·질서유지 또는 공공복리를 위하여 필요한 경우에 한하여 법률로써만 제한할 수 있고, 제한하는 경우에도 그 본질적 내용을 침해할 수 없도록 규정하여 이를 최대한 보장하고 있다(제37조).[11]

둘째, 국민의 대표기관인 국회로 하여금 공직자의 부패 범죄에 대해 특별한 규율을 할 수 있도록 권한을 부여하고 있다. 즉, 헌법은 국회로 하여금 국정을 감시하거나 특정한 국정 사안에 대하여 조사할 수 있으며(제61조), 국정감사 및 조사에 관한 법률을 통해 행정부 소속 공직자의 부패 범죄에 대해 통제하고 있다. 국회는 대통령·국무총리 등 법률이 정한 고위공무원이 그 직무 집행에 있어서 헌법이나 법률을 위반한 때에는 탄핵의 소추를 의결할 수 있고, 탄핵소추의 의결을 받은 자는 탄핵심판이 있을 때까지 그 권한 행사가 정지되며, 헌법재판소의 심판에 따라서 공직으로부터 파면되고 민사상이나 형사상의 책임을 지게 된다(제65조). 이 외에도 국회는 국무총리·국무위원 또는 정부위원으로 하여금 국회에 출석하여 질문에 답변하도록 하고(제62조), 대통령에게 국무총리 또는 국무위원을 해임할 것을 건의함으로써 공무원의 부패 범죄에 대해 간접적으로 책임을 추궁할 수 있는 장치도 마련하고 있다.12

셋째, 헌법기관에 대해 특별한 의무를 부과하고 있다. 헌법은 국회의원으로 하여금 법률이 정하는 직을 겸할 수 없도록 하고(제43조), 청렴의 의무에 따라 국가 이익을 우선하여 양심에 따라 직무를 행할 의무를 부과하고, 그 지위를 남용하여 국가·공공단체 또는 기업체와의 계약이나 그 처분에 의하여 재산상의 권리·이익 또는 직위를 취득하거나 타인을 위하여 그 취득을 알선할 수 없도록 규정하고 있다(제46조). 헌법이 국민의 대표기관으로서의 권한과 책임이 막중하고 부패 범죄로 인한 국가적 위험성을 고려하여 국회의원에 대해서는 부패 범죄를 저지르지 않을 것을 헌법적 의무로 부과하고 있는 것이다. 한편, 헌법은 국회의원에 대하여는 현행범인인 경우를 제외하고는 회기 중 국회의 동의 없이 체포 또는 구금되지 않도록 하는 불체포특권(제44조)과 국회에서 직무상 행한 발언과 표결에 관하여 국회 외에서 책임을 면제하도록 하는 면책특권(제45조)을 보장하고 있다. 이에 대해서는 의회주의의 발전으로 이러한 특권을 인정할 필요성이 거의 없게 되었고, 오히려 부패 범죄를 저지른 국회의원을 정략적 목적으로 보호하게 되는 수단으로 악용되는 위험성이 있는 것이 현실이다. 따라서 대의제도에 있어서 책임정치를 실현하기 위해서는 헌법정책적으로 이 제도를 폐지하거나 그 범위를 축소하는 것도 적극적으로 검토할 필요가 있다.13

헌법은 대통령에 대해서도 헌법을 수호할 책무를 부과하고(제66조 제2항, 제69조), 국무총리·국무위원 등 법률이 정하는 공사의 직을 겸할 수 없도록 제한하고 있다(제83조). 또한, 행정부의 수반으로서 국군통수권, 긴급명령권, 공무원임명권 등 막강한 권한을 부여하면서도 국무총리와 국무회의를 통해 그 권한 행사를 제한하고 있다. 이 외에도 헌법은 행정부로 하여금 법치주의에 따라 모든 권한을 헌법과 법률이 규정하는 바에 따라서 행사하도록 통제하고 있다.

넷째, 헌법은 감사원을 헌법기관으로 설치하여 고위공직자의 직무를 감찰하도록 규정하고 있다. 감사원은 대통령 소속하에 두지만(제97조), 그 직무에 관하여는 독립적 지위를 가진다(감사원법 제 2 조 제 1 항). 대통령은 국회의 동의를 얻어 감사원장을 임명하고, 그 임기는 4년으로 하되 1차에 한하여 중임할 수 있도록 하였다(헌법 제98조). 감사원법은 감사원 소속 공무원의 임면, 조직 및 예산 편성에 있어서 감사원장의 독립성이 최대한 존중되어야 한다고 규정하고 있다(제 2 조 제 2 항). 이 법은 감사원의 독립성을 보장하기 위해서 감사위원의 자격을 엄격히 제한하고(제 7 조), 그 신분을 보장하는 한편(제 8 조), 감사위원에 대하여는 겸직 등의 금지(제 9 조)와 정치운동의 금지(제10조) 등 의무를 부과하고 있다. 또한, 감사원은 감사 결과를 기초로 징계·문책 요구, 시정·주의·개선 요구와 권고를 할 수 있고(제32조 – 제34조의 2), 범죄의 혐의가 있다고 인정할 때에는 이를 수사기관에 고발하여야 하는 의무를 부담한다(제35조).[14]

다섯째, 법원과 헌법재판소의 독립을 보장하고 있다. 공직자의 부패 범죄는 최종적으로 사법적 판단을 통해 심판받게 되는데, 헌법은 공정한 사법적 정의를 실현하기 위해서 법관으로 하여금 헌법과 법률에 의하여 그 양심에 따라 독립하여 심판하도록 규정하고 있다(제103조). 이때 양심은 법관 개인의 세계관에 기초한 양심이 아니라 법률가로서의 직업적이고 객관적인 양심을 의미하며, 재판에 있어서 외부의 간섭은 물론 당사자나 여론으로부터 독립성이 보장되어야 한다. 개인에게 재판청구권을 보장하고(제27조), 재판의 심리와 판결을 공개하는 한편(제

109조), 법관의 임기와 정년을 법률로 보장하고(제105조) 탄핵 또는 금고 이상의 형의 선고에 의하지 아니하고는 파면되지 않도록 하는 등 그 신분을 엄중하게 보장하는 것도 사법부의 독립을 보장하기 위한 것이다(제106조). 우리 헌법은 헌법재판소를 설치하여 헌법의 규범력을 확보하고 있는데, 헌법재판소에 대해서도 헌법재판관의 임기와 신분을 보장하고 헌법재판관으로 하여금 정당에 가입하거나 정치에 관여할 수 없도록 규정하고 있다(제112조). 한편, 헌법재판소법은 헌법재판관으로 하여금 헌법과 법률에 의하여 양심에 따라 독립하여 심판하도록 하고 (법 제4조), 그 자격, 임기와 정년, 신분 보장 등에 대해 구체적으로 규정하고 있다(법 제5조-제9조).

헌법이 공직자의 부패 범죄에 대해 직접 규정하는 것은 법률이 그에 대해 규정하고 있는 것과는 다른 차원의 규범적 의미를 갖는다. 헌법은 국가조직과 운영에 관한 핵심 사항을 규율하고 있어 모든 국가기관과 국민을 기속한다. 따라서 공직자의 부패 범죄에 관하여 규정하고 있는 헌법 조항을 위반한 경우에는 단순히 위법(違法)이 아니라 위헌(違憲)이 되며, 특히 국회가 헌법을 위반하는 법률을 제정한 경우에 그 법률을 무효화할 수 있다는 점에서 헌법규범적 의미가 선명하게 부각된다. 이와 같은 취지에서 우리 헌법은 법률 위반에 대해서는 법원이 재판을 통해 최종적으로 판단하지만, 헌법 위반에 대해서는 헌법재판소가 최종적으로 위헌 여부를 심판하도록 규정하고 있는 것이다.

3. 법률적 예방과 대응

헌법은 국가의 최고법으로서 역사적인 이념과 가치를 반영하여 국가조직의 핵심적 내용만을 규정하고 구체적인 사항은 국민의 대표기관인 국회가 제정하는 법률에 위임하고 있다. 따라서 공직자의 부패 범죄에 대해서는 헌법 사항을 구체화하는 다양한 형식의 법률이 규율하고 있다. 우선, 정치 영역에서는 국회법, 정당법, 공직선거법, 정치자금법, 국정감사 및 국정조사에 관한 법률, 지방자치법, 인사청문회법 등이 있다. 행정 영역에서는 부패방지법을 비롯하여 국가공무원법, 공직자윤리법, 행정절차법, 민원사무 처리에 관한 법률, 공공기관의 정보공개에 관한 법률, 회계관계직원 등의 책임에 관한 법률, 특정 금융거래정보의 보고 및 이용에 관한 법률 등이 있고, 하위 법령으로는 공무원징계령, 직무감찰지침, 공공감사기준, 공무원복무규정, 공무원윤리헌장, 공무원의 직무관련 고발지침, 비위면직자 공직재임용제한에 관한 규정, 공직기강업무규정 등이 있다.[15] 이러한 법령들은 공직자의 부패 범죄를 예방하기 위한 실체법적 또는 절차법적 제도를 포함하고 있다. 즉, 공무원윤리헌장을 제정하거나 공직자에게 청렴 의무를 부과하고, 그 재산을 등록하고 공개하도록 하고, 공직자의 부패 행위에 대해 국민감사청구권을 보장하고 있다(부패방지법 제7조 등). 또한, 공직자에게 다른 공직자의 부패 행위를 신고·고발할 의무를 부과하거나 신고자에 대해 포상·보상을 하며, 신고자 등의 신변을 보호하는 등 제도적 장치를 마련하고 있다(공직자윤리법 제3조 등). 그러나 이러한 예방적 법제도만으로는 공직자의 부패 범죄를 근절하기에는 한계가 있다. 따라서 공직자가 부패를 저지른 경우에는 책임주의의 원칙에 따라 그에 상응하는 제재가 부과되어야 할 것이다.

공직자가 부패를 저지른 경우에도 그 부패 행위의 원인과 결과, 위법성 여부와 정도 등에 따라서 다양한 형태의 제재가 부과될 수 있다. 공직자에 대한 부패를 관리하고 감독하기 위한 법률로는 감사원법, 검찰청법 등이 있고, 공직자의 부패 행위에 대한 법적 제재를 규정하는 법률로는 국가공무원법, 지방공무원법, 공직자윤리법, 형법, 특정범죄가중처벌 등에 관한 법률, 공직선거법, 공무원범죄에 관한 몰수특례법, 특정강력범죄의 처벌에 관한 특례법, 특정경제범죄가중처벌 등에 관한 법률 등이 있다. 일반적으로 공직자의 부패 행위에 대해서는 감사원,

대통령실 민정수석비서관, 총리실, 그리고 해당 국가기관에 설치되어 있는 감사관실이 감찰 기능을 수행한다. 이들 국가기관이 감찰을 실시한 결과 그 위법성이 형사처벌의 대상에 포함되지 않을 경우에는 관련 법령의 규정에 따라 경고, 주의, 징계, 과태료 등 다양한 형태의 제재가 부과된다.[16] 최근에는 공직자가 재직 중 직무와 관련된 부패 행위로 파면 등 징계를 받은 경우에는 일정한 기간 동안 관련 사기업체 등에 취업을 할 수 없도록 제한하고, 이를 위반한 경우에는 형사처벌하고 있다 (부패방지법 제82조, 제89조). 특히, 일정한 직급 이상의 고위공직자에 대해서는 부패 행위를 저지르지 않았더라도 퇴직일부터 일정 기간 관련 사기업체 등에 취업, 업무 취급, 알선 등 행위를 할 수 없도록 제한하고, 이를 위반한 경우에는 형사처벌하고 있다(공직자윤리법 제17조, 제18조의 2, 제18조의 4, 제29조).

한편, 공직자의 부패 행위가 범죄를 구성하게 될 경우에는 관련 법령의 규정에 따라 형사처벌을 받게 된다. 원래 어떤 범죄를 어떻게 처벌할 것인가 하는 문제, 즉, 법정형의 종류와 범위의 선택은 그 범죄의 죄질과 보호법익에 대한 고려뿐만 아니라 우리의 역사와 문화, 입법 당시의 시대적 상황, 국민 일반의 가치관 내지 법감정 그리고 범죄예방을 위한 형사정책적 측면 등 여러 가지 요소를 종합적으로 고려하여 입법자가 결정할 사항으로서 광범위한 입법 재량 내지 형성의 자유가 인정된다.[17] 또한, 최근에는 국가행정의 범위가 확대되고 행정 형식이 다양화됨에 따라서 과태료의 부과 대상이 되는 행정질서범과 형사처벌의 대상이 되는 형사범이 상대화되고 있어 공직자의 부패 범죄에 어떻게 대처할 것인지는 국회가 제정하는 법률에 의하여 구체화될 수밖에 없다.[18]

공직자의 부패 범죄에 대한 처벌은 형법 제7장에서 규정하고 있고, 이 규정이 공직자의 범죄에 대한 형사처벌에 있어서 일반법으로 기능하고 있다. 형법 제7장에서 규정하는 공무원의 직무에 관한 범죄는 그 내용을 기준으로 직무 위배에 관한 죄, 직권남용에 관한 죄, 뇌물에 관한 죄로 구분할 수 있다. 첫째, 직무 위배에 관한 죄는 공무원이 직무를 수행함에 있어서 적법성이나 정당성을 갖추지 못한 경우로서 직무유기(제122조), 피의사실공표(제126조), 공무상 비밀누설(제127조)의 경우가 이에 해당한다. 이는 공무원에 의한 국가에 대한 범죄이며, 공무원의 직무상 의무를 위반하는 것을 내용으로 한다. 둘째, 직권남용에 관한 죄는 공무원이 직무를 수행함에 있어서 그 직권을 남용하여 권한을 행사한 경우로서 직권남용(제123조), 불법체포·불법감금(제124조), 폭행·가혹 행위(제125조), 선거 방해(제128조)가 이에 해당한다. 이는 공무원에 의한 국민에 대한 범죄이다. 셋째, 뇌물에 관한 죄는 공무원이 그 직무와 관련하여 재산상 이익을 취득하거나 이에 관여한 경우로서 단순수뢰(제129조), 뇌물 제공(제130조), 수뢰후부정처사와 사후수뢰(제131조), 알선수뢰(제132조), 뇌물공여(제133조)가 이에 해당한다. 이는 공무원에 의한 국가에 대한 범죄로서 공무원이 개인적 이익 획득을 위하여 지위를 이용한 것을 내용으로 한다. 이때 뇌물로 제공된 물건이 금품일 경우 필요적으로 몰수되고, 몰수하기 불가능한 경우에는 그 가액을 추징하며(제134조), 공무원의 직무상 범죄에 대해서는 그 죄에 정한 형의 2분의 1까지 가중하여 처벌할 수 있도록 규정하고 있다(제135조).[19] 특히, 공직사회의 부정부패 요인을 근원적으로 제거하고 깨끗한 공직 풍토를 조성하기 위해 제정된 「공무원 범죄에 관한 몰수특례법」은 형법에서 규정하는 공무원의 직무에 관한 죄, 「회계관계직원 등의 책임에 관한 법률」에 규정된 사람의 직무에 관한 횡령과 배임의 죄를 특정공무원 범죄로 규정하고, 이들 범죄를 통해 취득한 불법 수익은 물론 불법 수익으로부터 유래된 재산까지 철저히 추적하여 환수하도록 규정하고 있다(제2조, 제7조, 제23조, 제24조 등).[20]

다만, 형법에서 규정하고 있는 공무원의 직무에 관한 범죄는 기본적으로 범죄의 구성요건으로서 범죄행위의 주체가 공무원으로 제한된다. 따라서 공무원이 아닌 공직자에 대해서는 위와 같은 형법의 범죄로 처벌할 수가 없게 된다. 물론 공무원이 아니더라도 공익적 사업을 수행하는 기관이나 단체의 임직원 등에 대해서는 형법 등 형사처벌에 관한 규정이나 뇌물에 관한 죄를 적용할 경우에는 공무원으로 간주하는 의제규정을 두는 법률이 많아 형법규정을 적용할 수 있다. 다만, 최근에는 헌법재판소가 "법률상의 공무원도 아니고 공무원으로 의제한다는 법률조항이 없음에도 공무에 종사한다는 이유만으로 형법 제129조(수뢰·사전수뢰)의 공무원에 해당한다고 보는 법원의 기존 해석과 법 적용은 죄형법정주의의 유추해석 금지의 원칙 등에 정면으로 반한다"고 결정하여 형법규정을 보다 엄격하게 적용하도록 판단하였다.[21] 이에 따르면, 공무원이 아닌 공직자의 부패 행위에 대해서는 형법 이외에 특별법을 규정하거나 공무원 의제조항이 있는 경우에 한하여 형사처벌을 할 수 있다.

4. 부패방지법과 공직자윤리법에 의한 형사처벌

우리나라는 공직자의 부패 범죄만을 대상으로 하는 특별법을 형법 등과 독립적으로 제정하고 있지 않다. 형법에서 규정하고 있는 공무원의 직무에 관한 범죄는 그 범행 주체를 공무원으로 한정하고 있고, 범죄행위의 수단과 태양도 불법체포·불법감금, 폭행, 가혹 행위, 피의사실공표 등 제한된 범위에서 발생하는 범죄를 대상으로 하고 있다. 또한, "정당한 사유 없이," "직무를 유기," "직권을 남용," "뇌물" 등 구성요건에 해당하는 객관적 행위의 위법성을 판단하는 기준이 명확하지 않고, 법원도 죄형법정주의에 따라 범죄구성요건을 엄격하게 해석하여야 하므로 공직자의 부패 범죄에 대해 종합적이고 통일적으로 대처하기에 부족하다. 따라서 공직자의 부패 범죄에 대하여는 부패방지법과 공직자윤리법이 특별법으로서 형법과 관련 법률의 입법 공백을

보충하고 있다.[22]

첫째, 부패방지법은 공공기관은 물론 정당, 기업과 국민으로 하여금 부패 방지를 위하여 노력할 책무와 의무를 부과하고(제3조-제6조), 공직자에 대해서는 일체의 부패 행위를 하지 않도록 청렴 의무를 규정하고 있다(제7조). 또한, 공직자가 준수하여야 할 행동 강령을 규정하도록 하는 한편(제8조), 국가로 하여금 공직자가 공직에 헌신할 수 있도록 그 보수와 처우의 향상에 필요한 조치를 취하도록 요구하고 있다(제9조). 부패방지법은 위와 같은 범죄 예방을 위해 공직자에게 법적 의무를 부과하는 것만으로는 부족하다고 판단하고, 형법을 보충하여 공직자의 부패 범죄를 처벌하고 있다. 즉, 공직자가 업무 처리 중 알게 된 비밀을 이용하여 재물 또는 재산상 이익을 취득하거나 제3자로 하여금 취득하게 한 경우(제86조), 부패 방지 업무 처리 중 알게 된 비밀을 누설한 경우(제87조), 부패 행위 신고자의 인적 사항을 공개한 경우(제88조)를 처벌하고 있다. 또한, 비위로 인하여 면직된 공직자가 공공기관, 사기업체 등에 취업한 경우(제89조)와 부패 행위에 대한 신고 등으로 신분상 불이익이나 근무조건상의 차별에 대해 적절한 조치 요구를 이행하지 않은 경우(제90조)에도 형사처벌하고 있다.

둘째, 공직자윤리법은 공직자의 부정한 재산 증식을 방지하고, 공무 집행의 공정성을 확보하기 위해 제정되었는데, 공직자 및 공직후보자의 재산 등록, 등록 재산 공개 및 재산 형성 과정 소명과 공직을 이용한 재산 취득의 규제, 공직자의 선물 신고 및 주식백지신탁, 퇴직공직자의 취업 제한 및 행위 제한 등을 규정하고 있다. 이 법은 국가로 하여금 공직자가 공직에 헌신할 수 있도록 그 생활을 보장하고, 공직자가 수행하는 직무가 공직자의 재산상 이해와 관련되어 공정한 직무 수행이 어려운 상황이 일어나지 아니하도록 노력하여야 할 의무를 부과하고 있다(제2조, 제2조의 2 제1항). 특히, 공직자에 대해서는 자신의 재산상 이해와 관련되어 공정한 직무 수행이 어려운 상황이 일어나지 아니하도록 직무 수행의 적정성을 확보하여 공익을 우선으로 성실하게 직무를 수행하여야 하고, 공직을 이용하여 사적 이익을 추구하거나 개인이나 기관·단체에 부정한 특혜를 주어서는 아니 되며, 재직 중 취득한 정보를 부당하게 사적으로 이용하거나 타인으로 하여금 부당하게 사용하지 못하게 하는 의무를 부과하고 있다(제2조의 2 제2항, 제3항). 특히, 이 법은 퇴직공직자에 대해서도 재직 중인 공직자의 공정한 직무 수행을 해치는 상황이 일어나지 아니하도록 노력할 의무를 부과하고 있다(제2조의 2 제4항).

공직자윤리법도 형법에서 규율되지 못하는 부패 범죄를 처벌하고 있는데, 공직자나 공직선거후보자 등이 정당한 사유 없이 재산 등록이나 신고를 거부하거나 일정한 금액 이상의 주식을 매각 또는 백지신탁하지 않는 경우(제24조), 공직자윤리위원회 등에 심사에 필요한 보고나 자료 제출 등 요구에 대해 거짓된 보고나 자료를 제출하거나 거부한 경우(제25조), 공직자윤리위원회의 정당한 출석 요구를 응하지 않은 경우(제26조)를 형사처벌하고 있다. 또한, 이 법은 공직자윤리위원회나 재산등록기관의 장의 허가를 받지 않고 재산등록사항을 열람·복사한 경우(제27조), 재산등록업무에 종사하거나 종사하였던 사람 또는 직무상 재산등록사항을 알게 된 사람이 공개된 재산등록사항 외의 재산등록사항을 정당한 사유 없이 누설한 경우(제28조 제1항), 금융 거래의 내용에 관한 자료를 제공받은 사람이 그 자료를 타인에게 제공 또는 누설하거나 그 목적 외의 용도로 이용한 경우(제28조 제2항) 등에 대해서도 형사처벌을 한다. 특히, 공직자가 현직을 떠나 퇴직을 한 경우에도 일정한 경우에는 형사처벌하고 있는데, 퇴직공직자가 일정 기간 내에 관련 사기업체 취업하거나 재직 중 본인이 직접 처리한 업무를 퇴직 후 취급한 경우, 퇴직 전 소속 기관의 임직원을 상대로 부정한 청탁 또는 알선 행위를 한 경우에도 형사처벌을 한다(제29조).

III. 고위공직자의 부패 범죄에 대한 대책

1. 부패 척결을 위한 특별기구 설치

우리나라는 형사소송에 있어서 당사자주의를 원칙으로 하여 검사에게 기소 의무를 부과하지 않고 기소편의주의를 채택하고 있으며, 보충적으로 직권주의 요소를 가미하여 법관이 직권으로 필요한 질문과 증거조사를 할 수 있도록 인정하고 있다. 고위공직자의 부패 범죄는 최종적으로 실체적 진실의 발견과 인권 보장이라는 형사사법의 정의에 의하여 심판되므로 사법권의 독립과 함께 공정하고 독립적인 검찰권 행사가 가장 중요하다. 검사는 수사의 주재자로서 사법경찰의 수사를 지휘하고 공소 제기 여부를 독점적으로 결정하고, 준사법기관으로서 법관과 함께 법적 정의와 진실, 기본권 보장과 사회질서의 유지라는 법이념을 실현하는 공익적 기능을 담당한다.[23] 우리 대법원은 "검사는 공익의 대표자로서 실체적 진실에 입각한 국가 형벌권의 실현을 위하여 공소제기와 유지를 할 의무뿐만 아니라 그 과정에서 피고인의 정당한 이익을 옹호하여야 할 의무를 진다"고 판결하여 검사를 공익의 대표자로 인정하였다.[24] 헌법재판소도 "인권침해의 소지가 가장 많은 수사 분야에 있어 국민의 인권과 자유를 보호하기 위하여 우리 헌법과 법률은 검사제도를 두어 검사에게 준사법기관으로서의 지위를 부여하고 철저한 신분보장과 공익의 대변자로서 객관의무를 지워 사법경찰의 수사에 대한 지휘와 감독을 맡게 하고 있다"고 결정하였다.[25]

고위공직자의 부패 범죄에 대해서는 검찰이 특별수사를 통해 적극적으로 대처하여 공직사회의 기강을 확립하는 데 크게 기여하였다. 그러나 최근 정치적 사건의 수사와 재판에 있어서 편파 수사, 표적 수사, 사건의 은폐와 축소 등 정치적 중립성과 공정성에 대한 의문이 제기되었다. 또한, 실체적 진실을 규명하는 수사 능력의 부족과 연속적으로 발생한 검사의 부패와 도덕성 실추 등도 큰 문제점으로 지적되었다. 제18대 대통령으로 선출된 박근혜 대통령도 대검찰청 중수부를 폐지하고 고위공직자에 대한 부패 범죄를 수사하는 새로운 제도를 만들겠다고 발표하였다. 국회에서도 검찰 개혁을 위해 특별감찰관제도와 상설특별검사제도 등이 활발하게 논의되고 있다.

고위공직자의 부패 범죄를 척결하기 위한 특별수사기구를 설치하는 방안은 수사와 공소 유지에 관한 검찰권과의 관계를 기준으로 네 가지로 구분할 수 있다 첫째는 현재의 검찰 조직과 권한을 그대로 유지하는 것을 전제로 이러한 틀 안에서 고위공직자에 대한 부패 범죄에 대한 수사를 담당하는 특별부서를 설치하는 것이다. 둘째는 우리나라가 지금까지 운영해 온 바와 같이 고위공직자의 부패 범죄가 발생한 경우에 개별 사안마다 특별검사를 임명하는 특별법을 제정하여 특별검사의 자격과 권한, 임명 절차, 수사 대상 등을 규정하고 이에 따라 특별수사기구를 설치하는 것이다. 셋째는 미국에서 실시한 사례와 같이 고위공직자의 부패 범죄가 발생하기 이전에 일반적인 법률을 제정하여 특별검사의 발동에 관한 요건과 절차 등을 규정한 다음, 개별 사안이 발생할 경우에 그 법률에 따라 특별검사를 임명하여 특별수사기구를 설치하는 것이다. 넷째는 현재의 검찰 조직 이외에 상설적으로 특별수사기구를 설치하는 특별법을 제정하고, 이 법률에 근거하여 특별검사 등을 임명하여 특별수사기구를 구성하고 운영하면서 고위공직자의 부패 범죄가 발생하게 되면 이에 대해 수사와 공소를 할 수 있도록 하는 것이다. 이와 같은 의견 가운데 두 번째 방안에서 네 번째 방안까지는 현재의 검찰권의 권한을 이원화하여 일정한 범위의 고위공직자에 대한 부패 범죄에 대해서는 검찰이 아닌 특별수사기구에서 수사권과 공소권을 행사하도록 하고 있어 이것이 헌법규범적으로 체계정합성을 유지할 수 있는지에 대한 검토가 필요하다. 즉, 현재의 검찰 이외에 별도로 특별수사기구를 설치하여 수사권과 공소권을 부여할 경우에는 우리 헌법에서 규정하고 있는 국가권력의 합리적이고 효율적인 배분과 권력분립의 원칙, 그리고 검사제도의 헌법적 의미를 충분히 반영하여 설계되어야 한다.

2. 특임검사와 특별감찰관

2010년 6월 이른바 '스폰서 검사' 스캔들이 발생하자 검찰은 스스로 수사의 공정성을 담보하기 위해 검찰총장 산하의 감찰본부를 새로설치하고, 특히 검사의 부패 범죄에 대해서는 검찰총장이 별도의 독립적인 특임검사를 지명하여 처리하는 방안을 제시하였다.[26] 이에 따라 대검찰청은 그해 8월 대검찰청 감찰본부장과 감찰위원회가 검찰총장에게 특임검사의 지명을 요청할 수 있도록 하는 내용으로 「특임검사 운영에 관한 지침」(대검훈령 제160호)을 제정하였다. 특임검사는 검찰총장에 의해 임명되고 검찰총장이 지정하는 사건에 대한 수사와 공소에 관한 권한을 보유하지만, 그 직무에 관하여는 검찰총장 등 상급자의 지휘·감독을 받지 아니하고 수사 결과만을 검찰총장에게 보고하도록 하여 독립적으로 수사하고 기소 여부를 결정하도록 하였다. 다만, 검찰총장은 특임검사의 조치가 현저히 부당하거나 직무의 범위를 벗어난 때에 한하여 그 직무 수행을 중단시킬 수 있고, 특임검사는 감찰위원회에 수사 상황을 보고하고, 감찰위원회는 특임검사에게 필요한 조치를 권고할수 있도록 하였다(지침 제3조, 제4조). 그 이후 특임검사는 2010년 11월부터 2012년 11월까지 '그랜저 검사', '벤츠 여검사', '뇌물 검사' 등에 대해세 차례 운영되었다. 특임검사는 검찰총장에 의해 검사 가운데서 임명되며 검찰총장과 감찰위원회의 감독을 받도록 하고 있고, 대검찰청의 내부지침에 의해 운영된다는 점에서 일반 검찰권의 범위 내에서 특칙을 마련한 것으로 이해된다. 따라서 검찰권 이외의 특별한 수사권과 기소권을 부여하는 것이 아니어서 헌법규범적인 체계정합성은 문제되지 않는다.

특별감찰관제도는 박근혜 대통령의 대통령직 인수위원회가 대통령 친인척과 고위공직자의 부정부패를 방지하고 부패 범죄를 조사하고 고발하기 위해 신설하기로 발표한 것으로 특별감찰관을 설치하는 것을 주된 내용으로 하는 「대통령 친인척 및 특수관계인 부패방지법」도 제정하기로 하였다. 제19대 국회에는 2013년 4월 25일 '특별감찰관 임명 등에 관한 법률안'(박범계 안)이 발의된 상태이다. 이 법률안에 따르면, 특별감찰관은 10년 이상 변호사의 자격이 있는 사람으로서 국회가 서면으로 추천을 하고, 대통령이 그 후보자를 반드시 임명하여야 한다. 특별감찰관은 정치적으로 중립을 지켜야 하고, 독립하여 그 직무를 수행하며 임기는 3년이다. 특별감찰관의 조사 대상은 대통령의 배우자와 직계존비속, 4촌 이내의 친족을 포함하여 대통령 비서실의 1급 이상의 공무원, 국무총리, 국무위원, 국회의원, 감사원장, 국가정보원장, 검찰총장, 공정거래위원장, 금융위원장, 국세청장, 경찰청장 등이다. 감찰 범위는 실명이 아닌 명의로 계약을 하거나 알선, 중개하는 등으로 개입하는 행위를 비롯하여 인사 관련 등 부정한 청탁, 금품이나 향응을 주고받는 행위, 공무원 임용 금지의 위반 등 다양하다. 특별감찰관은 감찰 대상에 대한 감찰, 현장 조사, 계좌 추적 및 통신 내역 조회 등 조사를 할 수 있으며, 부패 범죄에 대해 의심할 만한 상당한 이유가 있는 때에는 국회를 경유하여 상설특별검사에게 고발하여야 한다. 특별감찰관은 7년 이상 변호사 근무 경력이 있는 자 중에서 2명의 특별감찰관보를 임명할 수 있고, 20명 이내의 특별조사관을 임명할 수 있는데, 이들 특별조사관은 사건의 조사 범위 안에서 사법경찰관의 직무를 수행한다. 특별감찰관에 대해서는 사무처를 두고 해임 사유를 엄격히 제한하고, 해임하는 경우에는 지체 없이 국회에 통보하도록 하는 한편, 퇴임 후 자신을 임명한 대통령의 재임 기간 내에는 공직 취임을 금지함으로써 독립성을 강화하고 있다. 하지만, 특별감찰관은 검사와 같은 신분보장을 하지 않으며, 그 직무 권한도 감찰과 일정한 범위에서의 조사에 국한하고 실질적인 수사를 위해서는 상설특별검사에게 고발하도록 하여 수사권을 제한하고 공소 유지에 관한 권한도 부여하지 않고 있다. 따라서 특별감찰관제도는 제한된 범위에서 감찰, 조사, 고발권을 부여할 뿐 검찰권 이외의 특별한 수사권과 기소권을 부여하는 것은 아니며, 상설특별검사제도와 연계하여 운영되는 것을 전제로 하고 있으므로 그 헌법규범적 체계정합성도 특별검사제도와 동일한 관점에서 검토할 것이 요구된다.[27]

3. 우리나라의 특별검사제도

우리나라에서는 1999년 9월 30일 「한국조폐공사 노동조합 파업유도 및 전 검찰총장 부인에 대한 옷로비 의혹사건 진상규명을 위한 특별검사의 임명 등에 관한 법률」이 제정되면서 특별검사제도가 도입되었다. 그 후 지금에 이르기까지 총 10차례의 특별검사에 관한 법률이 제정되었고 11명의 특별검사가 활동하였다. 특별검사에 관한 법률은 개별 사안마다 개별 법률을 제정하여 특별검사를 임명하고 있어 그 내용을 일의적으로 단정하기는 어려우나, 대통령이 국회의장, 대한변호사협회, 대법관 등의 추천에 따라 특별검사를 임명하였다. 특별검사의 임명에 있어서 국회 등 추천받도록 하는 것은 그 정치적 중립성과 공정성을 확보하기 위한 것이지만, 그 과정에서 이른바 「이명박 정부의 내곡동 사저부지 매입의혹사건 진상규명을 위한 특별검사의 임명 등에 관한 법률」에서와 같이 대법원장이 2명의 특별검사후보자를 대통령에게 추천하고 대통령이 그중 1명을 특별검사로 임명하도록 하는 것은 사법권의 독립이나 법관의 재판상의 독립을 침해할 우려가 있어 바람직하지 않다고 할 것이다.[28] 특별검사는 개별 사건에 대한 처분적 법률에서 규정하는 사건에 한하여 수사와 공소 유지를 위해 검찰청법과 형사소송법에서 규정하는 검사의 모든 권한을 행사할 수 있고, 검찰총장과 경찰청장 등에게 수사 협조를 요청할 수 있을 뿐만 아니라 관련 기관에 수사상 필요한 자료 제출을 요구할 수 있다. 특히, '이명박 특검법'에서는 특별검사가 참고인에게 동행명령장을 발부하도록 하고 참고인이 정당한 사유 없이 이를 거부한 경우에는 벌금형에 처하도록 규정하고 있었다. 헌법재판소는 이에 대해 헌법 제12조 제3항이 규정하는 영장주의를 위반하고 신체의 자유에 대한 과잉제한금지의 원칙을 위반하였다는 이유로 위헌결정을 하였다.[29]

특별검사제도에 대해서는, 검찰의 기소독점주의와 기소편의주의를 통제할 수 있고, 정치적 중립성이 확보되는 특별검사가 권력형 부정 사건을 공정하게 처리할 수 있다는 점에서 그 도입을 찬성하는 입장이 있다. 이와 반대로 우리나라는 검사의 정치적 중립성과 신분을 헌법과 법률에 의해 보장하고 있어 권력분립의 원칙과 평등원칙에 위반되고, 특별검사제를 도입하더라도 정치적 중립성을 보장하기 어려우며, 오히려 막대한 비용과 인력을 투입하고도 소기의 성과를 거두기 어렵고 무리한 수사로 국가기밀이나 인권침해의 우려가 있다는 점에서 그 도입을 반대하는 입장도 있다.[30] 이 입장은 그동안 실시한 특별검사제도에 대해서 2001년 '이용호 게이트 사건'과 2003년 '대북송금 의혹사건' 정도만 성과를 거두었을 뿐, 대부분 검찰 수사 결과 이외의 특별한 성과를 거두지 못했다고 평가한다.[31] 우리나라에서 운영되어 온 특별검사제도에 대해서는 개별 사건에 대한 처분적 법률로서 권력분립의 원칙에 위반되고, 특별검사의 수사 대상에 대한 차별 취급으로서 평등권이 침해되었다는 입장이 있다. 헌법재판소는 이에 대한 검찰의 기소독점주의와 기소편의주의에 대한 예외로서 특별검사제도를 설치하는 것은 본질적으로 국회의 입법 재량에 속하는 사항으로서 국회의 결정이 명백히 자의적이거나 현저히 부당하다고 단정하기 어려우며, 특별검사의 수사 대상에 대해서도 합리적 이유가 있는 차별로서 평등권이 침해된 것은 아니라고 판단하였다.[32] 헌법재판소의 위 결정은 특별검사제도에 대해 중요한 규범적 기준을 제시하였다. 다만, 이 결정은 '이명박 특검법'에 대한 판단이지 모든 형태의 특별검사제도에 대해 일반적으로 판단한 것은 아니라는 것을 유의해야 한다.

4. 특별검사에 관한 법률 제정

우리나라의 특별검사제도와 달리 미국은 미리 법률로써 특별검사를 임명하고 운영할 수 있는 규범적 근거를 마련하고 개별 사안이 발생한 경우에 특별검사를 임명하여 운영한 적이 있다. 미국의 특별검사제도는 고위공직자의 부패 범죄에 대해 행정부 소속으로서 대통령의 임면권에 의하여 영향을 받게 되는 검사가 아닌 독립된 수사기구를 임시로 구성하여 독자적으로 수사와 공소 유지를 담당하도록 하는 제도이다. 특별검사제도는 1973년 닉슨(Nixon, R.) 대통령의 워터게이트 사건에서 비롯되었는데, 당시 대통령이나 백악관 고위공직자에 대한 수사를 법무부가 담당하는 것은 이익충돌의 원칙에 위배된다는 이유로 상원 특별위원회가 특별검사제를 요구하여 채택되었다. 이 제도는 1978년부터 1999년까지 시행되어 총 20회 실시되었는데, 특별검사에 관한 법률을 한시법으로 제정하여 특별검사의 발동 요건과 절차, 자격 등을 규정하였다가 특정한 사안이 발생한 경우에 임시로 특별검사를 임명하여 그 사안을 처리하였다. 이러한 특별검사제도는 미국이 유일하게 실시한 제도로서 권력분립의 원칙에 위반되고 그 실효성이 없다는 비판이 제기되기도 했다.[33] 미국의 특별검사제도는 1978년 정부윤리법에 5년 기한의 한시법으로 규정되어 1994년까지 연장되었다가 1999년 6월 자동 폐기되었는데, 1999년 클린턴(Clinton, B.) 대통령의 성추문 사건을 처리한 것을 마지막으로 미국에서도 사라진 제도이다.[34]

한편, 독일, 프랑스, 일본을 비롯한 대륙법계의 검찰제도를 확립하고 있는 나라에서는 고위공직자의 부패 범죄에 대해 특별수사기구를 설치하는 사례가 있으나, 이는 모두 검찰과 경찰의 조직과 권한의 범위 내에서 특별기구를 설치하는 것이지 이와 별도로 수사권과 공소권을 부여하는 것은 아니다. 다만, 영미법계 국가들에서는 고위공직자의 부패 범죄를 수사하고 기소하기 위한 독립된 기구를 설치한 사례가 있는데, 인도네시아의 부패방지위원회(Corruption Eradication Commission), 탄자니아의 부패근절위원회(The Prevention of Combating of Corruption Bureau)는 대통령 소속으로, 말레이시아의 반부패조사청(Malaysia Anti-Corruption Commission)은 총리 직속으로, 홍콩의 염정공서(廉政公署, Indepenent Commission Against Corruption)는 행정장관 직속으로 각각 설치하고 있다.[35]

이와 같은 특별검사제도는 먼저 특별검사에 관하여 일반적 법률을 제정하고, 그 발동 요건에 해당하는 개별 사건이 발생한 경우에 구체적이고 현실적으로 작동된다는 점에서 우리나라의 특별검사제도와는 차이가 있다. 그러나 검찰권 이외의 특별기구를 설치하고 별도의 수사권과 공소권을 부여하고 있다는 점에서 공통점이 있으며, 우리나라의 특별검사제도의 도입에 큰 영향을 미쳤다. 현재 정부와 국회도 기본적으로 미국의 특별검사제도를 모델로 하여 검찰 개혁의 하나로 상설특검제도의 도입을 구상하고 있는데, 2005년에는 2개의 법률안이 제출된 적이 있다. 이들 법률안(노회찬 안과 장윤석 안)은 고위공직자의 부패 범죄에 대해 정치적 중립성과 수사의 독립성이 확보되는 특별검사에게 수사권과 공소권을 부여하는 것을 내용으로 하고 있다. 위 법률안에 따르면 국회는 고위공직자와 그 가족의 부패 범죄에 대하여 특별검사에 의한 공정한 수사가 필요하다고 인정한 때에 대통령에게 요청하고, 대통령이 특별검사를 임명하도록 하였다. 특별검사는 일정한 준비 기간을 거쳐 제한된 기간 동안 고위공직자의 부패 범죄를 수사하여 처리하고 필요한 경우에는 1회에 한하여 연장할 수 있도록 보장하고, 수사나 직무를 종결한 경우에는 국회와 대통령에게 그 결과를 보고하도록 하였다. 특별검사의 수사 대상이 되는 고위공직자와 그 가족은 대통령을 포함하여 일정한 직급(차관급 등) 이상의 공무원과 판사와 검사 등과 그 배우자, 직계존비속, 형제자매 등으로 제한하였다. 또한, 부패 범죄도 국회의 고발 또는 조사 요구에 의하거나 고위공직자의 직무와 관련된 범죄행위와 관련 범죄로 한정하였다. 특별검사는 고위공직자의 부패 범죄에 대하여 수사권과 공소권을 가질 뿐만 아니라 관계기관으로부터 직무에 필요한 지원을 요구할 수 있고, 일정한 자에 대해서는 동행명령을 할 수도 있다. 만약 관련자들이 특별검사의 직무 수행을 방해하거나 정당한 사유 없이 동행명령을 불응할 경우 형사처벌하도록 규정하였다. 특별검사에 대해서는 검사와 동등한 내용으로 신분을 보장하며 대통령이 정당한 사유 없이 해임하지 못하도록 하였다.

미국의 특별검사제도를 모델로 상설특검제도를 도입하는 방안은 법률로써 검찰권 이외의 특별기구를 설치할 수 있는 근거를 마련하고, 수사권과 공소권을 부여하고 있다는 점에서 검찰권과 권한배분의 문제와 관련하여 권력분립의 원칙과 평등원칙에 위배될 수 있다는 주장이 제기되고 있다. 이에 대해서는 헌법재판소가 우리나라의 특별검사제도에 대해 판단한 규범적 기준을 참고할 수 있다. 즉, 특별검사에 관한 법률의 구체적인 내용에 따라서 판단하여야 할 것이지만 검사의 기소독점주의와 기소편의주의에 대한 예외로서 특별검사제도를 도입하는 것 자체는 국회의 입법 형성의 자유에 포함된다고 하겠다. 또한, 특별검사의 수사 대상에 포함됨으로써 통상적인 검찰권의 수사 대상에서 제외되는 것도 구체적인 대상과 범위에 따라 다르겠지만, 수사 대상을 제한하는 것 자체는 합리적인 이유가 있는 차등대우로서 평등원칙에 위반한 것으로 보이지는 않는다.[36] 그러나 특별검사에 관한 법률의 구체적인 내용에 따라서 국회가 그 입법 재량을 초과하거나 수사 대상을 합리적 이유 없이 제한하는 경우에는 권력분립의 원칙이나 평등원칙에 위반되어 헌법 위반이 될 여지가 있다.

특별검사제도에 관한 법률을 제정하는 것에 대해서는 입법정책적 측면에서 문제점을 지적하는 의견도 있다. 즉, 미국의 특별검사제도에서 제기되었던 것처럼 고위공직자의 부패 범죄에 대한 수사가 정치적 중립성을 확보하기보다는 오히려 정치적으로 이용되어 정쟁이 상시화될 우려가 있다는 것이다.[37] 특별검사는 검찰 조직에 비하여 수사에 관한 전문성이 떨어지고 엄청난 예산을 들이고도 실효적인 성과를 거둘 가능성이 적다는 문제점도 지적된다.[38] 또한, 특별검사는 우리나라의 형사사법체계의 근간을 훼손하고 권한에 따르는 적정한 책임을 질 수 있는 장치가 부족하여 수사 기밀의 유출이나 과도한 수사로 인한 인권 침해가 우려된다는 비판도 제기된다. 한편, 검사의 수사권과 기소권은 사법권과 달리 헌법에서 직접 규정하는 것이 아니고 헌법의 위임에 의하여 법률로써 규정하는 것이므로 국회의 입법 재량에 속하는 것이라는 입장도 있다.[39] 특별검사제도에 관한 법률을 제정할 경우 우려되는 위와 같은 문제점들은 우리 헌법재판소가 판단하고 있는 것과 같이 헌법이론적으로 문제가 있는 것은 아니며, 특별검사제도를 운영하는 과정에서 발생할 수 있는 법현실의 문제에 속한다. 따라서 특별검사제도에 관한 법률을 따라서 특별검사에 관한 법률을 제정하는 것이 헌법에 부합하지 않는다고 할 수는 없고, 다만 정치적 중립성을 확보하여 검찰권 이외의 별도의 수사권과 공소권을 행사하고, 고위공직자의 부패 범죄를 척결할 수 있는 실효적 수단이 될 수 있도록 하는 제도적 장치를 마련해야 할 것이다.

5. 상설적·독립적 특별수사기구

최근 검찰의 정치적 중립성과 도덕성이 문제로 제기되면서 검찰이 수사권과 공소권을 독점함으로써 무소불위의 권력을 행사하고, 정치권력이 이를 이용한다는 비판에 따라 검찰권을 이원화하자는 주장이 제기되었다. 이는 고위공직자에 대한 부패 범죄에 대해서는 국민으로부터 신뢰를 상실한 검찰이 아니라 새로운 특별수사기구를 독자적으로 설치하여 검찰을 견제하자는 것으로 그동안 제19대 국회에서 4개의 법률안이 제출되었다. 이러한 형태의 특별수사기구는 현재의 경찰과 검찰과는 별도의 조직을 설치하여 독자적인 수사권과 기소권을 갖는다는 점에서 일종의 독립된 수사기관이다.[40] 위 법률안들은 '공직자비리수사처'(김동철 안), '공직자비리조사처'(양승조 안, 이상규 안), '상설특별검사'(최원식 안)라는 이름의 특별수사기구를 설치하자는 것인데, 그 명칭은 중요하지 않고 그 조직의 구성과 권한이 중요할 것이다. 본장에서는 위 법률안 가운데 2013년 4월 25일 발의된 '상설특별검사의 임명 등에 관한 법률안'을 중심으로 그 조직의 구성과 권한을 살펴보고, 헌법규범과의 체계정합성에 대해 검토하고자 한다.

상설특별검사는, 대통령을 비롯한 고위공직자의 권력형 비리 사건에 있어서 대통령이 검찰총장의 임명권을 가지고 법무부장관이 검찰총장에게 사건을 지휘할 수 있어 수사권의 독립성과 중립성에 한계가 있다는 문제의식에서 출발하고 있다. 특히, 우리나라는 지금까지 특별검사를 도입하여 운영하였으나, 수사 대상과 활동 기간의 한계로 인하여 그 실효성에 의문이 제기되고 있어 고위공직자의 부패 범죄 전반에 대해 상시적으로 활동하는 상설특별검사를 설치하여야 한다는 것이다. 상설특별검사는 15년 이상 변호사 근무 경력이 있는 사람으로서 추천위원회의 추천을 받은 2명의 후보자 중에서 대통령이 임명하며, 국회의 인사청문을 거쳐야 하고, 임기를 3년으로 하고 중임할 수 없도록 제한하고 있다. 상설특별검사는 7년 이상 변호사 근무 경력이 있는 자 중에서 4명의 특별검사보 후보자를 선정하고, 대통령은 그중 2명의 특별검사보를 임명한다. 상설특별검사와 특별검사보의 보수와 대우는 각고등검사장과 검사장의 예에 준하고, 검사와 동등한 내용으로 신분을 보장한다. 상설특별검사와 특별검사보는 파면 또는 퇴직 후 2년 이내에 법무부장관, 법무부차관 및 대통령실의 1급 이사의 공무원으로 임용될 수 없도록 제한하고, 상설특별검사는 30명 이내의 특별수사관을 임명할 수 있다. 대통령은 상설특별검사가 추천하는 사무처장을 임명하여 사무처를 두며, 특별검사보는 수사 및 공소제기된 사건의 공소유지를 담당하고, 특별수사관은 검찰청 수사관 및 사법경찰관의 직무를 수행한다.[41]

상설특별검사를 설치하는 것에 대해서는, 검찰권을 이원화하여 고위공직자의 부패 범죄에 대해 공정하게 수사하고 처벌하기 위해서 필요하다는 입장이 있다. 이 입장은 검찰의 정치적 중립성과 객관성을 신뢰할 수 없다는 것을 전제로 검찰은 물론 기존의 특별검사제도만으로는 고위공직자, 특히 판사나 검사에 대한 부패 범죄에 적극적으로 대처하기 어려우므로 별도의 상설특별검사를 상시적으로 설치하여 운영해야 한다는 것이다.[42] 이와 반대로 검찰권을 이원화하는 것은 헌법에서 규정하는 권력분립의 원칙에 위반되며 상설특별검사를 설치하더라도 정치적 중립성을 담보할 수 없고, 오히려 정치적으로 이용당할 우려가 있으며, 전문적 인력과 막대한 예산이 필요하다는 측면에서 수사의 실효성과 효율성도 없다는 이유로 반대하는 입장도 있다.[43]

상설특별검사를 설치하는 것에 대해서는 기본적으로 국회의 입법재량에 속하는 사항으로서 국회가 헌법과 국회법에서 규정하는 적법절차에 따라 법률을 제정할 경우에는 민주적 정당성이 확보된다. 따라서 상설특별검사를 설치하는 법률을 제정할 경우에는 현재의 검찰권 이외의 별도로 검찰권을 인정할 필요성과 이에 따른 구체적인 조직의 구성, 권한과 직무 범위 등은 원칙적으로 국회의 입법정책적 관점에 따라 선택적으로 결정할 수 있는 것이다. 또한, 상설특별검사를 설치할 경우에 현실적으로 발생할 수 있는 부작용과 문제점 역시 입법정책적으로 국회가 판단하여 결정할 수 있는 내용이다. 다만, 헌법재판소가 판단하고 있는 바와 같이 국회의 입법형성권도 헌법적 가치와 기본 원리의 범위

내에서만 정당화되는 한계를 가지며, 이에 위반된 경우에는 위헌법률 심판을 통해 무효화될 수 있다.[44]

우리 헌법은 권력분립의 원칙을 기본 원리로 채택하고 있는데, 이는 남용되기 쉬운 국가권력을 나누어 여러 기관에게 분산함으로써 견제와 균형을 통해 개인의 자유와 권리를 확보하기 위한 것이다. 권력분립의 원칙은 이러한 목적 이외에도 국가권력의 효율적인 배분과 책임주의를 실현하는 제도적 장치이기도 하다. 현재의 검찰과 별도로 상설특별검사를 상설기구로 설치하여 수사권과 공소권을 부여하는 것은 우리 헌법이 예정하는 권력분립의 원칙에 위반될 소지가 있다는 지적에 유의할 필요가 있다. 즉, 우리 헌법은 국가작용을 입법, 행정, 사법으로 구분하고 이들을 국회, 정부, 법원과 헌법재판소에 분산하여 행사하도록 규정하고 있고, 검찰권은 행정 작용에 포함되므로 대통령을 수반으로 하는 정부에 소속된 준사법기관인 검사에게 부여하고 있다. 특히, 우리 헌법은 개인의 신체의 자유(제12조)와 주거의 자유(제16조)에 있어서 영장주의와 관련하여 "검사의 신청에 의하여" 법관이 발부한 영장에 의하도록 하고, 검찰총장의 임명에 있어서는 반드시 국무회의의 심의를 거치도록 규정하고 있다(제89조). 이러한 헌법규정을 통해 검사제도를 헌법상 제도 보장으로 인정하거나 검사를 헌법기관으로 인정하기는 어려우나, 영장주의에 있어서는 개인의 자유를 보장하고 영장 신청의 적법성을 검토하는 헌법상 필수기관이라고 해석된다. 검사에게 법관과 동일한 내용으로 신분을 보장하고, 준사법기관으로서 객관 의무를 부여하는 것도 이와 같은 헌법 정신에서 비롯된다고 하겠다.[45] 헌법이 이와 같이 검찰권의 핵심적 내용인 영장신청권을 검사에게 독점적으로 부여하고 있고, 검찰청법과 형사소송법이 이를 구체화하여 검사에게 수사주재권과 공소권을 독점적으로 부여하고 있다. 따라서 검사를 전제로 하는 검찰권 이외에 상설특별검사를 설치하여 영장신청권을 포함하는 검찰권을 부여하는 것은 국민의 권리의무에 직접적으로 관련되는 중요한 사항에 대해 우리 헌법이 예정하는 권력분립의 원리를 초과하는 것이 될 위험성이 있다. 또한, 국민의 자유와 권리에 중대한 제한을 초래하게 되는 형사사법권의 행사에 있어서 사전적으로나 사후적으로 법적 책임을 추궁할 수 있는 통제 장치가 충분히 마련되지 않은 상태에서 통상적인 국가권력의 체계를 벗어나는 시스템을 만드는 것은 국민주권주의에 기초한 민주적 정당성으로부터 도출되는 책임주의에도 위반된다는 지적도 경청하여야 할 것이다. 따라서 국가권력의 행사에 있어서 권력분립의 기본적인 체계와 책임주의에 충실하지 아니한 형사사법기구를 설치하는 것을 내용으로 하는 법률을 제정하는 것은 국회의 입법 형성을 초과하여 재량권을 남용하는 것이라는 지적도 가능할 것이다. 이 외에도 상설특별검사의 설치에 관하여 국회에 제출된 법률안들은 모두 상설특별검사의 소속에 대해서는 아무런 규정을 두지 않고 있는 것도 우리 헌법 정신에 부합하지 않으며, 공직자비리수사처장 등의 임명에 있어서 사법기관인 대법원장의 추천을 받도록 하는 것도 권력분립의 원칙에는 부합하지 않는다. 또한, 상설특별검사의 직무 관할에 있어서도 수사 대상이 되는 고위공직자와 가족의 범위와 부패 범죄에 대해서도 일반적인 검찰권의 대상에서 제외하여 상설특별검사의 수사를 받도록 차등 대우하는 경우에도 그것이 헌법에서 규정하는 평등원칙에 부합할 수 있도록 그 범위를 합리적으로 제한하는 것도 필요할 것이다.

IV. 결 론

고위공직자의 부패 범죄는 자유민주적 기본질서와 법치주의라는 헌법적 가치를 위협하고, 사회공동체의 통합을 해치고 갈등과 분열을 조장함으로써 국가를 와해시키는 위험성을 가진다. 우리는 그동안 고위공직자의 부패 행위를 방지하기 위하여 헌법에서 이를 통제하기 위한 제도적 시스템을 마련하고, 이를 구체화하는 다양한 법제도를 마련하였으나, 실효적인 성과를 거두지 못하였다. 또한, 고위공직자의 부패 범죄에 대해서 엄정한 사정(司正) 활동과 형사처벌을 통해 거악(巨惡)을 척결하는 노력을 기울였으나, 그 핵심적 역할을 담당하는 검찰은 정치적 중립성, 공정한 수사 능력, 그리고 공적인 도덕성에 있어서 국민으로부터 신뢰를 얻지 못하는 현실이다. 이에 따라 통상의 검찰 이외의 특별한 수사기구를 설치하여 정치적 중립성과 객관성을 보장하고, 이 기구에게 검찰권과는 별개의 수사권과 공소권을 부여하는 제도적 장치를 마련하기 위해 다양한 방안을 강구하고 있다.

고위공직자의 부패 범죄를 척결하기 위한 특별기구로서 특임검사제를 실시하였으나, 이는 통상의 검찰총장으로부터 독립성을 보장하고 있지만 통상의 검찰제도를 전제로 하는 것으로서 정치적 독립성에 대한 국민적 신뢰를 회복하기에는 미흡하다. 현재 정부에서 검토하고 있는 특별감찰관제도 역시 검사의 기소독점주의와 기소편의주의를 전제로 하고 있어 위와 같은 문제점을 해결하기에 부족하다. 또한, 우리나라에서 그동안 운영되어 온 특별검사제도 역시 권력분립의 원칙과 평등원칙에 위반된다는 논란이 있어 왔고, 그 실효적인 성과도 크지 않아 고위공직자의 부패 범죄에 대처하는 제도로는 부족하다는 평가가 지배적이다. 이러한 문제의식을 바탕으로 정부와 국회는 상설특검제도를 도입한다는 방침을 세우고 구체적인 내용을 준비하고 있다고 한다. 또한, 국회에는 고위공직자의 부패 범죄에 대해서는 대통령의 특별사면권의 대상에서 제한하거나, 국회나 사면심사위원회의 통제를 강화하는 법률안도 발의되어 심사 중이다. 고위공직자의 부패 범죄를 척결하는 제도적 장치가 보완되어야 한다는 것에 대해서는 깊이 공감한다. 하지만, 그 구체적인 제도를 설계하고 운영함에 있어서는 규범적 관점에서 헌법적 가치인 권력분립의 원칙과 체계정합성에 문제가 있다는 지적과 현실적으로 운영 과정에서 우려되는 여러 가지 부작용에 대해서도 진지하게 경청하여 헌법 원리에 부합하면서도 실효성을 확보할 수 있는 법제도적 시스템을 마련해야 할 것이다.

제7장 부패영향평가의 성과와 전망

김 태 영

Ⅰ. 부패영향평가의 도입 배경 및 목적

그동안 국가청렴도가 결국 국가 경쟁력과 직결된다[1]는 공감대에 기초하여 부패 문제를 해결하기 위한 다양한 노력이 정부 내외에서 진행되어 왔다. 그중 국가청렴도를 제고시키기 위한 수단으로서 「부패방지 및 국민권익위원회의 설치와 운영에 관한 법률」(이하, '부패방지법')은 나름 중요한 역할을 수행해 왔다. 그러나 부패를 사후 관리한다는 측면에서 원천적인 한계를 지닐 수밖에 없었다는 비판을 받았다. 말하자면 법이 개정되거나 제정될 시점에 부패 발생 소지를 원천적으로 사전에 차단시킬 수 있는 방법에 대한 요구가 증가했고,[2] 그 결과 2005년 말 부패방지법이 개정되기에 이르렀다. 개정의 골자는 부패영향평가제도를 도입하자는 것이었다. 세밀한 준비 과정을 거쳐 이듬해 2006년 4월 부패영향평가제도가 도입되었고, 2007년 말에는 공직유관단체 및 지방자치단체에까지 확대·운영되었다.

부패영향평가제도는 법이 개정되거나 제정될 때 사전에 부패 발생 가능성을 차단할 수 있도록 심의하여 부패유발 가능성이 없도록 조정하는 것을 목적으로 한다. 법령, 행정규칙, 자치법규가 이에 해당된다. 부패영향평가제도의 법률적 근거로는 「부패방지 및 국민권익위원회의

229

설치와 운영에 관한 법률」제12조 및 제28조, 「부패방지 및 국민권익 위원회의 설치와 운영에 관한 법률 시행령」제30조, 「법제업무 운영규정」제11조 제6항이다. 상기 법률에 의하여 국민권익위원회는 법률, 대통령령, 총리령, 부령 및 그 위임에 따른 훈령, 예규, 고시, 공고와 조례, 규칙의 부패유발요인을 분석하고 검토하여 그 법령 등의 소관 기관의 장에게 개선을 위한 필요 사항을 권고할 수 있는 권한을 갖고 있다.

부패영향가제도는 각종 법령, 행정규칙, 자치법규 등이 제정되거나 개정될 경우 국민권익위원회로 하여금 부패유발요인을 사전에 차단하도록 권한을 부여하는 것을 의미한다. 이와 같은 사전 예방 조치를 통하여 부패를 원천적으로 차단하고 국가청렴도를 제고하는 것을 목적으로 한다고 할 수 있다. 해당 기관들은 각종 법령, 규칙 등이 입안될 때 사전에 신중을 기함으로써 부패 없는 새로운 청렴문화 조성에 기여할 것으로 기대된다.

본장에서는 부패영향가제도 도입의 취지에 비추어 목적, 실효성을 간단히 소개하고 그 성과를 구체적 사안을 통해서 살펴보고자 한다. 아울러 다년간 시행된 제도 운영상의 문제점을 인식, 제시하고 그에 대한 대안으로서의 실효성 제고 방안에 대해서 논한다.

II. 부패영향평가의 주요 내용

1. 부패영향평가의 절차 개괄

부패영향평가란 법령 등에 내재하는 부패유발요인을 체계적으로 분석·평가, 그에 대한 사전 정비 및 종합적인 개선 대책을 강구하는 사전적 부패방지시스템을 말한다. 행정기관이 법령을 제·개정하고자

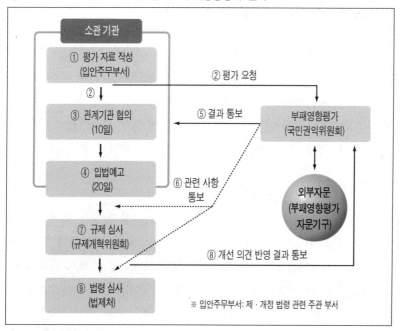

〈그림 1〉 부패영향평가 절차

자료: 국민권익위원회 내부자료.

하는 경우에는 그 법령안과 평가에 필요한 자료를 작성·첨부하여 관계기관과의 협의를 시작하는 즉시 위원회에 평가를 요청하면 위원회는 소관기관이 제출한 법령안 및 평가 자료를 토대로 관계기관 협의 단계에서부터 입법예고 종료일까지 부패영향평가를 실시한다.[3]

　평가 단계에서 필요한 경우 해당 기관과 지속적으로 협의하고, 관계 기관·이해관계인 등으로부터 다양한 의견을 수렴하며 고도의 전문성을 요하는 사항 등에 대해서는 외부전문가의 자문을 통해 평가의 공정성 및 전문성을 확보한다. 위원회는 평가를 마친 경우 개선 사항 등 평가 결과를 지체 없이 서면으로 소관 기관에 통보한다.[4] 부패영향평가 결과는 차관회의·국무회의 시 첨부되며, 위원회는 개선 의견 반영 여부를 확인 후 필요시 관련 의견을 제출한다.[5]

2. 부패영향평가 운영 및 추진 주체

1) 평가 및 운영 기관

국민권익위원회(부패방지법 제28조 제1항, 부패방지법 시행령 제30조)는 법령 등의 부패영향평가(부패유발요인 분석 및 개선 대책 마련)를 통하여 부패영향평가 결과를 도출하고 개선·권고한 사항에 대한 공공기관의 이행 실태를 확인·점검하며 기타 부패영향평가제도의 운영을 총괄한다.

2) 자문기구 및 외부전문가 풀(Pool)

부패영향평가 업무의 효율적 수행 및 전문성 향상을 위해 분야별로 실무 경험이나 학식 등을 갖춘 전문가들로 구성·운영하며 법·제도에 내재된 부패유발요인에 대한 자문 의견을 제출하고 평가 결과에 대한 기관별 제출 의견의 타당성 등을 검토한다(부패방지법 제24조, 부패방지법 시행령 제31조, 지침 제20조, 제21조).

3) 평가 및 운영 협조 기관

법령, 행정규칙, 자치법규 등의 제·개정 권한이 있는 공공기관은 소관 법규에 대한 개선·정비 체계를 자발적으로 구축·운영하며 법령(안)의 평가 요청 및 평가에 필요한 각종 자료 등을 작성·제출하고 기타 평가 결과에 따른 개선 조치를 위한 노력을 한다.

3. 부패영향평가 대상

부패방지법 제28조에 따라 법령, 행정규칙, 자치법규를 대상으로 부패영향평가를 실시한다.

1) 법령(법률, 대통령령, 총리령, 부령)

법령은 제·개정 법령안 및 현행 법령을 평가 대상으로 하되 평가 방식 및 절차를 차별화하고 제·개정 법령안의 경우 각 기관이 소관 법령안 및 평가에 필요한 평가 자료를 작성하여 위원회에 부패영향평가를 요청한다.[6]

현행 법령은 위원회가 직접 선정한 평가 대상 과제(법령)에 대하여 각 기관으로부터 필요한 평가 자료를 제출받아 평가를 실시한다.

2) 행정규칙(훈령, 예규, 고시, 공고, 지침 등)

행정규칙은 원칙적으로 각 기관이 자율 평가 체계를 구축하여 자체적으로 평가를 실시하고, 아래의 경우 위원회가 직접 실시한다.

① 제·개정 행정규칙의 경우 위원회가 현행 행정규칙 평가 결과를 개선·권고한 행정규칙을 제·개정하거나 자체적으로 개선·정비가 곤란하여 위원회에 평가를 요청하는 경우이다.

② 현행 행정규칙은 부패 사건 등 사회적 이슈와 관련하여 위원회가 특정 행정규칙을 별도의 평가대상으로 선정하는 경우[7]이다.

3) 자치법규(조례, 규칙)

지방자치제도의 취지를 고려하여 각 자치단체별로 기관 특성에 맞는 평가 체계를 구축하고 자율적으로 평가를 실시한다. 현행 자치법규 및 자치 단체의 요청이 있는 제·개정 자치법규안에 대해서는 위원회가 직접 평가를 실시하고 해당 기관에 결과를 통보한다.[8]

<표 1> 부패영향평가 운영 체계

구 분		각 기관	국민권익위원회
제·개정 법령안 평가	제·개정 법령안	• 법령안 및 기초 자료 제출 (위원회 요청 시 세부 자료 추가 제출)	• 관계기관 협의 단계에서부터 입법 예고 종료일까지 통상 30일 이내 평가 • 필요시 부패유발요인이 있다고 판단되는 현행 규정도 함께 평가
현행 법령 평가	중장기 평가계획	• 현행 법령 등에 대한 평가 대상 과제 제출	• 중장기 평가 계획 수립 • 중장기 평가 과제 선정 및 평가
	현안 과제	• 위원회 요청 시 평가 관련 자료 제출	• 신속한 대응이 필요한 현안 문제 우선적으로 대응
행정 규칙 평가	제·개정 행정규칙	• 자율 평가 체계 운영(원칙) • 위원회가 개선·권고한 행정규칙을 제·개정하거나 자체적 개선 조치가 곤란한 경우 위원회에 평가 요청 - 법령안 및 기초자료 제출(위원회 요청시 세부 자료 추가 제출)	• 평가 매뉴얼 개발·보급·교육 • 평가 요청받은 행정규칙의 평가는 법령안 평가에 준해 통상 30일 이내에 평가
	현행 행정규칙	• 위원회 요청 시 평가 관련 자료 제출	• 부패유발요인이 있는 행정규칙 선정·평가 • 필요한 경우 법령안 평가 시 관련 행정규칙까지 함께 평가
자치 법규 평가	제·개정 자치법규	• 자율 평가 체계 운영(원칙) • 자체적 개선 조치가 곤란한 경우 위원회에 평가 요청 - 법령안 및 기초 자료 제출(위원회 요청 시 세부 자료 추가 제출)	• 자체 평가 모형 및 매뉴얼 개발·보급·교육 • 평가 요청받은 자치법규 평가
	현행 자치법규	• 위원회 요청 시 평가 관련 자료 제출	• 부패유발요인이 있는 자치법규 선정·평가

4. 부패영향평가의 기준

〈그림 2〉 부패영향평가 평가 기준

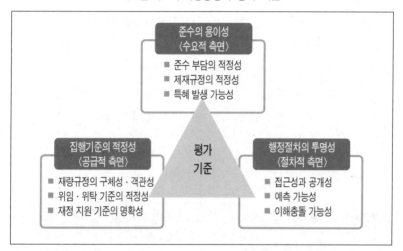

부패영향평가는 법령의 입안 단계에서부터 부패위험요인을 체계적으로 분석하고 이를 사전에 제거·개선해 나가기 위해 부패유발요인을 공공 부문의 공급 측면, 민간 부문의 수요 측면, 수요와 공급이 교차하는 행정 절차 측면에서 입체적으로 검토한다.

공급 측면은 행정서비스를 제공하는 공무원의 불완전한 재량권 행사에서 부패유발요인을 검토하는 것으로 세부 검토 항목은 '재량규정의 명확성', '재량 범위의 적정성', '재량 기준의 구체성·객관성'으로 구성되며 수요 측면은 행정서비스의 수혜자인 민간 부문이 정책이나 제도의 순응에 따른 비용 부담 차원, 즉, 준수의 용이성에서 부패유발요인을 검토하는 것으로 세부 검토 항목은 '준수 부담의 적정성', '제재규정의 적정성', '특혜 발생 가능성'으로 구성된다.

절차 측면은 행정 절차의 참여 기회가 보장되고 관련 정보가 충분히 공개되는지, 처리 기한·처리 결과 등이 예측 가능한지 등 행정 절차의 투명성 측면에서 부패유발요인을 검토하는 것으로 세부 검토 항목은 '접근성·공개성', '예측가능성', '이해충돌 가능성'으로 구성된다.[9]

한편 부패영향평가 업무처리지침 제 4 조(평가기준)에 따르면 평가 대상에 대하여 평가를 실시하는 경우에 별표1에 의한 기준(이하 "평가기준"이라 한다)에 의하여 평가한다고 규정하고 있는바, 별표1에 의한 기준은 다음과 같다. 참고로 2011년 국민권익위원회 발표 자료에 의하면, 총 505건의 개선 의견 중 평가 기준별 분류에 따라 준수의 용이성(72건), 재량의 적정성(155건), 행정절차의 투명성(176건) 순으로 나타났다.

〈표 2〉 부패영향평가 기준 요약

평가영역	평가항목	주요 검토 내용
준수의 용이성	준수 부담의 적정성	사규상의 의무 등을 준수하기 위하여 국민, 기업, 단체 등이 부담하는 비용·희생이 일반적인 사회통념에 비추어 적정한 수준인지 여부
	제재규정의 적정성	사규 등을 위반한 행위에 대한 제재 내용 및 제재 정도가 유사 사례에 대한 다른 사규의 제재 내용 및 제재 정도와 비교하여 적정한 수준인지 여부
	특혜 발생 가능성	사규 등의 적용으로 특정한 계층이나 기업, 단체 또는 개인에게 특혜 또는 수익이 발생할 가능성이 있는지 여부
집행 기준의 적정성	재량규정의 구체성·객관성	재량권자, 재량 범위, 재량 기준, 재량 행사 절차 등 재량과 관련된 사항이 사규에 분명하고 확정적이며 구체적·객관적으로 규정되어 있고, 과도한 재량권 행사를 통제할 장치가 마련되어 있는지 여부
	위임·위탁 기준의 적정성	자회사, 출자회사 등에 우리 공단 업무를 위임·위탁할 경우 관련 근거 및 요건, 대상 사무의 범위와 한계 등이 구체적으로 명확하게 규정되어 있고, 위탁 목적상 필요시 통제 수단 등이 규정되어 있는지 여부
	예산 지원 기준의 명확성	예산이나 기금으로 보조금, 출연금 등을 지원하거나 우리 공단 재산을 사용하게 하는 등 예산 지원이 이루어지는 경우, 이에 대한 기준 및 범위가 구체적이고 확정적이며 예산 남용 등에 대한 통제수단이 규정되어 있는지 여부

업무 절차의 투명성	접근성과 공개성	재량을 행사하거나 업무를 처리하는 과정에서 국민, 기업, 단체 등의 참여 기회를 보장하고 관련 정보를 공개하는 특별한 제도가 있는지 여부
	예측 가능성	민원인의 입장에서 당해 업무와 관련하여 구비 서류 등 준비하거나 조치하여야 할 사항이 무엇인지와 행정 처리 과정, 처리 기간 및 결과 등을 쉽게 확인하고 예측할 수 있는지 여부
	이해충돌 가능성	업무 추진 과정에서 사적인 이해의 개입을 방지하기 위한 기준과 절차 및 사후 통제 수단의 마련 여부

Ⅲ. 부패영향평가의 사례

1. 국내 사례

1) 건설공사 하도급계약 공정·투명성 제고를 위한 개선·권고

(1) 추진 배경

국내 건설공사에서 하도급공사가 차지하는 비중이 계속 늘어나고 있어 중소 건설업체 보호와 부실공사 예방을 위해 하도급계약 관리의 필요성이 증가하였고 건설 산업은 수주 산업으로 수직적 도급관계가 형성되어 부패 요인이 상존하며, 특히 하도급계약 과정에서 건설업자 등의 각종 불공정 행위(하도급자 선정 과정이 불투명하고 저가·이중계약을 통한 비자금 마련 등)로 부패 사례가 급증하고 있는 실정이다.

이러한 부패발생요인을 차단하고, 건설공사 하도급계약의 공정·투명성 확보를 위해 하도급계약 관계 법령의 수직적·수평적 개선 방안 마련이 필요하여 실태 조사 등을 통한 부패유발요인 도출 및 개선 방안을 마련하였다.

또한 최근의 공공 건설공사 하도급계약 관련 감사 지적 사항과 부패 사건 언론 보도 사례, 2012년 5월부터 9월까지 실시한 15개 지방자치단체와 공직유관단체에 대한 하도급계약 관리·운영 실태 조사 결과,

크게 네 가지 관련 문제 영역과 개선 방안을 도출하였다.

(2) 문제점 및 개선 방안

첫째, 하도급계약 자료의 계약당사자들만 공유한 사항은 부패 발생 고리를 형성하는 원인이 되고 있어 하도급계약 자료를 일반인에게 공개하는 규정을 마련하였다.

둘째, 하도급계약 질서 위반자(거짓 통보 및 계약 불이행)에 대한 제재규정의 형평성이 미흡한 실정이므로 하도급계약 질서 위반자에 대하여 입찰 참가 자격 제한 규정을 마련하였다.

셋째, 하도급계약 의무 위반자(하도급계약 자료 거짓 통보 및 미통보)에 대한 행정 처분 수준이 개별 하도급사업법령에서 서로 달리 규정하고 있어 형평성 있는 처분규정을 마련하였다.

마지막으로, 하도급계약 타당성 검토 및 적정성 심사에 대한 통제 장치가 부재하므로 하도급계약 자료 부실 검토 감리원에 대한 벌점 부과 규정과 발주기관마다 하도급계약 심사위원회를 구성·운영할 수 있도록 가이드라인을 마련·제공하기로 하였다.

2) 지방자치단체 기금 운영의 투명성 제고 개선·권고

(1) 추진 배경

지방세입 여건이 악화되는 등 지방재정의 어려움이 가중되는 상황에서 그동안 적립된 기금 조성 재원의 중요성이 부각되고 있으나, 최근 일반 회계 부족 재원 마련을 위해 기금자금을 과도하게 융자하는 등의 편법적 재정 운영과 관련한 부패 문제가 제기되는 실정이었다. 이에 지방자치단체 기금 관련 법령에 대한 부패영향평가를 실시하여 부패유발요인을 개선하여 지방기금 운영의 투명성을 제고하고자 하였으며 실태조사를 통한 부패유발요인 도출 및 개선 방안을 마련하였다.

2012년 8월부터 9월까지 10곳의 광역자치단체 현장 실태 조사와 전국 자치단체에 대한 서면 전수조사 결과, 크게 세 가지의 기금 운영 관련 문제 영역과 개선 방안을 도출하였다.

(2) 문제점 및 개선 방안

첫째, 기금자금의 과도한 재정 융자로 기금사업 기반을 저해하는 것을 방지하기 위해, 융자 규모의 적정성을 검토하는 방안 등을 마련하였다.

둘째, 일반 회계와 동일 목적의 사업에 중복 지원하는 것을 방지하기 위해, 일반 회계 보조 사업과의 중복성을 검토하는 방안 등을 마련하였다.

마지막으로, 기금운용심의위원회의 심의를 거치지 않는 것을 방지하기 위해, 심의 시 회의록과 의결서를 작성하는 방안 등을 마련하였다.

3) 지방자치단체 민간보조금 투명성 제고 개선·권고

(1) 추진 배경

지방선거가 과열되면서 일부 지방자치단체는 특정 단체 등에 특혜성·선심성의 보조금을 지원하거나, 보조금의 횡령·편취, 중복 수혜 등 각종 부패 사례가 위원회 신고 사건은 물론, 언론 보도 등을 통해 지속적으로 제기되고 있다. 따라서 지방자치단체 '민간보조금 운영'의 근간이 되는 지방재정법 등 현행 법령의 부패영향평가를 통해 투명성 제고를 위한 개선 방안 마련을 추진하고 실태 조사를 통한 부패유발요인 도출 및 개선 방안을 마련하였다.

243개 전국 지방자치단체를 대상으로 보조금 관련 자치법규 및 운영 실태에 관한 전수조사 결과, 보조 사업자 선정, 보조금 지원, 사후 관리 등 크게 세 가지 부분의 단계별 부패유발요인과 개선 방안을 도출하였다.

(2) 문제점 및 개선 방안

첫째, 보조사업선정심의위원회 설치, 기준보조율 설정 의무화, 유사중복 검증 체계 구축 등을 통해 보조금 지원 절차 및 기준을 강화하였다.

둘째, 보조 사업에 대한 지역주민의 '알 권리' 강화 및 자율 통제 기반 마련을 위해 보조금 지원 내역의 공개를 확대토록 하였다.

마지막으로, 보조금 횡령 등 위반 행위에 대한 제재의 실효성 확보를 위해 제재 규정의 법정화, 신규 사업 참여 제한, 제재부가금 부과 등 개선 방안을 마련하였다.[10]

2. 해외 사례

부패방지위원회에서 추진하는 부패영향평가는 그 대상이 법령심사라는 점에서 선진국의 규제 개혁 프로그램들과 맥락을 같이 한다.[11] 따라서 본 연구에서는 해외 사례로 경제협력개발기구(Organisation for Economic Co-operation and Development; OECD) 국가의 규제 개혁 프로그램 등을 살펴보았다.

대부분의 국가에서 의회 또는 최종 규제 결정에 도움을 주거나 규제 도입 과정을 투명화하고자 하는 데 규제 개혁 프로그램의 목적을 두고 있다. 이에 따라 특정 규제에 대한 영향평가에의 통과를 최종 결정의 충분 조건으로 보지는 않으나, 필요 조건으로 간주하고 있다. 다시 말해, 규제영향평가를 통과하였다고 반드시 입법화되는 것은 아니나, 입법화되기 위해서는 규제영향평가를 만족시켜야 하는 것이다.

최근에는 법률에 근거하여 규제 관련 영향평가를 도입하는 국가들이 확대되고 있으며(미국, 아일랜드 등), 각료회의의 결정(영국, 호주, 스웨덴, 일본 등) 혹은 연방대법원의 결정으로(오스트리아) 규제영향평가의 실시를 의무화하는 국가도 있다. 그 외 수상령(네덜란드), 정책령(포르투갈) 등을 도입 근거로 활용하기도 한다.[12]

〈표 3〉 규제영향평가 프로그램의 분석 대상 및 방법

국 가	분석 대상	분석 방법
미 국	법률에 의해 금지되지 않는 한, 연간 1억 달러 이상의 비용을 수반하는 연방정부 차원의 모든 주요 규칙	인플레영향평가(1974), B/C(1977, 1981 확대, 1993 개정)
영 국	기업에 영향을 미치는 국가적 수준의 법안과 하위 수준의 규칙	기업비용평가(1985)
네덜란드	법률안과 하위 수준의 규칙	총괄영향분석(GIA, 1985)
캐 나 다	장관의 승인을 요하는 모든 하위 수준의 연방규칙, 저비용 규제에 대해서는 신속테스트를, 순현재가치가 5천만 달러 이상의 규제에 대해서는 완벽한 B/C 분석 실시	사회경제적 영향분석(SEIA, 1977), 총괄영향분석(GIA, 1986), B/C 및 C/ E 분석(1992)
호 주	법률안, 하위법령안, 기타 기업에 규제적 영향을 미치는 규제 결정	B/C(1985)
노르웨이	법률안, 하위법령안, 기타 규제 결정을 위한 제안 자료	결과분석(1985), 경제적 비용에 대한 강조(1995)
스 웨 덴	하위 수준의 규칙과 법률안을 위한 권고, 의사 결정 지원, 이해관계당사자들과의 조정 지원	결과·소득분배 및 재정분석(B/C, C/E분석을 포함, 1987)
오스트리아	법률안	재정평가(FA, 1992) 권장
핀 란 드	법률안, 하위법령안	총괄영향분석(GIA), 지방자치단체에 미치는 영향을 포함한 소득 분포·재정 분석(1970 도입, 1990년대 확대)
독 일	법률안, 하위법령안, 1989년 이후는 행정부 내부규정	강제성 없음, B/C와 예산비용 분석 (1984), 확대된 영향 및 실용성 분석을 위한 요건(1989)
아일랜드	법률안	재정 평가(FA), 총괄영향분석(GIA, 1995)
일 본	인허가에 관련된 모든 규칙, GIA의 대상인 사회적 규제	총괄영향분석(GIA, 1988), 인허가에 대한 편익 심사(BT, 1989)

Ⅳ. 부패영향평가제도에 대한 평가

1. 평가 모형의 적합성

법령의 제·개정 전에 국민권익위원회를 거쳐 규제 심사를 받는 부패영향평가의 모델은 비교적 짧은 시간이지만 많은 평가 실적을 보여주고 있다.[13] 2009년을 기준으로 국민권익위원회는 1,394개의 제·개정 법령안을 평가하여 229개(약 16.4%)의 법령에 내재하는 508건의 부패유발요인을 발굴하고 소관기관에 개선할 것을 권고하였다.[14] 소관부처의 개선 수용률은 2009년 10월 기준으로 약 85.3%이다.[15] 특히 입법과정상에서의 부패영향평가는 초기의 우려적인 시각에도 불구하고 상당한 실효성과 전문성을 확보해 나가고 있다. 다만 그 적합성 측면에서는 적합 대상의 선정이 문제가 될 수 있다. 즉, 부패영향평가의 대상을 반드시 법령이나 법규로 한정지을 것이 아니라 기능별로의 확대가 필요한 것은 아닌지 검토되어야 할 것이다.

또한 효율성 측면에서 이제 제도가 지속적으로 정착되면서 그 존치가 10년을 바라보는 이 시점에는 모델의 설정과 정착에만 의의를 둘 것이 아니라, 경제적 합리성, 즉, 비용의 합리성을 갖추고 있는지 여부에 대해서 검토해야 할 것이다. 최근 입법영향평가제도 도입에 대한 논의 역시 이와 같은 비용의 합리성을 염두에 둔 것이기도 하다. 입법영향평가제도는 개념적으로는 유사하지만 부패영향평가제도보다 상대적으로 선제적 조치라는 측면에서 비교의 대상이 될 수 있다.[16]

2. 제도운영의 합리성: 행정적 측면

현행 부패영향평가제도는 입법 프로세스에서 국민권익위원회에 단지 30일을 부여하고 있다. 그보다 더 짧은 기간이 부여된다면 시간적 촉박함을 고려해서 지나치게 단기간이 아닌가라는 반문이 있을 것이기에, 시행 초기의 과정을 감안하면 타당한 배려라고 할 수도 있다. 그러나 제도 시행이 확대되면서 그 성과에 대한 평가를 수행하기에는 그 기간이 적절한지에 대한 의문이 제기된다. 즉, 좀 더 장기적 관점에서의 검토가 있어야 할 것이다. 이와 관련해서 평가 대상별 평가 기간의 차별화 등이 검토될 수 있지 않은가의 여지를 남겨 두고 있다.

또한 다양한 입법상의 문제들을 해결하기 위해서 자문위원과 전문인력풀을 두고 있다. 복잡다기한 규제 관련 분야의 전문성을 확보하기 위한 합리적인 제도이다. 즉, 국민권익위원회 자체의 공식 채널을 유지하면서 한편으로는 전문성을 확보하여 평가 타당성을 유지하기 위한 합리적인 제도 선택이라고 여겨진다. 그러나 운영의 엄격성을 소홀히 할 경우 자칫 자문위원들의 전문성이 문제될 수 있다. 그 자문위원의 선출 과정에서의 그들에 대한 전문성이 어떤 범위에서 어떻게 고려되었는지에 대한 명료한 이해와 절차적 합리성이 확보되어야 할 것이다. 말하자면 평가 과정에서 핵심 역할을 수행하고 있는 자문위원회 구성 및 활동 관련 운영의 합리성을 더 확보해야 할 것이다.

3. 제도 적용의 타당성: 집행적 측면

부패영향평가의 대상 범위를 순수 국가 조직에만 한하지 않고, 지방자치단체와 공기업 등 공공기관을 대상으로도 평가 범위를 확대하는 것은 타당한 것이다. 단 이를 대상의 차별성 없이 획일적으로 하고 있는데, 특성에 따라서 다양화할 필요가 있다. 예컨대, 자치법규에 대한 부패영향평가제도 운영과 관련하여 별도의 운영시스템을 활용하자는 의견이 있었는데,[17] 여전히 지방자치 관련 각종 자치법규에 대한 부패영향평가는 상대적으로 형식적인 측면이 있다는 점이 지적되고 있다.

또한 제도 적용의 측면에서 부패영향평가를 담당하고 있는 국민권익위원회의 사전에 내려진 지침대로 행해지고 있는데 이것이 문제가 있지 않는가라는 점이 검토되어야 할 것이다. 즉, 각 기관대로의 특수성을 반영한 지침의 설정이나 합리적 기준의 제시 여부에 대해서 문제점은 없는지 검토가 되어야 할 것이다.

4. 기타: 중복, 적용 범위, 저항 등

1) 중복의 문제

부패영향평가의 특성상 필연적으로 다른 평가제도와 중복이 될 수도 있다. 예를 들어서, 평가 항목 중에서의 일부 조항이 다른 평가제도에서의 조항과의 중복가능성에 대해서도 문제될 여지가 많은데, 규제개혁위원회 등에서 제시하는 척도와 유사하거나 중복되는 측면이 있을 수 있다. 그래서 부패영향평가의 정체성과 독립성을 확보하기 위한 평가 척도의 개선이 필요하다.[18] 최근 논의되고 있는 입법영향평가제도에 비하면 부패영향평가제도는 상대적으로 강한 정체성을 유지하고 있는 것으로 보이지만, 제도 운영 과정에서 불가피하게 중복의 문제가 제기될 수 있다.[19]

2) 적용 범위

원래의 취지대로라면 부패영향평가는 부패 유발 가능성만 차단하면 되는 제도이다. 즉, 법안 내용 자체에서 부패를 유발시키는 요인만 심사하면 되는 제도이다. 그러나 그 적용 과정에서 부패유발요인 외의 사유로 인해서 부패영향평가상의 부적격성 결론을 제시하는지에 대한 세밀한 검토도 있어야 한다. 예를 들어서, 규제제도를 포함한 법안에 대한 부패영향평가를 진행하면서, 이를 심사하는 과정에서 부패영향평가 요소 외에 이 제도가 가진 다른 불공정성적 요소까지 심사의 영역으로 포함시켜 적합성이 평가되는 것은 아닌가를 살펴봐야 한다. 이는 중복 여부 문제와 일부 유사한 측면이 있는데, 실제 평가 결과를 포함하고 있는 다양한 권고안에 대한 검토를 통하여 입증될 수 있다. 예컨대, 전술한 하도급계약건과 관련하여, 부패 고리를 차단할 수 있는 자료 공유 등이 그것이다. 불공정계약 등과 관련된 부분에만 국한하여 평가가 이루어져야 함에도 불구하고, 하도급의 적합성 등 사업적 부분에까지 확대·적용하여 부패영향평가가 이루어지는 경우도 있다.

3) 거버넌스(governance)

부패영향평가의 좋은 취지에도 불구하고 이를 시행하고 이의 결과 상에서 관계기관으로부터 저항의 가능성이 있을 수 있다. 그래서 다른 부서의 업무와 충돌되지 않는지를 검토하고 관계기관 협의 과정의 실효성을 제고시킬 필요가 있다. 즉, 이해관계자끼리 소통해야 하고, 저항을 최소화시키기 위해서 절차적 장치가 마련되어 있어야 할 것이다. 법안의 제정 및 개정은 사실상 정책 과정에 해당된다. 정책의 성공과 실패 여부는 협의에 달려 있다는 것은 널리 알려져 있다.[20] 평가 대상 법령, 행정규칙, 자치법규 등이 주무부서로부터 제출되면, 국민권익위원회의 부패영향평가와 동시에 관계기관 협의가 진행된다. 다른 성격의 검토 작업이 진행되지만 사실상 부패 발생 소지 여부 역시 타 기관과의 연관성이 중요할 수 있다. 부패 발생 소지는 입체적으로 고려될 필요가 있다. 권고안의 수용성은 타 기관과의 관계에서 결정될 것이다.

V. 실효성 제고 방안

1. 모형 측면

우선 부패영향평가의 대상을 반드시 법령이나 법규로 한정지을 것이 아니라 부패가 일어날 수 있는 분야별로 나누어 살펴보는 것이 바람직하다. 공직자 부패가 발생하는 주된 분야로서 언급되고 있는 것은 건설, 건축, 위생, 환경, 경찰, 세무 분야이다.

이 분야들은 전통적으로 다른 분야에 비하여 상대적으로 부패의 가능성에 많이 노출되어 있는 영역으로 평가받고 있다. 이러한 분야가 부패에 대한 노출 가능성이 상대적으로 높은 이유는 인허가 문제, 관리 감독 등 다양한 규제권과 많은 재량권 등을 공통적으로 지니고 있기 때문이다. 2011년 국민권익위원회 분야별 개선 의견 자료에 의하면 산업 개발이 99개 법령에 212개의 개선 의견이 권고되었고, 환경 보건의 경우 48개의 법령에 106건의 개선 의견이 제시되었다. 일반 행정과 재정 경제의 경우 각각 47개의 법령에 73개의 개선 의견, 15개의 법령에 30개의 개선 의견이 권고된 바 있다.

인허가 관련 부패가 발생하는 원인의 하나는 바로 민원인과 공무원의 사적 접촉에 따른 재량권의 남용이라는 점에서, 이를 제도적으로 억제하기 위한 방안을 따로 제시하는 것이 필요하다. 인허가 업무처럼 공무원이 상당한 재량권을 행사하는 경우에는 해당 업무의 처리와 관련하여 구체적인 처리 절차나 규정이 마련되어 있지 않으면 부패의 발생 소지가 있다. 따라서 부패 발생 가능성이 높은 특정 직무에 대해서는 체계적인 업무 처리 절차와 관련된 매뉴얼을 개발하여 시민들이 알기 쉽게 공개할 필요가 있다. 명확한 업무 처리 매뉴얼은 업무를 담당하는 공직자에게도 바람직하지만, 민원인의 입장에서도 업무 처리의 흐름을 알 수 있게 한다는 점에서 긍정적으로 기여할 수 있다.

다른 정책 방안으로 부패영향평가를 수행한 후 관련 법령을 개정할 경우 얻을 수 있는 실익과 부패 평가 실시에 드는 비용과 관련된 비용편익분석의 실시를 의무화하는 방안이다. 이는 단지 부패요인을 선정하는 것에 머무르는 것이 아니라 부패요인을 제거했을 때 얻을 수 있는 실익이 어느 정도이고 우선적으로 제거해야 할 요인이 무엇인지 판단해야 할 때 유용하게 이용될 수 있다. 또한, 부패영향평가 자체가 과도한 노력과 비용이 투입되는 하나의 행정 규제가 될 가능성을 줄이기 위해서도 비용편익분석을 실시하는 것이 바람직하다. 부패요인을 제거하는 것도 중요하지만 실익이 낮은 법령을 평가해야 할 경우라면 조심스런 접근이 필요하다는 의견도 있다.

2. 행정 측면

부패영향평가 분석이나 활동에 있어서는 단기적인 측면보다는 장기적인 측면에서 접근하는 것이 필요하며 부분적 측면보다는 종합적인 측면에서 접근하는 것이 요구된다. 많은 전문가들이 우리나라의 부패를 '제도화된 부패'(institutionalized corruption)라고 규정짓고 있다. 다시 말해, 부패 행위가 장기간에 걸쳐 이루어진 가운데 비공식적으로 선례화 또는 관습화된 것으로서 부패 행위의 방법이나 과정·범위·수준 등이 상당히 일반화되어 있어서 행위가 어느 정도 일정한 유형을 나타내는 것을 말한다. 이러한 제도화된 부패에 대응하기 위해서는 일관된 추진 체계를 가지고 장기적인 평가 방법을 통해 부패의 연결 고리를 추적하는 것이 중요하다.[21]

부패영향평가 수행 시 법규상의 부패유발요인에 사회적·정책적 고려 부분을 포함해야 한다. 국민권익위원회 모형의 경우, 평가의 대상이 법령과 법규에 한정되어 있지만 정책 규제의 경우 목적의 타당성이나 필요성과 같은 부분들을 모두 포함해야 한다. 그리고 국민의 정서나 전통과의 관계나 국제적 사안인 경우 국제규범 및 관계 당사국과의 관계·관점 등을 고려해야 한다.

3. 적용 측면

실제 평가 과정에서는 법규의 제정 과정을 주목하여, 예측 가능성과 법적 안정성 확보의 근거가 되는 법규의 명확성 정도와 법규에 대한 수범자 및 알선집행자들의 이해의 정도를 중심으로 평가가 이루어져야 한다.[22]

부패영향평가의 효과를 극대화시킬 수 있도록 부패 관련 사전·사후장치를 활성화시켜야 한다. 부패 발생을 사전에 예방하고 차단하는 등의 사전 예방적 통제 전략 중 가장 중요한 것이 부패 발생 소지에 대한 정밀한 탐색 작업인 부패영향평가라 할 수 있을 것이다. 그러나 또 다른 사전적 통제 전략의 일환으로 교육 및 홍보 방안을 함께 실시한다면 그 효과는 더 높을 것이다.

공무원들을 대상으로 한 교육·홍보 기능의 강화 방안으로 청렴한 공직자를 적극 발굴하여 특별 포상과 특별 승진을 실시하고, 전 공직자를 대상으로 반부패 교육을 체계적으로 실시하여 부패를 사전에 예방하는 효과를 가져올 수 있다. 이와 더불어 사후 장치인 신속한 부패적발 체제의 가동과 처벌 체계의 일관성 유지가 함께 이루어져야 한다.[23]

4. 기 타

부패영향평가는 규제개혁위원회의 규제 분석, 여성가족부의 성인지도 등과 유사한 성격을 가지고 있다. 그러한 평가의 중복성 극복이라는 측면에서의 평가 기준의 세분화와 다각화가 필요하다. 이런 부정적 측면을 잘 극복한다면 오히려 부패영향평가는 단순한 개별 법령에 대한 평가가 아니라 그 개별적 법령 등을 통해서 궁극적으로 조직이 지향해야 할 가치 개념인 조직민주화 정도를 평가할 수 있는 확장 가능성을 가지고 있다.[24]

부패요인에 대한 검토라는 취지에도 불구하고, 특히 심사를 담당하는 위원회 위원 자체의 재량적 판단으로 부패발생요인이 아닌 다른 요인에 의한 심사부적격 판정이 이뤄지는지에 대해서도 심도 있는 검토가 반드시 필요하다. 이는 내부 평가적 요소를 지니고 있고, 아직은 정보 공개 차원에서의 내부 자료 공개는 이뤄지고 있지 않는 실정이지만, 협조기관들에서의 불만의 여지를 충분히 가지고 있는 것이기에 이에 대한 소청 등의 적극적 불복 수단, 또는 공식적 의견 청취라는 간접적 수단에 의해서도 시정되어져야 하고 투명하게 공개되어야 할 부분이다.

또한 협력 추구라는 관점에서는 이해관계자끼리 소통해야 하고, 저항을 최소화시키기 위해서 절차적 장치가 마련되어 있어야 할 것이다. 거기에는 거버넌스의 논리가 적용이 되어야 할 것이다. 부패영향평가를 수행함에 있어 민간 협력과 시민의 참여가 매우 중요하다. 부패는 관료와 시민과의 연결 고리에서 생겨나는 것이다. 따라서 시민들의 윤리 의식도 부패에 매우 큰 영향을 끼치며, 부패유발요인을 발굴하는 주체도 공무원만 가능한 것이 아니라 시민들의 청구권리도 당연히 주어져야 한다. 또한, 향후에는 반부패를 위한 공공 부문과 시민단체와의 협력이 반드시 진행되어야 한다. 부패 방지 활동은 정부, 민간, 시민사회의 참여 확대를 통해 보다 효과적으로 실행될 수 있다.[25] 지난 5년 동안 개선·권고 수용성 추이를 살펴보면 제도 도입 초기 2006년에 87.5%였는데, 이듬해 2007년에는 59.2%로 급격히 낮아져 강한 반발이 있었던 것으로 짐작된다. 그러나 2008년에 82.8%, 2009년 85.3%, 2010년 90.7%, 2011년 93.3%로 점진적 증가 추세를 보이고 있는 점을 감안하면 제도가 점차 안정적인 국면으로 향하고 있는 것으로 보인다. 교육과 이해, 그리고 공감을 통하여 제도 운영의 합리성을 제고한다면 향후 전망 역시 긍정적으로 평가될 수 있다.

부패영향평가의 사각지대가 존재할 수 있기 때문에 지속적인 모니터링 및 규제 강화 분야의 발굴도 필요하다. 미규제란 규제를 해야 하지만 규제를 하지 않거나 규제 정도가 너무 낮아서 이로 인한 사회적 문제 등을 야기하는 경우를 말한다. 대구 지하철 화재 사고의 경우, 국회에 의한 행정부의 규제 여부 통제나 의회의 규제 강화를 위한 입법화 시도는 전혀 없었다. 이처럼 부패와 관련해서도 관련 규정이 없어 처벌이나 예방이 불가능한 경우가 존재한다. 예컨대, 미국은 우리와 법체계는 다르지만 미국 의회에서 행정부가 규제를 소홀히 하는 규제 사각지대에 대한 통제 방법을 강구하는 것은 우리에게 좋은 본보기가 된다고 할 수 있으며, 지속적인 관심과 이해를 통하여 제도 적용 범위의 확대와 축소를 합리적으로 조정하는 노력이 필요한 시점이다.

VI. 결   론

2006년 도입된 부패영향평가제도는 소기의 성과를 달성한 것으로 평가되기도 하지만 동시에 실효성에 대한 의문이 있다는 주장도 제기되고 있다. 성과를 긍정적으로 바라본 관점은 주로 국민권익위원회를 통하여 다양한 분야별 개선·권고 의견이 개진되고 각 부처가 이를 수용했다는 점을 강조하고 있다. 또한 최근 개선·권고의 수용성이 증진되고 있는 점도 긍정적 평가의 중요한 요소이다. 그러나 지난 5년 동안 대한민국 국가청렴도 국제 순위가 하락한 점은 부패영향평가제도를 부정적으로 인식하게 하는 핵심 요소이다. 부패영향평가제도는 궁극적으로 국가청렴도를 제고시킬 수단으로 간주되기 때문이다. 과정과 노력도 중요하지만 결과적으로 좋은 점수를 받지 못한다면, 그 원인을 살펴보고 대책을 세워야 할 것이다. 인과관계를 파악하는 일이 쉽지 않기 때문에 긍정적 평가와 부정적 평가 중 어느 한쪽이 옳다고 결론짓는 것은 사실상 쉽지 않다.

다만, 본 연구는 부패 문제를 해결하기 위한 수단으로서 2006년 도입된 부패영향평가제도를 소개하고 제도 운영의 효과를 제고하기 위한 논의의 일환으로 준비되었다. 이를 위하여 우선 부패영향평가제도 도입의 취지, 내용 및 운영 절차를 소개하고, 간략히 몇 개의 사례를 통하여 동 제도의 성과를 공유하고자 하였다. 현황 소개를 기초로 동 제도가 보다 실효성 있게 운영되기 위한 몇 가지 논점을 소개하였는데, 그 동안 동 제도가 운영되면서 좋은 성과를 거두었음에도 불구하고 최근 논의되고 있는 입법영향평가제도 도입에 대한 논의 등 동 제도를 대체할 만한 새로운 제도에 대한 논의가 있음을 감안하여 제도 운영의 실효성을 조금 더 확보할 만한 방안에 대한 논의의 장을 마련하고자 하였다. 심층적인 학술 연구로의 진전이 향후 기대되지만 연구 준비 단계에서 우선 제시할 수 있는 실효성 제고 방안을 몇 가지 차원에서 제시하면 다음과 같다.

첫째, 부패영향평가 모형 측면에서 살펴보면, 부패 발생 소지를 확인할 수 있는 전문성 확보 여부가 여전히 과제라고 판단된다. 권익위원회 내부 전문가를 보완하고 있는 자문위원회 운영의 실효성을 담보할 수 있는 현실적 조치가 필요하다. 또한 평가 가이드라인의 전문성 여부, 평가 기간의 적정성 여부가 평가 체계 또는 모형에서 논의의 대상이 된다.

둘째, 적용 범위 및 제도 운영과 관련하여 자치법규 등에까지 확대하는 것은 바람직한 조치이지만, 실효성을 거두기 위해서는 다양한 형태의 평가 방식과 가이드라인이 준비되어야 할 것이다. 유관단체의 특성이 모두 다르다는 점을 고려하여 평가 방식이 다양화되어야 할 것인데, 이는 자율에만 맡길 수는 없다. 지방자치단체의 경우, 자율성을 지나치게 강조하여 부패영향평가제도 운영의 형식성이 지적되고 있는 실정이다. 기관의 특성, 평가 대상 법안의 특성 등을 감안한 탄력적 운용이 필요하다.

셋째, 비용을 고려한 평가의 합리성을 고민할 때이다. 부패로 인한 사회적 비용을 감안하면 부패를 예방하기 위하여 소요된 경비는 어떤 경우에도 문제될 수는 없다. 그렇다고 하더라도 시급한 법안이 불필요하게 지체되거나 비합리적인 비용에 의하여 평가받는 경우, 필요불가결한 법안에 의하여 기대할 수 있는 사회적 편익도 고려해야 할 것이다. 말하자면 부패영향평가에 대한 비용편익분석 작업이 부분적으로는 수행되어야 할 것이다. 이는 제도의 지속 가능성을 담보하는 수단 차원에서 이해해야 할 것이다. 최근 논의되고 있는 유사 제도와의 비교도 이와 같은 관점에서 조망할 수 있다.

넷째, 평가의 정교함을 강조해야 할 것이다. 부패영향평가제도의 취지를 살려서 제정 또는 개정의 대상이 되는 사안에 대한 평가를 엄격히 부패유발요인에 제한하여 실시하여야 한다. 자칫 법안 자체에 대한 일종의 입법영향평가로 확대되어서는 소기의 목적을 거두기 쉽지 않다. 제도의 정체성 문제, 지속 가능성 문제가 제기될 수 있기 때문이다.

다섯째, 지속적인 교육과 홍보, 그리고 거버넌스 체계 구축에 관심을 가져야 할 것이다. 종국에는 부패영향평가제도가 별도로 마련되지 않을 정도로 사전에 차단되는 효과를 거두어야 하는데, 이는 관련 공무원들의 인식, 의식 수준에 달려 있다고 볼 수 있다. 또한 일단 평가 프로세스가 진행되면 평가 대상 법안 관련 관계부서와의 협업이 중요하며, 협업의 실효성을 제고시킬 수 있는 방안을 마련해야 할 것이다.

제 8 장   건설하도급의 불공정한 갑을관계, 통합 발주가 원인이고 분리발주가 대안인가?

Ⅰ. 문제의 제기

최근 들어 우리 사회에서 회자되고 있는 뜨거운 이슈 중 하나가 갑을관계에 관한 논쟁이다. 대기업 임원이 감정노동자인 항공사 여승무원에게 기내식 서비스를 두고 부적절한 행태를 보인 데 이어 모 우유회사의 본사 직원이 대리점주에게 망언을 퍼부은 것이 인터넷을 통해 공개되면서 을이 당하는 서러움이 새삼스레 부각되었기 때문이다. 대통령을 수행하여 미 순방 길에 오른 청와대 고위 인사가 대사관 측에서 고용한 인턴 직원에게 행했다고 전해지는 성희롱 사건도 큰 몫을 한 바 있다. 갑을관계는 단순히 서러움을 유발하는 문제에 그치는 것이 아니라 강자와 약자라는 대립구조 속에서 일방에게 불리한 불공정 행위로 이어지기 쉽고 이러한 불공정을 당하지 않기 위해 뇌물 등의 수단에 의존할 경우 부패 문제로 이어지기 쉽다는 데 더 큰 문제가 있다.

여러 산업 분야 중에서도 갑을 간의 폐해가 두드러졌던 분야는 건설업이라고 할 수 있다. 건설업은 모든 사업마다 주문생산에 의한 시공을 해야 하는 관계로 수직적인 하도급 형태를 취하는 것이 일반적이고 이 과정에서 발주자와 도급자, 그리고 도급자와 수급자는 전형적인 갑을관계를 형성하기 때문이다. 하도급이 건설업뿐 아니라 제조업이나 서비스업에서도 많이 이루어지고 있지만 건설 분야가 특히 문제되는 것은 동일한 물품이나 서비스를 대량생산하는 것이 가능한 제조업이나 서비스업과 달리 개별적인 입지 조건에서 상이한 설계도면을 바탕으로 차별적인 기술을 적용해야 하는 관계로 동일한 생산품이 있을 수 없기 때문이다. 건설하도급계약은 물건을 사고파는 매매계약과 달리 계약이행의 불확실성이 존재한다.[1] 도급자의 입장에서는 수급자가 계약에서 약정한 서비스 제공을 완료할 것인지 확신할 수 없고 수급자의 입장에서는 도급자가 계약에서 약정한 대가를 제대로 지급할 것인지 확신이 없기 때문이다. 뿐만 아니라 어느 일방이 우월적 지위를 갖기 쉽다. 일반적으로 도급자가 수급자에 비해 규모가 크거나 수급자를 선정할 수 있는 독과점적 권한이 있기 때문에 더 우월적인 지위를 갖는 것으로 풀이된다.[2] 따라서 발주자와 도급자, 도급자와 수급자의 관계는 윌리암슨(William-son, O.)[3]이 말하는 자산특정성(asset specificity)이 매우 높아지게 되고 이해관계자들이 기회주의적으로 행동하게 될 가능성도 커질 수밖에 없다.

새로이 출범한 박근혜 정부가 하도급 불공정 행위를 개선하기 위한 대안으로 '공공공사 분리발주 법제화' 방안을 국정 과제의 하나로 채택하고 금명간 관련 법개정을 추진할 예정이라고 한다.[4] 이는 기존의 통합발주제도가 건설하도급관계에서의 불공정을 유발하는 '손톱 밑 가시'라고 지목한 전문건설업계의 의견을 적극적으로 수용하려는 움직임으로 보인다. 물론 통합발주체제하에서 원도급자인 종합건설업체와 하도급자인 전문건설업체 간에 갈등의 소지가 많았던 것이 사실이다. 그러나 하도급을 둘러싼 불공정 문제는 공정거래법, 하도급법이나 건설산업기본법 등의 관련 규정을 통해 개선할 사안이지 분리발주제도의 무화로 해결할 수 있는 문제는 아니라는 견해도 많다. 오히려 문제 해결에는 기여하지 못하고 자칫 또 다른 문제를 야기할 우려가 있어 도입에 신중할 필요가 있다. 분리발주는 오케스트라의 지휘자가 악기도 연주하지 않으면서 연주자를 '괴롭히고' 있으니 지휘자를 없애거나 아무 권한 없는 허수아비 같은 로봇 지휘자를 두자는 논리와 유사하기 때문이다.

분리발주 도입이 부패 방지나 대중소기업 간 상생의 차원에서 다루어지는 것이 아니라 중소기업의 성장 희망사다리 구축이라고 하는 중소기업 육성 차원에서 다루어지고 있는 점도 문제이다. 이는 종합건설업체는 대기업이고 전문건설업체는 중소기업이라는 잘못된 이분법에 근거하고 있지만 뒤에서 소개하듯이 실상은 그렇지 않기 때문이다.

건설하도급이라고 하는 갑을관계에서 불공정 거래와 부패가 많이 발생[5]하는 것은 제도의 한계도 있지만 행위자들의 지대 추구와 기회주의적 속성이 더 큰 요인으로 작용하기 쉽다. 일반적으로 하도급 거래에서 피해자라고 간주되는 하수급인의 경우에도 불공정한 하도급 거래에 참여할 유인이 충분하기 때문에 통합발주가 갑을관계 불공정 행위의 원인이라고 보기 어렵다는 것이다. 이러한 상황에서 분리발주제도의 도입이 행위자 간의 부당한 내부 거래를 차단하는 계기가 될지 거래의 복잡성을 높여 추가적인 거래 비용을 유발하게 될지 사전에 충분히 검토할 필요가 있다. 이를 위해 건설하도급의 제도적 현황과 실태를 소개하고 건설하도급 불공정 행위의 현황과 원인에 대해 분석한 후 분리발주가 불공정 행위 방지 대안이 될 수 있는가에 대해 비판적으로 평가해 보고자 한다.

II. 건설 분야 하도급의 의미와 기존의 제도적 장치

1. 건설하도급의 의미와 현황

하도급을 설명하기 전에 우선 도급이 무엇인지부터 설명할 필요가 있다. 도급(都給)이란 어떤 일의 완성을 부탁받은 자(수급인)가 일을 하기로 약정하고 부탁한 자(도급인)가 그 일이 완성되면 보수를 지급할 것을 약정함으로써 성립하는 계약(민법 제664조)으로, 고용과 같이 노무의 제공 그 자체를 목적으로 하지 않고 노무를 가지고 어떤 일을 완성하는 것을 내용으로 하는 점에 특징이 있다. 따라서 일 자체를 반드시 수급인 자신이 할 필요는 없으므로 도급인의 의사에 반하지 않는 범위에서 위탁받은 일의 전부나 일부를 제3자가 맡길 수 있다. 하도급이란 이렇듯 도급계약을 한 수급인이 위탁받은 일의 전부나 일부를 제3자에게 다시 맡기는 것을 말한다.[6] 보다 구체적으로 건설업에 관한 기본법령인 건설산업기본법에 의하면 "도급받은 건설공사의 전부 또는 일부를 도급하기 위하여 수급인이 제3자와 체결하는 계약"(제2조 제9호)을 하도급으로 정의하고 있다. 발주자와 원도급자인 종합건설업자 간의 도급과 종합건설업자와 전문건설업자 간의 하도급 구조는 다음 〈그림 1〉과 같이 도식화할 수 있다.

하도급이라는 갑을관계에서 불공정 행위와 부패가 발생하기 쉽기 때문에 관련 법령에서는 여러 가지 제한을 두고 있다. 건설산업기본법 제29조 제1항에 의하면 건설업자가 도급받은 건설공사의 전부 또는 주요 부분의 대부분을 다른 건설업자에게 일괄 하도급할 수 없도록 하고 있다. 다만, 건설업자가 공사 현장에서 인력·자재·장비·자금의 관

〈그림 1〉 하도급 구조

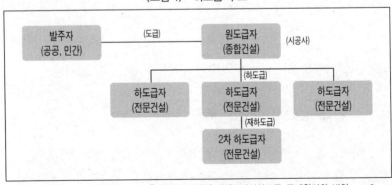

자료: 국무총리실·국토해양부(2011). 「공정사회 실현을 위한 건설하도급 규제합리화 방안」. p. 3.

리, 시공 관리·품질 관리·안전 관리 등을 수행하고 이를 위한 조직체계 등을 갖추어 도급받은 건설공사를 계획·관리·조정하는 경우로서 ① 발주자가 공사의 품질이나 시공상의 능률을 높이기 위하여 필요하다고 인정하여 서면으로 승낙한 경우나, ② 2 이상의 전문공사의 종류별로 분할하여 해당 전문건설업자에게 하도급하거나 도서·산간벽지에서 행하여지는 건설공사를 당해 시·도에 있는 중소건설업자 또는 등록한 협력업자에게 하도급하는 경우에는 예외적으로 일괄하도급을 허용하고 있다.

발주자가 공사의 품질이나 시공 능률의 제고를 위하여 필요하다고 인정하여 서면승낙이 있는 경우를 제외하고 동일한 업종에 대한 하도급도 금지하고 있다(건설산업기본법 제29조 제3항). 하도급받은 공사를 다른 사업자에게 재하도급하는 것도 금지(동법 제29조 제4항)하고 있는데, ① 종합건설업자가 하도급받은 건설공사 중 전문공사에 해당하는 부분

〈그림 2〉 합법적·불법(비합법)적 하도급의 범위

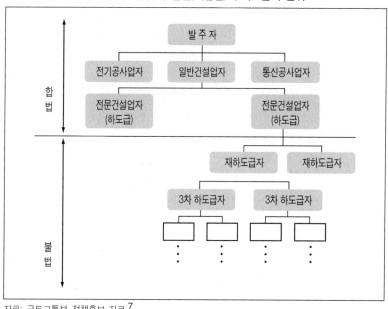

자료: 국토교통부 정책홍보 자료.[7]

제8장 건설하도급의 불공정한 갑을관계, … 257

을 해당 전문건설업자에게 재하도급하는 경우와 ② 전문건설업자가 공사의 품질이나 시공상 능률을 높이기 위하여 필요한 경우로서 국토교통부령이 정하는 요건에 해당하고 수급인의 서면승낙을 받은 경우에만 예외적으로 허용하고 있다. 이러한 제한을 감안하면 합법적으로 인정되는 하도급의 범위는 〈그림 2〉와 같다.

하도급의 규모를 살펴보면 아래 〈표 1〉에서 보듯이 건설업계약건수를 기준으로 하면 70% 가량을 원도급이 차지하고 있는 반면 금액을 기준으로 할 경우 하도급이 70% 이상을 차지하고 있어 실질적으로는 대부분의 건설계약이 하도급을 통해 이루어지고 있음을 알 수 있다. 하도급 금액을 건수로 나눌 경우 하도급 건당 계약금은 332백만 원에 해당하며, 건수를 전문건설업체 수로 나눌 경우 한 업체가 연간 4.5건의 하도급을 체결하는 것으로 유추할 수 있다.

다음 〈표 2〉를 통해서도 전문건설업체의 전체 도급액 중 발주자로부터 직접 원도급을 받지 않고 하도급을 받는 비중이 평균 70%에 이르고 있음을 알 수 있다.

〈표 1〉 건설업 계약건수

(단위: 백만 원)

구 분	합 계		원 도 급		하 도 급	
	건 수	금 액	건수(%)	금액(%)	건수(%)	금액(%)
2007	544,331	63,834,346	385,109 (70.7)	17,982,216 (28.2)	159,222 (29.3)	45,852,130 (71.8)
2008	563,725	71,556,252	407,402 (72.3)	19,005,827 (26.6)	156,323 (27.7)	52,550,425 (73.4)
2009	598,677	73,453,326	445,273 (74.4)	19,368,337 (26.4)	153,404 (25.6)	54,084,988 (73.6)
2010	583,733	74,757,834	438,691 (75.2)	20,466,094 (27.4)	145,042 (24.8)	54,291,740 (72.6)
2011	601,864	71,049,809	451,391 (75.0)	21,069,044 (29.7)	150,473 (25.0)	49,980,764 (70.3)

자료: 국토교통 통계누리(https://stat.molit.go.kr) 해당 연도 자료.

<표 2> 하도급 비중

(단위: 십억 원)

구 분	전문건설업체 도급액(A)	원도급액(B) (발주자 ↔ 전문건설)	하도급액(C) (종합건설 ↔ 전문건설)	비율(C/A)
2007	63,834	17,982	45,852	71.8%
2008	71,556	19,006	52,550	73.4%
2009	73,453	19,368	54,085	73.6%
합 계	208,843	56,356	152,487	73.0%

자료: 국무총리실·국토해양부(2011). 「공정사회 실현을 위한 건설하도급 규제합리화 방안」. p. 1.

2. 하도급거래의 공정성 확보를 위한 기존 법제도

건설하도급 거래의 공정성을 확보하기 위한 제도적 장치는 「건설산업기본법」과 「하도급거래 공정화에 관한 법률」(이하 '하도급법')에 마련되어 있는데, 규정위반이 있을 때에는 특별법에 해당하는 공정거래위원회 소관 하도급법을 우선 적용하여 제재하고 있다.

건설산업기본법의 내용을 살펴보면 우선 하도급 대금의 지급 기한과 방법을 구체화하여 발주자로부터 건설공사에 대한 준공금을 받은 때에는 하도급 대금을, 기성금을 받은 때에는 하수급인이 시공한 분에 상당한 공사 대금을 각각 지급받은 날부터 15일 이내에 현금으로 지급하도록 하고 있다(제34조). 발주자가 수급인을 대신하여 하도급 대금을 하수급인에게 직접 지급하는 제도로 마련(제35조)되어 있는데 ① 발주자와 수급인 간에 하도급 대금을 직접 하수급인에게 지급할 수 있다는 뜻과 지급 방법 및 절차에 관하여 명백히 합의한 경우, ② 국가·지방자치단체·정부투자기관이 발주한 공사로 수급인이 하도급 대금의 지급을 1회 이상 지체하는 등 하수급인의 보호를 위하여 필요하다고 인정한 경우, ③ 파산 등으로 수급인이 하도급 대금을 지급할 수 없는 명백한 사유가 있다고 발주자가 인정하는 경우 등이 이에 해당한다. 하수급인을 보호하기 위한 기타 제도로 ① 수급인은 공사 시공 시 하도급

부분의 공법 및 공정 등에 관하여 사전 하수급인의 의견을 청취하도록 의무화(제33조), ② 수급인이 하도급 후 발주자로부터 설계 변경 등으로 공사 금액을 증액하여 지급받은 경우 증액받은 공사 금액의 내용과 비율에 따라 하수급인에게 비용을 증액하여 지급(제36조), ③ 하수급인에게 하도급 공사의 시공과 관련하여 자재 구입처의 지정 등 불리한 행위 강요금지(제38조) 등이 있다.

한편 하도급법의 내용을 살펴보면, 부당한 방법을 이용하여 목적물 등과 동종 또는 유사한 것에 대하여 통상 지급되는 대가보다 현저하게 낮은 수준으로 하도급 대금을 결정하거나 하도급받도록 강요하거나 정당한 사유가 있는 경우를 제외하고는 수급사업자에게 물품 등의 구매를 강제하는 것을 금지하고 있다(제4조 및 제5조). 원사업자가 발주자로부터 선급금을 받은 때에는 수급사업자가 시공에 착수할 수 있도록 그가 받은 선급금의 내용과 비율에 따라 선급금을 지급받은 날로부터 15일 이내에 선급금을 수급사업자에게 지급토록 하고 있으며, 기한을 초과하여 지급하는 경우에는 그 초과 기간에 대하여 이자를 지급하도록 하고 있다(제6조). 또한 원사업자가 수급사업자에게 건설 위탁을 하는 경우에는 목적물 등의 인수일로부터 60일 이내의 가능한 짧은 기한으로 정한 지급기일까지 하도급 대금을 지급해야 하며, 하도급 대금을 어음으로 지급하는 경우에는 그 어음이 금융기관에서 할인이 가능한 것으로 교부한 날부터 어음의 만기일까지의 기간에 대한 할인료를 지급하도록 하고 있다(제13조). 이 외에 수급사업자의 의사에 반한 하도급 대금의 물품 지급 금지(제17조), 하도급 거래량을 조절하는 방법 등을 이용한 부당한 경영 간섭 금지(제18조), 수급사업자가 관계기관 등에 신고한 것을 이유로 당해 수급사업자에 대하여 수주 기회를 제한하거나 거래를 정지하는 등의 보복조치 금지(제19조) 등도 규정하고 있다.

Ⅲ. 건설하도급 불공정 행위의 현황과 원인

1. 불공정 행위 현황과 유형

하도급 관련 불공정 사례는 입찰에서 준공에 이르는 모든 건설과정에서 다양한 형태로 나타날 수 있다.[8] 이를 구체적으로 살펴보면 다음과 같다.

1) 입찰, 수주 및 계약단계

- 입찰 공고를 1일－2일 촉박하게 해 견적 내용의 일부 누락 유도
- 입찰 내용 미공개 후 네고, 재네고를 반복하여 원하는 수준까지 저가 유도
- 구두약정, 계약서 미작성, 미교부 및 착공 후 또는 완공 후 교부
- 저가 하도급 금액 강요: 낮은 실행 예산과 타 견적 또는 가짜 견적 제시 등으로 저가 유도, 차기공사 미끼로 감액, 일정 금액·비율로 감액 등
- 부당 특약 사항 강요: 선급금·물가변동 없음, 산재·민원은 하도급자 부담
- 대물변제조건 강요 기재, 물가변동과 추가공사 시 변경계약서 미작성
- 표준하도급계약서 변칙 사용: 불리한 조건의 특약 사항 별도 추가, ESC 및 하도급대금지급보증 요구 불가 등
- 보험료(산재, 고용, 건강, 연금 등) 미반영 및 전가, 인지세 부담 전가
- 지급보증서 미교부 및 발주자에 열람 후 보증서를 원도급자가 보관하고 하도급자에 미교부
- 현장 설명 시 항목, 물량, 중요 사항 고의 누락 후 계약 시 삽입,

도면이나 내역서에 누락 사항 시공 강요 및 대금 미지급

• 이중계약서 체결 강요, 수주 리베이트 및 비자금 조성 협조 요구
• 부당한 경영 간섭, 괘씸죄 등에 따른 보복 행위로 수주 기회 차단

2) 시공단계

• 추가공사·설계 변경 강요 후 서면확인 거절, 자재·장비 등 특정 품목 사용 강요
• 추가공사 등 현장소장 확인 사항을 본사에서 거부
• 계약 시 물량 등을 미고지하고 후에 설계 내역대로 공사 요구
• 발주처에 하도급 신고 않고 하도급 은폐 및 하도급자 권리 봉쇄
• 관계기관 등 떡값 및 현장관리비 부담 강요
• 공기 연장, 공사 지연 책임 전가, 연장·지연 비용 미지급
• 위장직영 가장한 무면허 하도급, 무자격·부적격업자에 불법하도급

3) 대금수령단계

• 지연 지급: 기성검사 고의 지연, 부당 기성 축소, 세금계산서 발행 지연 등
• 장기어음 지급 및 할인료 미지급·고의 부도, 장기어음 자사 할인
• 원청사 부도 징후 시 어음이나 외담대 발행 기간 장기화
• 물가변동이나 추가공사비의 미통보, 감액 지급 및 미지급
• 자재 구매 및 떡값 등 일반 관리비를 기성에서 임의 차감
• 대물변제 강요, 의도적 공사 중지 후 하도급지급보증 청구
• 하도급자 통장, 인장을 원도급자가 관리 및 통장 입금 후 재회수
• 현금결재비율 위반, 현금으로 결제할 경우 총 계약 금액의 6% 공제
• 등록말소·영업정지 등의 직불 사유 은폐 등

4) 준공 및 하자 이행 단계

• 준공을 이유로 신속 시공 강요(연장작업, 야간작업, 인력 초과 투입 등) 후 대금 지급 지연 및 장기어음 지급, 추가공사와 설계 변경 등의 서면확인·지급을 거절하는 등 공사 마무리단계의 불공정 행위 최고조
• 보증 기간 장기간 요구, 원사업자 부담분까지 요구 등 무리한 하자보증 요구 등

공정거래위원회[9]에 의하면 하도급법 위반 행위 유형[10]은 다음 〈표 3〉과 같은 추이를 보이고 있는데 1998년-2012년간 평균값을 기준으로 할 때 어음할인료 미지급이 가장 높은 비중을 보이고 있고 이어 지연이자 미지급이 두 번째로 높은 비중을 보이고 있어 주로 공기 지연에 따른 비용 보전 문제가 큰 것으로 보인다.

〈표 3〉 하도급법 위반 행위 유형

구 분	대금 미지급	대금 지연 지급	어음 할인료 미지급	서면 미교부	부당 감액	선급금 미지급	수령 거부	지연 이자 미지급	기 타	계
1998	323	8	119	5	8	9	0	11	101	584
1999	201	9	65	4	2	4	0	4	27	316
2000	164	1	88	7	3	3	0	6	31	303
2001	76	5	2,532	20	6	148	7	201	142	3,137
2002	78	1	1,270	5	9	33	6	179	56	1,637
2003	54	2	1,068	1	26	31	5	280	123	1,590
2004	65	4	1,124	2	18	58	0	297	89	1,657
2005	65	4	1,169	13	13	35	7	343	100	1,749
2006	99	3	1,259	25	14	32	1	473	72	1,978
2007	190	0	899	19	15	10	5	336	71	1,545
2008	316	4	589	43	23	16	7	260	200	1,458
2009	451	7	390	38	20	13	15	308	230	1,472

2010	351	34	58	29	6	13	4	89	85	669
2011	350	16	135	32	9	11	10	98	147	808
2012	438	3	122	257	12	19	9	66	174	1,100
계	3,221	101	10,887	500	184	435	76	2,951	1,648	20,003
비중	16.1%	0.5%	54.4%	2.5%	0.9%	2.2%	0.4%	14.8%	8.2%	100%

자료: 공정거래위원회(2013). 「2012년도 통계연보」. p. 87.

대한건설정책연구원이 2009년부터 하도급 업체들을 대상으로 분기별로 조사하고 있는 건설하도급 거래 공정성 평가 결과에서도 다음 〈표 4〉에서 보듯이 하도급 대금 결정이 공정성이 가장 낮은 분야로 평가되고 있다. 반면 하도급 계약 체결과 공사수행/사후처리는 공정성이 가장 높은 분야로 평가되고 있다. 참고로 하도급계약 체결은 하도급계약서 교부의 공정성과 부대조건의 공정성 등으로, 하도급 대금 결정은 결정 절차 및 방법의 공정성과 금액 적정성 등으로, 하도급 대금 지급은 기간 및 주기의 적정성과 어음할인료 지급의 적정성 등으로, 공사수행/사후처리는 불합리한 하자보수 요구나 공사수행 간섭의 공정성 등

〈표 4〉 건설하도급 거래 공정성 평가 결과

구 분		전체 종합 점수	하도급 계약 체결	하도급 대금 결정	하도급 대금 지급	공사수행/ 사후처리	상생협력
2009년	1/4분기	63.1점	13.2점	11.5점	12.5점	13.4점	12.6점
	2/4분기	53.1점	10.8점	10.6점	9.9점	10.7점	11.1점
	3/4분기	64.0점	13.6점	11.9점	12.7점	13.1점	12.7점
	4/4분기	67.1점	14.0점	12.7점	13.5점	13.9점	13.0점
2010년	1/4분기	61.5점	13.1점	11.2점	12.4점	12.8점	12.1점
	2/4분기	62.9점	13.0점	11.6점	12.9점	13.1점	12.3점
	3/4분기	63.7점	13.2점	11.9점	13.1점	13.1점	12.4점
	4/4분기	61.2점	12.9점	11.3점	12.1점	12.9점	11.9점
2011년	1/4분기	61.9점	13.0점	11.5점	12.6점	12.9점	11.9점
	2/4분기	63.5점	13.6점	11.7점	13.0점	13.1점	12.2점
	3/4분기	64.2점	13.4점	11.9점	13.1점	13.4점	12.5점

자료: 대한건설정책연구원(2011). 「건설정책저널」 가을호. p. 151.

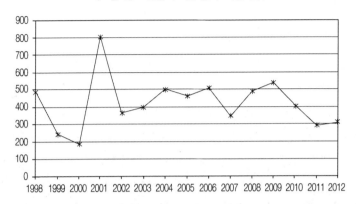

〈그림 3〉 건설하도급 분야 시정 건수

자료: 공정거래위원회(2013), 「2012년 통계연보」, p. 88을 참고하여 작성.

으로, 상생협력은 협력업체 평가나 지원의 적정성 등으로 구성되며 각 부문별 20점 만점으로 평가된다.

한편, 공정거래위원회[11]에 따르면 2012년 기준 건설분야 하도급 불공정행위 시정건수는 308건으로 2011년의 285건보다 다소 증가했으나 〈그림 3〉에서 보듯이 2009년 이후 계속 낮아지고 있는 추세를 보이고 있다. 2001년에 시정 건수가 가장 많았던 것은 외환위기 이후 전반적인 경제 여건 및 건설경기 침체 등으로 대금 지급 등이 원활치 않았기 때문인 것으로 풀이된다.

2. 건설하도급 불공정 행위 발생의 원인

건설하도급 과정에서 불공정 행위와 부패가 발생하는 가장 중요한 원인을 통합발주라고 진단하고 그 대안으로 분리발주를 처방하는 것은 문제 원인 자체를 잘못 파악하는 제 3 종 오류에 빠질 우려가 있다. 다음과 같이 행위자적 요인과 제도적 요인, 그리고 산업적 요인이 혼재되어 있고 분리발주를 도입하더라도 이러한 원인은 상존할 것이기 때문이다. 이하에서는 세 가지 요인을 살펴본다.

1) 행위자적 요인

하도급 거래와 관련된 불공정 행위가 많이 발생하는 이유 중 하나
는 당사자 간에 부패 발생 고리가 쉽게 형성되기 때문이다. 하도급 불
공정 거래와 관련된 자료는 일반에 공개되지 않고 계약 당사자, 즉, 발
주기관과 수급인, 하수급인 사이에만 공유되기 쉬운데 이 과정에서 각
각의 지대를 추구하는 속성을 띠게 된다. 발주기관과 수급인의 관계에
서는 발주기관이 무능력 하도급 업체로부터 금품 등을 수수하고 이들
을 수급인에게 알선·청탁하고, 수급인은 뇌물이나 향응 등을 제공하고
공사 금액을 부풀리는 등의 행태를 취할 수 있다. 발주기관과 하수급인
관계에서는 발주기관이 하수급인으로부터 대가를 받고 저가·불법 하
도급을 묵인하거나 관리감독을 소홀히 하고, 하수급인은 저가 수급에
따른 손실을 부실공사의 형태로 충당하게 된다. 수급인과 하수급인 관
계에서는 수급인이 알선된 하수급인과 저가의 이중계약을 체결하여 차
액을 비자금으로 조성하고 하수급인은 저가·이중계약에 따른 차액을

〈그림 4〉 하도급 당사자 간 부패 발생 고리

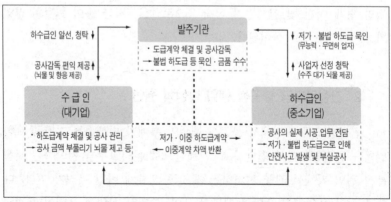

자료: 국민권익위(2012), "공공건설공사 불공정 하도급계약 체결 제동 보도자료," 2012. 11. 28. 부패영
향분석과.

공사 금액 부풀리기나 부실시공으로 만회하게 된다. 이 과정에서 건설업체들은 모든 역량을 동원하여 수주 경쟁을 벌일 수밖에 없고 발주기관과 도급인은 수급인에 대해 절대적으로 우월적인 지위를 보유하게 되므로 부패 발생 가능성이 커지게 된다. 이러한 부패 발생 고리는 〈그림 4〉와 같이 도식화할 수 있다.

부패 발생 고리에서 주인에 해당하는 발주기관이나 수급인은 대리인에 해당하는 수급인이나 하수급인과 불공정 이익을 취하려는 공통된 목표를 갖고 있지만, 입찰이나 계약 과정에서 전자가 모든 정보를 갖고 있는 반면 후자는 정보가 거의 없는 상태가 된다. 따라서 하도급 상황은 워터맨(Waterman, R.)과 마이어(Meier, K.)의 주인−대리인 확장 모형[12]에서 '플라톤의 공화국'(Plato's Republic) 유형에 속하게 된다. 플라톤은 이상적인 국가 형태로 나라를 다스리는 철인(哲人)과 나라를 지키는 군인, 생업에 종사하는 일반인으로 구분된 계급사회를 제시했는데, 주인은 철인왕(哲人王, philosopher king), 대리인은 노예(slave)가 된다고 한다. 따라서 하도급 상황에서는 주인인 발주기관이나 도급인이 무소불위의 왕이 되고 대리인인 수급인이나 하수급인은 노예에 해당하게 되는 것이다.

2) 제도적 요인

건설업은 사업 및 공사의 진행단계별로 반드시 거쳐야 하는 각종 인허가, 심의, 승인 등 행정 절차가 많고 이 과정에서 다양한 지도감독, 시험, 검사 등이 이루어지는데 이러한 절차가 어떤 결과를 가져오는가에 따라 건설업체의 수익과 비용구조에 막대한 영향을 미치게 된다.[13] 또한 진행단계별로 수많은 법령과 규칙, 지침이 적용되고 이를 담당하는 기관도 중앙부처, 지방정부, 산하기관, 민간기관(설계·감리 등) 등으로 나뉘어 있어 제도의 적용과 해석이 사안에 따라 달라질 가능성이 크다. 관계 법령의 경우 기획·설계단계에서는 국가재정법과 지방재정법, 입찰·계약단계에서는 국가계약법과 지방계약법, 공공기관의 운영에 관한 법률 등이 적용될 수 있고 시공·관리단계에서는 건설기술관리법, 건설산업기본법, 하도급법, 전기통신사업법 등이 관련될 수 있다. 뿐만 아니라 각종 심의, 인허가, 승인, 검사 등의 과정에 필요한 정보, 행정 절차 진행, 원인과 결과 등이 대외비로 취급되는 경우가 많아 외부에서 공개적으로 확인할 수 있는 기회가 적다. 따라서 여러 단계별로 다양한 주체가 수많은 규정에 따라 복잡한 심의와 승인을 내부적으로 처리하는 제도적 요인이 부패와 불공정 행위의 발생을 야기하는 요인으로 작용하게 된다.

3) 산업적 요인

건설산업은 아래 〈표 5〉에서 보듯이 생산물의 성격이나 생산 방식, 구조에 있어서 제조업 등 다른 산업과 다른 특성을 갖는다. 불확실한 수요와 선주문에 따라 일회적으로 후생산해야 하고 생산구조가 매우 복잡하여 단일 기업이 노동력과 생산 시설을 상시적으로 유지하기가 어려우므로 분야별로 하도급을 주는 것이 불가피하다.

〈표 5〉 건설업과 제조업의 특성 비교

구 분	건 설 업	일반제조업
생산물성격	- (반)영구적, 내구재, (준)공공재적 성격, 단위생산물의 고가성, 복합성	- 소비재, 소모재, 단위생산물의 저가, 단순성
생산수요	- 수요의 불확실성/불안정성	- 수요의 안정성
생산방식	- 선주문 후생산, 일회적/개별적 생산	- 선생산 후판매, 반복적/표준적 생산
생산구조	- 공종별/전문별 분합도급구조	- 대부분 직접 생산
작업환경	- 고정된 생산물과 이동하는 가설 작업시설, 옥외생산으로 기후의존성 강함, 현장의 이동성	- 고정된 완전작업시설과 이동하는 생산물, 옥내생산으로 기후조건과 무관, 현장의 고정성
고용구조	- 일용직 중심의 고용구조	- 상용직 중심의 고용구조
직업훈련	- 개별 기업은 훈련 회피, 현장에서 습득	- 개별 기업 중심의 훈련 실시
경력관리	- 개별 기업에 의한 근로자 경력 관리 부재	- 개별 기업에 의한 근로자 경력 관리

자료: 심상경(2012). "건설공사 하도급 대금지급 제도개선에 관한 연구." p. 85.

생산물의 성격이 고가품인 반면 옥외생산에 따라 계절적 영향을 많이 받으며 여러 공종에 따라 순차적인 작업이 이루어져야 하므로 노동력 등 생산 요소에 대한 수요가 불규칙적이라는 것도 하도급 구조를 불가피하게 만든다. 이러한 구조는 직영구조에 비해 훨씬 더 복잡한 거래 비용을 유발하게 된다. 적절한 하수급자를 찾아서 계약을 체결하고 적절한 동기 부여와 감시감독을 통해 계약을 이행하도록 해야 하기 때문이다. 윌리암슨[14]이 말하는 사전(ex ante)비용으로 작성(drafting), 협상 (negotiating), 약속 이행 보장(safeguarding) 비용과 사후(ex post) 비용으로 악용 비용(maladaption costs), 분쟁 비용(haggling costs), 거버넌스 구조와 관련된 설립 및 운영 비용(setup and running costs), 보증 비용(bonding costs) 등이 모두 커지는 것이다. 뿐만 아니라 하도급 자체가 전문 공종별로 분업화된 생산을 하는 구조이므로 자산전속성(asset specificy)이 높아져 기회주의적 행위(opportunism)가 발생할 경우 거래 비용이 더 커질 가능성이 있다. 하도급자가 갖고 있는 기술의 전속성이 높거나 발주기관을 통해 특정 하도급자를 선택하도록 압력을 넣을 경우 공급 독점에 따른 기회주의가 발생할 수 있으나, 대부분의 하도급관계에서는 도급자가 수요 독점인 경우가 많으므로 도급자의 기회주의가 더 많이 발생하기 쉽다. 이러한 산업적 요인이 행위자적 요인과 결합될 경우 불공정한 거래의 가능성은 더욱 커질 것이다.

IV. 대안으로서의 분리발주제도 내용과 평가

앞에서는 건설하도급 과정에서 불공정 행위와 부패가 발생하기 쉬운 주요 원인이 행위자 요인, 제도적 요인, 산업적 특성 요인에 있으므로 통합발주를 근본적인 원인으로 진단하는 것은 문제가 있음을 살펴보았다. 분리발주를 시행하더라도 이러한 요인들이 여전히 존재할 것이므로 올바른 처방이 되기 어려울 뿐 아니라 분리발주를 시행함에 따라 통합발주에서 발생하지 않는 추가적인 문제가 발생할 소지도 크다. 이하에서는 분리발주제도의 내용과 문제점을 구체적으로 살펴본다.

1. 분리발주제도의 주요 내용

새로이 출범한 박근혜 정부에서는 140대 국정 과제의 하나로 일자리 중심의 창조경제라는 국정목표하에 중소기업의 창조경제 주역화 전략에 해당하는 중소기업 성장 희망사다리 구축을 제시한 바 있다.[15] 대규모 계약의 분할·분리발주 법제화는 동 과제의 주요 추진 계획 중 하나인 글로벌 강소기업 육성을 위한 수출 및 판로 지원 확대에 포함되어 있다. 분리발주라는 것은 대규모 국가계약에서 토공사·철근·미장·창호 등 25개 전문공정별로 발주처인 공공기관이 전문건설업체와 개별적으로 계약을 맺어 공사를 시행하는 방식을 의미한다. 현재는 건설산업기본법에서 통합발주를 원칙으로 하고 있어 종합건설업체가 발주기관으로부터 공사를 수주받아 전문건설업체에게 하도급을 주는 방식으로 공사를 진행하게 된다. 대한전문건설협회가 분리발주를 건의한 배경은 건설 현장의 불법·불공정 행위가 너무 심해 정부가 1984년 하도급법을 만들어 이를 근절하려고 노력하여 왔으나[16] 아직도 전국 모든 건설 현장에서 만연돼 있고, 종합건설업체 스스로 개선하도록 인센티브, 권고, 약한 처벌 등 많은 기회를 제공하였으나 오히려 더욱 지능화되고 있다는 점을 들고 있다. 따라서 종합건설업체 스스로 불법·불공정 행위를 근절하는 것은 불가능함이 입증되었으므로, 종래의 하도급을 발주자와 직접 계약하고 공사비를 직접 받는 원도급 방식인 '분리발주'를 시행하는 것이 최선의 대안이라고 한다. 이를 위해 100억 원 이상의 대규모 사업은 분리발주를 의무적으로 적용하도록 국가를 당사자로 하는 계약에 관한 법률에 다음 〈표 6〉과 같이 관련 규정을 신설해

〈표 6〉 분리발주 근거 마련을 위한 법령개정안

현 행	개 정 (안)
국가를 당사자로 하는 계약에 관한 법 〈신설〉	제21조의 2(공사의 분할·분리계약) ① 각 중앙관서의 장 또는 계약담당공무원은 중소기업의 육성과 계약의 투명성 제고 등을 위하여 경쟁에 의하여 공사 계약을 체결하고자 할 경우 대통령령으로 정하는 공사에 대해서는 분할·분리계약에 의하여야 한다. 이 경우 건설산업기본법에 의한 전문공사업종은 3개 이상 참여하고 그 시공비율은 40% 이상이 되어야 한다. ② 각 중앙관서의 장 또는 계약담당공무원은 제1항의 대통령령으로 정하는 공사에 해당하지 않더라도 계약의 목적 및 성질상 분할·분리계약에 의하는 것이 부적절하다고 인정되는 경우를 제외하고는 분할·분리계약에 의할 수 있다.
국가를 당사자로 하는 계약에 관한 법 시행령 제68조(공사의 분할계약금지) 각 중앙관서의 장 또는 계약담당공무원은 기획재정부장관이 정하는 동일 구조물공사 및 단일공사로서 설계서등에 의하여 전체 사업내용이 확정된 공사는 이를 시기적으로 분할하거나 공사량을 분할하여 계약할 수 없다. 다만, 다음 각호의 1에 해당하는 공사의 경우에는 그러하지 아니하다. 1. 다른 법률에 의하여 다른 업종의 공사와 분리발주할 수 있도록 규정된 공사 2. 공사의 성질이나 규모 등에 비추어 분할시공함이 효율적인 공사 3. 하자책임구분이 용이하고 공정관리에 지장이 없는 공사로서 분리시공함이 효율적이라고 인정되는 공사	제68조(공사의 분할·분리계약 적용대상) 법 제21조의2 제1항에서 규정한 "대통령령으로 정하는 공사"란 다음 각호의 1에 해당하는 공사를 말한다. 1. 추정가격이 100억원이상인 공사 2. 다른 법률에 의하여 다른 업종의 공사와 분리발주할 수 있도록 규정된 공사

자료: 대한전문건설협회(2003). "손톱 밑 가시정책: 분리발주 법제화 관련 건의." pp. 11-12.

줄 것을 요청하고 있다.

이어 분리발주제도의 도입 필요성과 효과로 제시되고 있는 것 중 중요한 것을 요약하면 다음과 같다.[17] 우선 100억 원 이상 공사에 의무 적용 시 연간 총 하도급액 약 58조 원 중 12.3%에 해당하는 부분에서 하도급이 사라짐으로써 건설 현장의 하도급 불법행위를 원천적으로 차단할 수 있다는 것이다. 둘째, 분리발주는 헌법 제119조의 '경제력 남용 방지와 경제민주화 실현', 제123조의 '중소기업 육성'을 위한 국가의 책무를 이행하기 위한 조치로서, 그간의 분리발주 금지조치가 발주기관의 자유로운 선택을 제한하고 국가의 책무를 도외시한 것을 시정할 수 있다고 한다. 셋째, 통합발주와 분리발주를 비교한 연구[18]에 따르면 분리발주를 할 경우 중간관리비와 이윤이 사라지고 원청사의 자재 사용 강요 등이 사라지게 됨에 따라 일괄발주보다 낙찰금액이 8.4% 절감되는 효과가 있다고 한다. 기타 하도급자 선정 과정의 각종 비리와 같은 다양한 불법행위나 임금 체불, 종합업체 부도에 따른 하도급업체 연쇄부도 등을 방지할 수 있을 뿐 아니라 공정하고 수평적인 건설 환경 조성, 중소기업 경쟁력 강화, 정부예산의 효율성 증가, 기술력과 생산성 향상 등을 이룰 수 있다고 한다.

2. 분리발주제도에 대한 평가

분리발주가 하도급을 원천봉쇄한다는 점에서 불공정 행위의 발생 가능성이 줄어들 개연성은 있다. 그러나 교통사고가 발생한다고 해서 도로를 아예 없앨 수는 없는 것처럼 일부 불공정 행위가 발생한다고 해서 원수급자를 없애는 것은 올바른 처방이 아니라고 본다. 교통사고 방지를 위해 도로를 없애는 대신 속도를 제한하듯이 하도급 불공정 행위는 하도급법과 같은 징벌적 수단을 통해 방지하는 것이 바람직하기 때문이다. 이하에서는 분리발주제도가 갖고 있는 문제점을 거래 비용,

갑을관계 지속, 중소기업 육성, 부패와 부실공사 증가라는 네 가지 차원에서 검토해 보고자 한다.

1) 제도 시행에 따라 거래 비용이 급격히 늘어나기 쉽다

예를 들어, 자동차를 구매한다고 할 경우 마음에 드는 자동차 브랜드를 정한 후에 제조사 또는 딜러를 통해 자동차를 주문하게 되면 자동차 제조사는 직접 만든 부품이나 수많은 하청업체가 공급한 부품을 조립하여 제작한 완성차를 인도하게 되는데 이러한 방식이 바로 통합발주에 해당한다. 이때 구매자는 공공사업 발주자, 자동차 제조사는 종합건설업체, 부품공급업체는 전문건설업체와 같은 역할을 수행하게 된다. 제조사가 차량을 제작하기 때문에 구매자가 차량 부품에 대해 알 필요가 없는 것처럼 통합발주에서는 종합건설업체가 전 공정을 책임지고 완성시키기 때문에 공공사업 발주자가 세세한 공정에 대해 간여할 필요가 없게 된다.[19] 반면 분리발주는 구매자가 제조사를 통하지 않고 직접 수많은 하청업체를 상대로 부품을 개별 구입한 후 스스로 조립하는 방식과 다를 바 없다. 이때 구매자가 스스로 조립할 능력이 없거나, 있다 해도 그에 필요한 제반 비용이 제조사를 통하는 것보다 훨씬 더 크다면 당연히 통합발주 방식을 채택하는 것이 합리적일 것이다. 분리발주 방식은 공공사업 발주자가 세세한 공정에 간여하는 과정에서 '거래비용'(transaction cost)을 극단적으로 증가시킬 수 있기 때문이다.

윌림암슨은 계약적 시장거버넌스(contractual market governance)와 관료적 내부거버넌스(bureaucratic internal governance)의 생산 비용(production cost)과 거번너스 비용(governance cost) 간 상충관계(trade off)에 주목한다. 생산 비용은 주어진 규모와 범위하에서 내부거버넌스보다 시장거버넌스가 더 작지만, 자산특정성(asset specificity)이 증가할수록 기회주의적 속성(opportunism)과 가치측정(valuation)의 문제가 발생함에 따라 계약관계의 비용이 커지므로 양자 간의 차이(ΔC＝내부거버넌스 생산 비용－시장거

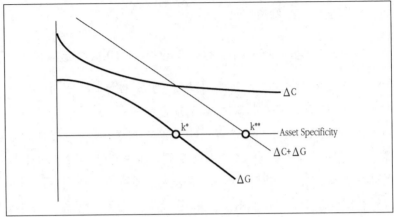

〈그림 5〉 생산 비용과 거버넌스 비용

자료: Williamson (1985). *The Economic Institutions of Capitalism*. p. 93.

버넌스 생산 비용)가 감소한다. 거버넌스 비용도 자산특정성이 커짐에 따라 계약관계의 비용이 커지므로 양자 간의 차이(ΔG = 내부거버넌스 거버넌스 비용 − 시장거버넌스 거버넌스 비용)가 감소하게 된다. 〈그림 5〉에서 보듯이 이러한 두 가지 비용을 수직적으로 합산하여 자산특정성과 만나는 점을 확인할 경우 좌측은 시장거버넌스가, 우측은 내부거버넌스가 더 효율적인 형태가 된다고 한다.

건설산업의 경우 발주되는 사업마다 특정한 입지에서 특정한 공법으로 특정한 설계대로 공사를 진행해야 하는 관계로 자산특정성이 높아지게 된다. 따라서 내부거버넌스가 거래 비용을 줄이는 데 유리하지만 발주기관마다 건설회사를 유지할 수는 없으므로 원수급자인 종합건설업체로 하여금 일종의 사업대행자로서 공사 전체를 종합적으로 계획·관리하도록 하는 것이 기존의 통합발주 방식이라고 할 수 있다. 그러나 분리발주를 통해 공사를 진행할 경우 원수급자가 종합적인 계획·관리를 통해 상쇄하고 있던 거래 비용을 발주기관이 부담해야 하는 문제가 발생하게 된다.

2) 분리발주하에서도 하도급을 통한 갑을관계가 여전히 유지되기 쉽다

분리발주가 이루어지더라도 수급을 받은 전문건설업체가 재하도급을 할 경우 기존의 하도급 갑을관계에서 발생하는 불공정 행위가 여전히 나타날 수밖에 없다. 앞서 살펴본 하도급 당사자 간의 부패 고리는 분리발주가 이루어진 다음에도 형성될 수 있기 때문이다. 다음 〈그림 6〉에서 보듯이 하도급 불공정 행위는 합법적인 원수급자와 하도급자 간의 관계에서뿐 아니라 불법적인 단계인 하도급자와 재수급자와의 관계에서 더 많이 발생하기 쉽다. 재하도급이 금지되어 있어서 표면에 드러나지 않는 관계로 불공정한 거래가 발생하더라도 적발과 관리감독이 거의 불가능하기 때문이다.

대한건설정책연구원의 현장 실태 조사에 따르면[20] 조사에 응한 전

〈그림 6〉 건설업의 수평적·수직적 분업체계

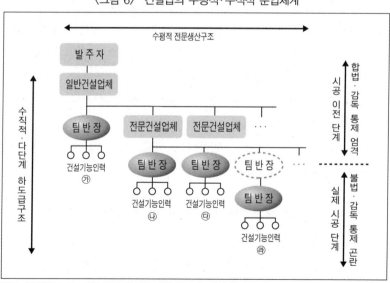

자료: 심상경(2012). "건설공사 하도급 대금지급 제도개선에 관한 연구." p. 86.

문건설업체의 46.4%가 인력 수급 및 장비 보유 부담 경감을 위해, 21.4%가 공기 단축을 위해 재하도급이 필요하다고 답하고 있다. 아울러 46.4%가 현재 공사의 품질 제고 등을 위해 수급인의 서면승낙을 받은 경우 허용되는 공사금액 100분의 20 이내의 재하도급 허용 범위를 확대해 줄 것을 원하는 것으로 나타났다. 허용 범위도 무제한으로 해 달라는 것이 16.7%에 달하고 있고 100분의 50과 100분의 70도 각각 25%에 달하는 실정이다. 재하도급이 필요한 요인과 재하도급 범위 확대 필요성은 분리발주가 시행되더라도 여전히 존재할 것이라는 점을 감안할 때 종합건설업체를 통하지 않고 전문건설업체가 직접 공사를 수주한다고 할지라도 다른 전문건설업체에게 하도급을 줄 것이라는 점은 명약관화하다. 공정거래위원회의 조사 결과에 따르면 대기업 일차 협력업체의 이차 협력업체에 대한 횡포가 더 심하다고 하는데[21] 을의 생리를 잘 아는 전문건설업체가 종합건설업체를 대신하는 또 다른 갑이 될 것이기 때문이다.

하도급의 갑을관계에서 을이 어려움을 겪는 것은 갑의 압력에 의한 것일 수도 있지만 을 간의 경쟁에 기인한 것일 수도 있는데 이 역시 분리발주로 해소할 수 있는 문제가 아니다. 실제로 대한전문건설협회의 조사 결과[22]에 따르면 하도급 거래에서 전문건설업체가 실행 가격 미만으로 저가투찰하는 이유는 과당경쟁이 가장 많은 43%를 차지하고 있고 이어 고정운영비 확보가 38%, 연고권 확보가 10%의 비율을 보이고 있는데, 분리발주제도를 도입한다고 해도 이러한 문제가 사라지는 것은 아니기 때문이다.

3) 중소기업을 육성한다는 취지와도 부합하지 않는다

분리발주제도 도입은 국정 과제 목록 중 '중소기업 성장 희망사다리 구축' 항목에 포함되어 있는데 이는 전문건설업체가 중소기업이고 종합건설업체가 대기업이라고 하는 도식적인 이분법에 기초한 오해이

<표 7> 종합 및 전문건설업체 기업 규모 현황

기업 규모별	종합업체(개사)		전문업체(개사)		비 고
소기업(50인 미만)	9,002	88.5%	36,725	93.4%	중소기업기본법 제 2 조에 의한 상시직원수별 분류
중기업(50인-300인 미만)	1,059	10.4%	2,287	5.8%	
대기업(300인 이상)	116	1.1%	305	0.8%	
합 계	10,177	100%	39,317	100%	

자료: 통계청(2011). 「건설업 조사보고서」.

다. 이러한 양분법은 본질과 무관하게 제도 도입의 필요성이 큰 것으로 인식하게 만드는 틀짓기 효과(framing effect)를 가져오기 쉽다. 그러나 현실을 살펴보면 종합건설업체의 대부분이 중소기업이고 대기업 수는 전문건설업체가 더 많다는 것을 알 수 있다. 다음 〈표 7〉에서 보듯이 종합건설업체의 98.9%가 중소기업이고, 전문건설업체는 종합건설업체(116개사)보다 많은 305개사가 대기업에 해당한다. 분리발주 도입의 목적 중 하나가 중소기업을 보호하고 육성하기 위한 것인데 분리발주를 통해 중소기업에 해당하는 많은 종합건설업체의 일감을 뺏는 것은 정책 오류를 초래할 가능성이 크다.

결과적으로 다음 〈표 8〉에서 보듯이 매출액 순이익률이 종합건설업체는 마이너스인 반면 전문건설업체는 플러스이고, 매출액 영업이익률에서도 최근엔 전문건설업체가 더 나은 실적을 보이는 것도 전문건설업계가 종합건설업계에 비해 경제적 약자가 아님을 보여 주고 있다.

전문건설업계가 경제적 약자가 아닐뿐더러 하도급제도의 일방적인 피해자가 아니라는 것도 고려할 필요가 있다. 하수급자가 다수의 도급자와 계약을 체결하여 서비스를 제공함으로써 생산단가를 낮추는 규모의 경제(economies of scale)를 실현할 수 있고, 수행하는 공사의 종류를 다양화하여 생산단가를 낮추는 범위의 경제(economies of scope)를 실현할 수도 있으므로 도급자가 반드시 우월적인 지위를 갖는다고 보기

<표 8> 종합 및 전문건설업체 간 수익성 비교

(단위 %)

구 분		2009	2010	2011
매출액 순이익률	종 합	-0.28	-1.00	-0.78
	전 문	3.06	2.00	2.13
매출액 영업이익률	종 합	3.83	2.57	2.22
	전 문	3.80	2.75	2.89

자료: 한국은행(2011년), 「기업경영분석」.

어렵기 때문이다.[23] 대한전문건설협회의 조사에 따르면 하도급 과정에서 이중계약서를 작성한 경험이 있는 경우 작성 목적이 공사비 과다계상, 면허 이외 공종의 이면계약, 비자금 조성, 현장 경비 증액 등으로 나타났는데,[24] 이는 불공정 행위가 도급자의 횡포 때문이 아니라 전문건설업체의 내부적 요인에 의해서도 다수 발생하는 것임을 보여 준다. 2006년도에 신설된 구 건설교통부의 불법하도급신고센터에 접수된 1년간 신고의 절반 이상이 무고[25]인 것으로 나타난 것도 주목할 필요가 있는데, 하도급자가 원도급사와의 대금 지급 및 계약 과정, 그리고 타 공기업 및 지방자치단체와의 입찰, 계약 과정에서 불만을 품고 오히려 원도급사와 발주청을 흠집 내는 위치에 서는 것이 가능하다는 것을 의미한다.

4) 부패와 부실공사가 더 늘어날 가능성이 크다

불공정 행위와 부패 발생을 막기 위한 분리발주가 시행될 경우 부패 발생 가능성이 더 커질 우려가 있다. 통합발주에서는 대규모의 단일 발주가 이루어지는 반면 분리발주는 여러 전문건설업체를 대상으로 다양한 공정을 나누어 발주해야 하므로 소액 분할발주가 여러 번 이루어질 수밖에 없다. 소액발주 시 수의계약이 가능해지기 때문에 발주기관이 특정 업체와 대가성 수의계약을 체결하는 등의 부패 행위가 발생할 가능성이 커지게 된다. 국민권익위원회에 따르면 ○○시 수도사업소가 예산 부기상 15건인 사업을 118건으로 소액 분할하여 수의계약을 체결했다고 하면서 지방자치단체들이 공공공사를 발주할 때 통합발주 가능 여부를 사전검토한 후 수의계약을 체결하라고 권고하고 있다.[26] 통합발주체제하에서도 이미 이러한 일이 발생하고 있는데 분리발주가 제도화될 경우 불공정 부패 행위 발생에 더 유리한 여건을 조성해 줄 우려가 크다.

뿐만 아니라 통합적인 관리가 이루어지지 않고 하자에 대한 책임 소재도 불분명해짐에 따라 부실공사가 증가할 가능성도 있다. 최근 (2013. 1) 발생한 세종시 정부청사 물난리 사고도 시공사와 별도의 통신공사업체가 천정 작업 중 배관을 건드려 이음새가 약화된 것이 원인으로 밝혀짐에 따라 분리발주가 하자 문제를 야기할 것이란 지적[27]이 나오고 있다. 하자 책임 불분명으로 인한 업자 간 상호 책임 전가로 하자보수 지연이 발생할 우려도 있다. 2010년 1월 준공한 인천 대정초등학교 대강당이 준공 보름 만에 불이 나 전소하는 사건이 발생했을 때 시공업자 간 책임 소재 불분명으로 국립과학수사연구소에 원인 규명을 의뢰하고 소방설비 관련 업체에 소송을 제기했으나 결국 패소한 사건[28]도 그러한 예에 해당한다.

V. 맺음말을 대신하여

하도급을 둘러싼 갑을관계에서 불공정 행위가 발생하고 있는 것은 사실이지만 앞서 살펴본 것처럼 통합발주가 손톱 밑 가시이므로 분리발주 도입을 통해 부패 고리를 끊을 수 있다고 보는 것은 곤란할 뿐 아니라 오히려 새로운 문제를 야기할 가능성이 더 크다. 따라서 하도급 갑을관계에서 비롯되는 불공정 행위와 부패는 문제가 많은 분리발주제도 도입보다 지난 4월 30일 국회 본회의를 통과한 '하도급거래 공정화에 관한 법률개정안'에서 마련한 징벌적 손해배상제 등으로 방지하는 것이 바람직하다. 개정안을 통해 그간 징벌적 손해배상이 적용되지 않았던 건설업에 대해서도 부당 단가 인하, 부당 발주 취소, 부당 반품 행위 등에 의한 피해 발생 시 피해액의 3배 범위 내에서 배상책임을 지도록 하였기 때문이다. 만일 분리발주제도를 도입할 필요가 있다고 하더라도 일률적인 의무화가 아니라 공공공사의 성격에 따라 발주처가 선택할 수 있도록 탄력적으로 허용하는 것이 바람직하다.

하도급을 둘러싼 종합건설업체와 전문건설업체 간의 갑을관계는 어느 일방을 제거하는 방식이 아니라 서로가 상생할 수 있는 생태계를 구성하는 방식으로 개선되어야 한다. 과거 일본 자동차가 세계시장을 석권할 수 있었던 이유도 완성차 - 부품기업 간 상호의존적 계열관계가 효율적인 분업체제로 이루어졌기 때문이라는 점을 참고할 필요가 있다. 이런 점을 감안할 때 분리발주제도를 중소기업 육성의 측면에서 볼 것이 아니라 '창조경제 생태계 조성'이나 '원칙이 바로 선 시장경제 질서 확립'과 같은 차원에서 종합건설업체와 전문건설업체 간의 관계 개선으로 다루는 것이 바람직하다. 수많은 공정을 총괄해야 하는 종합건설업체의 역할은 오케스트라의 지휘자와 유사하다. 지휘자의 역할은 악기를 직접 연주하는 것이 아니라 전체적인 화음을 이루어 내는 것이다. 지휘자가 아무런 악기도 연주하지 않는다고 해서 관객들이 지휘자를 없애고 각각의 악기 연주자들을 개별적으로 상대한다면 결코 아름다운 화음을 들을 수 없을 것이다.

제 3 편

부패와
국가 미래

제 9 장 전자정부와 부패
(E-Government and Corruption)

정 광 호

I. 들어가며

"전자정부는 부패가 초래하는 여러 가지 문제를 해결하기 위한 방안으로 손꼽혀 왔다. 전자정부는 행정의 불연속성을 감소시킴으로써 자의적 행동 (arbitrary action)의 발생 가능성을 줄인다. 또한 전자정부는 관료들의 행동과 관련된 개별 자료를 지속적으로 투명하게 생성함으로써 그들이 부패와 관련된 행위를 제할 수 있다. 이렇게 전자정부는 복잡한 규칙들을 단순하고 투명하게 만들어 시민과 기업으로 하여금 불합리한 정책 집행과 법규 적용에 대해 언제 든지 의문을 제기할 수 있도록 해준다."[1]

인터넷 정보통신기술(Information Communication Technology; ICT)이 발 전하면서 현대사회는 급진적 변화를 경험하고 있다. 인터넷 정보통신 기술은 그 적용 방식에 따라 정치, 경제, 행정 등 여러 분야에 커다란 변화를 유발할 수 있는 막강한 잠재력을 가지고 있기 때문이다. 공공 영역도 이러한 변화의 바람으로부터 자유로운 무풍지대일 수만은 없다. 특히 공공 영역에서 인터넷 정보통신기술의 활용은 전자정부(Electronic Government 혹은 E-Government)라는 모습으로 구체화되고 있다. 김태은은

---

* 자료수집과 정리에 도움을 준 이사빈 학생에게 감사의 말을 전한다.

전자정부의 등장을 '산업사회에서 구축된 정부의 구조와 일하는 방식을 지식정보화 사회에 맞도록 전환해 가는 현상'이라 설명하기도 하였다.[2]

인터넷 정보통신기술이 공공 영역에 도입된 이래 과학 기술 문명의 발달이 공공 조직 및 조직 성과에 어떠한 영향을 미쳤는지에 대한 논쟁이 계속 제기되어 왔다. 전자정부의 도입은 인터넷 정보통신기술이 태생적으로 가지고 있는 특수한 성질로 인하여 그 파급력이 미치는 범위가 매우 광범위할 수밖에 없다. 그중에서도 전자정부는 국민의 정보 접근성을 확대하고 행정 절차를 간소하고 투명하게 만든다. 또한 관료와 공공서비스 수혜자 사이의 면대면 접촉에 따른 부정적 측면을 줄이고 정부의 투명성을 제고시킬 수 있다. 이런 점에서 전자정부는 부패를 감소시킬 수 있는 효과적인 수단으로 기대를 받고 있다.

그러나 행정 부패와 정보통신기술 간의 직접적인 인과관계는 명확히 밝혀지지 않고 있으며, 단지 상관성만을 확인할 수 있을 뿐이라는 주장도 제기되었다.[3] 이러한 논쟁에서 보듯이 과연 전자정부의 도입이 행정 투명성을 강화하고 더 나아가 부패를 근절할 수 있을 것인지에 대해 아직까지 명확한 결론은 없다. 현재 대부분의 관련 연구들은 특정 사례를 분석하는 방식으로 이루어지고 있으며, 정교한 모델링을 통한 실증 분석은 부족한 실정이다.

따라서 본장에서는 전자정부와 부패와의 관계에 대한 기존 연구들의 한계점을 재점검하고 추후 진행될 연구들이 나아가야 할 방향을 모색해 보고자 한다. 본장의 진행 순서는 다음과 같다. 먼저 인터넷 정보통신기술이 어떠한 측면에서 부패를 감소시킬 수 있는지를 살펴볼 것이다. 다음으로 전자정부와 부패에 관한 국내외의 사례들을 검토할 것이다. 끝으로 현행 연구의 한계점과 향후 연구 방향을 제시하고자 한다.

II. 부패에 대한 전자정부의 영향력 기제

본장에서는 공공 영역에 인터넷 정보통신기술을 도입하면 어떤 메커니즘을 거쳐 부패를 억제하게 되는지를 살펴보고자 한다. 전자정부의 도입은 '투명성의 강화'를 통해 궁극적으로 부패를 억제시킬 수 있을 것으로 추정된다. 투명성의 강화는 구체적으로 정보 비대칭의 해소, 시민과 동료의 감시 강화, 디지털 기록 행정의 영향이라는 세 가지 요인으로 나뉘어 실현된다.

1. 정보 비대칭의 해소

전자정부의 도입은 행정 관료와 시민 간에 존재하는 정보의 비대칭을 해소하여 투명성을 강화할 수 있다. 인터넷 정보통신기술이 가지는 가장 큰 장점 중 하나는 보다 많은 사람들로 하여금 보다 많은 정보에 접근할 수 있게 해 주는 것이라고 할 수 있다. 이처럼 전자정부는 시민의 공공 정보에 대한 접근성을 대폭 향상시켜줌으로써 정보 비대칭에 따른 부패의 기회를 제거하는 데 일조할 수 있다.

공공 영역의 부패는 본질적으로 관료와 민원인 간의 정보 접근성에서 차이가 난다는 사실로부터 비롯된다. 정보 접근성이 떨어지는 민원인은 관료에 비해 현저히 적은 양의 정책 정보를 가지게 될 수밖에 없다. 이 때문에 정책 집행 및 민원 처리 과정에서 관료는 정보 비대칭 상황을 악용하여 사익을 추구할 가능성이 있다. 관료와 민원인 간의 대면 접촉이 가능한 경우 이러한 경향은 더욱 악화된다. 관료와 민원인 간의 직접적 관계는 오랜 역사에 걸쳐 존속해 온 관료와 시민 간의 불평등 관계를 더욱 심화시킬 가능성이 있다. 면대면 접촉이 가능하게 될 경우 민원인은 학연, 지연, 혈연 등의 일차원적 요소뿐만 아니

라 금전과 같은 부도덕한 수단을 의사소통 과정에 개입시킬 가능성이 있기 때문이다.[4]

전자정부의 활용은 본질적으로 시민들에게 정확한 정보를 명확하게 제공해 줌으로써,[5] 부패의 원인으로 지목되고 있는 정보 비대칭의 문제를 해결할 수 있다. 뿐만 아니라 부패의 발생의 소지가 있는 관료-민원인의 직접적인 접촉을 차단함으로써 불건전한 결탁이나 담합을 억제할 수 있다. 어쩔 수 없이 발생하는 정보 비대칭 상황에 대해서도 관료와 시민 간의 직접적인 접촉을 원천봉쇄함으로써 정보 격차를 부패로 메꿔 나가려는 시도를 미연에 방지할 수 있는 것이다. 면대면 접촉을 줄여 행정의 투명성을 제고하려던 시도 중 가장 성공적인 예는 서울시의 'OPEN System'이다. 이와 같이 전자정부는 정보 접근성을 강화하여 정보 비대칭 상황이 발생할 가능성을 줄일 수 있는 것이다. 전자정부를 통한 정보 비대칭의 해소는 국민-정부 간 쌍방의 의사 소통을 가능하게 하며,[6] 이를 통해 국민과 정부 사이의 거리를 좁히는 부가적 효과까지 기대할 수 있다.

그렇지만 여전히 시민과 공무원은 면대면 접촉을 원하는 풍토가 남아 있을 수 있다. 면대면 접촉은 상호 간의 신뢰와 소통을 강화할 수 있다는 점에서 긍정적 요소를 갖고 있기 때문이다. 이처럼 온라인 행정은 소통 과정에서 한계가 존재하는데, 이 경우 전자정부의 부패 감소 효과는 제한적으로 나타날 수도 있다.

2. 시민과 동료의 감시

과거 정부의 공공 업무는 관료들에 의하여 독점되어 왔으며, 독점에서부터 비롯된 막강한 재량권은 부패를 발생시키는 가장 중요한 원인 중 하나였다.[7] 이러한 부패의 고리를 끊기 위해 정부는 감사원이나 부패방지위원회를 설립하거나 행정 각 부처에 감찰 기능을 부여하고 별도의 감시체제를 구축하곤 하였다.[8] 앞서 설명한 바와 같이 공공 영역에서 인터넷 정보통신기술을 활용하면 정부 업무에 관한 대중의 접근 가능성을 높일 수 있다.[9] 원활한 정보 접근은 관료의 재량권을 시민에게 이전시키는 기능을 할 수 있다. 즉, 기존 부패방지위원회, 감사원 및 행정 각 부처에서 담당하던 감찰 기능이 시민에게로 넘어오게 되는 것이다.[10] 결국 전자정부에 대한 시민의 활용 능력(e-government literacy)이 향상되면 그만큼 전자정부의 부패억제력이 높아질 수 있다. 반면 시민의 전자정부 활용 능력이 낮을 경우 전자정부의 부패억제력은 떨어질 수밖에 없다.

3. 디지털 기록 행정의 영향

전자정부의 실현으로 가능해진 정보 접근과 공개는 부패가 발생할 수 있는 여지를 사전에 차단한다.[11] 정보화 시대의 국민은 컴퓨터만 있으면 누구나 손쉽게 공공 정보를 열람할 수 있다. 산업사회 이전 국가에서는 행정 관료가 복잡한 행정 절차에 대한 정보와 이해를 독점하였다. 그러나 정보를 향유할 수 있는 지평이 일반 국민에게까지 확대된 현대사회에서는 기록 정보를 누구나 쉽게 확인할 수 있게 되었다. 기록을 생산한 관료만이 보는 것이 아니라 일반 국민들도 볼 수 있기 때문에 한 번 기록된 정부 정보를 쉽게 바꿀 수 없게 되었다. 이 때문에 관료들의 정보와 정책 과정에 대한 독점적 횡포를 방지할 수 있게 된 것이다. 자연스럽게 공무원들의 재량권은 과거에 비해 축소될 것이다.[12]

뿐만 아니라 전자정부의 도입은 규칙과 절차를 단순화하고 과정과 시스템을 새롭게 변모시킬 수 있는 기회를 제공한다. 컴퓨터와 온라인 거래는 최대한 관련된 사람들의 개입을 줄일 뿐만 아니라 서비스 제공을 표준화시킨다. 이를 통하여 재량권은 축소되고, 축소된 재량은 부패 발생 가능성의 축소로 이어질 수 있다.[13]

III. 실증 분석의 검토

1. 해외 사례의 검토

1) 부패 감소에 대한 전자정부의 긍정적 효과

(1) 전자 시민참여(electronic civic participation)

정치, 행정, 정책 영역에서 전자 방식의 시민참여가 늘어나면서 부패 억제 효과가 있을 것으로 기대된다. 단순히 부패 억제뿐만 아니라 투명성을 통해 개방과 협업을 증진시키고 사회 전반의 생산성과 효능감을 높이는 데 기여할 것으로 기대된다. 이는 '디지털 원주민'이라는 인터넷과 각종 사이버 공간을 자유자재로 넘나드는 새로운 집단이 생겨났기 때문이다. 이처럼 전자 기술의 발전은 단순한 전자 방식의 디지털 기기뿐만 아니라 위키피디아나 오픈소스처럼 개방과 협업의 사회 행태를 보편화시키고 있다. 이를 통해 정부와 관련된 제반 영역에서 시민참여가 활발해지고 부패 영역이 축소되는 효과를 낳을 것으로 기대된다. 지방과 중앙, 정부와 시민사회 등 정부와 관련된 제반 현장에서 발생하는 중복 절차와 관료적 비효율성을 없애 투명성이 강화되는 것이다. 그리하여 정책 과정에 시민이 참여하게 되어 부패와 낭비를 제거하면, 시민이 정부와 함께 공공 업무를 처리한다는 효능감도 높일 수 있다. 최근 이를 보여 주는 수많은 사례가 있다. 미국의 공공정부 포털 사이트,[14] 공공 정책의 제반 문제점을 공직자 입장에서 스스로 문제 제기하는 정책슈머(polisumer)[15]의 공간(SeeClickFix), 지방정부 간 다양한 협력과 공유의 전자공간(Code for America) 등이 그것이다.[16] 그 밖에도 정부와의 소통을 추구하는 'Change.gov'와 'Change.org', 그리고 대표적인 정책 프로슈머(Prosumer) 사이트인 'FixMyStreet.com', 'TheyWorkForYou.com'도 있다. 또한 허리케인 카트리나와 같은 재난 상황에서 시민이 인터넷을 통해 실시간으로 각종 현장을 보여 주고 스스로 참여를 독려하고 발전시키는 자기조직화를 목격하고 있다. 이처럼 디지털 시대 시민은 정부를 감시하거나 정부와 협력하면서 다양한 형태의 전자 참여와 협업을 만들어 내고 있다. 그렇지만 그 효과에 대해서는 과학적 증거가 부족하기 때문에 이에 대한 엄밀한 분석이 뒤따라야 할 것이다.

(2) 전자지불(e-payment)

최근에는 금융거래의 방식이 종이지불이라는 전통적 방식(paper based or physical cash payment)에서 전자지불(electronic cash payment)로 전환되고 있다. 이러한 거래의 과정에서 투명성과 효율성이 점차 높아지고 있다. 특히 거래의 투명성이 확장되면서 부패 및 지하경제의 확장을 억제하는 효과가 창출되고 있으며 이는 전자지불에 대한 수요와 공급

〈표 1〉 국가별 전자지불 주요 사례

국 가	사 례
파키스탄	– 2009년 대홍수 때 1백만 개의 스마트 카드 발행(1만 2천 개의 무지점 은행 대리 네트워크 활용)
멕 시 코	– Oportunidades(6백만 가구에게 은행 계좌나 스마트 카드와 연결된 현금지불시스템 제공)
남아프리카 공화국	– South Africa's Social Security Agency (SASSA)
콜롬비아	– 1백 8십만 명에게 Colombia's Famlias en Acción Cash Transfer 프로그램 시행
브 라 질	– Brazil's Bolsa Familia 수혜자 2백만 명에게 공공은행인 Caixa Economica의 마그네틱 카드 발급
인 도	– National Rural Employment Guarantee Act (NREGA)에 근거해 전통은행시스템이 없는 곳에 거주하는 4백 명에게 전자지불카드 발급

자료: Emmett, B. (2012). "Electronic payment for cash transfer programmes," *Pension Watch Briefing* Series 8. HelpAge International. 웹사이트 출처(http://www.pension watch knowledge-centre/?guid=503ce5386af3a&order=n).

의 확대로 이어지고 있다. 공공 부문의 경우도 최근 각종 보조금이나 사회서비스를 전자지불 형태로 제공하고 있다. 일례로 현금용 전자지불이나 전자바우처는 공공서비스 공급에 전자 방식을 도입한 형태라고 할 수 있다. 이들은 대개 스마트 카드(smart card)나 마그네틱 카드(magnetic stripe card)를 통해 사용되거나 기존 신용카드에 지불기능이나 바우처 사용에 필요한 기능이 더해져 사용된다. 주요 국가별 사례는 위의 〈표 1〉과 같다.

전자지불은 기존의 종이지불 방식보다 관리 비용 절감이나 수혜자의 접근성 측면에서 효과적이라고 추정된다.[17] 그러나 전자지불 방식의 효과에 대한 과학적 자료나 실증 분석 결과를 찾기 어려울 뿐더러 나라마다 전자지불의 작동 방식과 작동 환경도 달라 그 효과에 대해 일률적으로 단언하기는 어렵다. 따라서 향후 그 긍정적 효과에 대해 엄밀성을 갖춘 과학적 증거 자료의 보완이 요청된다.

(3) 전자조달(e-procurement)

전자조달도 전자정부의 대표적인 부패 억제 사례로 꼽힌다. 전자조달은 각종 물품이나 프로젝트를 전자 방식으로 구매하거나 입찰을 함으로써 그 진행 과정을 투명하게 공개하는 것이다.[18] 전자방식을 사용함으로써 입찰에 대한 사전 정보, 입찰 후 성과에 대한 비교, 입찰 과정의 자동화 등을 가능하게 할 수 있다. 이를 통해 조달 과정에서 생겨날 수 있는 관료 부패를 억제할 수 있을 것으로 기대된다. 아래 〈표 2〉에는 여러 가지 형태의 전자조달 방식이 소개되어 있다. 표에서 보는 것처럼 전자조달은 단순히 입찰과 관련된 당사자에게 정보를 전자 방식을 통해 제공하는 것에서부터 시장 동향을 알려 주는 e-마켓, 구매의 재정 타당성까지 분석해 주는 e-intelligence에 이르기까지 그 형태와 적용 범위가 매우 다양하다. 현재 한국의 전자조달(e-bidding, e-contracting, e-payment, on-line shopping mall 등 4단계로 구성)은 모범 사례로서 전 세계 개발도상국으로부터 벤치마킹되고 있다. 그 밖에도 싱

<표 2> 전자조달의 유형

전자조달 및 구매 유형	내 용
e-Informing	인터넷 방식으로 관련 당사자에게 구매 정보를 모으고 배포
e-Sourcing	인터넷 방식으로 해당 구매 제품에 맞는 신규 공급자를 탐색
e-Tendering	인터넷 방식으로 공급자에게 가격을 제시하고 조율
e-Reverse auctioning	상품과 서비스 옥션가격에 근거한 전자역경매제도
e-MRO & Web based ERP	인터넷상에서 소프트웨어를 활용한 최적의 소모품 자재 전자구매(maintenance, repair and operation)시스템
e-Ordering	구매, 견적서, 승인, 지불 등 구매 전 과정을 관리하는 전자주문시스템
e-Markets	구매 과정에서 전자상거래를 통해 공급자와 구매자를 매칭
e-Intelligence	구매 관련 지출 분석 도구를 가진 정보관리시스템
e-Contract Management	계약 과정의 효율성과 효과성을 증진시키기 위한 전자구매 계약관리시스템

자료: Neupane, A., Soar, J., Vaidya, K & Ypung, J. (2012). "Role of public e-procurement technology to reduce corruption in government procurement," Proceedings of the 5th International Public Procurement Conference (IPPC5), pp. 304-334. Table 1.

가포르, 덴마크, 뉴질랜드, 호주, 그리고 인도의 Andra Prandesh 지방정부의 전자구매 등도 투명성과 성과 향상 측면에서 좋은 결과를 창출하고 있는 것으로 알려져 있다.[19]

최근 경제협력개발기구(Organisation for Economic Co-operation and Development; OECD) 보고서에 따르면 공공 부문 조달 과정의 부패 억제에는 전자 방식 시스템의 적용도 중요하지만 공직자의 책무성 및 윤리의식을 강화시키는 것도 중요하다. 뿐만 아니라 부패 외에도 담합 등과 같은 기타 부정적 사례들의 악영향도 동시에 고려해야 함을 강조하고 있다.[20] 이를 위하여 OECD는 특히 투명성(transparency), 선량한 구매 관리(good management), 부정행위 예방과 모니터링(prevention of misconduct, compliance and monitoring), 책무성과 통제(accountability and control)를 강화하는 종합적 접근법을 제안하고 있다.

(4) 개발도상국의 주요 전자정부 사례: 인도의 전자정부

OECD 국가뿐만 아니라 개발도상국에서도 전자정부를 상용화하여 부패를 감소시키고자 하는 여러 가지 시도들이 행해져 왔다. 파키스탄에서는 세금 징수원들과 시민들 간의 접촉을 줄이기 위해 인터넷 기술을 기반으로 한 정부시스템이 구축되고 있다. 필리핀 재무부에서도 전자정부 기반 시스템을 상용화하는 중이다. 인도의 Andrah Pradesh 주(州)에서도 1998년부터 2000년에 걸쳐 세금 징수를 전산화하여 부패의 주범이었던 중개인(middle man)과 시민 간의 부당한 거래를 없애버렸다.

개발도상국 중 가장 인상적인 사례는 인도의 카르나타카에서 토지 경작과 상속에 필요한 토지 등록 체계(land record system)를 전산화하기 위해 진행된 Bhoomi 프로젝트이다. 전산화를 하기 전에 농민들은 소유에 관한 정보를 얻거나 기록을 변경하기 위해서는 지적관리들을 방문해야만 했었다. 그런데 지적관리들을 만나기 위한 대기 시간이 길고 매우 만나기가 어려워서 자연스럽게 급행료를 내는 농민들만이 신속하게 일을 처리할 수 있었다. 그러나 토지 등록이 전산화되면서 농민들은 창구(kiosk)를 방문해 5분에서 길게는 30분 내에 토지 소유와 관련된 일들을 처리할 수 있게 되었다. 더 나아가 인도 정부는 최근 인포시스(Infosys)의 도움으로 보조금 수혜자의 지문과 홍채를 인식하여 신원을 조회할 수 있는 전자신분확인시스템을 구축하여 부정 수급을 방지하려 하고 있다.[21] 한국에서 사용되는 각종 전자전달체계인 보육, 돌봄 등 사회서비스 전자바우처 역시 부정수급 사례를 줄이기 위한 유사 사례라 할 수 있다. 이 외에도 브라질에서는 화면에 후보자의 얼굴을 보여 주는 전자투표방식을 도입하여 문맹이라도 후보자를 식별할 수 있도록 하여 보다 쉽게 투표에 참여할 수 있게 하였다. 이를 통하여 무효표를 방지할 수 있었을 뿐만 아니라 시민참여를 독려하는 성과도 달성한 것으로 평가된다. 전자정부의 도입을 통해 힘없는 사회적 약자의 목

소리를 민주적인 정치 과정에 반영할 수 있었던 것이다.[22]

　　개발도상국에서 널리 이용되는 전자정부 상용화 사업의 대표 사례로 인도를 꼽을 수 있다. 바타나가(Bhatanagar, S. C.)는 2000년대 들어 인도에서 시도된 전자정부 상용화 프로젝트 8개를 대상으로 전자정부가 시민 고객, 정부, 시민사회에 미치는 영향을 분석하는 일련의 연구를 진행하였다.[23] 연구의 대상이 되었던 8개의 프로젝트들을 정리하여 보면 다음 〈표 3〉과 같다. 바타나가는 각각의 프로젝트에서 서비스가 제공된 지점 8개를 선정하고 각 지점에서 30명을 추출하여 총 240명을 연구의 표본으로 삼았다.

　　전자정부의 도입은 부패 및 투명성에 대한 시민들의 시각 변화에도 일조한 것으로 보인다. 다음 〈표 4〉는 240명의 시민들을 대상으로 하여 각각의 프로젝트에서 본인들이 가장 중요하게 생각하는 거버넌스 관련 이슈 4개를 선정하도록 한 결과를 보여 주고 있다. 8개의 프로젝트 중 부패 및 투명성과 관련된 이슈는 5개 프로젝트에서 시민들이 그 중요성을 인식하고 있는 것으로 나타났다.

〈표 3〉 인도의 전자정부 프로젝트

프로젝트	시작일	주 이름	내 용
Bhoomi	2001/02	Karnataka	토지 등록 및 소유에 관한 문서들을 온라인화함. Karnataka에 위치한 203개의 창구를 중심으로 진행됨.
Karmataka Valuation and E-Registration (KAVERI)	2003/12	Karnataka	Karnataka에 위치한 201개의 창구들을 거점으로 시행됨. 사유재산의 처분이나 구매에 관한 증서들을 온라인으로 등록.
Khajane	2002/11	Karnataka	공공기관 공금에 관한 네트워크 구축 및 이에 관한 문서들을 온라인화함. 역시 Karnataka에서 시행됨.
Computer Aided Administration of Registration Department (CARD)	1998/11	Andrah Pradesh	사유재산의 처분 및 구매에 관한 증서들을 온라인에 등록. Andrah Pradesh에 위치한 387개 거점 사무소들을 중심으로 하여 진행됨.
e-Procurement	2003/01	Andrah Pradesh	정부 부처가 제공하는 서비스를 온라인을 통해 제공함.
e-Seva	2003/08	전 국	275개 지역, 190개 마을에서 중앙정부, 주정부, 지역정부로부터 제공되는 135종류의 서비스를 원스톱 방식을 통해 주민들에게 제공하기 시작함.
Ahmedabad Municipal Corporation Civic Centers (AMC)	2002/09	전 국	16개의 AMC 센터에서 영업 허가, 세금 징수, 출생/사망 증명서 발급 서비스를 제공하기 시작함.
Computerized Interstate Cheek Posts	2000/03	전 국	교량 위에 설치된 자동화 프로그램에 의하여 과적차량이나 전조등을 너무 강하게 켠 차량, 필수 서류를 지참하지 않은 차량에 벌금이 부과됨.

자료: Bhatnagar, S. C. & Singh, N. "Results from a study of impact of e-government projects in India," 2009 International Conference on Information and Communication Technologies and Development (ICTD)을 재구성.

<표 4> 중요 거버넌스 이슈

프로젝트	1순위	2순위	3순위	4순위
Bhoomi	오류 발생 감소	서비스 전달 지연 방지	부패 방지	직접 방문 감소
KAVERI	부패 방지	투명성 강화	오류 발생 감소	대기 시간 감소
Khajane-DDO	절차 간소화	일정의 유연성	친절성 강화	오류 발생 감소
Khajane-Payee	서비스 전달 지연 방지	일정의 유연성	적절한 위치	오류 발생 감소
CARD	시간과 노력 감소	대기 시간 감소	부패 방지	공정한 대응
e-Seva	시간과 노력 감소	대기 시간 감소	일정의 유연성	공정한 대응
e-Procurement	부패 방지	접근성 강화	공정한 기회 보장	직접 방문 감소
AMC	시간과 노력 감소	부패 방지	투명성 강화	민원 대응성 강화
Checkposts	대기 시간 감소		오류 발생 감소	적절한 시스템 확보

자료: Bhatnagar, S. C. & Singh, N. "Results from a study of impact of e-government projects in India," 2009 International Conference on Information and Communication Technologies and Development (ICTD).

뿐만 아니라 정부의 전산화는 부패 방지에 매우 직접적인 영향을 미친 것으로 보인다. 다음의 〈그림〉에서 위쪽 선분은 정부 서비스를 기존 매뉴얼 방식으로 제공할 경우의 뇌물 수수 비율을, 아래쪽 선분은 전자정부 방식하에서의 뇌물 수수 비율을 나타낸다. 매뉴얼 방식의 선분은 Khajane-DDO, e-Seva 프로젝트를 제외하고는 항상 전자정부 방식의 선분을 상회하고 있어, 매뉴얼 방식을 채택했을 때 뇌물 수수 비율이 평균적으로 더 높다는 것을 알 수 있다. 특히 Bhoomi 프로젝트의 경우 뇌물 수수 비율이 매뉴얼 방식에서는 약 30%에 육박하는 데

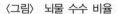

〈그림〉 뇌물 수수 비율

(단위: %)

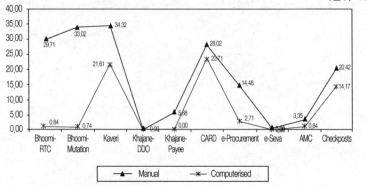

자료: Bhatnagar, S. C. & Singh, N. "Results from a study of impact of e-government projects in India," 2009 International Conference on Information and Communication Technologies and Development (ICTD).

반해 전산화 방식에서는 불과 1%에도 미달하여 전자정부가 부패를 억제한다는 매우 강력한 증거로 주목받고 있다.

2) 전자정부의 부패 억제 효과에 대한 의문

(1) 국가별 차이와 정부 역량

전자정부의 영향력 기제는 시행 국가의 상황에 따라 다를 수 있다. 즉, 각 국가가 직면한 상황이 전자정부 효과의 차이를 유발할 수 있다. 가장 대표적인 예로 앤더슨(Anderson, T. B.)의 연구에서 전자정부 효과는 비 OECD국가들에서만 나타났다.[24] OECD국가들의 경우 전자정부의 발달 여부와 상관없이 이미 부패가 적은 사회적 환경을 갖추고 있으므로 전자정부의 도입 여부가 부패에 영향을 줄 여지가 없다는 것이다. 따라서 앤더슨은 OECD국가들을 비 OECD국가들과 함께 묶어 연구를 진행할 경우 본래의 전자정부 효과를 발견하기 힘들다고 지적하고 있다.[25]

한편 전자정부의 긍정적 효과가 개발도상국보다 선진국에서 더 크게 나타날 가능성이 높다는 연구도 있다. 문명재에 의하면 부유한 재정을 확보하고 있는 국가들은 그렇지 않은 국가들에 비해 전자정부 구축 및 이를 통한 서비스 전달을 보다 용이하게 운영할 확률이 높다.[26] 왜냐하면 이들 부국들은 기술 기반 프로젝트를 성사시킬 충분한 재원 및 인력을 확보하고 있기 때문이다.

이처럼 각 국가의 운용 능력에 따라 전자정부의 효과가 달라지기 때문에, 정부의 역량도 전자정부가 부패에 미치는 영향 경로와 관련될 수 있다. 전자정부 상용화가 수많은 형태의 반발과 제약들에 부딪칠 경우,[27] 그 성공 여부는 관리적 리더십(managerial leadership)과 정치적 지원에 의해 크게 좌우된다.[28] 전자정부 구축이 혼란과 불만을 가져올 경우 부패에 대한 전자정부의 효과는 반감될 수 있다.

(2) 투명성에 대한 사회문화

아직까지 많은 국가들에서 시민들이 인터넷상의 정보들을 그대로 접하는 것을 금지하고 있어 투명성에 관한 사회 문화 형성이 답보 상태에 머물러 있다. 특히 동아시아, 북부 아프리카, 중동, 그리고 중앙아프리카 국가들 중 3분의 2가 인터넷상의 정보들을 정부가 검열하고 있다.[29] 말레이시아와 사우디아라비아는 1999년부터 인터넷 접근에 대한 감시를 공식적인 정부 정책으로 입안하였으며, 특히 사우디아라비아에서는 King Abdulaziz City for Science and Technology (KACST)라는 감시 전담부처가 설치되어 있다. 같은 해 중국에서는 인터넷에 게재한 글을 이유로 네티즌을 구속하였으며,[30] 터키에서는 인터넷에 대한 제한적 접근을 규정한 법률을 통과시켰다.[31] 미국도 2001년부터 연방정부로부터 재정 지원을 받는 공공 도서관 및 학교에서는 제한적인 인터넷 사용이 의무화되었다. 여러 정부들의 이러한 제한 조치들은 사회적, 정치적 그리고 보안상의 이유에 근거하고 있다.

개방에 대한 사회적 합의가 이미 도출되어 있는 국가들에서는 정부의 이러한 정책에 대한 비판의 목소리가 매우 높다. 예를 들어, 유럽 연합(European Union; EU)의 정보 접근 제한 정책은 많은 시민과 시민단체들의 강력한 비판에 직면하고 있다.[32] 그러나 애석하게도 개방에 대해 익숙하지 않은 국가의 국민들은 정부의 조치에 대해 비판의 목소리 마저 내지 못하고 있다. 중국은 그 대표적인 예라 할 수 있다. 앞서 소개했던 바와 같이 중국은 1999년에 인터넷에 글을 게재한 네티즌을 구속시켰을 뿐만 아니라 2002년에는 중국 내에 존재하는 2,400여 개의 인터넷 카페 중 200여 개를 제외하고 모두 폐쇄시켰다.[33] 급기야 2009년 말 중국 정부는 "Green Dam"이라는 소프트웨어를 이용하여 인터넷상의 정보들을 제한하기 시작하였지만 이에 대한 중국 내의 반발의 목소리는 매우 작았다.

2. 국내 사례의 검토

1) 전자정부의 긍정적 효과

(1) 사례 1: 서울시 OPEN System에 대한 인식 조사 연구

인터넷 정보통신기술이 부패에 미치는 영향과 관련하여 가장 널리 알려진 성공 사례는 1999년 서울시에서 도입한 OPEN System (Online Procedures Enhancement for Civil Application System)이다. OPEN System은 민원 처리 온라인 공개 시스템으로, 당시 정부에서 진행되고 있던 일련의 개혁 프로그램의 일환으로 시행되기 시작되었다.[34] OPEN System 상용화 이전 시민들은 민원을 처리하기 위해 담당자를 직접 대면할 수 밖에 없었으며 신속한 민원 처리를 위해서는 급행료(express fees)를 지불해 왔었다.

그러나 전자방식의 도입 이후로 민원인들은 공무원들과의 직접적인 접촉 없이 온라인 시스템을 통하여 민원을 처리할 수 있었으며 공무원들은 민원 처리가 지연될 경우 이에 대한 합당한 이유를 온라인에

공개해야만 한다. OPEN System을 이용하고 싶은 민원인은 서울시의 홈페이지에 있는 OPEN System에 접속하여 신청을 하면 된다. 민원 처리의 전 과정을 신청한 순간부터 민원인 당사자뿐만 아니라 인터넷을 이용할 수 있는 모든 서울 시민이 관찰하고 모니터링할 수 있다. OPEN System의 대상이 되는 업무는 과거에 청탁, 지연, 불합리 등으로 점철되었던 건축, 영업 등의 분야로 부패 방지 효과가 더욱 탁월하게 나타날 것이라 기대되었다. 이러한 기대는 실제 성공으로 이어져 부패를 감소시켰을 뿐만 아니라 서울 시민들이 서울시 정부에 대해 가지는 이미지도 크게 쇄신시켰다.

OPEN System은 시민들뿐 아니라 학계에서도 긍정적인 평가를 받고 있다.[35] 김영평을 비롯한 몇몇은 OPEN System 시행 이후 민원 행정 처리의 투명성이 증대되어 부정과 부패가 발생할 가능성이 감소되었다고 하였다.[36] 이윤식에 따르면 OPEN System에 대한 효과성을 평가한 결과 시스템 도입 후 효율성 제고, 고객 지향적 행정의 구현, 행정의 투명성 확보가 가능해졌으며,[37] 박흥식 또한 OPEN System이 부패 방지에 미치는 효과를 제시하였다.[38] 권해수는 OPEN System이 공무원과의 대면 필요성 제거, 경쟁의 기회 제공, 양방향 통신 가능성 제공을 통해 행정 및 조달 분야에서 부패를 감소시켰음을 밝혔다.[39]

(2) 사례 2: 사회복지통합관리망(행복 e음)을 통한 복지예산의 공정성·효율성 제고

최근 한국도 각종 복지사업이 여러 부처에 의해 시행되면서 복지사업의 중복이나 부정 수급에 대한 논란이 많다.[40] 하지만 사회복지통합관리망(행복 e음)을 활용하여 부정 수급 발생 현황을 과학적으로 정확하게 식별할 수 있게 되었다. 뿐만 아니라 부정 수급 감소를 통해 절감된 복지비용을 다른 차상위 복지수혜자에게 지출함으로써 복지의 효율성뿐만 아니라 복지전달체계의 공정성과 투명성을 높이는 데 크게 기여할 수 있게 되었다. 정부(보건복지정보개발원)는 사회복지통합관리망을

활용하여 2010년 3849억 원과 2011년 3351억 원의 부정 수급액을 적발하였다.[41] 사회복지통합관리망이 갖추어지기 전에는 정부 각 부처나 기관 등이 가지고 있는 복지수혜자 자격정보가 분산 관리되고 있어 정보의 통합적 관리가 어려웠고, 명확한 복지수혜자 검증이 어려웠다.[42] 하지만 사회복지통합관리망의 구축 이후 복지수혜자격에 대한 정확한 검증이 가능해지게 되었으며 과거에 부정 수급으로 낭비되고 있던 정부 재정을 크게 줄일 수 있게 된 것이다. 따라서 현재 구축된 사회복지통합전산망이 복지전달체계의 투명성과 공정성을 높이는 데 크게 기여하고 있음을 알 수 있다.

2) 부패 감소에 대한 전자정부의 효과성 부정

(1) 보안 시스템의 부재

서울시 OPEN System의 성공은 인터넷 정보통신기술이 공공 영역에 도입되어 부패 발생 가능성을 절감시킬 수 있다는 가능성을 보여준 고무적인 사례이다. 그러나 인터넷 정보통신기술은 태생적으로 파급력이 막대한 만큼 도입 시기뿐 아니라 이후 사용 영역이 확장되는 시기에도 지속적인 관리와 모니터링이 필요하다. 특히 사이버 안보는 적절한 예산과 인력이 투입되어 철저히 관리되지 않으면 오히려 또 다른 부패를 발생시킬 단초로 작용할 가능성마저 있다. 인터넷을 통해 발급되는 각종 민원 서류의 내용이 손쉽게 위조 및 변조될 수 있기 때문이다. 일례로 정부가 입찰 투명성을 높인다는 명목하에 도입한 조달청의 전자입찰 시스템에 수백억 원의 불법 낙찰 의혹이 제기되어 검찰의 수사를 받았다.[43] 이후 2013년 3월 기획재정부는「전자조달의 이용 및 촉진에 관한 법률」을 제정하여 공포하였다.[44] 이 법률은 전자조달시스템상 관련 정보를 위·변조하거나 본인확인인증서의 양도 및 대여와 같은 부정한 행위를 처벌하는 것을 골자로 한다. 그러나 이러한 정부의 조치에도 불구하고 2013년 4월 조달청의 전자입찰 시스템과 연결된 지방자치단체 PC를 해킹하여 290억 원을 불법으로 낙찰받은 사례가 적발[45]되었다. 이처럼 전자정부를 악용한 부정적 사례들은 전자정부의 도입과 활용 자체가 부패 감소로 이어지지는 않는다는 것을 보여 준다. 전자정부는 보안 시스템, 법적 제도, 인적 자원의 구축 등 여러 가지 법적·사회적 지원을 기반으로 하지 않으면 제대로 작동되기 어렵다는 사실을 시사하고 있는 것이다. 따라서 무조건적인 도입과 부패에 대한 영향력을 탐색함에 앞서 이러한 제도적 요건들을 살피는 것이 필요하다.

(2) 투명한 행정문화의 부재

인터넷 정보통신기술이 아무리 행정 투명성을 강화할 수 있는 가능성을 지니고 있다고 하더라도 전자정부를 어떻게 활용하는가에 따라 그 효과는 상당히 달라진다. 전자정부의 효과는 기존의 투명한 행정문화와도 밀접한 연관성을 가진다. 행정을 운영하는 규칙을 제정하고 이끌어나가는 것은 결국 우리 인간이므로 기술 도입 이전에 투명한 행정문화를 만들어 가는 것 또한 중요하다는 것이다. 제천시 모 공무원이 전자문서를 위조하여 2011년 7월 모 업체가 350만 원 상당의 마을 게시판을 제작한 것처럼 꾸미고 자신의 인척 계좌로 해당 금액을 입금하는 방식으로 공금을 횡령한 사례는 투명한 행정문화의 필요성을 잘 나타내어주는 사례이다.[46] 베르토트(Bertot, J. C.)와 그의 동료들은 전자정부가 부패를 억제하기 위해서 다음과 같은 정치사회적 여건이 필요함을 강조한다.[47]

〈전자정부의 부패 억제를 위한 조건들〉

① 인터넷 정보통신기술에 대한 접근성(ICT access)
- 모든 사회적 계층에 인터넷에 대한 접근을 보장.[48]
- 상호접근성(interconnection) 향상은 사회 구성원들이 사회 전체를 위하여 투명성을 강화시킬 수 있는 요인을 제공할 수 있음.
② 신뢰(Trust)
- 정부에 대한 정보 제공과 인터넷 정보통신기술의 투명성의 강화는 신뢰의 향상으로 이어질 수 있음.[49]

③ 권한 부여(Empowerment)
- 인터넷 정보통신기술의 사용은 개방성 확대를 위한 일련의 계획(initiatives)들에 시민들이 영향력을 행사할 수 있도록 권한을 부여할 수 있음.
- 또한 이는 투명성을 증강시키기 위한 사회적 분위기를 조성할 수 있음.[50]

④ 사회적 자본(Social Capital)
- 인터넷 정보통신기술은 사회적 네트워크와 구성원 간 협력을 이끌어 낼 수 있음.[51]

⑤ 관료사회의 수용(Bureaucratic acceptance of transparency)
- 어떠한 형태의 인터넷 정보통신기술인지와 상관없이 관료사회의 폭넓은 수용을 얻지 못하면 사회적 영향력을 발휘하기 힘듦.[52]

자료: Bertot, J. C., Jaegar, P. T. & Grimes, J. M. (2010). "Using ICTs to create a culture of transparency: E-government and social media as openness and anti-corruption tools for societies," *Government Information Quarterly*, 27(3): 264-271.

IV. 전자정부의 부패 억제 효과에 대한 향후 연구

1. 전자정부의 부패 억제 이론 개발

무엇보다 전자정부의 부패 억제에 관한 이론을 충실히 만들 필요가 있다. 현재 밝혀진 전자정부가 부패를 억제하는 기제는 두 가지이다. 하나는 정보 비대칭을 해소하여 공무원이 가진 정보 독점을 완화함으로써 나타나는 부패 감소이다. 다른 하나는 전자정부가 투명성을 높여 공무원의 행태에 관한 사회적 압력과 감시망을 작동시킴으로써 나타나는 부패 감소이다. 이러한 두 가지 이론에 대한 타당성 분석과 더불어 그 외에 전자정부의 부패 감소에 대한 다양한 측면의 이론 개발이 필요하다. 나아가 전자정부는 다양한 제3의 변인을 통하여 부패에 영향을 줄 수 있다. 따라서 전자정부의 부패에 대한 간접적 효과(indirect effect) 이론의 개발이 요구된다. 한편 거꾸로 부패 상황이 전자정부의 확장이나 억제에 영향을 줄 수 있다. 이러한 역 인과관계(reverse causal relationship)에 대한 검토를 통하여 전자정부와 부패 사이의 다양한 연관성에 주목할 필요가 있다. 이는 전자정부를 활용한 부패 억제에 대해 풍부한 정책적 시사점을 제시해 줄 것으로 기대된다.

다음으로 국가별 비교분석이 필요하다. 전자정부와 부패의 연관성은 나라마다 다를 수 있다. 예를 들면, OECD국가와 그렇지 않은 국가 집단 사이에서 결과가 다르게 나올 수 있다. 최근 앤더슨에 따르면 부패에 대한 전자정부의 억제 효과는 비 OECD국가군에서만 나타난다. OECD국가의 경우 전자정부의 발달 여부와 상관없이 이미 부패가 발생하기 어려운 사회 환경을 가지고 있기 때문에 부패와 전자정부 사이의 연관성이 나타날 여지가 적기 때문이다.

나아가 전자정부가 부패에 미치는 영향을 파악하기 위해서는 보다 더 적절한 사례와 타당성이 높은 통계적 검증 결과를 계속 찾아서 축적할 필요가 있다. 그동안 전자정부는 부패를 감소시킬 수 있다는 일종의 믿음이나 신화로 존재해 왔다. 이러한 당위론적 가설이나 믿음 때문에 각국 정부는 전자정부 예산을 늘리거나 관련 기구들을 창설하였다. 그러나 실제 전자정부가 부패를 어떻게 얼마나 감소시켜 주는지 실증적으로 규명한 연구는 여전히 많지 않다. 실제 전자정부가 부패를 얼마나 잘 억제 및 감소시키고 있는지에 대한 정확한 진단이나 분석이 많지 않은 것이다.

끝으로 전자정부와 부패 사이의 분석 단위를 실제 전자정부가 작동하는 현장 수준으로 끌어내리고 이에 맞는 자료를 가져와 분석할 필요가 있다. 최근 이 분야 연구를 살펴보면, 몇몇 국가 단위의 집합 수준(aggregation level)에 의존해 전자정부지수와 부패 관련 인식지수 사이의 통계적 연관성을 제시하고 있다. 그러나 앞으로 분석 단위를 좁혀 개별수준에서 전자정부 사례가 부패에 어떻게 영향을 주는지 살펴볼 필요가 있다. 실제 전자정부의 영향이 작동한 개별 수준의 연구가 없다면 전자정부와 부패 억제 효과에 대한 논의들은 여전히 집합수준(국가단위)에서의 다소 과장된 생태학적 연관성(ecological correlation)을 찾는 데 머물 수밖에 없다.

2. 전자정부와 부패에 관한 과학적 연구방법론의 탐색

1) 전자정부와 부패 측정의 문제

전자정부와 부패(혹은 투명성)라는 두 가지 변수에 대한 정밀한 조작적 정의와 측정에 문제가 있다. 현재 전자정부와 부패에 관한 대부분의 연구들은 사례 분석 중심으로 가고 있을 뿐만 아니라 소수의 실증 분석 연구에서도 천편일률적인 변수를 사용하고 있다. 이러한 측정 오차는 실제 실증 분석에 있어 부패에 대한 전자정부의 영향을 왜곡시키는 요인으로 작용한다. 일반적으로 전자정부와 부패 관련 연구에서 투명성은 국제투명성기구(Transparency International; TI)에서 매년 발표하는 부패인식지수(Corruption Perceptions Index; CPI)로, 전자정부의 발전 정도의 경우 UN에서 발표하는 'e-government readiness' 지수로 측정된다. 그러나 부패인식지수와 'e-government readiness' 두 가지 지표 모두 과학적으로 측정하는데 한계가 있기 때문에 객관적 방법뿐 아니라 각 국가에 조사원을 파견하여 그들의 주관적 판단을 기준으로 평가하는 방법을 모두 사용하고 있다. 따라서 객관적-주관적 지표의 적절한 구성 방식을 고민해 볼 필요가 있다. 또한 전자정부의 영향력을 분석하기 위해서는 전자정부의 인프라와 활용 능력에 대한 지표가 필요하다. 'e-government readiness' 지수의 경우 극소수의 인원이 전 세계 200여 개 국가를 평가하기 때문에 그 타당성에 대해서 의문이 있다. 뿐만 아니라 'e-govern- ment readiness' 지수는 전자정부의 상용화를 위한 기기(컴퓨터, 모바일, 전화 등) 및 인프라가 어느 정도 구축되어 있는지를 반영할 뿐, 실제 생활 속에서 전자정부 이용을 반영할 수 있는 디지털 리터러시(digital literacy) 개념이 전혀 반영되어 있지 않다.

2) 실증 분석 모형의 정교화

전자정부가 부패에 미치는 영향은 다양한 정치행정적 경로를 거친다. 전자정부의 활용 능력, 전자정부와 각종 행정·재정적 개혁의 연계, 전자정부에 대한 시민과 공무원의 인식과 태도 등 다양한 변인이 부패에 대한 전자정부의 효과와 관련되어 있기 때문이다. 그렇지만 실제 사용되는 실증 분석 모형은 대부분의 중요 매개 변인을 통제한 후 부패에 대한 전자정부의 직접 영향을 측정하고 있을 뿐이다. 이러한 직접 영향은 어떻게 전자정부가 부패를 억제하고 있는지에 대한 과정을 제대로 설명하지 못한다. 뿐만 아니라 전자정부가 구축되고 활용되는 과정에서 시민의 참여와 상호작용이 이루어지는데, 이러한 기제가 실증 분석 모형에 제대로 반영될 필요가 있다. 현재 전자정부와 부패에 관한 국가 간 패널 연구의 경우 일반적으로 회귀분석에 근거한 계량 모형을 이용하여 단편적 결론을 도출하는 데 그친다. 향후 단편적 회귀분석 모형 대신 구조방정식 모형을 사용하여 다양한 영향 경로를 검증할 필요가 있다.

3) 다양한 준실험(quasi-experiment) 사례를 더 찾아야

부패의 발생에는 개인적 특성과 같은 내생적 요인뿐 아니라 사회경제적 요인과 같은 외생적 요인이 동시에 작용한다.[53] 이처럼 부패의 발생은 각 변수들의 단편적 영향에서 비롯된다기보다는 각 변수들의 다차원적 상호작용에서부터 발현되기 때문에 어느 한 변수의 영향력을 엄밀하고 엄정하게 분리하여 측정하는 것이 어렵다. 특히 국가를 분석 단위로 하는 경우 이러한 어려움은 배가되리라고 예상된다. 따라서 전자정부의 부패에 대한 영향력을 제대로 파악하기 위해서는 부패와 무관하게 형성되는 전자정부의 외생적 특성을 자연실험(natural experiment)을 포함한 각종 준실험 상황을 이용하여 포착할 필요가 있다. 이를 위해 무엇보다 전자정부의 형성 과정과 활용에 대한 다양한 이론과 실제 사례를 발굴할 필요가 있다. 이를 바탕으로 전자정부가 부패에 미치는 영향에 대한 다양한 직·간접적 경로를 발견할 수 있을 것이다.

제10장 청렴도 조사: 부패 통제의 새로운 접근방법

김병섭·백대현*

Ⅰ. 머 리 말

부패를 줄이지 않고서는 세계의 일류 국가가 될 수 없다. 부패가 없는 사회를 만들지 않으면, 정치, 경제, 사회 어느 부분에서도 세계가 부러워하는 아름다운 세상을 만들 수 없다. 때문에, 부패를 청산하고 청렴한 국가를 건설하는 것은 국민 모두가 함께 공유하는, 흔치 않은 국정 목표이자 가치로 자리매김을 해 왔다.

때문에, 역대 정부는 부패 청산을 줄곧 국정의 주요한 목표로 삼아왔다. 예외적으로 부패를 국정 아젠다로 삼지 않은 이명박 정부가 있기는 하지만, 한국의 역대 정부는 부패 문제를 높은 수준의 국정 아젠다로 설정하고 이의 해소를 위해 다양한 전략을 추진해 왔다. 박정희 정부는 감사원을 설립하고 「부정축재처리법」을 도입하였고, 전두환·노태우 정부를 거치면서 「공무원윤리헌장」, 「공직자윤리법」이 제정되었다. 김영삼 정부는 특히 부패 통제를 높은 수준의 국정 목표로 삼고, '재산공개', '금융실명제', 「행정절차법」, 「정보공개법」 등의 다양한 제도를 도입하였다. 김대중 정부는 「부패방지법」을 제정하였고, 노무현 정부는 「정치자금법」을 제정, 정경 유착을 끊고자 하였다.

이와 같은 지속적인 부패 척결 노력의 결과, 운전면허증과 함께

---

* 백대현은 서울대학교 행정대학원 박사과정 학생입니다.

돈을 받고 교통 위반을 묵인하던 교통 경찰이 사라지고, 정경 유착이라는 단어가 신문에 등장하지 않는 등의 가시적 성과를 이루기도 하였다. 이러한 부분적인 성과에도 불구하고, 한국에서의 부패 문제는 여전히 중요한 문제로 인식되고 있다. 국제투명성기구(Transparency International; TI)에서 발표하고 있는 부패인식지수(Corruption Perceptions Index; CPI)를 보면 한국의 부패 상황은 크게 개선되고 있지 않다. 오히려 다른 국가들과 비교하여 상대적으로 악화되고 있는 것으로 나타나고 있다.

이것은 부패 문제에 대한 접근을 보다 새롭게 해야 한다는 것을 의미한다. 이러한 시도의 하나로 등장한 것이 바로 국가권익위원회가 실시하고 있는 청렴도 조사이다. 왜 청렴도 조사가 새로운 접근방법이 되는가? 청렴도조사가 지금까지 실시되어 왔던 부패 통제의 거버넌스에 어떤 변화를 가져왔는가? 본 연구는 이러한 의문에 답하는 것을 그 목적으로 한다. 이를 위해 첫째, 왜 새로운 접근법이 필요한지 밝히기 위해 부패의 성격을 간략하게 제시한다. 둘째, 부패 통제의 새로운 거버넌스가 왜, 그리고 어떻게 작동하는지를 설명한다. 셋째, 이러한 거버넌스가 제대로 작동되기 위해서는 청렴도 조사를 어떻게 실시해야 하는지, 주요 쟁점과 논리를 설명한다. 넷째, 이를 토대로 하여 정책적 시사점을 제시하고자 한다.

II. 거버넌스의 변화 필요성: 부패의 성격

부패를 통제하는 방법은 부패를 어떻게 이해하는지에 따라서 달라진다. 부패를 이해하는 접근방법에는 여러 가지가 있지만, 크게 보면 개인적 접근과 사회문화적 접근 방법으로 나누어 볼 수 있다.

개인적 접근법은 부패를 관료 개인의 윤리적인 문제로 보는 것으로서 단순히 썩은 사과만 골라내면 부패 문제를 해결할 수 있다는 입장이다. 주인－대리인 이론은 부패 문제를 공직자 개인의 입장에서 경제학적으로 설명해 주고 있는데, 두 가지 가정을 한다.

첫째는 대리인, 즉 공직자들이 합리적 존재라는 점이다. 공직자들은 합리적이므로 부패를 통해서 발생하는 이익이 부패를 통해서 예상되는 비용보다 클 경우 쉽게 부패 행위를 저지르게 된다는 것이다. 여기서의 이익과 비용은 금전적인 것뿐만 아니라 비금전적인 비용까지 포함한다. 비금전적인 부분은 심리적 만족과 관련되어 있는데, 공직자 자신이 부패에 연루되지 않았다는 사실로서 얻게 되는 도덕적 만족감과 뇌물이나 청탁을 수용함으로써 발생하는 심리적 죄책감을 생각해 볼 수 있다. 금전적 비용은 대표적으로 부패에 연루되었다가 발각되었을 때 발생할 수 있는 처벌로서 감봉이나 해임으로 발생하는 경제적 손실일 것이고 금전적 이익은 부패로 인한 직접적인 수입 증가를 꼽을 수 있다.

두 번째 가정은 대리인이 일반적으로 감시자보다 더 많은 정보를 가졌다는 것이다. 전문화되고 분업화된 행정 업무의 특성상 업무 담당자가 아닌 경우에는 무슨 일이 일어났는지 알기가 어렵다. 비리가 발생해도 그것을 인지하거나 규정짓는 것 자체가 어렵다. 이렇게 비리 행위에 대한 적발 가능성이 매우 낮은 주인－대리인(principal-agent) 상황에 놓이게 되면, 아무리 처벌이 강하더라도 부패에 대한 유혹을 떨쳐 버리지 못하게 된다. 특히 부패와 관련된 범죄는 비리 당사자 간의 강력한 이해관계를 바탕으로 은밀하게 이루어지는 경우가 많기 때문에 적발하기가 어렵다.

개인적 접근법으로서의 부패의 문제를 전적으로 개인의 문제로 보고 있다. 따라서 부패 통제의 방법도 이러한 일탈적인 개인을 적발하고 처벌하는 것에 초점을 맞출 수밖에 없다. 그러나 한 개인이 부패행위를 하는지 하지 않는지, 한 건 한 건 개별적으로 감시하고 적발하는 것은 전혀 효과가 없는 것은 아니지만, 부패의 은밀성과 주인－대리인 이론에서 상정하고 있는 정보의 비대칭성을 감안할 때 매우 어렵다. 부패를 제공하고 이를 수수하는 개별적인 관계를 외부감시자가 적발하는 것은 작동하기가 쉽지 않다는 것이다. 그럼에도 불구하고 이러한 부패 통제의 방식을 강화하는 조치를 우리는 취해 왔다. 부패 통제 기구를 강화하고, 이의 활동을 위한 예산을 증액하는 것이다. 부패 행위를 하는 공직자와 이를 단속하는 기관 간의 단선적인 관계로 통제거버넌스가 형성되어 부패 통제가 실시되어 왔다. 말하자면, 지금까지의 부패 통제의 방식은 구거버넌스(old governance) 접근이라고 해도 과언이 아니다.

이러한 부패 통제의 접근 방식에서는 특정한 개인이 부패 행위를 잘 인지할 수 있는 집단이 부패 통제자로 역할을 할 수 있는 장치가 없다. 먼저, 은밀하게 뇌물이나 향응을 제공하는 바로 그 당사자가 이를 폭로할 가능성을 열어 놓지 않고 있다. 뇌물 공여자와 수뢰자 공히 처벌하는 쌍벌제나, 공여자를 더 엄중하게 처벌하는 제도는 있으나, 이들이 부패 행위를 폭로할 장치는 마련되어 있지 않다. 물론 인센티브 장치가 없어도 뇌물 공여자는 자신이 뇌물을 제공하면서 기대한 이익을 받지 못할 경우 이를 폭로하는 경우가 있다. 그러나 이는 어디까지나 개인적 계산에 의한 행동일 뿐 부패 통제의 전략이나 장치에서 비롯된 것은 아니다.

다음, 특정한 개인의 부패 행위를 잘 인지할 수 있는 집단은 바로 동료들이다. 그런데 동료들은 부패 행위를 인지하더라도 그것이 개인의 문제이기 때문에 이를 줄이는 데 노력을 하지 않는다. 오히려, 잘못된 행동을 가볍게 생각하여 더 이상 부패로 인식하지 못하는 경우가 발생할 수 있고 이것은 부패를 일종의 관행으로 만들어 부패 문화를 형성할 수도 있다.

이러한 관계에 대한 이해를 전제로 부패 통제를 생각하는 것이 바로 사회문화적 접근법이다. 사회문화적 접근법에서 잘 적용될 수 있는 이론은 집단행동 이론이다. 집단행동 이론도 모든 행위자들은 자신의 이익을 극대화한다는 가정에서 출발한다. 하지만 주인-대리인 이론과는 달리 주인의 책임성 있는 감독이나 처벌에 초점을 맞추지는 않는다. 왜냐하면 집단행동이론에서는 독립적이고 우월한 지위를 가진 주인으로서의 주체가 존재하지 않기 때문이다. 대신 집단행동 이론에서는 보다 나은 결과를 도출할 수 있음에도 불구하고 합리적인 개인들이 왜 그보다 못한 결과를 도출할 수밖에 없는지에 대한 과정에 관심을 가진다. 공유지의 비극은 이러한 과정을 잘 설명해 줄 수 있다. 개인들은 부패 없는 조직이나 사회가 주는 효용을 위해 자신의 개인적 노력을 투자할 유인이 없다.

집단행동 이론에서의 개인들은 부패를 통제함으로써 얻는 이익을 향유하고 싶어 하지만, 정작 부패를 통제하기 위해서 필요한 집단행동에 참여하기는 꺼린다. 부패와 관련하여 많은 사람들이 이를 걱정하고 불만을 가지고 있음에도 불구하고 이러한 우려를 표출하기 위한 집단행동에는 익숙하지 않다. 대충 참고 넘어가지 굳이 긁어서 문제를 만들고 싶지 않은 것이다. 대부분의 사람들에게 있어서 피해는 직접적이지 않고 분산되어 있기 때문에 사람들은 그보다 큰 노력을 기울여 집단행동을 수행할 대표 기구를 만들 유인이 없다. 무임승차 이론에서 말하는 것처럼 사람들은 부패 통제로 인해 발생하는 이익만 얻고 싶어 하지 직접적으로 비용을 들여 그 활동에 참여하고 싶어 하지는 않는 것이다.

따라서 공유지의 비극을 해결하기 위해서는 재산권의 형성과 같이 문제를 바로잡을 수 있는 적절한 제도의 도입이 필요하다. 집단행동의 딜레마 상황에서의 균형을 다른 지점으로 바꿀 수 있는 힘을 가진 제도적 충격이 없이는 보다 나은 결과를 도출할 수가 없다. 왜냐하면 집단행동 이론하에서의 합리성은 완전한 합리성이 아니라 다른 사람과의 상호작용에 의해 제한되거나 수정될 수 있는 불완전한 합리성이기 때문이다.

이해관계를 가진 다양한 행위자들이 동일한 문제 해결을 위해서 관련되어 있다는 점에서 집단행동 이론의 상황은 신거버넌스(new governance)의 구조와 유사하다. 다만 네트워크의 기능을 활성화시킬 수 있는 특별한 계기(trigger)가 아직 존재하지 않는 상황인 것이다.

위의 논의들을 통해 부패가 잘 드러나지 않으며 단속 위주의 개별적 접근만으로는 해결이 어려운 문제라는 것을 알 수 있다. 그리고 문제에 대한 집단적인 대응도 합리적인 무관심으로 인하여 잘 형성되지 않음을 알 수 있다.

그런데 공공기관 청렴도 조사는 부패 문제가 봉착한 현 상황에 있어서 강력한 자극을 주면서 문제 해결의 돌파구를 제시해 주고 있다. 이 제도가 어떠한 경로로 부패 문제에 대한 새로운 해결책을 제시하고 있는지 살펴보고자 한다.

III. 청렴도 조사가 어떻게 거버넌스를 바꾸는가?

1. 도입 배경과 목적

부패 문제의 심각성을 인식하고 부패를 진단하기 위한 여러 가지 지표들이 개발되었는데, 이들 지표들은 대부분 개인에게 설문을 통하여 부패 수준에 대한 인식을 질문하고 그 결과를 취합하여 반영하는 형태로 이루어졌다. 따라서 각 개인의 부패에 대한 기준과 판단이 다를 경우 지수의 신뢰성에 대해 의문이 발생하게 된다. 부정확한 지수의 산출은 실제 부패 상태와 인식 사이의 간극을 초래하고 적절한 부패 방지 전략의 수립을 방해한다.

정부는 과학적 분석을 통하여 부패에 취약한 분야를 정확하게 진단하지 않고서는 부패 문제의 근본적인 해결을 기하기 어렵다는 인식 하에 1999년 대통령 자문기구인 '반부패특별위원회'를 중심으로 공공기관 청렴도 조사를 준비하였다. 2000년, 2001년의 테스트 평가를 거친 공공기관 청렴도 조사는 2002년부터 국가청렴위원회의 주도로 본격적으로 시작되었다.

국민권익위원회에 따르면 공공기관 청렴도 측정은 크게 네 가지 목적을 지니고 있다.[1] 첫째, 공공기관의 부패를 객관적이고 과학적으로 측정함으로써 반부패 활동을 위한 기초 자료를 제공하는 것이다. 기존의 부패 진단 체계는 불특정 다수인을 대상으로 부패 수준에 대한 인식을 조사하였기 때문에 동일한 경험을 공유하였다고 하더라도 부패 수준에 대한 심리적 잣대가 모두 상이하여 인식 수준의 차이가 발생할 수 있는 문제점이 있었다. 둘째, 기관의 부패 수준뿐 아니라 업무별로 부패 수준을 도출함으로써 부패에 취약한 업무를 파악한다. 부패인식지수는 부패 진단의 단위가 공익 사업, 세금 징세, 공공 계약, 대출 신청, 정부 정책 입안, 사법 판결, 공공 기금, 정치인의 공공 신뢰, 불법 정치 기부, 돈세탁 등과 같이 거시적이고 포괄적이어서 정확한 부패 발생 장소를 파악하기 힘들었다. 셋째, 측정 결과를 공개함으로써 공공 부문이 자율적으로 청렴도 제고를 위한 활동을 하도록 환경을 조성한다. 부패인식지수는 부패 진단의 단위가 너무 넓어서 개혁의 주체가 되어야 하는 조직이나 개인들에게 부패 방지의 유인이나 의지를 제공하지 못했다. 넷째, 청렴도 측정에 대한 홍보를 통해 부패 척결이라는 공감대를 공공 부문에서 민간 부문까지 확산하는 계기를 마련한다.

2. 성   과

2002년 청렴도 조사가 실시된 이후, 약간의 변동이 있기는 하나, 전체적으로 보면 나라 전체의 청렴도가 전반적으로 개선되고 있는 것으로 나타나고 있다.

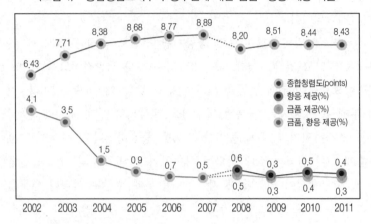

<그림 1> 종합청렴도지수와 공무원에 대한 금품·향응 제공 비율

주: 2008년 측정모델변화 때문에 그래프 단절 발생.
자료: 국민권익위원회(2012).

3. 청렴도 조사와 거버넌스의 변화

이러한 성과는 어떻게 해서 달성이 가능하게 된 것인가? 이를 설명하기 위해서 신거버넌스 개념을 사용할 필요가 있다.

거버넌스에 대하여 명확하고 구체적으로 합의된 정의는 아직까지 없지만, 대체적으로 거버넌스를 말할 때 정부의 역할, 운영 체제, 사회 문제 해결 방식을 포함하는 개념으로 설명한다.[2] 피에르(Pierre, J.)와 피터스(Peters, B. G.)는 거버넌스를 정부가 주도적인 역할을 하는 구거버넌스와 정부와 시민사회 간의 파트너십 및 네트워크가 주도적인 역할을 하는 신거버넌스로 구분한다.[3] 여기서 중요한 것은 거버넌스의 형태가 변화하면서 정책 과정과 관련된 행위자(actor)가 증가하고 이들 간의 상호관계의 중요성이 급증한다는 사실이다.

따라서 여기에서는 신거버넌스는 네트워크가 핵심이라는 인식을 기반으로 하여 공공기관 청렴도 측정으로 인하여 어떻게 거버넌스의 구조가 구거버넌스에서 신거버넌스로 변화하였는지 살펴보려고 한다.

한국 정부는 경제 발전의 장애로 작용하는 부족한 천연자원의 문제를 극복하기 위해 높은 인구밀도라는 자원을 활용하여 1960년대부터 1980년대까지 주도적으로 경제 발전을 이끌었다. 그러나 지나친 정부 주도의 경제개발은 복잡한 규제와 불명확하여 예측 불가능한 행정이라는 부작용을 초래하였고, 이를 통해 부패가 발생할 여지가 커지게 되었다.

정부의 개입으로 부패의 발생 여지가 커졌음에도 불구하고 모순적으로 부패 방지를 위한 노력 또한 정부 주도로 이루어졌다. 검찰청과 감사원은 대표적인 정부 관할의 부패 감시 기관이다. 검찰청은 경찰과 다른 조사기관들을 지휘하며 다양한 범죄에 대하여 조사 및 기소에 대한 포괄적인 권한과 의무를 가지고 있다. 감사원은 정부 내부의 감찰기관으로서 회계감사와 조직감사의 권한을 가진 대통령 직속기관으로서 부패 방지를 위해 노력한다.

검찰청과 감사원의 주요 권한과 활동에서 파악할 수 있듯이 정부 중심의 부패 방지 전략은 사후적이고 처벌적 성격이 강했다. 정부는 수사기관을 통하여 처벌 대상을 색출하고 강력한 제재를 통해서 범죄자들을 일벌백계함으로써 흐트러진 공직 기강을 바로 세우려고 하였다. 이와 같이 정부의 부패 방지 전략은 검찰청과 감사원이라는 강력한 권한을 가진 정부 조직을 통하여 이루어졌기 때문에 정부의 부패 척결 의지가 강하면 강할수록 이들 조직 외의 행위자들은 부패 방지를 위한 거버넌스에서 배제되었고 정부와 잠재적 범죄자로서의 공무원이라는 단선적인 관계로 부패 문제 해결을 위한 거버넌스가 형성되었다.

구거버넌스에서의 정부는 다양한 종류의 제도적 개선과 부패 방지 시스템의 구축을 통하여 공공조직들이 자발적으로 부패를 통제하도록 노력을 기울이지만, 단선적인 관계에 기초한 구거버넌스하에서의 부패 방지 전략은 효율성이 떨어지며 한계가 있음을 앞에서 살펴본 바 있다.

이와 같은 상황에서 공공기관 청렴도 측정은 부패 방지 전략의 전환점을 마련하였고, 거버넌스의 구조에도 영향을 미쳤다. 여기서는 행위자의 증가, 행위자 상호 간의 관계의 활성화라는 측면에서 거버넌스 구조의 변화를 살펴보려고 한다.

1) 행위자의 증가

공공기관 청렴도 측정을 통하여 부패 방지 전략과 관련된 행위자가 증가한다.

(1) 일반시민

공공기관 청렴도 측정의 내부청렴도의 조사에서는 일반적인 불특정 다수가 아니라 공공서비스를 사용한 경험이 있는 시민들을 설문조사에 포함시킨다. 시민들은 일반적으로 행정기관 평가와 관련된 설문조사에 별다른 감흥을 느끼지 못한다. 그저 여러 설문조사 중 하나에 불과할 뿐이다. 하지만 실제로 행정서비스를 사용하는 시민들에게 있어서 행정기관의 부패에 대한 설문조사는 관심과 흥미를 유발시키고 적극적으로 설문조사에 참여하게 한다. 그 결과 당연히 조사의 정확성은 높아지게 된다. 시민들은 설문조사를 통한 간접적인 방법으로 부패 방지 전략의 네트워크에 참여하게 되지만, 설문조사를 통하여 공직 부패에 대한 관심과 흥미가 증가하면 시민 참여를 통해 직접적으로도 네트워크에 참여할 수 있다.

또한 일반 시민들은 그동안 부패 행위에 대해서 분노하고 부패를 줄이려고 하는 강한 의욕이 있었으나, 부패 행위에 대한 정보가 부족하였다. 공공기관 청렴도 측정을 통해서 지금은 어떤 기관이 어느 정도 청렴하고, 어느 정도 부패했는지를 알 수 있기 때문에 이들 기관에 대한 심판을 할 수 있게 되었다. 특히, 지방자치단체에 대해서는 선거를 통해서 부패한 자치단체장의 재선을 막는 방식으로 부패에 대한 통제를 할 수 있는 힘이 생겼다.

(2) 공 직 자

과거에는 동료들의 부패 유발 행위에 관심을 가질 유인이 존재하지 않았다. 그러나 공공기관 청렴도 측정이 실시되면서 동료의 부패 행위는 자신의 이해관계와 직접적으로 연관되게 되었다. 특히 공기업의 경우, 조직 평가가 공공기관 청렴도 측정에 의해서 영향을 받으므로 조직의 평가 점수는 결국 개인의 성과급에 영향을 미치게 된다. 이제 동료의 부패는 더 이상 남의 이야기가 아니라 자신에게 직간접적으로 영향을 주는 사건으로 변모하는 것이다. 그 결과 공직자들은 각자 자신의 동료들이 부패에 연루되는지를 감시하는 감독관이 되어 부패 방지 네트워크에 참여하게 된다.

(3) 기 관 장

한국에서는 기관장에게 그동안 부하 직원이나 조직의 부패 문제는 우선적인 관심 문제가 아니었다.[4] 하지만 공공기관 청렴도 측정이 도입되고 매년 말에 각 부처나 조직에 대해서 점수가 공개됨으로써 사정은 달라졌다. 직무 수행 능력뿐만 아니라 윤리적 가치나 태도는 해당 부처나 조직을 시민들이 어떻게 평가하고 있는가와 밀접한 관련이 있기 때문에, 선출직 공무원들도 평가 결과에 관심을 가지게 되고 자신의 조직의 부패에 관심을 가지고 부패 방지 전략의 네트워크에 참여한다. 이전까지 부패 행위는 개인의 문제였다. 따라서 기관장의 중요한 문제가 아니었다. 그러나 이제는 구성원의 부패에 따라서 기관의 청렴도 점수가 달라지고, 이 점수에 따라서 기관장의 업적이 달라지게 됨에 따라 개인(구성원)의 부패 행위가 기관장의 핵심적인 문제가 되었다. 즉, 청렴도 점수가 높은 기관장은 자신의 업적으로 이를 홍보하고, 점수가 낮은 기관장에게는 재선의 걸림돌로 작용하게 된다.

(4) 전문가(민간기관)

이전에는 부패 통제의 역할을 오직 부패통제기관과 이에 소속한

〈그림 2〉 부패 통제의 거버넌스 변화

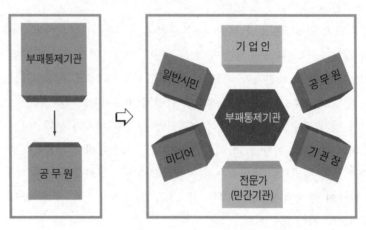

공무원만이 수행하였다. 그러나 공공기관 청렴도 측정 이후로는 민간기관의 역할이 크게 증대하였다. 청렴도 점수에 대해서 해당 정부 및 공공기관이 크게 반발을 보임에 따라 설문조사의 공정성이 대단히 중요하게 되었고, 이를 담보하기 위한 장치로 조사는 민간기관이 담당하게 되었다. 따라서 민간기관은 이전과 달리 부패 통제에서 중요한 역할을 수행하게 되었다.

(5) 기 업 인

부패 통제의 가장 중요한 행위자는 뇌물을 제공하는 기업인이다. 이전에는 공공 부문의 수주를 위해서 기업인은 뇌물을 제공할 수밖에 없는 종속적 지위에 속하는 경우가 많았다. 그러나 지금은 뇌물 제공 행위에 대해서 공공기관 청렴도 조사로 이를 밝힐 수 있기 때문에 오히려 기업인이 보다 우월적 위치에 처하게 되었다. 따라서 기업인이 뇌물을 제공할 필요가 없는 구조로 바뀌게 되었다.

(6) 미 디 어

언론은 부패 행위와 관련하여 부패를 통제하기 위한 의도는 가지고 있었으나 이를 위한 실질적인 정보가 부족하였다. 하지만 공공기관 청렴도 측정 결과가 공개됨에 따라 정부 부서, 사업 단위까지 속속들이 부패의 정도를 파악할 수 있게 되어 결과적으로 정부의 부패 통제를 위한 수단을 확보하게 되었다.

4. 네트워크관계의 활성화

공공기관 청렴도 측정은 공공기관의 부패 수준, 부패 방지 활동의 성과, 조직의 업무 중에서 부패하기 쉬운 영역에 대한 정보를 제공해 준다. 이를 통해 공공조직은 자발적으로 부패 방지 전략과 관련하여 기대 이상의 활동을 하게 된다. 특히 청렴도지수가 낮은 기관들은 국가권익위원회의 컨설팅을 통하여 조직에서 부패에 취약한 부분을 진단받고 개선책을 제공받는다. 국민권익위원회는 컨설팅을 통하여 조직의 부패 상황을 정확하게 진단하고 부패 방지와 관련된 조직의 역량을 파악한다. 이와 같은 분석을 바탕으로 국민권익위원회는 조직의 사정과 상황에 부합하는 맞춤 처방을 제시한다. 2006년부터 2008년까지 국민권익위원회는 11개의 기관에 대하여 청렴 컨설팅을 실시하였고, 그 결과 모든 기관에서 청렴도 수준이 향상되었다.

이처럼 국민권익위원회와 공공기관 청렴도 측정의 중요성이 증가함에 따라 국민권익위원회에게 부패 방지의 종합적인 대책을 세우고 관리할 수 있는 법적인 권한을 부여해야 한다는 논의가 이루어지고 있다. 이러한 접근법은 공공기관 청렴도 측정의 결과가 효과적으로 부패 감소에 긍정적인 역할을 한 결과로 이해할 수 있다. 부패 통제의 다양한 이해관계자들이 부패 통제에 관여할 수 있는 인센티브를 가지게 하고, 이들 간 권한관계의 변화로 인해서 거버넌스가 새로운 거버넌스로 변화되었고, 아울러 강제성과 처벌성이 없었기 때문에 오히려 지표에 대한 부서의 저항이 거세지 않았고, 적극적으로 공공기관 청렴도 측정을 기반으로 한 국민권익위원회의 컨설팅을 수용하게 된 것이다.

IV. 청렴도 조사를 어떻게 하는가?

청렴도조사가 위에서 말한 효과를 발휘하려면 부패 행위를 있는 그대로 측정할 수 있어야 하고, 객관적이고 공정해야 한다. 따라서 청렴도 그 자체를 어떻게 조사하고 측정하는지가 대단히 중요하게 된다. 무엇을 부패로 정의하고 누구를 대상으로 이를 조사하는지가 중요하다. 이것에 대한 자세한 설명은 국민권익위원회가 2013년 4월에 발표한 「공공기관 청렴도 측정매뉴얼」에 잘 되어 있다. 여기서는 이 자료를 부분적으로 요약 정리해서, 청렴도 조사가 어떻게 이루어지고 있는지를 설명하고자 한다.

1. 측정 내용

청렴도 측정은 외부청렴도, 내부청렴도, 정책고객평가 점수를 기반으로 하여, 부패사건발생현황, 신뢰도저해행위를 감정 사항으로 고려하여 종합청렴도지수를 산출함으로써 이루어진다.

1) 외부청렴도

외부청렴도는 "공직자가 부패 행위를 하지 않고 투명하고 책임 있게 업무를 처리한 정도"를 행정서비스의 고객이 평가하는 것이다. 행정서비스는 대민 업무뿐만 아니라 대기관 업무까지 포함하기 때문에 평가자는 민원인과 공직자가 된다. 외부청렴도는 부패지수와 부패위험지

<〈그림 3〉 청렴도 측정 모형

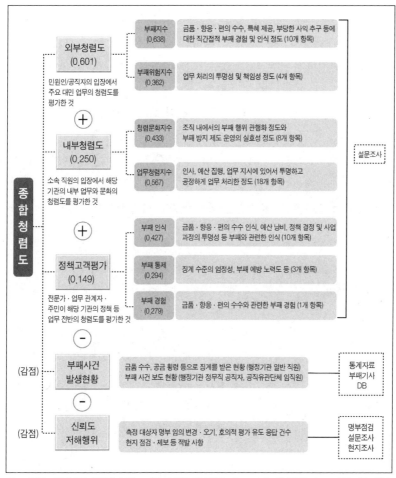

주 1: 정책고객평가를 실시하지 않는 기관 유형은 외부청렴도(0.735)와 내부청렴도(0.256)를 가중 합산.
  2: 2012년도 측정 모형임.
자료: 국민권익위원회(2013). 「공공기관 청렴도 측정 매뉴얼」.

수로 구성되는데, 부패지수는 금품·향응·편의 수수 등과 같이 법령에
규정된 청렴 의무 위반 행위에 대한 고객의 부패 경험 및 인식 정도로
평가한다. 부패위험지수는 업무 처리 과정에서의 투명성과 책임성을

측정하는데, 공직자가 명확한 업무 처리 기준하에서 투명한 절차를 거쳐서 권한 남용 없이 적극적으로 업무 완수를 위해 노력하였는지를 평가한다. 부패위험지수를 청렴도 측정 항목에 포함한다는 것은 부패의 개념을 광범위하게 정의하고 있는 것을 의미하며, 결과 상태만을 부패로 규정하는 것이 아니라, 그 발생 가능성도 주목하는 것을 의미한다. 즉, 부패의 발생 가능성을 줄여서, 사전적으로 부패를 줄이기 위한 의도에서 측정 항목에 포함되어 있다고 할 수 있다.

외부청렴도 측정은 해당 기관의 업무 중에서 일정한 기준[5]에 의해서 선정된 업무에 대해 각 영역별로 실시된 설문을 통해 이루어진다. 지수 산출에 있어서 업무별 반영 비중은 동일하지만, 측정 영역별 가중치는 학계, 시민 단체, 평가 대상 기관 등에 대한 델파이 조사를 통하여 결정된다.

〈표 1〉 외부청렴도 측정 영역 및 항목별 가중치

측정 영역		세부 측정 영역	설문 평가 방식
부패지수 (0.638)	부패 인식 (0.351)	특정인에 대한 특혜 여부(0.248)	응답자 개별 평가형
		연고관계에 따른 업무 처리(0.244)	응답자 개별 평가형
		알선·청탁, 압력 행사(0.271)	응답자 개별 평가형
		사익 추구 경향(0.237)	응답자 개별 평가형
	부패 직접 경험 (0.486)	금품 제공 빈도(0.246)	기관 총합 평가형
		금품 제공 규모(0.227)	기관 총합 평가형
		향응 제공 빈도(0.182)	기관 총합 평가형
		향응 제공 규모(0.189)	기관 총합 평가형
		편의 제공 빈도(0.156)	기관 총합 평가형
	부패 간접 경험 (0.163)	금품·향응·편의 제공 간접 경험 (1.000)	기관 총합 평가형
부패위험지수 (0.362)	투명성 (0.552)	업무 처리 기준 절차의 공개성 (0.555)	응답자 개별 평가형
		기준 절차의 수용 가능성(0.445)	응답자 개별 평가형
	책임성 (0.448)	업무 완수에 대한 노력(0.502)	응답자 개별 평가형
		권한 남용(0.498)	응답자 개별 평가형

주: ( ) 안은 2012년도 가중치임.
자료: 국민권익위원회(2013). 「공공기관 청렴도 측정메뉴얼」.

2) 내부청렴도

내부청렴도는 "해당 기관의 내부 업무가 부패 행위 없이 투명하고 공정하게 이루어진 정도"를 소속 직원이 행정 수요자의 입장에서 스스로 평가하는 것이다.

내부청렴도는 2007년부터 측정되었는데, 공공기관 부패 행위의 특성을 고려할 때, 상당히 중요한 지표라고 할 수 있다. 공공기관의 부패는 관료들이 금전적 혹은 비금전적인 사익의 추구를 구하여 자신에게 주어진 권력을 부당하게 사용하는 것[6]이라고 할 수 있는데, 대부분의 권력은 정보의 비대칭이나 업무의 전문성으로 인하여 발생한다. 그러므로 실제로 업무를 수행하지 않는 수요자의 평가만으로는 공공기관의 부패를 정확히 측정할 수 없다. 또한 부패 문제는 조직의 제도와 문화적 속성에 의해서 발생하는 경우가 많은데, 내부청렴도는 측정 영역을 청렴문화지수 영역과 업무청렴지수로 구성하여 이를 반영한다. 앞에서 설명한 바와 같이, 특정한 조직의 부패문화를 진단하는 데 유용한 항목이라고 할 수 있다.

내부청렴도도 학계, 시민 단체, 평가 대상 기관 등에 대한 델파이 조사를 통하여 설문 항목별 가중치를 산출한다.

〈표 2〉 내부청렴도 측정 영역 및 항목별 가중치

측정 영역		세부 측정 항목	설문 평가 방식
청렴문화 지수 (0.433)	조직 문화 (0.631)	업무 처리 투명성(0.214/0.165)	응답자 개별 평가형
		사익 추구 경향(0.186/0.162)	응답자 개별 평가형
		부패 행위의 관행화(0.244/ 0.203)	응답자 개별 평가형
		연고관계에 따른 업무 처리 (0.175/0.138)	응답자 개별 평가형
		알선·청탁 정도(0.181/0.174)	응답자 개별 평가형
		직무 관련 정보의 사적 이용 및 제3자 제공(해당 없음/0.158)	응답자 개별 평가형

청렴문화 지수 (0.433)	부패방지제도 (0.369)		부패 행위 신고자 보호 실효성 (0.322)	응답자 개별 평가형
			징계·처벌의 적절성(0.381)	응답자 개별 평가형
			자체 부패 통제 시스템 효용성 (0.297)	응답자 개별 평가형
업무청렴 지수 (0.567)	인사 업무 (0.413)	직접 경험 (0.471)	금품 제공 빈도(0.275)	기관 총합 평가형
			금품 제공 규모(0.259)	기관 총합 평가형
			향응·편의 제공 빈도(0.240)	기관 총합 평가형
			향응·편의 제공 규모(0.226)	기관 총합 평가형
		간접 경험 (0.217)	금품·향응·편의 제공 간접 경험 (1.000)	기관 총합 평가형
		인 식 (0.312)	금품·향응·편의·특혜 제공 (0.500)	응답자 개별 평가형
			금품·향응·편의 제공 영향 (0.500)	응답자 개별 평가형
	예산 집행 (0.347)	경 험 (0.606)	업무 추진비 위법/부당 집행 빈도 (0.174)	기관 총합 평가형
			업무 추진비 위법/부당 집행 규모 (0.156)	기관 총합 평가형
			운영비·여비 위법/부당 집행 빈도 (0.164)	기관 총합 평가형
			운영비·여비 위법/부당 집행 규모 (0.143)	기관 총합 평가형
			사업비 위법/부당 집행 빈도 (0.188)	기관 총합 평가형
			사업비 위법/부당 집행 규모 (0.175)	기관 총합 평가형
		인 식 (0.394)	예산의 위법/부당 집행 (1.000)	응답자 개별 평가형
	업무 지시 공정성 (0.240)	경 험 (0.600)	부당한 업무 지시 빈도 (1.000)	기관 총합 평가형
		인 식 (0.400)	복지 부동 및 업무 책임 회피 정도 (0.235)	응답자 개별 평가형
			부당한 업무 지시(0.413)	응답자 개별 평가형
			지시 불응에 대한 불이익(0.352)	응답자 개별 평가형

주: (일반기관 가중치/금융 관련 공직유관단체 가중치) 안은 2012년도 가중치임.
자료: 국민권익위원회(2013), 「공공기관 청렴도 측정메뉴얼」.

3) 정책고객평가

정책고객평가는 "전문가·업무 관계자·지역민·학부모가 해당 기관의 정책 및 업무 전반의 청렴도를 평가하는 것"으로서 2011년의 시범평가를 거쳐 2012년부터 실시되었다. 사실 정책고객평가는 청렴도 측정의 기본 취지와 배치되는 측면을 지니고 있다. 청렴도 측정의 가장 중요한 특징 두 가지는 조사 대상 단위가 공공기관의 대민·대기관 업무라는 점과 조사 참여 대상이 해당 공공기관의 업무를 직접 경험한 행정 수요자로 구체화되었다는 것이다. 이를 통해 청렴도 조사는 거시

〈표 3〉 정책고객평가 측정 영역 및 항목별 가중치

측정 영역	세부 측정 항목	평가 방식
부패 인식 (0.427)	금품·향응·편의 수수(0.134)	응답자 개별 평가형
	예산낭비(0/103)	응답자 개별 평가형
	알선·청탁, 압력 행사(0.120)	응답자 개별 평가형
	사익 추구 경향(0.091)	응답자 개별 평가형
	특정인에 대한 특혜(0.097)	응답자 개별 평가형
	연고관계에 따른 업무 처리(0.102)	응답자 개별 평가형
	정책 및 정보 공개(0.088)	응답자 개별 평가형
	권한 남용(0.088)	응답자 개별 평가형
	퇴직 공직자의 부적절한 영향력 행사(0.080)	응답자 개별 평가형
	직무 관련 정보의 사적 이용 및 제3자 제공(0.097)	응답자 개별 평가형
부패 통제 (0.294)	징계 기준/처벌 수준의 엄정성(0.374)	응답자 개별 평가형
	부패 행위 신고자 보호 실효성(0.306)	응답자 개별 평가형
	부패 예방 및 청렴도 향상 노력(0.320)	응답자 개별 평가형
부패 경험 (0.279)	전문가 금품·향응·편의 제공 간접 경험(0.358)	응답자 개별 평가형
	업무 관계자 금품·향응·편의 제공 직간접 경험(0.642)	응답자 개별 평가형

주: (   ) 안은 2012년도 가중치임.
자료: 국민권익위원회(2013). 「공공기관 청렴도 측정메뉴얼」.

적인 정책 분야에 대한 주관적 인식 위주의 평가에서 벗어나 결과의 객관성을 높이고 활용성을 제고하려고 하였다.

그러나 정책고객평가는 조사 참여 대상을 전문가, 업무 관계자, 지역민, 학부모 등으로 확대하고 조사 대상 단위도 대민·대기관 업무뿐만 아니라 정책 결정을 포함한 업무 전반까지 포괄적으로 평가한다. 정책고객평가는 청렴도지수가 보다 포괄적인 부패 현상을 담아낼 수 있도록 만들기 위해서 고안된 지표라고 생각되지만, 본래 청렴도 측정의 취지에 비추어 볼 때, 그 적절성 여부는 좀 더 고민해 보아야 할 것이다.

정책고객평가는 부패 인식, 부패 통제, 부패 경험으로 구성되며, 학계, 관련 전문가, 시민 단체, 평가 대상 기관 등에 의한 델파이 조사를 통해 가중치를 산출하여 지수를 도출한다.

4) 부패사건발생현황

부패사건발생현황은 부패 행위로 징계를 받은 부패 공직자의 현황을 지표화한 것으로서 부패공직자통계지수와 부패사건지수로 구성된다. 부패공직자통계지수는 중앙행정기관, 광역자치단체, 기초자치단체, 교육청과 같은 행정기관을 대상으로 측정하는 지표로서, 부패와 연루된 공직자의 직위와 부패 금액으로 점수화되는데, 당연퇴직 및 견책 이상의 징계 처분과 관련된 사건 중에서 해당 기관이 자체적으로 적발한 처분은 제외하고 측정한다. 이는 기관의 자율적인 부패 척결 동기를 저하시키지 않기 위함이다. 부패사건지수는 공직유관단체를 대상으로 측정하는 지표로서 공직유관단체 간 징계 양정 기준의 격차로 인해 발생할 수 있는 오류를 보완하고 부패공직자통계지수를 적용할 수 없는 기관에 대해서도 보충적으로 적용하기 위해서 사용된다. 부패사건지수는 청렴도 측정에 사용되는 대표적인 이차 자료로서, 해당 자료의 적합성, 신뢰성, 정밀성, 시효성 등의 조건을 확보하기 위하여 언론 보도 등을 통해 수집한 데이터들에 대해 소명 과정과 전문가 평가를 거쳐서 점수화한다. 부패사건지수도 부패공직자통계지수와 마찬가지로 기관의 자체적인 적발에 의해서 드러난 사건에 대해서는 감점 대상에서 제외한다.

부패사건발생현황 지수도 학계, 관련 전문가, 시민 단체, 평가 대상 기관 등의 델파이 조사를 통하여 가중치를 산정하여 도출한다.

〈표 4〉 부패공직자통계지수 측정 영역 및 항목별 가중치

측정 영역	세부 측정 항목
부패공직자 직위 (0.423)	관리직(0.445)
	중간직(0.330)
	하위직(0.255)
부패 금액 (0.577)	100만 원 미만(0.066)
	100만 원 이상 ~ 500만 원 미만(0.146)
	500만 원 이상 ~ 3,000만 원 미만(0.212)
	3,000만 원 이상 ~ 1억 원 미만(0.261)
	1억 원 이상(0.315)

주: ( ) 안은 2012년도 가중치임.
자료: 국민권익위원회(2013). 「공공기관 청렴도 측정메뉴얼」.

〈표 5〉 부패사건지수 측정 영역 및 항목별 가중치

측정 영역
부패 금액 수준(0.295)
부패 행위자 직위·관행성·다수 관련성(0.375)
부정적 영향력(0.330)

주: ( ) 안은 2012년도 가중치임.
자료: 국민권익위원회(2013). 「공공기관 청렴도 측정메뉴얼」.

5) 신뢰도저해행위

청렴도 측정의 조사 대상으로 선정된 각 기관들은 조사결과가 매년 국민권익위원회를 통하여 공개되기 때문에 부당한 방법으로 청렴도 측정 결과에 영향을 미칠 우려가 있다. 청렴도 측정이 주로 설문조사를 통한 일차 자료를 통해서 이루어지다 보니 기관의 의도적 영향력 행사는 청렴도 측정의 객관성과 타당성을 크게 떨어뜨릴 수 있기 때문이다. 이러한 행위를 미연에 방지하기 위해 청렴도 측정은 신뢰도저해행위에 대한 감점 사항을 적용하고 있는데, 설문 적발과 점검 적발의 방법이 있다. 설문 적발은 설문을 통해 측정 대상 기관의 유도 행위가 있었는지를 묻는 것이고, 점검 적발은 현지 점검을 통해 측정 기준에 위반된 행위를 적발하는 것이다.

〈표 6〉 점검 적발 대상 신뢰도저해행위 유형

구 분	신뢰도저해행위 유형
대상자 명부 누락·조작	명부 일부 누락, 불리한 답변 예상자 누락
	측정 대상자 명부 조작, 오기, 대리 응답 등
표본 관리 행위	측정 대상자 사전 접촉으로 호의적인 평가 유도
	이메일, 공지, 교육, 간담회를 통한 유리한 평가 권유
	청렴도 측정 기간 중 청렴도 측정
	내부청렴도 점수를 일반 직원 성과지표·성과급에 반영
부패 사건 DB 누락 및 허위 사실 제출	부패 공직자 자료 제출 누락
	부패사건지수 자료 확인 시 허위 사실 제출

자료: 국민권익위원회(2013). 「공공기관 청렴도 측정메뉴얼」.

2. 측정 대상 선정

「부패방지 및 국민권익위원회의 설치 및 운영에 관한 법률」 제2조 제1호에 따른 공공기관은 모두 청렴도 측정의 대상이다. 청렴도 측정대상기관 및 측정 규모는 2002년 이후 지속적으로 확대되었다. 2002년에는 71개 기관의 348개 업무를 측정하고 측정 대상자 조사 규모는 30,639명이었는데, 2013년에는 653개 기관의 2,628개 업무를 측정하고 측정 대상자 조사 규모는 239,982명에 달하였다.

1) 조사 및 비교 대상 기관

청렴도 조사가 이루어진 공공기관은 2013년도 기준 653개 기관이다. 이들 기관이 서로 경쟁적으로 부패를 줄이도록 노력을 하게 하려면, 이들을 비교 가능한 집단으로 묶어 주는 것이 필요하다. 다음 그림은 국민권익위원회가 비교 집단으로 묶은 것을 보여 주고 있다. 즉, 중앙행정기관, 광역자치단체, 기초자치단체 등으로 분류를 하고 있으며, 중앙행정기관은 다시 수사단속규제기관과 일반행정기관으로 나누고 있음을 알 수 있다. 이것은 일반행정기관에 비해서 수사단속규제기관이 민원인에 비해서 평가가 나빠질 가능성이 많기 때문이다. 이와 같이 기관 유형을 어떻게 분류하는지에 따라서 언제나 최하위를 면하기 어려운 기관을 피할 수 있고, 이것은 다시 이들 기관에 대하여 결과에 상응한 보상을 할 수 있게 된다. 또한 각 그룹별로 I그룹(최우수 그룹)과 V그룹(최하위 그룹)을 선정하여 발표를 하고 있음을 볼 수 있다. 물론 이들 그룹을 더 세분할 수도 있고, 더 적은 수의 그룹을 만들 수도 있다. 또한 각 유형별 평균 점수보다 유형별 표준편차의 1.5배 이상 점수가 높거나 낮은 기관을 정하여 발표를 하고 있는데, 평균의 표준편차를 1.5배가 아닌 2배로 할 수도 있다. 결국 부패 통제의 전략에 따라서 이들을 다양하게 활용할 수 있을 것이다.

<표 7> 기관유형별 종합청렴도 상·하위 기관[1]

구 분		I등급 기관	V등급 기관
중앙 행정 기관	수사단속규제기관 (14개)	병 무 청	검찰국방부청, 경찰청
	일반행정기관 (25개)	통계청, 법제처	국 방 부
광역자치단체(17개)[2]		–	–
기초 자치 단체	시(75개)	경기 오산시, 전남 목포시 경기 부천시, 경기 파주시 경기 군포시, 경기 수원시	충남 천안시, 충북 청주시 경기 김포시, 경남 창원시 충남 아산시
	군(83개)	충북 보은군, 강원 인제군 충북 증평군, 전남 무안군 경북 봉화군, 충남 금산군	전남 보성군, 전북 임실군 전남 화순군, 경북 영덕군 경기 가평군
	구(69개)	서울 마포구, 부산 북구 서울 중랑구, 부산 부산진구	서울 강서구, 대구 서구, 대구 북구 인천 중구, 서울 은평구, 광주 동구 서울 종로구, 서울 중구
시도 교육청(17개)		제주특별자치도교육청	충청남도교육청, 서울특별시교육청
공직 유관 단체	공기업(30개)	한국남부발전	한국철도공사, 한국도로공사 한국수력원자력
	준정부기관 (86개)	기술보증기금 한국주택금융공사 공무원연금공단 신용보증기금	한국인터넷진흥원 한국승강기안전기술원 한국농어촌공사, 한국연구재단 한국산업기술평가관리원 한국석유관리원
	지방공사 (33개)	경기관광공사 광주광역시도시철도공사 창원경륜공단	구리농수산물공사
	지방공단 (27개)	대구광역시환경시설공단 부산환경공단 안양시시설관리공단	종로구시설관리공단
	연구원(26개)	한국과학기술연구원	한국기초과학지원연구원
	기타 공직유관단체 (27개)	한국수출입은행	경기신용보증재단 대한체육회 영상물등급위원
국공립대학(21개) ※ 교육대학교, 전문대학, 기능대학		한국기술교육대학교	부산교육대학교 전주교육대학교

주 1: 1등급/5등급: 유형별 평균 점수보다 유형별 표준편차의 1.5배 이상 점수가 높거나 낮은
　　기관.
　2: 광역자치단체는 1등급 및 5등급 해당 기관 없음.

2) 조사 대상 설정 — 측정 업무 선정

측정 업무 선정은 각 기관의 청렴도 점수에 결정적으로 영향을 미친다. 특정기관이 수행하고 있는 업무 중에서 부패발생가능성이 많은 업무가 측정 대상 업무로 선정되면 그 기관은 부패가 많은 기관으로 평가받을 가능성이 많다. 이에 반해 부패 가능성이 적은 업무가 측정 대상 업무로 선정되면, 그 반대의 결과가 나타날 가능성이 많다. 따라서 조사 대상 업무를 정하는 데 신중을 기하게 된다. 현재 국민권익위원회가 대상 업무 선정과 관련하여, 적용하고 있는 기준은 다섯 가지이다. ① 대민·대기관 업무일 것, ② 충분한 수의 측정 대상자 확보가 가능할 것, ③ 해당 기관과 측정 대상자 간 업무 접촉이 있을 것, ④ 기관의 대표적 업무이거나 부패 개연성이 있을 것, ⑤ 단순 반복적 업무가 아닐 것 등이 그것이다.

3) 조사 참여 대상 설정 — 측정 대상자 명부 작성

다음, 청렴 관련 설문지를 누구에게 물어보는지에 따라서 결과가 달라질 가능성이 많다. 가령 특정한 기관에 우호적인 사람이 조사 대상자로 선정되면, 이들 기관의 청렴도는 좋게 나올 가능성이 많다. 따라서 어떤 기관은 점수를 좋게 받기 위해서 조사 대상이 될 만한 민원인을 관리하기도 한다. 때문에 청렴도 조사 대상자를 누구로 할 것인지는 청렴도의 신뢰성과 객관성을 확보하는 데 대단히 중요하다고 할 수 있다.

현재, 국민권익위원회는 측정 대상자로 외부청렴도를 평가하는 민원인·공직자, 내부청렴도를 평가하는 소속 직원, 정책 고객 평가를 하는 전문가·업무 관계자를 포함하고 있다. 외부청렴도의 대상자는 측정 당해 연도 6월 30일을 기준으로 하여 최근 1년간 측정 대상 업무와 관련하여 공공기관과 직접 접촉한 행정 고객이다. 설문조사의 응답률을 고려하며 측정 업무별로 최소한 측정 규모의 10배 이상을 측정 대상자 명부로 확보하고 있다(측정 업무별로 50표본 이상 조사 실시를 원칙으로 하고 있다). 내부청렴도의 대상자는 측정 당해 연도 6월 30일 현재 측정 대상 기관에 근무하고 있는 모든 소속 직원이다.

구축된 명부 속에서 조사 대상자는 원칙적으로 무작위 추출을 통해 추출하지만, 외부청렴도는 CATI(Computer Aided Telephone Interview) 시스템에 의해 자동으로 추출하고, 내부청렴도는 조직 및 직급에 따라 대상자들을 층화한 후, 이름 순으로 정렬된 리스트에서 해당 조직 및 직급 내에 k번 째 대상을 추출한다. 정책고객평가의 경우, 학회·퇴직 공무원·출입 기자·국회 관계자·공공기관 관계자·이익 단체 관계자·시민 단체 관계자는 집단별로 층화한 후 해당 층 내에서 계통 추출 방법을 통해 무작위로 대상자들을 추출하고, 지역민이나 학부모의 경우에는, 지역·성별·연령별 인구 비율에 따라 할당한 뒤 이를 권역별로 층화하여 추출한다.

V. 맺는말: 청렴도 측정 결과의 활용

공공기관 청렴도 측정은 각 기관을 대상으로 업무 중에서 부패에 취약한 분야를 진단하게 해 준다. 따라서 개별 기관으로 보면, 자율적으로 반부패 전략을 수립하여 추진할 수 있도록 지원을 가능하게 해 준다. 국민권익위원회가 조사 결과를 바탕으로 하여 청렴 컨설팅을 실시하는 것도 이러한 가능성을 보여 주고 있다.

청렴도는 기관 간 상호 비교를 가능하게 한다. 그래서 이들 기관 간 경쟁을 통한 청렴제고를 가능하게 한다. 특히 청렴도의 결과가 교육부에서 실시하는 교육청 평가, 안전행정부에서 실시하는 자치단체 평가, 기획재정부의 공공기관 평가 등에 활용되어, 나라 전체의 청렴도 제고를 도모하는 데 활용될 가능성이 크다. 이러한 가능성을 확인하기 위해서는 조사 대상이 되는 기관이 그렇지 않은 기관 간에 청렴도의 차이가 실제로 나타나는지 경험적 연구가 뒷받침되어야 할 것이다.

청렴도 조사는 또한 미래를 예측하게 해 준다. 특정 조직이나 특정 유형의 조직들을 대상으로 어떤 기관이 어떤 상황에서 보다 빠른 속도로 청렴도가 제고되고 있는지, 그 역사적 변동 과정을 분석할 수 있게 해 준다. 이와 같이 청렴도 조사는 다양한 용도로 활용이 가능하기 때문에, 그런 의미에서 더욱 조사의 객관성을 제고하는 노력이 필요하고, 또 아울러 조사의 대상이 되는 기관을 확대하는 노력이 필요하다.

제11장 신뢰받는 모범국가와 법치주의 정착 과제

박 정 수

Ⅰ. 서 론

지난 2월 말 박근혜 정부가 출범했다. 올해 임기를 시작했을 뿐인데 북핵 문제, 개성공단 문제, 여기다가 정부 출범 과정의 미숙함, 나아가서 윤창중 스캔들까지 등으로 벌써 한참이 지난 것 같은 느낌이다. 이명박 정부가 수입 소고기 문제로 정권 초기의 좋은 시절을 허비한 것을 반면교사로 삼아야 할텐데 걱정이 앞선다.

신뢰의 정치, 국민 행복의 정책에 대한 기대를 한껏 하면서도 투명성 및 신뢰 관련 공약에 대한 대안 마련에 뾰족한 수가 없어 고민이다. 일반적으로 정치 주기와 투명성은 사이클로 설명을 한다. 면밀한 실천전략에 대한 영향 및 대안에 대한 심층적인 검토 없이 표를 얻기 위한 선심성 공약으로 정책을 내놓는 일은 어제오늘의 관행이 아니다. 구체적 대안 마련 방법을 바탕으로 한 공약보다는 한 정당이 선심성 공약을 내면 다른 정당은 더 인기영합적인 공약을 내걸어 공약의 악순환이 이어지게 마련이다.

정치인들에게 선거 특히 재선을 위한 노력은 중요하며 정당의 입장에서는 정권을 창출하는 것이 가장 중요한 미션이다. 자신이 정치를 계속할 수 있느냐를 국민으로부터 선택받는 일이고 결사의 목적을 달성할 수 있는 기회를 부여받기 때문이다. 박근혜 정부는 국민 행복을 통해 국가 발전을 이루고 나아가서 한반도를 넘어 세계의 일원으로 신뢰받는 모범국가를 만들겠다고 밝히고 있다. 특히 140개로 압축 선정한 국가 정책 과제 중 인프라가 되는 과제 138번에서 "청렴하고 깨끗한 정부의 구현을 위해 대통령 친인척 등 특수관계인의 부정부패 근절 및 부당한 알선·청탁, 금품수수 등 공직사회의 불합리한 관행을 타파하고 공직기강 관련기관 간 칸막이 제거 및 효율적인 공조체제를 구축하겠다"는 의지를 분명히 밝히고 있다.

본 장에서는 기본적인 우리 정치경제사회의 속살을 인정하고 향후 박근혜 정부가 추진하고자 하는 반부패 정책을 소화하기 위해서는 무엇보다 법치주의를 굳건하게 견지하기 위한 제도적 장치의 마련과 향후 정책 방향이 중요하다는 점에서 법치에 대해 다시 한 번 생각해 보기로 한다. 국민들의 의식 변화로 살펴본 우리의 법치 수준, 그리고 국제기구의 다양한 지표로 살펴보는 우리의 법치 수준 비교를 통해 현재의 위치와 그동안의 진화 과정 및 궤적을 살펴보고 향후 퀀텀점프(Quantum Jump)를 위한 전략과 행동 대안에 대한 고민을 담아 보자.

II. 부패 그리고 법치와의 관계

1. 우리의 현 주소와 글로벌 벤치마킹

현대경제연구원이 2012년 5월 '부패와 경제성장' 보고서를 통해 "한국이 부패 문제만 해결해도 잠재성장률 4%선을 회복할 것"이라며 우리나라의 부패지수가 경제협력개발기구(Organisation for Economic Co-operation Development; OECD) 평균인 7.0까지만 올라가면 2010년 기준으로 1인당 국내총생산(Gross Domestic Product; GDP)는 138.5달러, GDP 성장률은 0.65%p 추가 상승한다는 분석을 내놓았다.[1] 2011년 말 국제투명성기구(Transparency International; TI)가 발표한 부패인식지수(Corruption Perceptions Index; CPI)에서 우리나라는 183개 국가 중 43위로 한 해 전보다 4단계 하락했다. OECD 34개 회원국 중에서는 27위로 최하위권이다.

2012년 말에도 우리나라의 부패인식지수는 10점 만점에 5.6점, 순위는 45위에 머물고 있다. 아시아 지역에서는 싱가포르(8.7점)와 홍콩(7.7점)이 꾸준히 상위를 차지했으며, 일본은 7.4점으로 올라섰고 우리나라와 비슷한 점수대에 있던 대만도 매년 0.2점-0.3점 상승하여 6.1점으로 6점대에 올라섰다.[2] 부당한 방법으로 물질적 혹은 사회적 이득을 취하는 사람들이 많아질수록 사회 전체의 신뢰와 투자를 저하하고 공공투자 계획과 관련된 정책 결정 과정을 왜곡시켜 성장률을 떨어뜨린다. 이 지수의 점수는 세계 176개국을 0점(아주 부패)으로부터 10점(아주 청렴)으로 평가하며 공공 부문 부패 수준의 인식에 기초를 두고 있다.

국가청렴도가 가장 높은 나라는 어디일까? 1위는 9.0점을 얻은 뉴질랜드, 덴마크, 핀란드가 공동으로 차지했고, 스웨덴이 4위, 싱가포르가 5위를 기록하였다. 이들 상위그룹 국가들은 해마다 큰 변동 없이 9점대 또는 8점대 후반의 높은 점수를 유지하고 있는데, 높은 투명성, 공정한 사회, 건강한 거버넌스를 갖추고 있다는 특징을 공유하고 있다. 높은 점수를 받은 나라들이 보여 주는 것은, 투명성을 향상시키기 위한 노력은 결국 성공하며 국민들에게 이익이 된다는 점이다.

최근 재스민혁명을 일으킨 아랍 국가들은 대부분 4점대 이하의 낮은 점수를 기록하고 있다. 재스민혁명 이전에, 국제투명성기구는 보고서를 통해서, 이 지역이 족벌주의, 뇌물, 특혜가 일상사에 깊이 배어든 관계로 기존 반부패법의 영향이 거의 없었다고 경고한 바 있다. 유럽국가들 중에서 부채위기로 어려움을 겪고 있는 나라들은, 부분적으로 공공기관이 뇌물과 탈세 문제를 해결하지 못한 것이 이번 부채위기의 핵심 요인이었으며, 이 나라들(포르투갈, 이탈리아, 그리스, 스페인 등)은 유럽연합(European Union; EU) 국가들 중 가장 낮은 점수를 기록하고 있는 것이 이를 반증한다.

국격이 높은 청렴도 선진국의 사례를 자세히 살펴보자. 뉴질랜드의 경우 우리가 잘 알고 있는 바와 같이 정부 혁신을 기치로 내건 김대중 정부 시절 정부개혁실에서 가장 닮고자 했던 개혁 모델이기도 했다. 공권력으로서 뉴질랜드 경찰에 대한 신뢰는 시민들의 기대치만큼이나 높은 청렴성을 가지고 직무를 수행하고 있기 때문에 가능하다. 독립된 수사 요체로서 정권의 영향을 받지 않는 환경과 법치주의에 대한 사회적 합의가 있어서 뉴질랜드 경찰의 위상은 매우 높다. 뉴질랜드 경찰의 청렴성과 관련해 2006년 이택순 당시 경찰청장이 뉴질랜드를 방문했을 때의 일화는 유명하다. 이 청장으로부터 기념시계를 선물받은 한국계 경찰은 꼬박 세 달을 기다리고 나서야 시계를 손목에 찰 수 있었다. 직무와 무관한 작은 선물 하나를 받더라도 상관에게 보고하는 절차를 거치는 것이 복무원칙이기 때문이었다. 그는 선물받은 시계의 사진을 첨부해 "한국문화에서는 작은 선물을 거부하는 것이 결례"라는 요지의 보고서를 작성, 각급 기관장들을 설득하고 나서야 결재를 받아냈다.

세계경제포럼(World Economic Forum; WEF)에서는 매년 국가경쟁력지수를 만들어 발표하고 있다. 이는 한 국가의 경제성장이 지속적으로 유지될 수 있는 능력을 측정하는 상대적 지표이다. 1위는 스위스, 그 뒤를 싱가포르, 스웨덴, 핀란드, 미국이 잇고 있다. 이들 나라의 부패인식지수를 연계해 살펴보자. 스위스는 8.6점으로 6위, 싱가포르는 8.7점으로 5위, 스웨덴은 8.8점로 4위, 핀란드는 9.0점으로 1위, 미국은 조금 예외로 7.3점으로 19위를 기록하고 있다.

먼저 스위스와 스웨덴, 핀란드의 사례 중 핀란드를 살펴보자. 핀란드가 우리나라와 매우 닮은 조건을 가진 나라라는 사실은 상대적으로 잘 알려져 있지 않다. 북구의 선진국이자 복지국가인 핀란드는 소련,

스웨덴과 같은 강대국 사이에서 언제나 짓눌리고 억압을 당해 온 약소국이었다. 1990년대 초에는 크나큰 경제위기로 인하여 국가 전체가 부도위기에 몰리기도 했다. 마치 우리나라가 IMF 외환위기를 겪었던 것처럼 말이다. 하지만 최근 핀란드의 성적표는 놀라운 수준이다. 1인당 국민소득은 4만 6천 달러로 세계 9위, 세계환경지수 1위, 여성지위가 높은 나라 2위에 랭크되어 있고, 무엇보다 국가청렴도 부분에서 부동의 1, 2위를 지키고 있다. 핀란드가 어려운 환경과 조건을 극복하고 짧은 시간 내에 선진국이 된 결정적인 이유가 높은 국가청렴도에 있다. 핀란드에서 공무원들이 되면 누구나 듣게 되는 말이 있다고 하는데 그 어느 광고카피보다도 와 닿는다. '공무원에게는 따뜻한 맥주와 찬 샌드위치가 적당하고, 그 반대가 되면 위험하다'고 한다. 핀란드의 공직사회를 단적으로 나타내는 말로 차가운 맥주 한 잔조차도 뇌물로 여기는 핀란드 사회의 투명성은 세계의 강국이라 불리는 미국과 일본조차도 부러워하는 실정이다. 언론 보도에 따르면 핀란드는 고위공직자나 유명인은 물론 전 국민 모두의 재산도 법으로 공개하고, 길거리 노점상들도 카드로만 결제를 받을 만큼 투명한 경제활동에 앞장서고 있다고 한다. 부동의 청렴성 1위에서 국가경쟁력이 나온다는 사실을 새삼 깨닫게 하는 대목이다.

아시아에서 청렴도 1위에 오른 싱가포르는 수십 년 공들여 추진한 부패 척결 정책이 마침내 열매를 맺어 투명한 경제강국으로 떠올랐다. 1960년 집권한 리콴유 수상이 부패 추방이란 선거 공약을 실행하기 위해 탐오조사국(貪汚調查局)을 설치하고 강력한 권한을 주어 공직 부패를 뿌리 뽑게 한 결과이다. 싱가포르 공무원이라고 하면 깨끗하고 민간 기업을 도와주려고 한다는 이미지가 떠오른다는 어느 기업인의 이야기에서 알 수 있듯이 싱가포르 공무원과 정부에 대한 신뢰는 절대적이다. 이와 같이 높은 청렴도를 유지하는 비결은 정부가 우수 인력을 확보해 최고의 대우를 해 주는 데 있다. 싱가포르의 5년차 사무관급 공무원 중

상위 20%에 해당하면 연봉이 2억 원이 넘는다. 우리나라의 장관 평균 연봉보다 많다. 대신 가장 우수한 인력을 고시가 아닌 대학 성적과 면접 등으로 뽑는다.

미국의 경우도 우리에게 시사하는 바가 크다. 2006년 노벨 경제학상 수상자인 펠프스(Phelps, E.) 콜럼비아대 교수는 오늘날 미국의 부는 기업가 정신, 개방경제, 시장 주도의 혁신과 창의성, 경쟁을 통한 생산성과 효율성 개선에서 나왔고, 특히 인적 자본이 신기술과 경제성장을 주도했다고 분석한다. 그러나 미국 경제성장을 이끈 원동력은 미국식 자본주의이며 그중에서도 기업가 정신을 고양하는 문화가 국부 창출의 원동력이었다고 말한다. 미국식 자본주의 힘으로 미국인들은 열심히 일했고 저축을 통해 돈을 모으고 가족을 부양하며 안락한 삶을 유지해 왔기 때문에 유럽식 자본주의보다 더 큰 경쟁력을 발휘할 수 있었다는 것이다. 미국의 기업가 정신의 밑바탕에는 청교도 정신이 자리하고 있고 이것이 미국인들의 생활신조로 자리 잡고 있다고 할 수 있다.

현대경제연구원에서는 2013년 3월 6일부터 12일까지 7일간 지역별 최소할당과 인구비례에 의한 배분에 의해 전국 20세 이상 성인남녀 1,006명의 표본을 추출하여, 전화설문조사를 실시했다. 오차 범위는 95% 신뢰 수준에서 ±3.09 수준이다. 우리나라의 정치, 경제, 사회시스템 전반에 대하여 국민들의 68.6%는 투명하지 않고 믿을 수 없다고 부정적으로 응답하여 긍정적인 응답 31.4%에 비해 두 배 이상 높았다. 연령별로 보면 40대의 부정적 답변 비율이 71.9%로 가장 높았고 지역별로는 호남 지역의 부정적 답변 비율이 78.1%로 가장 높았다.

우리나라는 갈 길이 멀다. 외환위기, 금융위기, 세계경제위기 등 위기의 파고를 헤치고 세계경제 중심에 굳건히 서기 위해서는 국가청렴도를 기본으로 하는 정신자본확충과 국격제고에 정책의 우선순위를 높여야 한다. 국가경쟁력은 정부에 대한 국민의 신뢰와 법치 수준에서 나오기 때문이다. 복지국가모델로 스웨덴을 본받자는 이야기를 많이 한다. 그렇지만 호트(Hort, S.)의 이야기처럼 먼저 정부에 대한 신뢰와 탈세를 용인하지 않는 넓은 세원이 뒷받침되기에 가능하다는 점을 잊지 말아야 한다.3 자, 그러면 부패와 법치와의 관계를 보다 자세히 살펴보자.

2. 부패와 법치의 관계

먼저 법치란 무엇인가 하는 정의를 살펴보자. 법치란 법에 의해 다스려지는 것(rule by law)이라는 개념과 법의 지배(rule of law)를 함께 말한다. 여기에 가치판단이 개입되면 조금 복잡한 논의가 가능하다. '좋은 법'은 법의 본질에 부합하는 법이다. 법의 본질은 권력자의 자의적인 권력 행사로부터 시민의 인권과 자유를 지켜내는 것이다. '좋은 법'이라고 해도 그 법의 적용이 어느 한쪽에 기울어 있다면 올바른 법치라 보기 힘들다. 가령, 배임이나 횡령을 다스리는 형법, 나아가서 특정경제범죄에 대한 가중처벌과 그 범죄 행위자에 대한 취업 제한 등을 규정함으로써 경제질서를 확립하고 국민경제발전에 이바지하기 위해 제정한 「특정경제범죄 가중처벌 등에 관한 법률」은 좋은 법이다. 소수의 비합법적인 경제행위에 책임을 물음으로써 다른 주주나 경제 전체에 피해를 주는 것을 막기 때문이다. 그런데 이 법을 대기업 총수와 정치 권력에 끈이 있는 사람들에게 관대하게 적용한다면 이는 법을 불공정하게 적용한 경우다. 유전무죄, 무전유죄라는 말은 법적용의 불공정성을 상징적으로 보여 준다.

법치의 반대 편에는 인치가 있다. 인치와 법치를 둘 다 고민했던 이로는 플라톤(Platon)을 꼽는다. 플라톤은 「정체」(政體, Politeia)에서 정의에 입각한 폴리스의 모델을 실현시키기 위해서 철인왕의 통치(哲人統治, philosopher kings)라는 인치를 설파하지만, 「법률」(法律, Nomoi)에서는 철인의 통치에 대한 보완 전략으로 효율적인 법률시스템에 의한 법치를 제시한다. 표면적으로 「정체」와 「법률」은 각각 인치와 법치라는 통치의 기본 모델을 보여 주고 있는 것처럼 보인다. 하지만 「법률」은 인치와 법치를 분리하는 것이 아니라, 인치를 법치화하면서 인치를 더욱더 발전시킨 형태라는 것이다. 철인통치의 법치화란 인치와 법치를 결합하는 것으로, 철인이 법의 강제를 통해 정치인이 되게 하는 수단이자 철인을 통제할 수 있는 방법이다. 철인을 찾기 어려운 현실을 감안하면 사람에 의해 지배되기보다는 법에 의해 지배하는 의미로서의 **법치는 반부패의 기본적인 필요조건**이 된다.

지금 우리 사회도 지휘고하를 막론하고 모두가 법의 아래에 있다는 점에선 법치사회다. 하지만 '나쁜 법'도 적지 않고, 불공정한 법적용도 사라지지 않고 있다. 박근혜 정부는 법치를 강조하고 있다. 권력자의 자의적 통치행위를 막아서 시민의 자유와 인권을 지킨다는 차원의 법치다. 한국사회에서 만연한 나쁜 법을 개정, 폐기하고 법을 공정하게 적용해야 진정한 의미의 법치가 이뤄질 수 있다. 박근혜 정부의 법치도 이런 방향이어야 한다. 좋은 법을 공정하게 적용하는 것, 법치의 핵심이자 본질이다.

좋은 법이란 성문법을 의미하며, 재판을 주재하는 판사는 누군가의 행동이 입법기관에 의해 만들어져 인쇄된 법전에 비추어 볼 때 잘못된 것인지 아닌지를 판결해야 한다는 뜻이다. 즉, 법이란 한 사회를 위해 제시하는 하나의 기준이 되며, 그 기준을 근거로 법원의 판결도, 경찰의 법집행도 그렇게 되어야 하는 것이다.

박 대통령은 정부가 국민의 신뢰를 얻으려면 공직의 부정부패를 없애고 법치를 세워야 한다고 강조했다. 새 정부의 국정 운영의 패러다임을 국민과 현장 중심으로 바꿔 나가겠다고 한다. 특히 정부가 제도 개혁을 과감하게 추진해 가려면 가장 중요한 것이 국민 속으로 들어가서 신뢰를 받는 거라면서 이를 위해서는 부정부패를 없애고 법치를 세워야 한다고 강조한다. 박 대통령은 반부패 정책의 핵심기관인 국민권익위원회가 부패 행태를 개선하는 일에 앞장설 것을 당부했다. 또 법률들이 현장에서 구현될 때 부족한 점이 없는지를 점검하고 정책 추진의 방향을 잘 바로잡아야 한다고 강조한다. 결국 법치와 좋은 법치, 신뢰, 반부패는 연결된 개념이며 같이 추구해야 하는 가치라고 하겠다. 반부패는 법치에서 나아가 투명성, 정의까지를 감안하는 보다 넓은 개념이라고 할 수도 있지만 결국 법치, 신뢰, 반부패는 같은 맥락에서 추구하고자 하는 신뢰사회의 기본 덕목이라 하겠다. 반부패와 신뢰사회의 중간단계로서 법치사회의 구현이 핵심적인 이슈인 것이다.

신뢰사회 구축을 위해 가장 선행해야 할 일이 공공의 제도적 신뢰를 회복하는 것이며, 이를 위해 모든 국가기관과 사회집단이 공정성과 투명성을 유지할 수 있도록 법치주의를 확립해야 한다. 법과 원칙이 지켜지는 성숙한 사회를 지향하며, 위반행위에 대해서는 지위고하를 막론하고 모든 국민이 법앞에 평등하다는 인식을 확립해야 한다. 아울러 민주적 절차와 합리적인 의사 결정을 존중하는 성숙된 시민윤리를 형성하고 지도층의 솔선수범과 노블레스 오블리주 문화의 정착을 추구한다. 지도층부터 모범을 보이는 문화 정책을 통해 계층 간 위화감과 사회갈등을 최소화하면서 사회 상층부에 대한 강한 불신감을 해소하는 노력이 필요하다.

III. 국민의 의식 변화로 살펴본 법치

1. 개 관

우리나라는 지난 50여 년 동안 급격한 변화를 경험하였다. 그리고 이러한 여러 분야에 있어서의 급격한 변화는 우리 국민의 의식, 우리의 문화에 커다란 변화를 가져왔다. 우리나라는 자유민주주의 국가이고 따라서 민주주의 원칙이 사회의 기본적 틀이 되어야 할 것이며, 이 경우에는 법과 법원칙이 경제민주주의 원칙을 지탱하는 기둥이 되어야 한다. 그리고 법이 올바로 제정되고 집행되기 위해서는 바람직한 법문화가 확립되어야 한다.

법문화의 결정 요인으로는 단지 역사적·전통적으로 형성된 국민의 의식에 내재하고 있는 법에 대한 감정, 태도, 인지, 희망 등뿐만 아니라 오히려 현재의 제반 사회적 여건, 환경, 경험 등이 보다 더 큰 영향을 미친다고 할 수 있다.[4] 따라서, 현재의 한국사회의 법적 상황과 이러한 상황으로 변화를 가져온 최근의 변화 요인을 살펴보는 것이 중요하다. 또한, 현재의 우리나라 사람들이 가지고 있는 여러 제도가 법문화에 영향을 미친다.

법치원리의 확립은 우리나라의 전통문화를 이해하는 데서 출발해야 한다. 유교문화권에 속하고 학연, 지연, 혈연 등에 의한 의사 결정이 상당한 비중을 차지하는 우리나라와 법치주의는 거리가 먼 것으로 치부되어 왔으나 이러한 의식은 1980년대 이후 민주화 과정을 거치면서 커다란 변화를 맞고 있다. 화염병과 폭력시위 등으로 점철된 우리의 이미지가 이제는 촛불시위로 탈바꿈하고 있는 것도 중요한 변화라 할 수 있다.

일제 강점기는 말할 것도 없고 1961년 5·16군사쿠데타로 탄생한 군부 및 유신정권 이래 1993년 노태우 대통령의 임기 만료 후 김영삼 대통령의 문민정부가 탄생하기까지 30여 년간의 군사정권은 정통성 부족으로 이의 사후 처리를 위한 헌법개정이나 집권연장 또는 정권유지를 위한 헌법개정이 이루어졌고, 또 이를 위한 비상조치, 계엄령의 선포 등도 적지 않았다. 이런 과정에서 국민의 정치·경제적 자유와 기본권 보장에 대한 요구와 갈등을 일으켰다. 그러면서 국민의 기본권의 보장, 특히 언론·집회·결사의 자유 보장을 통한 민주정치의 발전에 대한 강한 의식을 가지게 되었다. 국민의 강한 민주정치 발전과 기본권 보장의 요구가 군사정권의 변칙적 정치 행태를 저지하고 민주주의 국가 발전의 확고한 기초를 닦았다.

군사정권이 빈곤으로부터의 자유, 경제적 발전에 커다란 기여를 한 것은 부정할 수 없으며 이러한 경제발전 과정에서 법을 수단으로 하여 경제발전 정책을 집행한 것도 사실이다. 절대적 빈곤으로부터 중진국을 넘어 선진국의 문턱까지 발전하는 과정에서 국민의 의사를 정당한 절차에 따라 수렴하여 이를 법제정에 반영하지 않고 특정 계층의 이익을 보장하는 경우가 적지 않아 결국 부의 편중을 낳기도 했다. 이러한 현상은 1997년 외환위기 극복 과정과는 달리 2008년 금융위기 이후 소득분배의 편중을 걱정하는 목소리가 높아지고 있다는 점에서 현재에도 별로 나아지고 있지 않음을 확인할 수 있다. 2013년 금융연구원 박종규의 연구에 의하면 지난 5년간 근로자의 평균 실질임금은 거의 증가하지 않고 있다고 한다. 최근 상위 1%에 해당하는 소득이 크게 증가하고 있음을 감안하면 분배구조의 악화 또는 양극화가 심해지고 있음을 알 수 있다.[5]

급속한 경제발전을 위한 개발독재로 말미암아 인권보장에 소홀하기도 했다. 따라서 국민의 의식 속에는 실정법은 반드시 정의, 공정, 공평, 자유와 동의어가 아닐 수도 있다는 법에 대한 불신의식을 심어 주기도 한 것이 사실이다. 유전무죄, 무전유죄, 법은 권력자를 위해 있는 것이라는 등의 편견을 가지게 했다는 이야기다. 이러한 상황은 결국 노무현 정부의 탄생과 제17대 총선을 통해 민주노동당이 원내의석 10석을 차지하는 배경이 되었고, 19대 총선에서도 통합진보당이 원내의석을 13석으로 늘리고 있다.

우리나라 국민이 정치적 환경의 민주화로의 발전, 이에 수반하는 법과 제도의 현대화 및 인권보장제도의 강화, 경제적 수준의 향상, 권위주의적 사회생활 환경의 탈피, 정보통신기술(Information Communication Technology; ICT)의 진보에 수반하는 정보 접근에의 용이성, 보편적 기준을 기초로 하는 국제 환경의 변화 등에 수반하여 법과 제도에 대한 의식이 민주화되기는 하였지만, 현실적 인식은 아직도 국민이 자신의 의식을 행동화하기를 주저하고 있는 것이 사실이다. 우리의 법문화는 아직도 선진국에 비교해 낙후된 상태임을 알 수 있다. 자신의 이익과 권리를 위해서는 법을 원용하지만, 다른 사람의 권리 보장에 대해서는 소홀한 경향을 나타낸다.

무엇보다도 우리는 오랜 시간 동안을 군부독재와 급격한 정부 주도 경제성장을 거치면서 상실한 준법정신을 회복하는 것이 급선무라는 데는 이의를 제기하기 어렵다. 공식적 제도의 구현 형태가 법이므로 제도개혁의 가장 실체적 형태는 법제도의 개혁이다. 그러나 이러한 법제도가 제대로 지켜지지 않는다면 아무런 소용이 없다. 아무리 잘 만든 경기의 규칙도 제대로 지켜지지 않는다면 좋은 경기가 될 수 없기 때문이다. 따라서 제도 개혁을 성공적으로 이행할 수 있는 성공적인 법치의 정착 여부가 선진국 진입의 전제 조건이라 할 수 있다.

경제활동에 있어서 법을 지키지 않게 되는 경우 가장 중요한 이유로 개인의 이익을 위해 고의적으로 법을 위반하는 경우를 꼽고 있다는 점에서 아직도 우리나라의 법치주의 정착을 위해서는 갈 길이 멀다는 점을 확인할 수 있었다. 한국 경제와 사회에서 불완전하지만 기존의 법을 지키는 것이 중요하다는 견해를 지지하는 정부와 시민단체, 그리고 지킬 수 있는 법을 먼저 만드는 것이 우선이라는 견해를 지지하는 기업 간의 인식의 차이도 여전히 확인할 수 있다.[6]

2. 법치주의 의식의 변화

1) 정   부

먼저, 법치원리 측면에서 많은 응답자들은 현재 정부의 재산권 및 시장에 대한 간섭이 심하다고 보지만, 공익을 위해서는 정부의 간섭이 어느 정도 용인될 수 있다는 생각을 가지고 있다. 경제에 대한 정부 역할은 불편 부당한 심판보다는 적극적으로 개입하는 코치 역할에 더 호감을 가지고 있다.

현황 진단 측면에서 "법을 지키면 손해"라는 주장에 대해 가장 많은 응답자들이 애매한 입장을 취했고, 상당수의 사람들은 동조함으로써 우리 사회에서는 법의 신뢰도나 권위가 낮음을 확인할 수 있었다. 정부의 재산권 보호와 시장질서 존중 정도, 그리고 정부의 시장 간섭과 재산권 침해 수준에 대해 일반인과 전문가 모두 다수가 중간 이하의 평가를 함으로써 정부의 시장 및 재산권 보호 역할에 문제가 있음을 확인하였다. 정부의 시장 간섭의 효율성에 대해서는 일반인과 전문가 다수가 비효율적이라고 평가하였다. 다시 말해서 정부의 재산권 침해와 시장 간섭이 심하면서 효율성은 높지 않은 것으로 평가하고 있다. 또한 이러한 법치 상황을 반영하여 대대수가 법과 상식보다는 돈과 권력을 분쟁 해결 수단으로 지목함으로써 법치와 관련된 정부의 역할 자체에 큰 문제가 있음을 확인하였다. 이러한 의식은 2013년의 조사에서도 우리나라의 정치·경제·사회시스템 전반에 대해 국민들의 68.6%는 투명하지 않고, 믿을 수 없다고 부정적으로 응답하여 긍정적인 답변 31.4%에 비해 두 배 이상 높은 점에서 확인할 수 있다.

응답자의 대대수가 법치 실현의 장애로 법제정보보다는 법집행의 공정성과 경제주체의 준법의식 부족을 지목함으로써 사실상 전 국민이 원인을 나누어 가지고 있음을 시인하고 있다. 일반인들은 구체적으로는 행정에 문제가 많다고 답함으로써 행정 불신이 매우 큼을 확인할 수 있었으며, 대통령을 지목한 경우도 적지 않았다. 반면 전문가들은 입법에 가장 문제가 많다고 답함으로써 일반인과 대조를 보였다. 정부의 재산권 침해와 시장 개입이 잘 개선되지 않은 이유에 대해 가장 많은 응답자가 정치적 이해관계를 지목하였으며, 대통령의 의지 부족을 지적하는 경우도 있었다. 많은 사람들은 정부의 시장 개입이 정치적 이해관계에 따른 개입이 많기 때문에 효율성이 확보되지 않는다고 생각하고 있다. 또한 유교전통이 우리 사회의 법치 실현을 가로막는 요인은 아니라고 보고 있다.

대다수 일반인과 전문가들은 선진경제 진입을 위해서 '정치 혁신'이 가장 중요하다고 보고 있다. 이는 많은 사람들이 경제선진화의 조건으로 합리적인 법제도 구축보다는 정치에 강한 기대감을 갖고 있음을 알 수 있다. 정부의 재산권 침해와 시장 개입의 문제를 개선하는 데 주도적인 역할을 해야 할 주체에 대해 다수가 국회의원을 들었다. 우리 사회에서, 국회의원이 매우 부정적인 이미지로 비춰지고 있으면서도, 다수의 국민들은 건전한 시장제도를 구축하는 데 있어서 국회의원의 주도적인 역할이 요구된다는 생각을 가지고 있음을 의미한다. 뿐만 아니라 많은 사람들은 국회의원은 법치 실현을 위해 가장 먼저 변화해야 할 집단이라고 생각하고 있다. 많은 응답자들은 법치 실현을 위해 구체적으로 대통령과 정치지도자의 자기반성과 솔선수범이 중요하다는 생각을 가지고 있다. 끝으로, 법치 확립을 위한 바람직한 정부상에 대해 일반인 중 가장 많은 응답자가 코치, 전문가 중 가장 많은 응답자가 심판이라고 답함으로써, 바람직한 정부상에 대한 양자 간의 견해차가 있었는데, 다수 일반인들은 여전히 코치 역할에 관심을 가지고 있음을 확인할 수 있었다.

2) 기   업

기업 관련 법의식 설문조사 결과를 보면 모든 기업 관련 규제들의 수준이 약하다는 답변이 강하다는 답변보다 많았으나, 그중에서도 환경 관련 규제가 약하다는 답변의 비율이 가장 높았다. 반면 전문가 결과를 보면 경제력집중억제 관련 규제와 기업의 입지 허가나 상업적 건설과 관련된 규제는 강하다는 답변이 약하다는 답변보다 많았고, 환경 관련 규제보다 소비자보호 관련 규제가 약하다는 답변의 비율이 더 높

<표 1>　기업과 법치, 경제시스템 가운데 가장 시급히 개선해야 할 분야

분　야	비중(%)
수출-대기업 중심 경제구조	32.4
관치경제	27.2
성장중심 경제	21.8
패자부활장치 부족	13.6
제조업 편중 정책	5.1

자료: 현대경제연구원(2013). "한국사회의 낮은 신뢰도: 중산층회복은 일자리 창출로," 「현안과 과제」. 재인용.

<표 2>　기업과 법치, 직업군별 분석

직업군(표본수)	응답률 가장 높은 분야(응답률)
화이트컬러(420명)	수출-대기업 중심 경제(33.1%)
블루컬러(98명)	관치경제(34.7%)
자영업자(141명)	수출-대기업 중심 경제(43.3%)
학생(91명)	패자부활장치 부족(28.6%)
전업주부(170명)	관치경제(32.9%)
농림어업(11명)	관치경제(36.4%)
무직/퇴직(69명)	수출-대기업 중심 경제(36.2%)

자료: 현대경제연구원(2013). "한국사회의 낮은 신뢰도: 중산층회복은 일자리 창출로," 「현안과 과제」. 재인용.

았다. 이것은 전문가 그룹이 일반인보다 상대적으로 보수층의 비율이 높은 것에 기인한 것으로 보인다.

한편 기업들은 정부가 제정하는 위의 기업 관련 규제를 어느 정도 지키고 있다고 생각하느냐는 질문에는, 전체적으로 기업들이 규제를 안 지키는 편이라는 의견이 잘 지키는 편이라는 의견에 비해 압도적으로 높게 나타났다. 만약 기업들이 정부의 규제를 잘 지키지 않고 있다면 그 이유는 무엇이라고 생각하느냐는 질문에는 지키지 않았을 때 받게 되는 제재가 약하고 엄격하지 못하기 때문이라는 응답이 압도적으로 높게 나타났고, 그 다음으로 규제가 정당하지 않거나 불공평하다는 것과 규제의 절차가 복잡하고 자주 바뀐다가 비슷하게 나타났다. 또한 기업들이 정부의 기업 관련 규제를 잘 지키지 않게 된 데에는 누구의 책임이 가장 크다고 생각하느냐는 질문에는 정부의 책임이 가장 높게 나타났고, 그 다음으로 법이나 규제 자체, 모두, 기업 순으로 나타났다.

2013년 조사에서는 우리나라 경제시스템 가운데 개선이 시급한 분야는 수출-대기업 중심 경제(32.4%)와 관치경제(27.2%), 그리고 성장 중심 경제(21.8%)라고 응답한 그룹이 많았다. 이어서 패자부활장치의 부족(13.6%), 제조업 편중(5.1%)으로 나타났다. 30대와 자영업자는 수출-대기업 중심 경제를, 40대와 블루컬러는 관치경제를, 20대와 학생은 패자부활장치의 부족을 개선하라는 응답이 상대적으로 높았다. 왜 현시점에서 경제민주화가 화두인지 짐작케 한다.

3) 법치와 사회적 자본으로서의 신뢰

(1) 진   단

본 영역의 2005년 설문조사에 의하면 우리나라에는 법이 지켜지지 않는다는 사람은 31.9%이고 법이 지켜진다는 사람은 17.9%에, 그리고 보통이라고 하는 사람은 46.5%에 달해, 대체로 법이 잘 지켜지지 않는 것으로 인식하고 있다. 이어 경제활동에서 법을 지키지 않게 되는 이유를 알아보기 위해 법치 내용을 단계별로 나누어 물어보았다. 여기서는 법의 내용 때문인지 아니면 법의 집행이 문제인지에 중점을 두었다. 전체 응답자의 32.7%가 정부의 불공정한 법집행을 그 이유로 들었다. 이어 31.7%가 기업과 국민이 자신의 이익을 위해 고의적으로 법을 위반한다고 지적하였고, 17.8%가 국회가 국민의 의사를 반영하는 법을 만들지 않았기 때문에, 그리고 9%가 일반적으로 지적되는 "지킬 수 없는 법"이라고 하였다. 그리고 법원/검찰/경찰의 해결 지연은 8.7%에 불과했다.

나아가 법치의 구체적인 내용 중의 하나로서 개인의 재산권이 잘 보호되고 있는지를 조사하였다. 부정하는 응답 비율은 25.7%, 긍정적인 응답 비율은 27.2%로 긍정적인 응답 비율이 다소 높은 것으로 조사되었다. 연령과 소득에서 유의한 반응 차이를 보였는바 소득이 높을수록, 연령이 높을수록 높은 긍정적인 응답 비율을 보였다. 다음으로 경제활동에서 법위배와 관련해서 가장 법을 지키지 않는 집단은 누구인가라는 질문을 제시했다. 정치인을 지목하는 비율은 73.7%로서 대단히 높으며, 다음으로 경제관료(12.4%), 기업인(7.1%), 의사/변호사 등 전문가 집단(4.3%), 근로자 및 일반 국민 등(1% 내외)의 순으로 나타났다. 한국법제연구원7의 자료와 비교해 볼 때 여기서 두 가지 특징을 발견할 수 있다. 정치인에 대한 불신이 과거(1991년 61.8%, 1994년 42.6%)에도 높았지만 2005년의 조사에서 나타난 73.7%는 대단히 높다. 지금까지 정치 개혁을 계속적으로 외쳐 왔지만 국민의 인식은 호의적이지 않은 것으로 나타났다. 반면 기업에 대한 불신의 비율은 7.1%로서 과거(1991년 15.6%, 1994년 20.0%)에 비해 현저히 개선되었다. 이는 아마도 지난 10여 년간 기울인 기업의 구조조정 및 지배구조 개선의 노력에 힘입은 바 크다고 할 수 있을 것이다.

정부의 법준수 의무에 대한 국민의 인식을 파악하기 위해 정부가 개인의 재산권을 잘 보호하며 시장질서를 존중한다고 생각하는가라는 설문을 제시했다. 부정적인 응답 비율은 31.7%이고, 긍정적인 응답 비율은 20.9%이다. 이어 다음 중 어느 부문이 시장질서나 공정경쟁 질서를 가장 존중하지 않는다고 생각하느냐에 대해서는 행정을 지적하는 비율이 43.1%에 달했다. 이는 법치의 정의(definition)의 한 축인 정부의 준법에 대해 부정적으로 인식하고 있다는 것을 의미한다.[8]

구체적으로 개인의 재산권이 정부로부터 그리고 개인들로부터 잘 보호되고 있는지를 알기 위해 다음의 두 질문을 제시했다. 먼저 정부가 산업이나 개발 정책을 이유로 귀하에게 만족스러운 보상을 하지 않고 귀하의 재산을 처리한다면 어떻게 하겠는가라는 질문에 대해서는 법원에 호소한다는 응답 비율이 63.0%, 물리적으로 항거한다는 응답 비율이 20.9%, 그리고 국가가 하는 일이므로 국가 결정을 따른다는 응답 비율이 8.7%로 나타났다. 이 결과를 보면 많은 사람들이 국가가 개인의 재산권을 침해하는 경우 법원에 호소하겠다는 적극적인 의사를 표시한다는 점에서 법의식이 상당히 발전했다는 점을 의미하지만, 5명 중 1명은 물리적으로 항거하겠다고 밝힘으로써 아직도 일부에서는 법의식이 후진적이라고 볼 수 있다.

다음으로는 기업은 다수로 구성된 주주들의 사유재산임을 밝히면서 대주주나 경영자가 회사 재산을 사회적 목적으로 활용하는 것이 바람직한지를 조사하였다. 마음대로 처리할 자격이 없다는 응답 비율이 37.9%, 장기적으로 기업에 도움이 된다면 가능하다는 응답 비율이 27.1%, 사회 발전을 위해 바람직하다는 반응이 24.9%, 그리고 기업 경영은 기업가에게 위임하였으므로 기업가가 알아서 할 일이라는 반응이 10.1%로 나왔다. 여기서 앞의 두 반응은 광의로 해석해서 재산권의 보호를 의미하고, 뒤의 두 반응은 재산권의 무시를 의미하는 것이다. 즉, 우리 국민의 35%는 아직도 기업의 재산을 공공재산으로 인식하고 있다.

다음으로는 정부의 자의성에 대한 국민의 용인도를 파악하기 위해 정부가 기업이나 개인의 재산권을 침해할 수 있다고 생각하느냐에 대한 응답을 분석해 보았다. 어떠한 경우에도 정부가 개입해서는 안 된다는 반응이 51.4%, 명백한 사유가 있는 경우에는 가능하다와 정부가 하는 일이므로 그냥 따른다는 반응이 각각 43.2%, 5.4%로 나타났다. 이는 국가의 간섭을 용인하는 비율이 48.6%에 달한다는 것을 의미한다.

계약의 집행에 대한 인식을 파악하기 위해 채무변제를 이행하지 않는 경우에 대해 어떻게 처리할지를 물었다. 이에 대해 법원에 호소하겠다는 응답 비율이 47.5%, 스스로 해결하겠다는 비율이 33.4%, 해결사에 위임하겠다는 비율이 12.5%, 그리고 포기하겠다는 비율이 6.6%이다. 유의도 검정에서는 연령과 성별이 유의한 차이를 보이고 있으며, 학력에서는 거의 차이가 없이 공통적인 반응을 보였다. 여기서 스스로 해결한다는 비율이 상당히 높은데 그 의미는 다의적이다. 법률 소송비용이 높기 때문에 먼저 협상으로서 해결한다는 것이라면 법치 원리에 위배되는 것은 아니다. 그러나 법원을 믿지 못하기 때문으로 해석된다면 법률제도가 개선되어야 한다. 그리고 해결사에 위임한다와 포기한다는 응답이 16.5%나 된다는 것은 특이하면서 후진국 속성을 나타낸다.

다음으로 재산권 행사나 계약 문제에서 분쟁이 발생했을 때 어떻게 해결하는 것이 좋은지를 물어보았다. 응답자의 43.3%는 대화를 통한 타협안을 제시했고, 30.5%는 법원에서 시비를 가리겠다고 하였으며, 상대에 대한 설득과 경찰에 수사 의뢰가 각각 12.5%, 12%로 나타났다. 유의도 검정에서는 연령만이 유의 수준 5%를 통과하였다. 연령이 높을수록 대화와 양보를 선호하고 낮을수록 법원과 경찰 그리고 설득 등을 선호하는 결과를 보이고 있다. 전체적으로 볼 때 소극적인 대응인 타협과 양보(1.7%)를 표시한 응답자가 45%이고, 적극적인 대응인 법원에의 고소, 설득을 통한 주장 관철, 그리고 경찰에의 수사 의뢰 등은 55%이다. 이는 우리가 아직도 적극적인 권리의식을 가지고 있지 못함을 의미한다.

일상생활에서 분쟁이 발생할 때, 이를 해결하는 데 가장 효율적인 수단이 무엇인지를 물어보았다. 응답자들은 돈(32.6%), 권력(29.4%), 법(18.7%), 연줄(13.1%), 그리고 상식(5.8%)의 순으로 응답했다. 정상적인 사회에서는 법과 상식이 가장 효율적인 것으로 인식될 것이나 우리 사회에서는 24.5%에 불과한 것으로 나타났다.

경제활동에서 법이 왜 필요한지를 묻는 설문에서 응답자의 48.7%는 경제질서를 유지하기 위해서, 18.5%는 타인의 불법행위를 방지하기 위해서, 15.9%는 갈등 조절을 위해서, 그리고 15.7%는 안심하고 일할 수 있다는 점 등을 지적하고 있다.

이를 2013년 현대경제연구원의 설문조사 결과와 대비해 보자. 우

<표 3> 가장 믿을 수 없는 부문

분 야	비중(%)
국 회	35.0
언 론 계	15.2
사 법 부	13.6
재 계	10.8
행 정 부	8.4
노 동 계	4.0

자료: 현대경제연구원(2013). "한국사회의 낮은 신뢰도: 중산층회복은 일자리 창출로," 「현안과 과제」. 재인용.

리나라 정치·경제·사회시스템 전반에 대해 여전히 국민들은 투명하고 믿을 수 없는 것으로 인식하고 있다. 부정적인 응답이 2/3에 달하는 68.6%로 나타난 것이다. 설문조사 결과를 보면 끊임없이 지적되어 온 국회(35.0%)가 가장 불신의 대상이고, 언론계, 사법부, 재계가 그 뒤를 잇고 있다.

(2) 향후 과제

다시 2005년 결과를 보자. 법을 잘 지키면 손해를 본다는 주장에 대해 동의하는 응답 비율은 37.6%, 부정하는 응답 비율은 19.3%, 그리고 보통이라는 비율은 43.1%이다. 성별과 직업에서 유의한 반응 차이를 보이고 있다. 남성은 40.5%나 동의하고, 여성은 22%나 부정하는 반응을 보였다. 이는 사회생활에서의 경험 차이를 반영한 것이라고 볼 수 있다. 그리고 직업별로는 일반 근로직이 42.0%의 높은 비율로, 주부는 30.7%의 낮은 비율로 긍정하는 응답 비율을 보였다. 이는 사회생활의 경험에서 오는 차이를 반영한 것이라고 볼 수 있다. 그럼에도 불구하고 법을 지키면 손해본다는 반응 비율이 30%-40%에 달한다는 것은 대단히 심각한 현상이라고 하지 않을 수 없다. 정치적 민주화가 시작된 1980년대 말 이후 20년이 지나도록 법을 지키면 손해본다는 반응이 이처럼 높다는 점은 향후 국가 운영에 많은 어려움을 시사한다.

한국 경제가 선진국에 진입하기 위해서 가장 중요한 것은 무엇인가라는 설문에 응답자의 45.1%가 정치 혁신, 25%가 기술 혁신, 12.8%가 법치사회 확립, 10.3%가 교육 혁신 등을 지적하였다. 유의도 검정에서는 응답자 특성별 차이가 없는 것으로 나타났다. 앞에서 정치인이 가장 법을 안 지킨다고 응답한 사람이 73.7%에 달한다고 지적한 점을 고려하고, 정치 개혁 등도 법치 사회의 확립을 도모하려는 정부의 노력이라는 점을 고려할 때 정치 개혁도 법치 확립으로 확대해석할 수 있다. 법치 확립을 원하는 응답 비율이 57.9%에 달하는 것으로 해석되어야 할 것이다. 현재 우리가 절실히 필요한 것은 법치사회의 확립이라고 볼 수 있으며, 이것이 국가 경영의 핵심 과제임을 알게 한다.

2011년 8월 특임장관실에서 조사한 결과를 보면 정치인에 대한 신뢰 수준은 부정적인 응답이 86%에 달하는 것으로 나타나 심각한 수준임을 알 수 있다. 유사한 결과는 2013년 조사에서도 다시 확인된다. 여전히 가장 개선이 시급한 분야가 국회이며 이어 행정부 및 재계가 새로운 신뢰에 바탕한 국가시스템 구축을 위해서 바뀌어야 하는 부문으로 지적되고 있다.

〈표 4〉 믿고 따르는 국가시스템을 위해 시급한 과제

분　야	비중(%)
깨끗한 국회	50.8
투명한 행정부	18.7
공정한 시장경제	17.1
문턱 낮은 사법부	7.1
상생의 노사관계	6.4

자료: 현대경제연구원(2013). "한국사회의 낮은 신뢰도: 중산층회복은 일자리 창출로," 「현안과 과제」. 재인용.

Ⅳ. 국제기구의 지표로 살펴본 법치 수준

기획재정부 '2011년 국가경쟁력 보고서'에서는 2012년 1월 OECD 34개국과 경제·사회통합·환경·인프라 등 4개 부문에서 259개 지표를 비교하였다. 국가의 사회자본(social capital)으로 불리는 신뢰도지수는 전반적으로 열악한 것으로 나타난다. 공동체 구성원 간 신뢰도는 19개국 중 13위, 법치 수준은 34개국 중 25위로 낮았고 지수가 높을수록 투명한 것으로 평가받는 부패지수는 30개국 중 22위를 기록했다. 선진국 중 하위권에 처한 우리의 법치 수준을 알 수 있다.

이경태는 1999년-2008년 OECD 30개 국가의 사회공공성에 관한 주요 변수의 평균 수준을 분석했다.[9] 한국사회의 공직부패지수는 24위, 사회적 자본지수 22위, 법치 수준 23위, 부패 단속 수준 25위로 나타났다. 유사한 결과로 해석된다.

한편, 미국 미시간대학교의 세계가치조사(World Values Survey)에 따

〈그림 1〉 한국과 OECD 국가 평균 비교: 신뢰지수

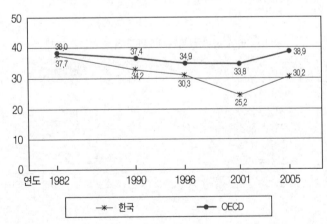

자료: World Value Survey(Univ. of Michigan), 각 연도.

〈표 5〉 한국의 사회자본 수준

항 목	순 위	항 목	순 위
재산권 보호	52	정책 투명성	133
지적(식) 재산권 보호	40	경영 성과 향상을 위한 정부서비스	46
공공자금의 전용	58	테러에 따른 기업 비용	74
정치인에 대한 공공의 신뢰	117	범죄 및 폭력에 따른 기업 비용	44
비정상적인 지급 및 뇌물	50	조직범죄	57
사법부 독립성	74	경찰서비스 신뢰성	39
공무원 의사 결정의 편파성	89	기업경영윤리	56
정부 지출 낭비 여부	107	회계감사 및 공시기준의 강도	75
정부 규제 부담	114	기업 이사회의 유효성	121
논쟁해결 측면 법체계 효율성	80	소수 주주의 이익 보호	109
규제개선 측면 법체계 효율성	96	투자자 보호 강도	65

자료: World Economic Forum (2012). 국가경쟁력 평가.

르면 우리나라의 신뢰지수는 30.2%로 노르웨이(74.2%), 스웨덴(68.0%%), 핀란드(58.8%) 등 북구 국가들에 비해 매우 낮은 수준이며 OECD 평균 (38.9%)에도 못미치고 있다. 지난 1982년 이후 지속적으로 신뢰도가 하락하다 2005년 상승하는 모습을 보이지만 OECD 평균과의 격차는 더 벌어지고 있다. 한국은 조사가 시작된 1982년 이후 2001년까지 하향 곡선을 그리다가 2005년 조사에서 30.2%로 상승하는 모습을 보여 개선의 희망을 갖게 한다.

2012년 세계경제포럼 국가경쟁력 평가에 따르면 우리의 국가경쟁력 순위는 144국 중 19위로 나타나지만, 사회자본에 대한 평가라고 할 수 있는 제도적 요인 점수는 62위에 불과하다. 특히 정책 결정의 투명성은 133위, 정치인에 대한 공공의 신뢰는 117위, 정부 규제의 부담은 114위, 정부 지출의 낭비도 107위로 매우 심각한 수준이다.[10]

법치는 좋은 거버넌스로도 표현되듯이 이와 가장 관련성이 높은 조사로는 워싱턴 소재 세계사법정의프로젝트(World Justice Project; WJP)가 2006년부터 매년 발표하는 법의 지배지수를 꼽을 수 있다. 2,500명의 전문가를 동원해 97개 국가를 대상으로 48개 요인으로 나누어 법치 수준을 측정하고 있다. 97,000명을 대상으로 한 일반대중조사(general population poll)와 일련의 전문가 조사(qualified respondents' questionnaires) 기법이 동원된다.[11]

　　법의 지배는 시민, 민간 기업과 함께 정부와 공무원, 공공기관들이 법의 지배에 대해 책임을 지는 원칙이 지켜지는 시스템을 말한다. 개인의 안전과 재산을 포함하는 기본권을 보장하고 평등한 적용이 보장되며 명료하고 공개되어 있으며, 안정적이고 공정해야 한다. 법이 만들어지고 집행되며 사법 절차를 밟는 전 과정이 접근 가능해야 하고 효율적이어야 한다. 마지막으로 사법정의는 적시에 유능하고 도덕적이며 독립적인 충분한 수의 대리인에 의해 수행되며 적정한 자원을 활용하고 지역사회의 구성을 반영해야 한다. 이상이 WJP가 보편적인 원칙으로 법의 지배를 개념짓는 시스템의 대강이다. 법의 지배를 영역별로 나눠 살펴보면 다음과 같은 8개의 요인으로 구성된다.

　　첫째, **정부의 제한된 권력**(limited government powers)이다. 법의 지배에 의해 통치되는 사회는 정부와 공무원이 법 아래 책임을 지고 통제를 받는다. 견제와 균형시스템이 작동하는 것을 말한다. 둘째, **부패의 부존재**(absence of corruption)이다. 전통적으로 사적 이익을 위한 공적 권력의 활용으로 정의되는 부패로부터 깨끗한 정부를 운영한다. 셋째, **질서와 치안**(order and security)이다. 인적 안전, 재산권의 보장이야말로 정부의 가장 기본적인 기능이다. 넷째, **기본권**(fundamental rights)의 보장이다. 법치는 기본권을 효과적으로 보장한다. 국제법에 따라 설립 핵심 인권을 존중하는 데 실패하는 실정법의 시스템은 기껏해야 "법에 의한 통치"수준에 머문다. 준법사회의 규칙은 동등한 대우와 차별의 부재에 대한 권리를 포함한 인권 선언에 구현된 권리를 보장해야 한다 사람의 생명과 안전에 대한 권리, 법률의 적법절차에 대한 권리, 의견의 자유와 표현의 자유, 신앙과 종교의 자유, 개인의 임의의 간섭의 부재, 집회 및 결사의 자유, 그리고 기본적인 노동 권리 보호를 포함하는 개념이다. 다섯째, **열린 정부**(open government)는 법의 지배에 필수적이다. 그것은 접근, 참여, 정부와 시민 간의 협력을 포함하고, 책임의 증진에 중요한 역할을 한다. 공공기관에 정보를 요청하고 정부로부터 수요자에 대한 관심과 책임을 확보하는 방법을 제공함으로써 시민에게 권한을 부여하는 중요한 도구이다. 열린 정부는 투명성보다 훨씬 더 큰 개념이다. 명확한 공표 및 안정적인 법률 등의 요소 포함, 대중의 참여를 위해 열려 있는 행정 절차, 대중에게 다가가는 법률과 규정의 제정 및 공식적인 정보의 가용성을 제공한다. 여섯째, 정부 규제에 대한 **적절한 집행력의 확보**(regulatory enforcement)는 행위를 유도하는 방법으로 현대사회에서 자리잡고 있다. 법의 지배의 중요한 특징은 법의 집행이 부주의하고 자신의 이익을 추구하는 공무원에 의한 유용되지 않도록 감시하고 적절하게 적용되는 것이다. 효과적인 집행은 규제 절차가 법률의 적법절차를 존중하는 적절한 방법으로 실시되고 공공 또는 민간의 부당한 간섭 없이 집행되는 것을 말한다. 일곱째, 법치사회에서는 보통 사람들이 자신의 불만을 해결하기 위해 폭력이나 자기 도움에 의지하기보다 평화롭고 효과적인 방법인 사법기관을 통해 기본권을 준수하는 구제를 받을 수 있어야 한다. **민사 사법시스템**(civil justice)이 접근 가능한 저렴한 가격이어야 하고 효과적이고 공정해야 하며, 문화로 정착되어야한다. 공정성은 사회경제적 지위뿐만 아니라 공무원 또는 민간 이해관계 등 부적절한 영향력으로부터 자유롭게 결정될 수 있음을 포함한다. 효과적인 민사사법 절차가 적시에 실시되고 판단은 부당한 지연 없이 적용된다. 여덟째, 사회에 대한 범죄로부터 개인 및 지역사회를 구제하는 효과적인 **형사 사법시스템**(criminal justice)은, 법의 지배의 중요한 측면이다. 용의자와 피해자의 권리를 함께 보호하는 동시에 효과적인 형사 사법시스템은 공정하게 범죄를 판결할 수 있는, 그리고 부당한 영향이 없는 것을 의미한다.

<표 6>　한국의 WJP 법치 수준

요　인	점　수	세계순위	지역순위	소득군순위
정부권한 제한	0.66	28/97	6/14	24/29
반 부 패	0.74	25/97	6/14	21/29
질서와 치안	0.82	25/97	8/14	21/29
기 본 권	0.76	20/97	4/14	20/29
열린 정부	1.74	15/97	5/14	15/29
규제집행	0.67	21/97	6/14	19/29
민사사법	0.72	14/97	5/14	14/29
형사사법	0.76	10/97	4/14	10/29

자료: World Justice Project. 법치수준 평가 2012-2013.

　　한국은 고소득 국가군, 동아시아 – 태평양 지역으로 구분되며 인구
는 4천 9백 만 명, 도시화율은 83%, 조사 대상인 서울, 부산, 인천의
대도시 비중은 61%로 조사되었다. 동 보고서에 의하면 한국은 여러 영
역에 고르고 분명한 수준을 나타내고 있다. 행정부는 투명하며 반부패
수준이 높은 것으로 인식된다. 하지만 규제를 집행하는 데에 대해서는
약간의 허점이 발견된다. 기본권은 잘 보호되고 있으며 범죄로부터 상
대적으로 안전한 나라로 조사되었다. 한국의 가장 낮은 지수는 28위로
순위지워진 정부의 책임성으로 이는 사법부와 입법부 내에 정치적인
간섭이 부분적으로 투영된 것을 의미한다.

　　세계은행(World Bank)에서도 1996년부터 215개국을 대상으로 국가
거버넌스지표(Worldwide governance Indicator; WGI)를 측정·발표하고 있
다.[12] 세계은행이 정의하는 거버넌스는 한 나라의 권위가 행사되는 관
습과 제도로 구성된다. 정부가 선출되고 점검되며 교체되는 과정을 포
함한다. 좋은 정책을 효과적으로 만들고 집행하는 능력과 시민의 존중,
그리고 경제사회교호작용을 관장하는 제도 상태를 포함한다. 이때 거
버넌스는 다음의 여섯 가지 지표로 구성된다: ① 책임성(voice and account-
ability), ② 정치 안정과 비폭력(political stability and absence of violence), ③ 정

<표 7> 세계은행 거버넌스 지표로 본 법치와 반부패 순위 추이

연 도	법 치	반 부 패
1996	69	65
1998	73	65
2000	74	65
2002	77	70
2004	78	66
2006	73	65
2008	76	68
2010	81	69
2011	81	70

주: 조사대상 각 나라를 순위로 백분율화함(100: 가장 높은 나라, 0: 가장 낮은 나라).
자료: 세계은행(http://info.worldbank.org/governance/wgi/index.asp) 세계 거버넌스 지표.

부 효과성(government effectiveness), ④ 규제의 질(regulatory quality), ⑤ 법
치(rule of law),[13] 그리고 ⑥ 반부패(control of corruption). 다음 〈표 7〉은
법치와 반부패 지표의 추이를 나타낸다. 반부패의 개선도보다 법치 수
준의 개선이 상대적으로 양호함을 보여 준다.

V. 전략과 행동

법치주의란 인간의 상호작용을 규정하는 규칙들이 제정자와 집행
자를 포함한 사회의 모든 구성원에게 동일하게 적용되어야 하는 것을
말한다.[14] 이러한 정의는 곧 사적 이익을 위한 공동 이익의 위배, 사적
이득을 위한 신뢰의 오용, 자신 또는 특수관계자의 이익을 위한 공평무
사주의(arm's length principle)의 고의적 위배로 정의하고 있는 광의의 부
패와 맥을 같이 하는 개념으로 이해할 수 있다.[15] 광의의 부패 수준을
측정할 때 합법성과 투명성, 나아가서 국가포획(public power is exercised
for private gain, including both petty and grand forms of corruption, as well as

"capture" of the state by elites and private interests)을 기준으로 측정하고 있는 측면을 감안할 때 법치주의의 정착 과제는 부패 저감 과제와 함께 모색해야 한다.

부패가 없고 투명한 사회일수록 정부와 국민 간의 신뢰가 확보되며, 정부의 정책이 체화된 법의 준수가 보장된다. 우리나라의 경우 다른 선진국가에 비해 청렴도의 낮은 수준으로 인해 국가경쟁력이 상대적으로 많이 뒤지고 있음을 알 수 있다. 하지만 발전인프라 구축의 경우 높은 점수를 유지하고 있다. 이는 현 시점에서 법치 수준의 제고가 우리의 국가경쟁력을 제고하기 위한 주요 전략임을 시사한다. 특히 정보기술인프라와 시스템인프라를 통한 정보 비대칭 문제의 극복은 서울시의 OPEN시스템, 조달시스템, 청렴도조사 등에서 우리가 경험했듯이 투명하고 경쟁력 있는 국가, 법이 제대로 지켜지는 사회를 이루기 위한 전략이 될 수 있을 것이다.

법치주의의 정착을 위해서는 단속적이고 전면적인 개혁의 시도보다는 실험적인 시도를 앞세우는 것이 필요하고 정치적인 의지와 정부의 역할에 대한 범위 설정을 분명히 해야 한다. 법치주의 정착 전략에 반드시 수반되어야 하는 것이 시민참여와 NGO의 활동이며 행정부를 견제하고 균형을 유지하는 국회의 역할이 강조된다. 이와 아울러 전문가의 활용과 국제적인 공동체로서 지역, OECD, 원조기관의 역할이 강조되고 있다.

바가바(Bhargava, V.)와 볼롱가이타(Bolongaita, E.)에 의하면 법치주의 정착 전략은 정부만의 노력으로 이루어지는 것이 아니라 기업을 비롯한 민간 부문, 그리고 시민사회 참여 확대를 포함한 7대 부문으로 나누어서 전방위적인 접근(multi-pronged approach)을 택하는 것이 효과적이라고 한다.[16]

첫째, **제도적 견제 장치**(Institutional Restraints)가 중요하다. 이를 위해서는 우선 사법부 및 검찰의 독립 및 법치 효과성의 제고, 그리고 행정부를 적절히 견제할 수 있는 역량 있는 입법부의 감시가 중요하다.

둘째, **정치적 책임성**(Political Accountability)의 확보이다. 정치 경쟁 및 신뢰할 수 있는 정당제도가 확립되어야 하고 정치 자금의 투명성이 담보되어야 한다. 아울러 국회 투표 및 예산 심사의 결과를 공개하고 공직자 재산공개의 실효성 제고 및 이해상충의 금지원칙이 제대로 지켜지고 위반 시 적절한 제재가 수반되어야 한다.

셋째, **독점과 진입장벽을 허무는 경쟁적 기업 부문**(Competitive Private Sector)이 또 하나의 중요한 법치주의 정착 전략이 될 것이다. 이를 위해서는 경쟁 위주, 시장 위주의 경제정책 개혁, 독점의 경쟁적 재구조화, 진입 규제의 단순화, 그리고 기업지배구조의 투명화가 필수적이다.

넷째, **공공 부문 관리 혁신**(Public Sector Management Reform)이 이루어져야 한다. 기본적으로 엽관주의가 아니라 실적주의가 확립되고 보수 수준이 민간 부문과 경쟁할 수 있는 수준으로 제고되어야 하며 이와 함께 투명성 위주, 성과 위주의 예산 개혁 및 단순하고 투명한 조세체계로의 개혁과 아울러 책임 있는 분권화가 촉진되어야 한다.

다섯째, **교육과 윤리의식의 제고**(Education and Ethics Enhancement)가 중요하다. 제도와 함께 문화가 부패친화적, 학연·지연·혈연 등에 의해 의사 결정이 이루어지는 관행으로 남아서는 개혁의 지속성이 담보될 수 없다. 법치주의 정착을 위한 학교 및 사회 교육의 강화, 부정이 없는 사회, 불법행위를 눈감아 주지 않는 사회 분위기를 조성하는 데 정부와 시민사회가 협력하여야 한다.

여섯째, **시민사회 참여**(Civil Society Participation)를 보다 강조하여야 한다. 정보의 공개 및 이를 활용할 자유, 입법에 있어서 네트워크형 공청회(정부3.0), 그리고 언론과 NGO의 역할 강화가 주된 전략으로 논의된다. 우리나라의 경우 시민사회의 역할이 법치주의 정착에 있어서 매우 중요한 역할을 수행하고 있다. 그러나 실제 시민사회의 역량 결집 및 법질서의 준수에 있어 아직 안정적인 모습을 보이지 못하고 있다는

<그림 2> 법치와 반부패 제고 전략의 7대 영역

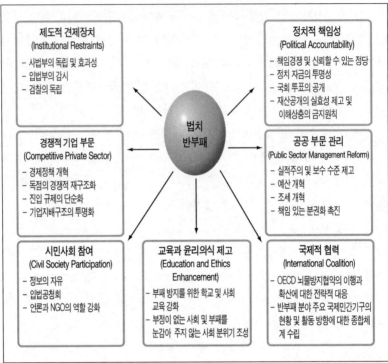

자료: Bhargava, V. & Bolongaita, E. (2004). *Challenging Corruption in Asia*. World Bank 참조.

점에서 시민사회 참여를 통한 법치주의 정착 전략의 보다 성숙한 단계로의 발전에 노력을 경주하여야 한다.

마지막으로 **국제적 협력**(International Coalition)의 전략적 활용도 중요하다. OECD 뇌물방지협약, UN 반부패협약의 이행과 확산에 대한 전략적 대응, 기득권층의 조직적인 저항을 극복하기 위해서는 국제 간 협력이 유효한 수단으로 작용할 수 있다.

VI. 결   론

우리나라 법치주의 정착 수준이 여전히 낮은 것으로 평가되는 데에는 여러 가지 요인이 있겠지만 가장 큰 원인으로는 전투적인 여야관계, 탈세에 대해 관용하는 문화에다 재벌을 중심으로 한 기업이 분식회계와 허위 장부를 통한 비자금을 조성하고, 정치인과 정부는 이에 대한 대가로 각종 이권을 제공하거나 봐주기 식의 정경유착관계가 현재까지 계속되었기 때문으로 보인다. 그러나 지난 10여 년간의 정치 개혁을 계기로 이러한 유착관계가 최근 언론 보도로 공공연하게 대중에게 공개됨으로써 이전보다 깨끗한 사회구조로 나아가고 있는 것은 분명한 사실이다.

박근혜 정부에서는 지하경제 양성화가 화두가 되고 있다. 공약으로 제시한 복지재원 마련을 위해 새로운 세금을 신설하거나 세율을 올리지 않고 대신 세출구조 조정과 비과세 감면의 축소, 그리고 지하경제 양성화를 통해 이를 달성하겠다고 한다. 국세청과 금융정보분석원(Korea Financial Intelligence Unit; FIU)의 향후 행보가 주목된다. 지하경제의 규모가 정확히 얼마나 되는지, 지하경제의 양성화가 어느 정도나 실현 가능한 것인지를 두고는 논란이 많다. 강도의 차이는 있지만, 새로운 정부가 출범할 때마다 언급한 '단골 이슈'라는 시각도 있다. 사전적 의미의 지하경제는 정부의 공식 통계에 잡히지 않는 불법·탈법적인 경제활동을 뜻한다. 불법 사금융, 밀수나 마약, 매춘, 뇌물 수수 등 범죄적인 경제활동과 세무 당국에 보고되지 않는 불법행위를 총망라한다.

국내 지하경제 규모에 대해 LG경제연구원은 GDP의 28.8%(2005년 발표), 현대경제연구원은 GDP의 21%(2005년 발표), 조세연구원은 GDP의 19.2%(2011년 발표)로 봤다. 학자들마다 추정치가 다르다. 오스트리아 린츠대학의 프리드리히 슈나이더(Schneider, F.) 교수는 지난 2010년을 기준으로 국내 지하경제 규모가 GDP의 24.3%라고 했다. OECD 회원 33개국 중 5위다. 그렇지만 신용카드의 활성화 등으로 하향 추세에 있음을 강조한다. 2012년 GDP 1,237조 원 중에 305조 원(24.7%) 정도가 지하경제라고 추산한다면 그리고 조세부담률(19.3%)을 감안하면 연간 약 59조 원 정도가 세수로 들어올 수 있다는 이야기다. 현실적으로 지하경제의 1%만 양성화시켜도 추가로 걷을 수 있는 세금이 연간 5900억 원이라는 설명이 가능하다. 이러한 현상도 법치 수준 제고를 통한 경제 성숙으로 설명이 가능하다.

그러나 우리나라 법치 수준에 대한 일반인 및 전문가의 평가는 아직은 냉혹한 것으로 보인다. 그렇다고 해서 지금까지의 노력에 대해 좌절하거나 절망할 필요는 없다고 본다. 서울시의 경우 복마전이라고 불릴 만큼 부패가 심각했으나 투명한 공개를 가장 큰 핵심가치로 하여 IT 기술을 접목한 OPEN시스템의 도입[17]으로 현재 상당히 깨끗한 도시정부로 평가받고 있기 때문이다. 뿐만 아니라 2012년에는 국민권익위원회가 UN 공공행정상 시상식에서 '청렴도 측정시스템'이 '공공행정의 부패 방지 및 척결'에 기여한 공로로 대상을 수상했다. UN 공공행정상은 UN이 공공행정의 중요성을 널리 알리고 세계 각국의 공공행정 발전을 유도하기 위해 2003년부터 매년 6월 세계의 우수 공공정책과 제도를 선정해 수여하는 상이다. 국민권익위원회는 2011년 '정부지식관리 향상' 부문에서 '국민신문고제도'로 우수상을 받은 바 있고, 2012년에는 우리 정부로서는 최초로 '공공행정의 부패 방지 및 척결' 부분에서 대상을 수상했다.[18]

요컨대, 이제 법치주의 정착을 위한 노력은 개발도상국이나 선진국을 막론하고, 시민법 계통과 대륙법 계통의 법체계의 구분 없이 세계적인 글로벌 표준이 되고 있으며 이를 위한 범정부적, 전체 기업적, 범시민사회적, 그리고 범세계적인 노력의 결집을 호소하고 있다. 구조적인 과거의 관행과 부패를 척결하여 완전 투명한 사회로 전환하는 것은 불가능한 과제이지만 많은 전문가들은 기회와 도전을 강조하고 있다. 법치 수준은 국가경쟁력을 결정하는 독립변수로 파악하기보다는 정치의 경쟁구조, 시민사회의 적극적 참여, 그리고 경제의 경쟁구조라는 독립변수가 법치 수준에 영향을 미치고 이러한 매개변수로 해서 국가경쟁력이 결정되는 구조로 이해하는 것이 타당하다.

불법행위의 지속적인 저감은 낮은 수준의 균형에서 높은 수준으로의 점진적인 변화를 가져올 수 있고 이를 위해서는 확고한 리더십과 정치적인 경쟁, 경제적 경쟁의 확대를 강조한다. 전자 조달 및 정보 공개 등을 통한 법적·제도적인 접근은 책임성과 투명성을 제고하는 광범위한 기술적인 지원과 인센티브시스템의 변화를 강조하기도 한다. 법치주의 수준 제고는 국가경쟁력 제고를 위한 중심 과제로 등장하고 있는 것이다.

한 시대의 문화는 하루아침에 발생되는 것이 아니라 그 시대의 가치관을 담고 있는 사회규칙이 누적된 결과의 산물이다. 그렇기 때문에 한국 경제의 선진화에 있어서 법치원리의 정착은 매우 중요한 사회 과제이다. 우리는 재산권의 보호, 계약권의 보호 및 철저한 집행, 법률적 결정의 예측 가능성의 증대, 정부의 자의성에 대한 제약, 조세행정에 있어서 법치준수, 노사관계의 상생적 이익 증대를 위한 노사정관계의 재정립, 재벌구조 개혁, 나아가 신뢰에 기반한 여야관계 개혁 등에 대한 인식조사를 통해 하나의 경제주체만의 노력이 아니라 대한민국 경제사회를 구성하는 모든 구성원의 총체적인 노력이 심도 있게 그리고 체계적으로 경주되어야 하는 과제를 확인할 수 있었으며 갈 길이 멀지만 점진적인 발전가능성도 함께 엿볼 수 있다. 로마는 하루아침에 이루어지지 않지만 서울컨센서스로 불리는 성숙한 대한민국을 만드는 일이 한 걸음 한 걸음 다가갈 때 불가능한 과제도 아니라는 점을 잊지 말아야 한다.[19]

| 주 |

서 장

공공 부문의 부패: 현황과 특성

1 Sihag, B. S. (2007). "Kautilya on administration of justice during the fourth century B.C.," *Journal of the history of economic thought*, 29(3): 359-377. (p. 360).

2 장승희(2002). "다산 정약용의 공직윤리 연구," 「동양철학」 30: 77-103. (p. 98).

3 정하명(2008). "미국에 있어서 고위공직자에 요구되는 청렴성, 도덕성의 기준," 「공법학연구」 9(3): 79-96. (p. 80).

4 Ackerman, K. D. (2005). *Boss Tweed*. USA. New York: Carroll & Graf Publishers.

5 Share, A. J. (1995) "Tweed, Willam M(agear) 'Boss'," in Jackson, Kenneth T. (ed.), *The Encyclopedia of New York city*, New Haven: Yale university press. pp. 1205-1206.

6 Hirsch, M. D. (1945). "More light on Boss Tweed," *Political Science Quarterly*, 60(2): 267-278. (p. 268).

7 Lengseth, P., Stapenhurt. R. & Pope, J. (1997). *The Role of a national integrity system in fighting corruption*. Wanshington, D.C.: The Economic Development Institute of the World Bank.

8 Kim, P. S. (2007). "Building national integrity through corruption eradication in South Korea," *International Public Management Review*, 8(2): 138-163.

9 Klitgaard, R. (1998). *Controlling corruption*. Berkeley: University of California Press.

10 진종순·서성아(2007). "부패에 대한 개인의 인식과 부패행위," 「행정논총」 45(3): 233-257.

11 Heidenheimer, A. J., Johnston, M. & Levine, V. T. (1989). *Political Corruption*. NJ: Transaction Publishers. (p. 6).

12 Dobel, P. (1978). "The corruption of a State," *American Political Science Review,* 72(3): 958-973. (p. 961).

13 Divorsky, S., Gordon, A. C. & Heinz, J. P. (1973). "Public access to government information: A field experiment," *Northwestern University Law Review,* 68(2): 240-274.
    장지원·문신용(2004). "행정정보공개의 관련 요인에 관한 실증분석,"「한국행정연구」 13(1): 170-202.
    이명진·문명재(2010). "공공기관의 조직적 특성과 정보공개에 관한 연구,"「한국행정학보」 44(1): 121-146.

14 Doig, A. & Mcivor, S. (2003). "The national integrity system: assessing corruption and reform," *Public Administration and Development,* 23: 317-332.

15 Van Blijswijk, J. A. M., Van Breukelen, R. C. J., Franklin, A. L., Raadschelders, J. C. N. & Slump, P. (2004). "Beyond Ethical Codes: The Management of Integrity in the Netherlands Tax and Customs Administration," *Public Administration Review,* 64(4): 718-727. (p. 719).

16 Lengseth, P., Stapenhurt. R. & Pope, J. (1997). op. cit. 박순애·박재현 (2009). "청렴성 개념과 측정 모형에 관한 타당성 연구,"「한국부패학회보」 14(1): 1-27. (p. 8).

17 관련된 자세한 내용은 박순애·박재현(2009) 참고.
    O'Bannon, R. M., Goldinger, L. A. & Appleby, G. S. (1989). *Honesty and Integrity Testing*. Atlanta, GZ: Applied Information Resources.
    Ones, D. S., Chockalingam, V. & Frank L. S. (1993). "Comprehensive Meta-Analysis of Integrity Test Validities: Findings and Implications for personnel selection and Theories of Job performance," *Journal of Applies Psychology*. 78(4): 679-703.

18 박순애·박재현(2009). 상동. p. 12.

19 Ball, C. (2009). "What is transparency?," *Public Integrity,* 11(4): 293-308. (p. 303).

20 Florini, A. M. (1999). *Does the Invisible Hand need a Transparent*

Glove? *The Politics of Transparency.* Paper presented at the World Banks Annual Conference on Development Economics, Washington, D.C. 박흥식(2001). "투명성의 가치: 개념적 구조와 의미,"「한국사회와 행정연구」12(3): 103-118에서 재인용.

21 Finel, B. I. & Lord, K. M. (1999). "The surprising logic of transparency," *International Studies Quarterly,* 43: 315-339. (p. 316).

22 박흥식(2001). 상동.

23 박흥식(2001). 상동. p. 111.

24 박순애·박재현(2009). 상동. p. 9.

25 박순애·박재현(2009). 상동. p. 11.

26 이종수·윤영진 외(2002).「새 행정학」, 서울: 대영문화사. pp. 205-206.

27 Pfiffner, J. M. & Presthus, R. V. (1960). *Public Administration.* Ronald Press. 박순애·박재현(2009). 상동. p. 11에서 재인용.

28 Kettle, D. F. & Fesler, J. W. (2005). *The politics of the administrative process.* Washington, D.C.: CQ Press. 박순애·박재현(2009). 상동. p. 12 에서 재인용.

29 Langsesh et al. (1997). *The Role of a national integrity system in fighting corruption.* (p. 2).
Boehm, F. & Olaya, J. (2006). "Comuption in Public Contracting Auctions: the Role of Transparency in Bidding Process." *Annals of Public and Cooperative Economics,* 77(4): 431-452. (p. 434)

30 이영(2000). "부패의 원인과 결과에 관한 고찰,"「투명한 정부」서울: 한국개발연구원. pp. 125-165.

31 박순애·박재현(2009). 상동. p. 8.

32 모종린(1999). "부정부패의 정치적 비용," 문정인·모종린 편「한국의 부정부패: 그 비용과 실태」pp. 55-75.
배세영(2005).「부패의 경제학: 부패사례를 중심으로」. 대전: 도서출판 대경.
양준석(2012). "법치주의와 경제성장률의 관계,"「한국부패학회보」17(4): 81-105.

33 부패인식지수(Corruption Perceptions Index; CPI)는 매년 각국의 시민들을 대상으로 부패에 대한 인식도를 조사하여 국가별 순위를 산출하여 제시하고 있다. 특히 여기에서는 부패를 '사적 이익을 위한 공적 지위의

남용'(abuse of entrusted power for private gain)으로 정의하면서 공무원의 뇌물 수수, 공금 횡령, 공공 조달에서의 리베이트 등에 관한 분야를 포함하고 있다.

34 국민권익위원회. 「공공기관 청렴도 측정 결과 보고서」 2007년-2012년.

35 국민권익위원회(2008). 「공공기관 청렴도 측정 결과 보고서」 p. 11.

36 부패 경험은 민원인들이 공무원에게 직접 금품이나 향응, 편의를 제공하는 것을 의미하며, 금품 등의 제공 빈도와 규모를 통해 파악된다. 부패 인식은 특정인에 대한 특혜 제공 여부, 연고관계에 따른 업무 처리, 알선·청탁·압력 행사, 공직자의 부당한 사익추구의 항목을 통해 측정이 된다. 즉, 업무 담당자가 업무와 관련하여 금품 등을 받고 있었다고 생각하는지, 혹은 업무 담당자가 자신 혹은 타인의 이익을 위하여 직위를 이용했다고 생각하는지를 파악하여 부패 인식을 측정한다.

37 기존에는 설문조사만으로 점수가 산출되었으나 2012년도부터는 설문조사 점수 이외에 기관별로 부패 공직자 통계 및 부패 사건 자료 등과 같은 부패 현황 데이터를 확보하여 사실로 확인된 경우에 감점을 하는 방식을 취하였다. 또한 정확한 응답을 유지하기 위하여 조작, 오기, 대리응답, 호의적인 평가 유도 등에 대한 행위가 드러나면 감점되도록 하였다.

38 제공 빈도 및 규모 점수는 기관총합평가형 방식에 따라 구해지는데, 2010년에는 기존의 단순 총합 및 평균 방식에서 벗어나 표준화 방식을 도입하여 산출하였다.

39 국민권익위원회(2008). 상동. p. 5.

40 김명수(1999). "부정부패의 원인," 문정인·모종린 편 「한국의 부정부패: 그 비용과 실태」 pp. 35-50. (p. 48).

41 내부청렴도 조사의 총점 및 지수는 매해 조정되는 가중치를 적용하여 분석이 되기 때문에 연도별 비교 시 평가기관의 주관이 개입될 여지가 매우 크다는 단점이 있다. 따라서 이러한 추세가 각 항목별로도 동일한 추이를 나타내는가를 알아보기 위해서는 각 지수를 구성하고 있는 문항들의 점수 변화 추이를 살펴볼 필요가 있다.

42 2009년에는 내부청렴도 측정 대상 기관이 164개였으나 2010년에는 710개로 대폭 확대되었다.

43 국민권익위원회에 따르면, 1인당 업무 추진비 부당 집행 규모는 2008년 132만원, 2009년 108만원, 2010년 140만원, 2011년 142만원, 2012년

120만원인 것으로 나타났다.

44 2002년부터 2012년까지의 평균값이다.

45 감사원. 「감사연보」 2002년도-2012년.

46 2002년-2012년 부지정 징계 비율은 5급 이상이 38.25%, 8급-9급은 8.7%, 기타 6.40%이다.

47 2009년과 2010년에는 처분 유형 점수도 구해졌으나, 연도별 비교를 위해 이 항목은 제외하였다.

48 2009년 및 20010년에는 공직유관단체도 조사 대상에 포함되었다.

49 목진휴·명승환·윤태범(2002). "전자정부를 통한 행정부패 감소방안," 「정보화정책」 9(3): 3-17. (p. 2).

50 김흥주·이은국·이강래(2012). "레드테이프, 재량권 및 그 상호작용이 부패에 미치는 영향," 「한국부패학회보」 17(4): 107-133. (p. 112).

제1편 부패와 국가

제1장 부패와 불평등

1 유령교사·쓰레기급식, 수억 원대 국고보조금 횡령 등 비리 범위도 다양하다(KBS 9시 뉴스, 2013. 5. 27).

2 UN에 따르면 궁극적 효과에 상관없이 사익이 결부된 경우 부패로 본다 (UN's Anti Corruption Tool Kit, 2001).

3 바너지(Banerjee, A.)와 같이 주인-대리인 모형에 비추어 관료주의적 행태(red-tape)가 야기하는 경제적·사회적 비효율성을 지목하는 연구 결과들이 다수를 차지한다. 이에 대한 자세한 논의는 Banerjee, A. (1997). "A Theory of Misgovernance," *Quarterly Journal of Economics*, 112를 참조할 수 있다.

4 예를 들어, 알람(Alam, M.)은 부패로 인해 피해가 예상되는 집단의 부패에 대한 대항(countervailing action)수준은 소득수준에 따라 달라질 수 있다고 보았는데, 저소득층일수록 그 수준이 낮을 것으로 보고 있다. 자세한 논의는 Alam, M. (1998). "Corruption and Countervailing Action in Pakistan," in S. Borner, M. Paldam, M. Kaser (eds.), *Political Dimension*

of Economic Growth, Palgrave를 참조하라. 또한 위험시장의 불충분성과 같은 시장실패에 대한 논의는 Greenwald, B. & Stiglitz, J. (1986). "Externalities in Economies with imperfect information and incomplete markets," *Quarterly Journal of Economics*, 101(2): 229-264를 참고하기 바란다.

5 최근 소득불평등 논의의 주요 쟁점 중 하나는 빈곤층의 몰락보다는 부유층의 상승이 급속하다는 점이다(Piketty, T. & Saez, E. (2003), "Income Inequality in the United States, 1913-1998," *Quarterly Journal of Economics*, 118(1): 1-39).

6 Feld, C. & Tyran, J. (2002). "Tax evasion and voting: An Experimental Analysis," *KYLOS*, 55(2): 197-221.

7 지난 2013년 1월 한은이 발표한 '가계소득 현황 및 시사점'을 보면 1991년-2011년 GNI가 연평균 9.3% 증가하는 동안 가계소득 증가율은 8.5%에 그친 반면 기업소득 증가율은 11.4%에 달했다. 근로자 임금을 기업 영업 이익과 임금의 합계로 나눈 노동소득분배율은 59.7%에 머무르고 있는데, 이는 금융 위기 직전인 2007년의 노동소득분배율이 61.1%였다는 점을 고려하면 작년 한 해 동안 기업이 벌어들인 수익 중에서 근로자의 몫은 과거에 비해 도리어 줄었다는 의미이다.

8 일반적으로 논의되는 소득불평등은 개인 간 소득격차를 측정하는 것으로 규모 측면에서의 소득분배(size distribution of income)라고 하며, 여기서 언급하는 생산요인 간 소득격차는 기능 측면에서의 소득분배(functional distribution of income)라고 한다.

9 Stiglitz, J. (2013). *The Price of Inequality*. Norton.

10 Rose-Ackerman, S. (2002). "Grand Corruption and the Ethics of Global Business," *Journal of Banking and Finance*, 26(9): 1889-1918.

11 World Bank (1997). *World Development Report*.

12 물론 모든 사회과학적 개념이 갖는 공통적이지만 학술적 정의는 연구 목적에 영향을 받고, 정책적 정의는 해당 사회의 시공간적 제약을 받는다는 점에서 제한을 받는다.

13 Evans, B. R. (2007). "The Cost of Corruption," Discussion paper on *corruption, development and the poor*, Tearfund's Public Policy Team.

14 에이트(Aidt, T.)는 부패의 조건으로 경제적 지대(economic rents), 재량권(discretionary power), 그리고 책임을 확보하지 못하는 위약한 제도(weak institution)를 꼽고 있다. 이에 대한 논의는 Aidt, T. (2003). "Economic Analysis of Corruption: a Survey," *Economic Journal*, 113 (491): 632-652을 참조하라.

15 UN's Anti Corruption Tool Kit (2001).

16 최근의 불거진 군납단팥빵 사례를 보라.

17 만약 물품이 불량인데도 불구하고 특혜를 통해 조달된 경우 이로 인한 피해는 막대하다. 최근 원전 시설에 불량 장비 조달로 인한 가동 중단과 이로 인한 예상 피해액은 조 단위를 넘어서고 있다.

18 부패의 사회적 측면을 강조한 또 다른 접근으로 트레이스먼(Treisman, D.)은 현재의 정책보다 그 사회의 역사적 배경과 전통이 부패를 설명하는 보다 중요한 역할을 한다고 주장한다(Treisman, D. (2000). "Decentralization and Corruption: Why are Federal States Perceived to be More Corrupt?," *Presented at the Annual Meeting of the American Political Science Association*, Sep. Atlanta). 또한 식민지 경험이 있는 국가들의 경우 식민통치국(영국, 미국, 스페인 등)의 문화와 통치 스타일에 따라 부패 정도가 구별되고 있음을 지적하는 연구도 있다(Acemoglu. D., Johnson, S. & Robinson, J. (2001). "The Colonial Origins of Comparative Development: An Empirical Investigation," *American Economic Review*, Dec. 91: 1369-1401).

19 허스테드(Husted, B. W.)는 소득분배상의 중간계층에 주목하는데, 사회의 다수(majority)로서 중간계층이 두터우면 그 사회의 건전한 윤리와 반부패 정서 역시 높다고 보고 있다. 이에 대한 내용은 Husted, B. W. (1999). "Wealth, Culture, and Corruption," *Journal of International Business Studies*, 30(2): 339-359에서 확인할 수 있다.

20 Mauro. P. (1995). "Corruption and Growth," *Quarterly Journal of Economics*, 110(3): 681-712.
Knack, S. & Keefer, P. (1995). "Institutions and Economic Performance: Cross-country tests using Alternative Institutional Measures," *Economic and Politics*, 7: 207-227.
Pellegrini, L. & Gerlagh, R. (2004). "Corruption's Effect on Growth

and its Transmission Channels," *Kyklos*, 57(3): 429-456.

Uslaner, E. (2006). "Corruption and Inequality," *UNU- WIDER Research Paper*, 34.

21 세계은행(World Bank)은 부패가 만연한 국가의 경우 그렇지 않은 국가에 비해 약 0.5퍼센트-1.0퍼센트 포인트 정도 경제성장률의 저하를 예상하고 있다. 자세한 내용은 World Bank (2012). *World Development Report*를 참조하라.

22 Tanzi. V. (1998). "Corruption around the World: Causes, Consequences, Scope and Cures," *IMF Staff Papers*, 45: 559-594.

23 Chetwyn, E. & Spector, B. (2003) "Corruption and Poverty: a Review of Recent Literature," *USAID Development Experience Clearinghouse*, Dec/Development Experience System (DEXS).

24 최근 보도(재벌닷컴)에 따르면 2012년 현재 카리브해 연안 조세피난처(케이먼 군도, 파나마, 버진 아일랜드 등)에 국내 기업들이 125개의 페이퍼컴퍼니를 운영하고 있고 그 자산규모는 5조 7천억 원에 이르는 것으로 알려져 있다(MBC 뉴스, 2013. 5. 26).

25 Hellman, J. & Kaufman, D. (2002). *The Inequality of Influence*. mimemo. Washington, D.C. World Bank.

26 Sonin, K. (2003). "Why the Rich may favor poor protection of property rights," *Journal of Comparative Economics*, 31(4): 715-731.

27 규칙의 설정과 그 집행이 어느 특정 집단의 선호를 반영하는 경우 규제의 포획(regulatory capture)이라고 하며, 혜택을 받는 집단과 이를 가능하게 해 주는 집단의 이해가 합치하면서 발생한다. 뇌물 수수가 대표적이다. 이와 함께 물질적 혜택이 아닌 인지적 공감대 형성과 같은 인지적 포획(cognitive capture)도 있는데, 과거 피규제 분야에서 일한 경험이 있는 사람이 규제를 담당하게 되는 경우 해당 분야에 대한 전문성과 함께 편파성을 함께 보유하는 경우이다. 전관예우 등을 그 예로 들 수 있다.

28 글레이져(Glaser, E.)와 슐라이퍼(Shleifer, A.)는 이러한 악순환의 대표적인 경우가 미국의 현재 모습이라고 주장한다.
Glaser, E. & Shleifer, A. (2003). "The Rise of Regulatory State," *Journal of Economic Literature*, 41: 401-425.

29 Okun, A. (1975). *Equality and Efficiency: The Big Tradeoff*, Brookings

Institution.

30 국제적으로도 재분배 정책은 부패의 발생 가능성이 높은 분야로 알려져 있다. 가나의 경우 약 50%에 가까운 건강 관련 보조금이 실제 환자에 이르지 못하고 있으며, 멕시코의 경우 가구 수입의 약 24%가 뇌물 수수에 관련되어 있고, 동아시아의 50%에 가까운 응답자들이 조세에 의해 제공되는 공공서비스를 위해 뇌물을 제공하고 있다고 응답하고 있다. 또한 우간다의 교육 예산 중 13%만이 실제 학교 현장에서 쓰이고 있으며 니카라과에서는 86%의 학부모들이 정기적으로 교사들에게 일정 수준의 기여를 한다고 조사되었다(Evans, B. R. (2007). op. cit).

31 후술하겠지만 정치적 영향력에 의해 지대추구 기회조차 고소득층에 경사되어 있다고 볼 수 있다.

32 공공 부문에 문제가 생기면 언제나 인력과 재원의 부족이 대표적인 이유가 되는 현실을 생각해 보라.

33 Dabla-Norris, E. & Wade, P. (2002). "Production, Rent Seeking, and Wealth Distribution," in *Governance, Corruption, and Economic Performance*, ed. by George T. Abed and Sanjeev Gupta. Washington: International Monetary Fund.

34 에이모글루(Acemoglue, D.)와 베르디어(Verdier, T.)는 "The Choice Between Market Failures and Corruption," *American Economic Review*, 2000, Mar. 90: 194-211에서 부패의 불가피성에 따라 1차적 사회적 비용과 2차적 사회적 비용 간의 형량이 필요하다고 지적한다. 하지만 3차적 사회적 비용의 가능성까지 고려할 필요가 있다.

35 일부 연구들은 부패와 소득불평등(특히 빈곤)의 관계에 있어서 부패 수준이 낮거나 높은 경우는 낮은 불평등 수준을 보이지만 부패수준이 중간 수준인 경우 높은 불평등 수준을 보이는 일종의 역U형 관계를 지적하고 있다. 물론 아직 충분한 합의가 이루어진 것으로는 보이지는 않는다.
Li, H., Xu L. & Zou, H. (2000). "Corruption, Income Distribution, and Growth," *Economics and Politics*, 12: 155-182.
Gupta, S., Davoodi, H. & Alonso-terme, R. (2002). "Does Corruption Affect Income Inequality and Poverty?," *Economics of Governance*, 3: 23-45.
Chong, A. & Calderon, C. (2000). "Causality and feedback between

institutional measures and economic growth," *Economics and Politics*, 12: 69-82.

36 Chong, A. & Calderon, C. (2000). ibid.

37 Dincer, O. & Gunalp, B. (2012). "Corruption and Income Inequality in the United States," *Contemporary Economic Policy*, 30(2): 283-292.

38 불평등지수 중 엣킨스지수(Atkinson Index)나 엔트로피지수(Generalized Entropy Index)의 경우 선택하는 모수의 값에 따라 소득 분포의 수준에 대한 민감도 정도가 달라진다. 예를 들어, 엣킨스지수의 경우 해당 사회의 불평등 회피 정도를 가정한 모수값(일반적으로 0.5, 1, 2)이 클수록 소득 분포의 왼쪽 끝 부분의 변화에 상대적으로 민감하다.

39 이러한 시각은 세계은행의 *World Development Report* - 1997 (p. 103)에 잘 나타나고 있는데, "Any policy that creates an artificial gap between demand and supply creates a profitable opportunity for opportunistic middlemen"이라고 적고 있다. 각종 무역 규제, 특정 산업에의 보조금, 가격 통제, 환율 규제, 신용 규제 등을 그 예로 들 수 있다.

40 Reinert, E. (2007). *How Rich Countries Got Rich and Why Poor Countries Stay Poor*. London: Constable and Robinson.
Stiglitz, J. (2013). op. cit.

41 Uslaner, E. & Brown, M. (2005). "Inequality, Trust and Civic Engagement," *American Politics Research*, 31: 868-894.

42 물론 후진국에 비해 선진국의 경우 부패의 유형은 다소 차이가 날 수 있다. 하지만 이 역시 표면적으로 드러나는지 여부의 문제이지 본질은 큰 차이가 없는 것으로 보인다. 크로니즘(cronyism)이나 네포티즘(nepotism)과 같은 족벌 중심의 부패 가능성이 아프리카나 아시아 국가들에서 많이 발견되지만 선진국인 미국의 금융계와 같이 학연·지연·혈연 등으로 연계된 그들만의 리그(league)는 존재하기 때문이다. 예를 들어, 미국 FRB 의장이나 재무장관의 경우 다수가 월가(Wall Street) 경력으로 인해 취임 초기 논란이 되었다.

43 Niskanen, W. (1971). *Bureaucracy and Public Economics*. Elgar.
Krueger, A. (1974). "The Political Economy of the Rent-Seeking Society," *American Economic Review*, 64(3): 291-303.
Shleifer, A. & Vishny, R. (1994). "Corruption," *Quarterly Journal of*

Economics, 108(3): 599-617.

Banerjee, A. (1997). "A Theory of Misgovernance," *Quarterly Journal of Economics*, 112: 1289-1331.

44 Becker, G. & Stigler, G. (1974). "Law Enforcement, Malfeasance, and the Compensation of Enforcers," *Journal of Legal Studies*, 3: 1-19.
Rose-Ackerman, S. (2004). op. cit.
Klitgaard, R. (1991). *Controlling Corruption*. University of California Press. Berkeley, CA.

45 부패는 사회적 현상이지만 부패 행위에의 참여는 개인적 선택이다. 따라서 agent 중심의 부패행위모형은 관찰가능한 구체성에 장점이 있지만 집단적 맥락에 대한 정보를 간과하기 쉬운 단점도 있다.

46 지하 자원 개발권, 공중파 대역권의 이용, 사회 보조금 등과 그 변경들도 예가 될 수 있다.

47 민간 부문의 임금불평등 수준이 높을수록 상대적으로 임금 체계가 집락화(cluster)되어 있고 시계열적으로 안정성을 보이는 공공 부문의 임금 수준은 높게 평가된다. 따라서 공공부패에의 참여 수준은 낮아질 것으로 예상된다(Alt, J. & Lassen, D. (2008). "Inequality and Corruption: Evidence from US States," Available at SSRN: http://ssrn.com/abstract=1259151 or http://dx.doi.org/10.2139/ssrn.1259151). 이러한 논리는 주로 효율 임금(efficiency wage) 가설이 기반하는 논리이다. 이에 대한 논의는 Becker, G. & Stigler, G. (1974). op. cit. 참조.

48 유종성과 카그램(Khagram, S.)은 불평등은 물질적으로는 부유층에게 물질적 이익을 위한 부패에의 참여 동기와 기회를 제공하고, 또한 규범적으로는 부패에 대한 사회적 규범과 제도에 대한 믿음을 약화시켜 이에 대한 참여를 가능하게 하거나 부패를 수용하는 역할을 담당한다고 한다. 따라서 불평등이 심화될수록 부패의 가능성은 그만큼 높아진다는 것이다. 중요한 점은 높은 불평등은 단지 지대추구를 하는 사람에게만 유인으로 작용하는 것이 아니라 그렇지 않은 사람들도 이를 수용할 수 있는 유인으로 작용한다는 점이다. 이에 대한 논의는 You, J. & Khagram, S. (2005). "A Comparative Study of Inequality and Corruption," *American Sociological Review*, 70(Feb.): 136-157을 참조하라.

49 Husted, B. W. (1999). "Wealth, Culture, and Corruption," *Journal of*

International Business Studies, 30(2): 339-359.

50 Uslaner, E. (2006). op. cit.

51 Mauro, P. (1998). "Corruption: Cause, Consequences, and Agenda for Further Research," *Finance and Development*, March.

52 최근 국내에서 논의되는 대기업 임원진의 임금 공개나 유럽에서 제기되는 임금 상한제 도입 등은 일반적인 시장경제 원리와는 다소 어긋나지만 공정성의 회복 차원에서 이해할 수 있다.

53 Krueger, A. (1974). op. cit.

54 불평등에 대한 주류적 입장은 불편하지만 정당하다는 것으로, 그 논리의 근거를 한계생산성 이론에서 찾고 있다. 즉, 경쟁적 시장에서 한정된 자원을 이용한 생산 활동에서 보다 좋은 기술을 보유한 생산적인 사람이 사회에 보다 많은 기여를 하는 것이고 따라서 보다 많은 보상을 받는 것은 정당하다는 것이다. 따라서 이러한 결과로 나타나는 소득불평등은 경쟁적이고 효율적인 시장경제에서는 일정 부분 필연적인 현상으로 본다.

55 시장실패 현상이 빈번할 뿐 아니라 도리어 일반적이라는 견해도 있다.

56 정부의 기본적인 역할은 게임의 규칙을 수립·강제하고, 일정 수준의 사회자원을 배분 또는 재분배하며, 세대 간 역동성을 지속할 수 있도록 사회 투자(교육과 보건 및 부 등 인적·물적 자본)를 수행하는 것이라 할 수 있다. 따라서 정부가 경쟁을 보장하지 않는다면 과도한 이익이 특정 집단에 발생하게 되고(비효율성, 불공정성), 재분배와 투자가 적절히 이루어지지 않는다면 사회의 안정성(지속성)은 약화되는 정부실패가 발생한다.

57 Meltzer, A. & Richard, S. (1981). "A Rational Theory of the Size of Government," *Journal of Political Economy*, 89: 914-927.

58 Alesina, A. & Rodrik D. (1994). "Distributive Politics and Economic Growth," *The Quarterly Journal of Economics*, 109(2): 465-490.
Persson, T. & Tabellini, G. (1994). "Is Inequality Harmful for Growth?," *American Economic Review*, 84(3): 600-621.

59 Alesina, A. & Angeletos, G. (2005). "Corruption, Inequality and Fairness," *Journal of Monetary Economics*, 52(7): 1227-1244.

60 재분배 정책이 광범위한 지지를 얻을 수 있는 이유를 좀 더 살펴보면, 먼저, 재분배 정책은 저소득층에게는 직접적인 혜택의 제공이다. 또한 정책의 확대는 관료에게는 지대추구의 기회가 커지게 됨을 말한다. 또한 부

패를 통해 혜택을 기대하는 민간 파트너의 경우 지불의사(willingness to pay)와 지불능력(ability to pay)이 높을수록 재분배 정책의 확대를 선호한다. 마지막으로 직접적 혜택이 없는 중간계층의 경우에도 현재의 불평등 상황이 얼마나 공정한지에 대한 판단에 따라 이에 대한 규범적 판단을 하게 된다. 결국 불평등 수준이 심할수록 재분배 정책에의 지지는 높아질 가능성이 높다.

61 Uslaner, E. (2006). op. cit.

62 물론 부패 관련 자료는 발견된 경우에만 산입되는 암수(hidden number) 문제가 있어 최근의 경향이 실제 부패가 많아졌기 때문인지 아니면 발견이 많이 되었기 때문인지에 대한 논란이 있다.

63 Leff, N. (1964). "Economic Development Through Bureaucratic Corruption," *American Behavioral Scientist*, 8(3): 8-14.
DeSoto, H. (1989). *The other path: The invisible revolution in the third world.* NY: Harper.

64 에이스모글루와 베르디어 역시 시장실패를 교정하기 위한 정부개입에서 부패는 일종의 부산물 또는 부작용이기 때문에 정부개입 자체의 정당성을 부정하는 것은 옳지 않다고 본다. 하지만 관료의 부패로 인해 불신이 높아질수록 추가적인 제도적 장치가 필요하고 이는 추가적인 인력과 예산이 필요하게 된다. 이러한 점에서 시장실패와 정부실패(부패)의 사회적 비용에 대한 형량이 필요하며, 질과 양적인 측면에서 규제의 최적화 논의 및 사회적 합의가 필요하다고 주장한다(Acemoglu, D. & Verdier, T. (2000). op. cit.).

65 Becker, G. & Stigler, G. (1974). op. cit.

66 참여적 모니터링에 대해서 세계은행은 다음과 같이 강조하고 있다. "putting poor people at the center of service provision: enabling them to monitor and discipline service providers, amplifying their voice in policymaking, and strengthening the incentives for service providers to serve the poor" (*World Development Report*, 2004, 1).

67 Olken, B. (2007). "Monitoring Corruption: Evidence from a Field Experiment in Indonesia," *Journal of Political Economy*, 115(2J).

68 Winter, M., Testa, P. & Fredrickson, M. (2012). "Using Field Experiments to Understanding Information as an Antidote to

Corruption," in Danila Serra, Leonard Wantchekon (ed.) *New Advances in Experimental Research on Corruption* (Research in Experimental Economics, Volume 15), Emerald Group Publishing Limited. pp. 213-246.

69 Putnam, R. D. (1993). "The prosperous community: Social capital and public life," *American prospect*, 4-13.

70 유사한 맥락에서 에이스모글루, 존슨, 로빈슨(Robinson, J.)은 불평등이 감소한다면 이는 정치적·사회적 위험의 감소를 의미하며, 재분배 정책에 대한 요구가 감소하게 될 것이고, 이는 다시 부패의 주요 수혜자라 할 수 있는 고소득층과 엘리트의 부패 동기를 완화할 수 있을 것으로 보고 있다 (Acemoglu, D., Johnson, S. & Robinson, J. (2001). op. cit.).

71 국제투명성기구의 부패인식지수(Transparency International's Corruption Perception Index)와 세계은행의 거버넌스지수(World Bank's Governance Indicators) 등이 이러한 유형의 부패 측정 방법을 활용한다. 또한 부패에 대한 경제학적 접근은 마우로(Mauro, P.)가 시도한 국가 수준에서의 부패와 성장 간의 관계에 대한 연구를 그 시초로 하는데, 이때에도 부패 정도는 인지된 부패 수준(perceived corruption level)을 활용하고 있다. Mauro, P. (1995). op. cit.

72 Wallis, J., Fishback, P. & Kantor, S. (2006). "Politics, Relief, and Reform: Roosevelt's Efforts to Control Corruption and Political Manipulation during the New Deal," NBER Chapters in *Corruption and Reform: Lessons from American's Economic History*, National Bureau of Economic Research. pp. 343-372.

제2장 부패는 경제성장에 영향을 미치는가

1 Svensson, J. (2005). *Eight questions about corruption, governance Indicators: a user guide*. NY: UNDP.

2 Rigobon, R. & Rodrik, D. (2004). "Rule of law, democracy, openness and income: estimating the interrelationship," *CEPR Discussion Paper* No. 4653. the Centre for Economic Policy Research.
Rodrik, D., Subramanian, A. & Trebbi, F. (2004). "Institutions rule: the

primacy of institutions over geography and integratoin in economic development," *Journal of Economic Growth*, 9: 131-165.

Svensson, J. (2005). *Eight questions about corruption, governance Indicators: a user guide*. NY: UNDP.

차문중(2005). 「암묵적 규제로서의 부패가 경제성과에 미치는 영향」. KDI.

3 Bardhan, P. (2006). "The economist's approach to the problem of corruption," *World Development*, 34(2): 341-348.

4 Bardhan, P. (2005). "Institutions matter, but which ones?," *Economics of Transition*, 13(3): 449-532.

5 Eigen, P. (2002). "Measuring and combating corruption," *Policy Reform*. 5(4): 187-201.

6 Svensson, J. (2005). op. cit.

7 Djankov, S., LaPorta, R., Lopez-de-Silanes, F. & Shleifer, A. (2002). "The regulation of entry," *Quarterly Journal of Economics*, 117: 1-37.

8 Mauro, P. (1995). "Corruption and Growth," *Quarterly Journal of Economics*, 110(3): 681-712.

Knack, S. & Keefer, P. (1995). "Institutions and economic performance: cross-country tests using alternative institutional measures," *Economics and Politics*, 7: 207-227.

9 Shleifer, A. & Vishny, R. (1993). "Corruption," *Quarterly Journal of Economics*, 119(3): 599-617.

Kaufmann, D. & Wei, S. (1999). "Does grease money speed up the wheels of commerce?," *NBER Working Papers* 7093. National Bureau of Economic Research, Inc.

10 Ehrlich, I. & Lui, F. T. (1999). "Bureaucratic Corruption and Endogenous Economic Growth," *Journal of Political Economy*, 107(6).

Getz, K. A. & Volkma, R. J. (2001). "Culture, perceived corruption, and economics," *Business and Society*, 40(1): 7-31.

Goldsmith, A. (1999). "Slapping the Grasping Hand: Correlates of Political Corruption in Emerging Markets," *American Journal of Economics and Sociology*, 58(4): 865-886.

Hall, R. E. & Jones, C. I. (1999). "Public-Sector Capital and the Productivity Puzzle," *Review of Economics and Statistics*, 76(1): 12-21.

Husted, B. W. (1999). "Wealth, Culture and Corruption," *Journal of International Business Studies*, 30: 339-359.

Sandholtz, W. & Koetzle, W. (2000). "Accounting for corruption: economic structure, democracy, and trade," *International Studies Quarterly*, 44: 31-50.

Treisman, D. (2000). "The causes of corruption: A cross-national study," *Journal of Public Economics*. 76: 399-457.

11 Svensson, J. (2005). op. cit.

12 Mauro, P. (1997). "Why worry about corruption," *Working Paper IMF*. Washington DC.

13 대부분의 기관에서 발표하는 부패지수는 지수가 높을수록 청렴도가 높은 것을 의미한다.

14 Brunetti, A., Kisunko, G. & Weder, B. (1997). "Credibility of rules and economic growth: evidence from a worldwide survey of the private sector," *World Bank Policy Research Working Paper* No. 1760. Washington DC: The World Bank.

Knack, S. & Keefer, P. (1995). "Institutions and economic performance: cross-country tests using alternative institutional measures," *Economics and Politics*, 7: 207-227.

Keefer, P. & Knack, S. (1997). "Why don't poor countries catch up? a cross-national test of an institutional explanation," *Economic Inquiry*, 35: 590-602.

Mauro, P. (1995). op. cit.

_____, (1997). op. cit.

Rivera-Batiz, F. L. (2000). "Democracy, Governance and Economic Growth," *Review of Development Economics*, 6(2): 225-247.

Woo, J. (2004). *Growth Government Policies and Institutions in the Globalized World Economy*. mimeo. DePaul University.

15 Leff, N. (1964). "Economic development through bureaucratic corruption," *American Behavioral Scientist*, 8(3): 8-14.

16 Kaufmann, D. (1997). "Corruption: The Facts," *Foreign Policy.* pp. 114–131.

Ackerman, S. R. (1997). "Temporal horizons of justice," *Journal of Philosophy,* 94: 299–317.

17 Kaufmann, D. (1997). op. cit.

18 Ackerman, S. R. (1997). op. cit.

19 Dreher, A. & Gassebner, M. (2007). "Greasing the wheels of entre-preneurship? the impact of regulations and corruption on firm entry," *CESifo Working Paper* No. 2013. CESifo GmbH.

20 Leff, N. (1964). op. cit

21 Djankov, S. et al. (2002). op. cit.

22 Andvig, J. (2005). "Corruption and fast change," *World Development.* 34(2): 328–340.

Ehrlich, I. & Lui Fransis, T. (1999). "Bureaucratic Corruption and Endogenous Economic Growth," *Journal of Political Economy,* 107(6).

23 여기서의 소득은 일인당 국민소득을 의미한다.

24 두 변수 간의 관계는 명확해 보이지만 인과관계라고 얘기할 수는 없다. 소득이 높은 국가이기 때문에 부패가 낮을 수도 있고, 부패가 낮은 국가이기 때문에 소득이 높은 수준에 이른 것일 수도 있다. 본장의 그림에서는 상관관계가 있다는 것만 추론할 수 있다.

25 차문중(2005). 상동.

26 차문중(2005). 상동.

_____(2008). 「국가경쟁력 제고를 위한 법·질서 수준 제고 방안」. KDI.

27 차문중(2005). 상동.

28 차문중(2005). 상동.

29 Ethier, W. (1982). "National and International Returns to Scale in the Modern Theory of International Trade," *American Economic Review,* 72: 389–405.

Barro, R. J. & Sala-I-Martin, X. (1995). *Economic Growth.* McGraw Hill: New York.

30 배로(Barro, R. J.)와 살라-이-마틴(Sala-i-Martin, X.), 보렌스타인 (Borenzstein, E.) 등 여러 연구에서 사용되는 가정이다.

Barro, R. J. & Sala-I-Martin, X. (1995). op. cit.

Borenzstein, E., Gregorio, J. D. & Lee, J. (1998). "How dose Foreign Direct Investment Affect Economic Growth?," *Journal of International Economics,* 45: 115-136.

31 쟌코프(Djankov, S.)는 85개국을 대상으로 한 진입 규제의 분석에서 진입 규제는 (특히 개발도상국의) 기업들로 하여금 막대한 진입 비용을 지불하게 하는데, 부패와도 밀접한 관계가 있고, 정치체제가 비민주적인 경제에서 더 자주 발견된다고 지적하고 있다(Diankov et al. (2002). op. cit).

32 이 편익은 다양한 수단에 의해 얻어질 것이다. 당국이 경제 내에 조업할 수 있는 기업의 수를 제한하고 다른 기업의 시장 진입을 제한하는 것도 그 일례이다.

33 예를 들어, 부패가 심한 개발도상국에서 권력자의 측근이나 인척들이 주요 산업을 장악하고 있는 경우, 일반 기업이 진입하기 위해서는 막대한 비용이 들 것이다.

34 분석의 편의상 고정 비용이 없는 것으로 가정하였다.

35 차문중은 부패가 소비자의 소비 패턴도 왜곡시켜 후생을 감소시킴을 보였다(차문중(2005). 상동).

36 Leff, N. (1964). op. cit.

37 Gould, D. J. & Amaro-Reyes, J. A. (1983). "The Effects of Corruption on Administrative Performance," *World Bank Staff Working Paper* No. 580.

UN (1989). *Corruption in Government.* NY: United Nations.

Klitgaard, R. (1991). "Gifts and Bribes," in Richard Zeckhauser (ed.), *Strategy and Choice.* Cambridge, MA.

Shleifer, A. & Vishny, R. (1993). op. cit.

38 Mauro, P. (1995). op. cit.

39 Tanzi, D. & Davoodi, H. (1997). "Corruption, Public Investment, and Growth," *IMF Working Paper.*

40 Gupta, S., de Mello L. & Sarahan, R. (2001). "Corruption and Military Spending," *European Journal of Political Economy,* 17: 749-777.

41 Ehrlich, I. & Lui, F. T. (1999). op. cit.

42 Jain, A. K. (2001). "Corruption: A Review," *Journal of Economic*

Surveys, 15(1).

43 Mo, P-H. (2001). "Corruption and Economic Growth," *Journal of Comparative Economics*, 29(1): 66-79.

44 Pellegrini, L. & Gerlagh, R. (2004). "Corruption's Effect on Growth and Its Transmission Channels," *Kyklos*, 57.

45 Meon, P. G. & Sekkat, K. (2005). "Does Corruption Grease or Sand the Wheels of Growth?," *Public Choice*, 122(1/2): 69-97.

46 Barro, R. J. (1991). "Economic Growth in Cross Section of Countries," *Quarterly Journal of Economics*, 106(2): 407-443.

47 에를리히(Ehrlich, I.)와 루이(Lui, F. T.)는 부패가 GDP 수준과 GDP 성장에 미치는 영향의 정도가 상이하다는 것을 검증함으로써 부패와 성장 간의 비선형관계가 존재함을 지적하였다. 또한 멘데즈(Mendez, F.)와 세풀베다(Sepulveda, F.)는 부패의 제곱항을 고려하여 분석함으로써 부패와 성장 간의 단조적인 관계가 성립하지 않는다는 것을 발견하였다.
Ehrlich, I. & Lui, F. T. (1999). op. cit.
Mendez, F. & Sepulveda, F. (2006). "Corruption, Growth and Political regimes: Cross country evidence," *European Journal of Political Economy*, 22.

48 부패지수는 국제국가위험가이드(International Country Risk Guide; ICRG ICRG 이외에 국제경영개발대학원(Institute for Management Development; IMD)지수와 부패인식지수(Corruption Perceptions Index; CPI) 등 그 종류가 다양하다. 마우로(Mauro, P.)는 서로 다른 부패지수들 간의 상관관계가 매우 높다는 것을 검증하였다. 또한 멘데즈와 세풀베다는 부패지수를 달리하여 실증 분석한 결과 부패가 경제성장에 미치는 계수값이 견고(robustness)하다는 것을 검증하였다.
Mauro, P. (1995). op. cit.
Mendez, F. & Sepulveda, F. (2006). op. cit.

49 Deininger, K. & Squire, L. (1996). "A new data set measuring income inequality," *World Bank Economic Review*, 10.
Li, H., Xu, C. L. & Zou, H. (2000). "Corruption, income distribution and growth," *Economics and Politics*, 12: 155-182.
Paldam, M. (2002). "The big pattern of corruption, economics, culture,

and seesaw dynamics," *European Journal of Political Economy*, 18: 215-240.

Mendez, F. & Sepulveda, F. (2006). op. cit.

50 모형(13)-모형(17)은 각각 모형(8)-모형(12)를 고정효과 추정 방법에 근거하여 추정한 결과이다.

51 솔로우(Solow, R. M.), 카스(Cass, D.) 등을 구체적인 예로 들 수 있다. Solow, R. M. (1956). "A Contribution to the Theory of Economic Growth," *Quarterly Journal of Economics*, 70: 65-94.
Cass, D. (1965). "Optimum Growth in an Aggregate Model of Capital Accumulation," *Review of Economic Studies*, 32: 233-240.

52 Mauro, P. (1995). op. cit.

53 〈표 3〉의 추정식 (13)-(17)에서 부패와 부패의 제곱항의 계수값에 따르면 부패의 감소가 성장에 미치는 정의 효과가 가장 큰 경우는 부패지수가 3-4 사이에 있을 경우이다. 예를 들어, 추정식 (17)의 경우 부패지수가 3일 때 부패가 성장에 미치는 효과는 0.09%로 나타났다. 그러나 부패지수의 최고값, 즉, 부패가 가장 낮은 경우인 6일 때는 부패가 성장에 미치는 효과는 없는 것으로 나타났다. 즉, 부패가 성장에 미치는 효과는 부패지수가 0에서 3-4에 이를 때까지 증가하다가 3-4에 이르러 최고에 달하지만, 부패지수가 4를 넘어 계속 증가하면 그 효과가 감소한다는 사실이다.

54 이런 의미에서 부패의 제곱항을 변수로 고려하지 않은 기존의 연구, 예를 들면, 마우로의 연구는 결과적으로 부패가 경제성장에 미치는 효과를 과대 추정하고 있다고 볼 수 있다(Mauro, P. (1995). op. cit.).

55 부패를 포함한 대부분의 제도적 변수 간의 상관관계는 매우 높고 유의하다. 따라서 이러한 해석은 부패뿐 아니라 전반적 사회제도의 수준과 경제성장의 관계를 반영한다고 간주할 수 있을 것이다.

56 비록 모형(17)의 추정 결과 인적 자본과 무역 변수의 계수값이 통계적으로 유의하게 검증되지는 않았으나 이들 변수의 부호는 양(+)으로서 예상과 동일하였다. 또한 Pooled OLS 추정 방법에 근거하여 분석한 결과, 즉, 모형(12)의 추정 결과를 통해 인적 자본과 무역 변수의 계수값이 각각 유의 수준 5%, 유의 수준 10%에서 유의미하다는 것을 확인할 수 있다.

57 차문중(2005). 상동.

제 2 편 반부패 정책과 제도

제 3 장 공직자의 윤리 확보와 이해충돌의 방지

1 이 부분에 대한 논의는 저자의 논문을 일부 재정리한 것이다. 자세한 내
   용은 윤태범(2010). "한국과 미국의 공직윤리 시스템 비교 연구,"「한국
   부패학회보」15(3)을 참조한다.

2 최근에 논의되고 있는 금융감독기구와 금융기관과의 감독 부실 및 부정
   적 유착 문제가 이에 해당한다.

3 Matthew, W. H. (1998). "Consequentialism and DEontology," *Ency-
   clopedia of Applied Ethics*. Academic Press. pp. 609-621.

4 Thompson, D. F. (1987). *Political Ethics and Public office*. Harvard
   Univ. Press. pp. 8-9.

5 Mathew, W. H. (1998). op. cit.

6 이와 유사한 맥락에서 경제협력개발기구(Organisation for Economic
   Co-operation and Development; OECD)(1999, 2000)도 각종 보고서를
   통하여 소위 윤리 기반(ethics infra)이나 윤리 관리(ethics management)
   를 강조하고 있다. 이에 대해서는 OECD (1999). *Pblic Sector Corruption*
   및 OECD (2000). *Trust in Government*를 참조하라.

7 Thompson, D. F. (1987). op. cit. p. 12.

8 Walzer, M. (1973). "Political Action: The Problem of Dirty Hands,"
   Philosophy and Public Affairs. 2(winter). p. 161.

9 윤태범(2002). "공무원의 책임성 확보와 공무원 행동강령," 부패방지위원
   회 공청회 주제발표논문.

10 Pritchard, J. (1998). "Code of Ethics," in *Encyclopedia of Applied
   Ethics*. Academic Press. pp. 527-534. (p. 527).

11 강령(code)은 사전적으로는(Webster 사전에 의하면) ① 문서화된 법의
   집합체, ② 도덕적으로 엮어져 있는 규칙의 체계 혹은 집합체, ③ 의미
   있는 의사소통을 위한 상징체계의 세 가지 의미로 정리되어 있다.

12 Rohr, J. A. (1998). *Public Service, Ethics & Constitutional Practice*.
   Kansas.

13 윤태범(2002). "공직자윤리법의 문제점과 개선방향," 참여연대 공개토론

회 발표.

14 Cooper, T. L. (1998). *The Responsible Administrator*, Jossey-Bass. pp. 141-142.

15 윤리법은 윤리적 규범과 법률상 구성되는 범죄의 중간지대를 형성하고 있다. 이에 대한 자세한 설명은 Zimmerman, J. (1994). *Curbing Unethical Behavior in Government*, Greenwood. p. 8을 참조하라.

16 윤리의 법제화에 대해서는 찬반 논란이 있다. 이에 대해서는 Cooper, T. L. (1998). *The Responsible Administrator*. pp. 145-147을 참조할 수 있다.

17 Davis, M. (1998). "Conflict of Interest," *Encyclopedia of Applied Ethics*. Academic Press. p. 589.

18 OECD (2003). *Managing Conflict of Interest in the Public Service*. p. 53.

19 윤태범(2005). "공무원 윤리 확보를 위한 직무상 이해충돌 회피에 관한 연구,"「한국인사행정학회보」4(2). pp. 114-115.

20 윤태범(2004). "공직윤리 확보를 위한 이해충돌 회피의 제도화 방안," 「한국행정학회 춘계학술대회 발표논문집」. pp. 5-6.

21 현재 국회법 및 인사청문회법상 대통령이 임명하는 일부 고위직 공무원에 대해서는 제한적으로 인사청문회가 실시되고 있다. 인사청문회는 해당자의 자격이나 능력 등에 대한 검증의 의미도 있지만, 또 한편에서는 결국 직무 수행 시 이해충돌의 가능성을 사전에 확인하고 이를 제거하고자 하는 중요한 의미도 내포되어 있다. 따라서 인사청문회의 결과를 존중해야 한다는 것은 그 절차가 바로 국민의 직접적 대리관계에 있는 의원들에 의하여 진행되기 때문이다. 비록 인사청문회의 결과가 임명권의 행사에 대해서 직접적인 구속력을 지니지는 않는다 하더라도, 대리 민주주의의 기본적인 취지에 비추어 본다면 그것은 마땅히 존중되어야 할 것이다.

22 전관예우가 문제되는 것은 퇴직 후 발생하는 이해충돌의 발생과 더불어, 퇴직 후 발생이 기대되는 이익이 결국 재직 중의 공정한 직무 수행에 부정적 영향을 미칠 수 있기 때문이다.

23 1980년 9월 1일 전두환 대통령이 취임하였다.

24 사회정화위원회(1988). 「사회정화운동사」.

25 당시 내무부 실무위원회는 미국, 싱가폴, 대만, 홍콩, 말레이시아, 태국,

인도, 필리핀 등의 사례를 조사하였다. 그러나 미국을 제외한 대부분의 국가들은 부패방지법과 유사한 명칭을 갖고 있었다는 점에서, 정부윤리법의 명칭을 갖고 있었던 미국의 사례가 가장 많이 참조되었다(국회 내무위원회 회의록, 1981. 5. 14).

26 국회에서의 논의 당시, 크게 논란은 없었는데, 다만 현경대 의원은 윤리법이라는 용어에 대해서 이의를 제기하였다. 즉, 윤리와 법은 다른 영역으로 하나의 단어처럼 사용될 수 없다는 것이었다. 그러나 추가적인 논쟁은 이루어지지 않았다(국회 내무위원회 회의록, 1981. 5. 14).

27 1993년 7월의 개정 시행령에서는 재산등록의무자를 4급 이상의 일반직 공무원에 상당하는 연구관 등, 감사원·국세청 및 관세청 소속 5급·6급 공무원, 법무부·검찰청 소속 5급·6급인 검찰사무직공무원, 경정·경감인 경찰공무원, 소방령·소방경 및 지방소방령·지방소방경인 소방공무원과 정부투자기관의 집행 간부로 확대하였다(공직자윤리법 시행령 제3조).

28 대한민국정부(1963). 공무원선서.
_____(1969). 공무원의 신조.
_____(1980). 공무원 윤리헌장.
_____(1980). 공직자윤리법.
_____(1982). 공무원 윤리헌장 실천강령.
_____(2001). 부패방지법.
_____(2003). 공무원행동강령.

29 U.S.A (1961). Executive Order 10939, To Provide a Guide on Ethical Standards to Government Officials.
_____ (1962). Bribery and Conflict of Interest Act.
_____ (1965). Executive Order 11222, Standards of Ethical Conduct for Government Officers and Employees.
_____ (1978). Ethics in Government Act.
_____ (1989). Executive Order 12674, Principles of Ethical Conduct for Government Officers and Employees.
_____ (1989). Ethics Reform Act.
_____ (1993). Executive Order 12834, Ethical Commitments by Executive Branch Appointees.
U.S.OGE (1996). Public Financial Disclosure: A Reviewer's Reference.

_____ (1999). Standards of Ethical Employees of the Executive Branch.

_____ (2003). Compilation of Federal Ethics Laws.

U.S. Senate (1978). Memorandum.

_____ (2003). Rules of Committee on Standards of Official Conduct.

_____ (2003). Senate Ethics Manual.

30 「공무원 윤리 표준 지침」의 주요 내용은 다음과 같다(U.S.A. (1961). Executive Order, 10939).

 - 공직자로서의 자식의 직위와 충돌할 수 있는 외부 고용이나 활동을 금지.
 - 비용, 보상, 선물, 금전적 가치를 수수하는 것을 금지함(사익을 위한 공직 활용 금지, 특정인에 대한 편파적 행정 금지, 정부 효율성에 대한 부담의 금지, 공정성 상실의 금지, 기타).
 - 대통령 임명직의 경우에도 적용되도록 함. 단 공직에 영향을 주지 않는 것은 허용됨.

31 주요 내용은 다음과 같다(윤태범(2004). 상동. p. 15).

첫째, 공무원인사위원회에 공무원 윤리 프로그램에 대한 전반적인 권한을 부여하였다.

둘째, 모든 연방기관들은 기관의 윤리 프로그램을 관리하도록 하기 위하여 선임 기관윤리담당관(Designated Agency Ethics official; DAEO)을 지정하도록 하였다.

셋째, 윤리 규정을 개선하였다(선물, 향응 수수, 외부 고용, 저술, 재정 사항, 사익 위한 정부 정보 활용 등).

넷째, 모든 공무원들에게 사익 위한 공직 활용, 특정 기구나 사람에 대한 편애 등을 금지하도록 하였다.

다섯째, 공무원인사위원회가 신뢰할 만한 재정 보고 시스템을 구축하도록 하였다.

32 윤태범(2004). 상동. pp. 15-16.

33 주요 내용으로서 외부로부터의 선물 수수의 제한, 외부 고용의 제한, 재정적 이해충돌, 사익을 위한 공적 직위 남용, 그리고 재정적 의무의 충족 등이 있다. 이에 대하여는 윤태범(2004). 상동. p. 16을 참조하라.

34 수누누(Sununu, J.)는 공적 이용이라고 주장하였지만, 대선에서 이것이 쟁점이 되는 것을 피하기 위하여 1991년 12월 3일 비서실장직을 사임하였다.

Washington times, 1991. 12. 4. A1. 'Sununu leaves the line of fire'.

35 http://www.usoge.gov/exorders/co12674.html

36 William, J. C. (1993). Executive Order 12834, Ethics Commitments by Executive Branch Appointees, January 20.

37 *Washington post*, 1993. 1. 20. A1.

38 *Washington post*, 1992. 12. 10. A1. 'ethics policy toughened'.

39 이에 대해서 당시 언론의 보도와 페롯(Perot, R. H.) 후보의 공약(http://www.ontheissues.org/Ross_Perot.htm) 등을 통해 확인할 수 있다.

40 서약의 내용 "나는 공공의 신임을 받는 미국 정부의 고위공직자로 임용되는 조건으로서, 나에게 적용되고, 법에 의하여 부과되는 다음의 의무사항들을 준수한다"이며, 준수 사항은 다음과 같다.
    1. 퇴직 후 5년 동안 내가 근무하였던 조직을 대상으로 로비활동을 하지 않는다.
    2. 대통령실(Executive Office of the President; EOP)에 고위직으로 근무하였을 경우, 퇴직 후 5년 동안 내가 고위공직자로서 근무하였던 EOP 및 이와 관련된 어떤 기관에도 로비 활동을 하지 않는다.
    3. 고위공직자로 퇴직 후 어떤 경우에도 외국 정부나 외국 정당을 대신하는 로비 활동을 하지 않는다.
    4. 무역 협상이나 대표부에 참여하여 활동하였을 경우, 활동 종료 후 5년 동안 이와 관련하여 외국 정부나 외국 정당을 대신하는 로비 활동을 하지 않는다.
    5. 이 문서에 사인을 하기 전에 이 지침을 읽으며 이해를 한다. 그리고 이 규정들을 수용한다.

41 이 부분의 내용은 윤태범의 논문에 기초하여 축약, 재정리된 것으로서, 보다 구체적인 내용은 원 논문을 참고할 수 있다(윤태범(2004). 상동. pp. 9-11).

42 소비자안전위원회, NASA, 국방부의 전직 관료들의 이해충돌의 문제가 발생하는 등 윤리적 문제들이 쟁점으로 계속 부각되었다. 또한 1977년 9월 27일 당시 미국 예산관리국(Office of Management and Budget; OMB) 국장인 버트 랜스(Bert Lance)는 자신이 관여하였던 조지아 은행 관련 윤리 문제가 제기되어 사임하였다(*Washington Post*, 1980. 5. 1).

43 윤태범(2004). 상동. pp. 9-10.

44 미국은 이전에도 관습적 형태의 특별검사제도를 운용하고 있었는데, 워터게이트 사건을 계기로 보다 더 독립적인 지위를 갖는 특별검사의 역할이 필요하다는 공감대하에 정부윤리법에 근거하여 특별검사제도를 한시법의 형태로 법제화하였다. 때문에 미국은 법제화와 상관없이 언제든지 특별검사제가 운용될 수 있다는 점에서, 우리나라에서의 특별검사제 논의와 차이가 있다.

45 이른바 회전문(revolving door) 문제를 방지하기 위한 노력은 이해충돌의 방지라는 측면에서 지속적으로 제도화되어 왔다. 다음에 언급할 「뇌물 및 이해충돌에 관한 법률」도 그 한 예이다.

46 윤태범(2004). 상동. p. 10.

47 전 연방대법관 윌키(Wilkey, M. R.)를 위원장으로, 카터(Carter, J.) 행정부 시 검찰총장인 벨(Bell, G. B.)을 부위원장으로 임명하였다. 부시(Bush, G. H. W.) 대통령은 위원회에 대해서 네 가지 활동기준을 제시하였다. ① 공직자의 사기를 제고할 수 있는 윤리 기준 설정, ② 객관적이고 일관된 윤리 기준 제시, ③ 모든 연방정부에 적용 가능해야 함, ④ 시민들이 공직 취임을 꺼릴 수 있을 정도이어서는 안 됨(President's Commission on Federal Ethics Reform, To Serve with Honor, Washington DC: The commission, 1989. 3).

48 President's Commission on Federal Ethics Law Reform (1989).

49 그러다가 1991년 8월 15일, 부시 대통령은 상원의원들이 사례를 받는 것을 금지하는 것에 동의한 후에야 상원의원의 급여를 올리는 법안에 서명하였다.

50 미국에서 입법의 취지상 이해충돌 회피에 대한 제도화의 역사는 남북전쟁 시기까지 거슬러 올라간다. 남북전쟁 당시 링컨(Lincoln, A.) 대통령에 의하여 입법화되었다고 해서 소위 '링컨법'(Lincoln Law)이라는 별칭이 있는 「부정주장법」(False Claims Act of 1863)이 그 예이다. 이에 대한 자세한 내용은 윤태범(2004). 상동. p. 7을 참조하라.

51 윤태범(2004). 상동. pp. 8-9.

52 Association of the Bar of the City of New York (1960). *Conflict of Interest and Federal Service*. Cambridge, MA: Harvard Univ. Press.

53 Kirby, J. C. (1970). *Congress and the Public Trust*. NY: Atheneum.

54 윤태범(2004). 상동. pp. 7-9.

55 주요 내용은 다음과 같다.

- section 202: 연방공무원들은 뇌물이나 불법적인 혜택을 받는 것을 금지한다.
- section 203: 의회의 구성원들은 연방정부의 일 처리와 관련하여 사적인 정당을 대변하는 지불을 받아서는 안 된다.
- section 205: 연방정부 공무원들은 연방정부의 일 처리와 관련하여 특정한 사람을 대변해서는 안 된다.
- section 207: 전직 공무원들이나 의원들은 특정한 문제와 관련하여 연방기관들에 대하여 특정한 사적 당을 대변해서는 안 된다.
- section 208: 연방의 재정적 이해충돌 금지, 이것은 연방공무원들이 재정적 이해관계를 갖고 있는 특정한 문제에 대해서 참여하는 것을 금지한다.
- section 209: 외부로부터 보수 외에 추가적인 급여를 보충받는 것을 금지한다.

56 윤태범(2005). 상동. pp. 126-128.

57 전형적인 백지신탁 계약은 대통령이나 고위직의 자산을 이들과는 독립적인 위치에 있는 피신탁자가 관리하도록 하는 약속의 일종이다. 신탁계약을 통해서 수탁자에게는 당해 공무원에게 자세한 거래 내역을 통지하지 않고서도 신탁된 자산을 자유롭게 매각하거나 살 수 있는 권한이 부여되었다. "신탁"이라는 용어가 상징하듯이, 백지신탁은 국민들의 "신뢰"를 확보하기 위하여, 신탁자와 수탁자 사이의 "신뢰"에 근거하여 운용되는 "신뢰" 유지 제도라고 할 수 있다.

58 그러나 백지신탁제도 자체의 활용의 불편함 등에 대한 지적으로 이에 대한 보완 논의 결과 1989년 윤리개혁법에 '처분 인증서'(Certificate of Divestiture)의 발행에 대한 규정이 포함되었다. 이 규정에 따라서, 연방 윤리규정에 순응하기 위하여 재정적 이해가 걸려 있는 자산을 매각할 것을 요구받고 있는 공무원들은, 자산의 매각으로 인하여 부담해야 하는 세금을 면제받게 되었다.

59 United States v. Mississippi Valley Generation Co., 364 U.S. 520, 549 (1960).

60 윤태범(2005). 상동. pp. 126-127.

61 5 U.S.C. app. §106(b)(3); 5 C.F.R. §2634.605(b)(5)(ii).

제 4 장 공직자 재산공개의 딜레마: 부패 방지와 사생활 보호의 접점을 찾아서

1 법정(1976). 「무소유」. 범우문고.

2 Mackwnzie, G. C. & Hafken, M. (2002). *Scandal proof: Do ethics laws make government ethical?*. Brookings Institution Press.

3 OECD (2011). *Asset Declarations for Public Officials: A Tool to Prevent Corruption*. Paris.

4 OECD (2011). ibid.

5 이창길(2013). 「인적자원행정론」. 법문사.

6 Ruxandra, B., Gary, J. R., Gilman, S. & Trapnell, S. (2009). *Stolen Asset Recovery: Income and Asset Declarations: Tools and Trade-offs*, UNCAC Conference Edition.

 Cattabiani, J. S. & Mario, F. (2009). "An Ethical Question for leading Pa. Democrat," *Philadelphia Inquirer*. p. 3.

 Pieters, J. (2010). "Resident Asks Hausen TV resign council because of new job," *Mclatchy-Tribute Business News*. April, 20. p. 5.

7 Rohr, J. A. (1981). "Financial disclosure: Power in search of policy," *Public Personnel Management Journal*, 10(1): 29-40.

8 Bayley, D. H. (1970). "The effect of corruption in a developing nation," *West Political Quarterly*, 19: 719-732.

 Gould, D. J. & Mukendi, T. B. (1989). "Bureacratic corruption in Africa: causes consequences and remedies," *IJPA*, 12: 427-457.

9 Ruxandra, B., Gary, J. R., Gilman, S. & Trapnell, S. (2009). op. cit.

10 OECD (2003). *Managing Conflict of Interest in the Public Service: OECD Guidelines and Overview*. Paris.

11 Sampford, C. J. (ed.) (2006). *Measuring corruption*. Ashgate Publishing.

12 http://www.wikipedia.org/

13 Morris, W. (1981). *The American heritage dictionary of the English language*. Boston: Houghton Mifflin.

14 박흥식(2008). "공직자 이해충돌(Conflict of Interest) 행위의 개선을 위한 연구: 법적·윤리적 시각을 중심으로," 「한국행정학보」 42(3): 239-260.

15 법정(1976). 상동.

16 Thompson, D. F. (1987). *Political ethics and public office*. Harvard University Press.

17 Thompson, D. F. (1987). ibid.

18 Cooley, T. M. (1888). *A Treatise on the Law of Torts or the Wrongs Which Arises Independently of Contract*. Chicago: Callaghan & Co. p. 29.

19 Warren, S. D. & Brandeis, L. D. (1890). "The Right to Privacy," *Harvard Law Review*, 4: 193-220.

20 Prosser, W. L. (1960). "Privacy," *California Law Review*, 48: 383-389.

21 이민영(2008). "미국의 언론보도와 프라이버시,"「세계의 언론법제」 pp. 75-123.

22 이민영(2008). 상동. p. 102.

23 Swire, P. P. (1999). *Financial privacy and the theory of high-tech government surveillance*. Wash. ULQ. 77. p. 461.

24 Schleunes, K. A. (1970) *The Twisted Road to Auschwitz: Nazi Policy toward German Jews, 1933-1939*. University of Illinois Press. p. 280.

25 Thompson, D. F. (1987). op. cit.

26 Swire, P. P. (1999). op. cit.

27 World Bank (2009). *Income and Asset Declarations Tools and Trade-offs*.

28 한위수(2004). "공인의 명예훼손 소송 관련 국내 판결의 경향,"「언론중재」 24: 22-39.

29 이민영(2008). 상동. p. 121.

30 정준현(2008) "캐나다의 개인정보보호제도와 언론보도,"「세계의 언론법제」 24: 124-150. (p. 141).

31 정준현(2008). 상동.

32 이민영(2008). 상동.

33 이민영(2008). 상동.

34 이민영(2008). 상동.

35 손태규(2005). "'현실적 악의 규정'에 대한 인식과 판단: 한국 법원과 외국 법원의 비교,"「한국언론학보」 49(1): 192-220.

36 Feinberg, W. (1948). "Recent Developments in the Law of Privacy,"

Columbia Law Review, pp. 713, 726.

37 이민영(2008). 상동.

38 Rohr, J. A. (1981). op. cit. p. 29.

39 Rohr, J. A. (1981). op. cit.

40 한국인사행정학회(2009). "재산등록 및 취업제한제도 개선방안,"「행정안 전부 연구용역 과제 결과보고서」.

41 Rohr, J. A. (1981). op. cit.

42 두산백과사전(2010). http://www.encyber.com/index.html

43 이창길(2013). 상동.

44 Rohr, J. A. (1981). op. cit. p. 32.

45 정하명(2008). "미국에 있어서 고위공직자에 요구되는 청렴성, 도덕성의 기준: 미국의 1989년 윤리개혁법을 중심으로,"「공법학연구」 9(3): 79-97.

46 Robert, R. N. & Doss Jr., M. T. (1992). "Public service and private hospitality: a case study in federal conflict-of-interest reform," *Public Administration Review,* pp. 260-270.

47 Roberts, R. N. (2007). "History of the legalization of executive branch ethics regulation," *Public Integrity,* 9(4): 313-332.

48 Department of Homeland Security (DHS) (2008). *Privacy Impact Assessment for the Financial Disclosure Management.* pp. 1-13.

49 Office of Government Ethics (OGE) (2010). *Public Financial Disclosure Report: Obama Asset Income.*

50 한국인사행정학회(2009). 상동.

51 한국인사행정학회(2009). 상동.

52 한국인사행정학회(2009). 상동.

53 이왕재(1995). "공직자 재산공개의 문제점 분석과 정책제언 — 공직자윤 리위원회의 운영을 중심으로,"「사회과학연구」 7: 231-259.

54 강남준(1993). "공직자 재산공개 보도과정에서 나타난 통계수치의 문제 점,"「저널리즘 비평」 11: 47-52.

55 강남준(1993). 상동.

56 OGE (2010). op. cit.

57 Rohr, J. A. (1981). op. cit.

58 이창길(2013). 상동.

59 한국인사행정학회(2009). 상동.

60 OGE (2010). op. cit.

61 한국인사행정학회(2009). 상동.

62 Roberts, R. N. (2007). op. cit.

63 윤태범(2004). "공직윤리 확보를 위한 이해충돌 회피의 제도화 방안," 「한국행정학회보」 3: 635-669.

64 박재창(1993). "공직자 재산등록, 공개제도: 통제론적 접근," 「한국행정연구」 2(1): 47-66.

65 Rohr, J. A. (1981). op. cit.

66 Selmi, M. L. (2006). "Privacy for the Working Class: Public Work and Private Lives," *Louisiana Law Review*, 66.

67 Rosenson, B. A. (2006). "The impact of ethics laws on legislative recruitment and the occupational composition of state legislatures," *Political Research Quarterly*, 59(4): 619-627.

68 Roberts, R. N. (2007). op. cit.

제5장 내부고발자의 법적 보호, 그 후 10년: 성과와 새로운 도전

1 Valencia, M. (2011). "Year of the bounty hunter," *The Economis*. November 17. http://www.economist.com/node/21537931(최종검색일: 2013. 3. 10).

2 http://www.phillipsandcohen.com/P-C-News.html(최종검색일: 2013. 3. 10).

3 박흥식·임병연·이지문(2012). 「'공익신고자 보호법개정안' 마련 등 발전방안 연구」. 국민권익위원회. pp. 6-15.

4 부패방지법은 2001년 7월 24일 공포, 2002년 1월 25일 법률 제6494호로 시행된다. 이후 일부 개정이 두 차례(2005년, 2007년), 타법 개정이 네 차례가 있었다. 「부패방지 및 국민권익위원회의 설치와 운영에 관한 법률」은 2008년 2월 29일(법률 제8878호)로 제정되었으며, 기존 부패방지법상 신고자 보호제도를 그대로 승계하였다. 이후 일부 개정이 두 차례(2009년, 2012년), 타법 개정이 두 차례가 있었다. 현재는 법률 제11327호로, 2012년 2월 17일자로 일부 개정, 시행되고 있다.

5 박흥식 외(2012). 상동. p. 9.

6 「부패방지 및 국민권익위원회의 설치와 운영에 관한 법률」은 제2조 제 4항에서, '부패행위'를 "가. 공직자가 직무와 관련하여 그 지위 또는 권한 을 남용하거나 법령을 위반하여 자기 또는 제3자의 이익을 도모하는 행 위, 나. 공공기관의 예산사용, 공공기관 재산의 취득·관리·처분 또는 공 공기관을 당사자로 하는 계약의 체결 및 그 이행에 있어서 법령에 위반 하여 공공기관에 대하여 재산상 손해를 가하는 행위, 다. 가목과 나목에 따른 행위나 그 은폐를 강요, 권고, 제의, 유인하는 행위"로 정의한다.

7 Birkland, T. A. (2012). *An introduction to the policy process: Theories, concepts, and models of public policy making* (3rd ed.). Armonk, NY: M. E. Sharpe. p. 180.

8 윤석양 이병 폭로를 계기로 보안사는 기무사로 개명하고 사령관의 계급 도 한 등급 낮아졌다. 또한 이지문 중위 증언을 계기로 영외투표가 도입 되었다.

9 부패방지위원회와 국가청렴위원회 포함. 아래 처리 실적 관련 국민권익위 원회라고 표기한 부분 역시 부패방지위원회와 국가청렴위원회를 포함한 것이다.

10 국민권익위원회(2013). 「국민권익 정책자료집」. p. 365.

11 국민권익위원회(2012). 「주요사례」.

12 국민권익위원회(2012). 상동.

13 공익신고자 보호법은 제2조 제1호에서 '공익침해행위'를 "국민의 건강 과 안전, 환경, 소비자의 이익 및 공정한 경쟁을 침해하는 행위로서 (이 법이 규정한) 가. 법률의 벌칙에 해당하는 행위, 나. 법률에 따라 인허가의 취소처분, 정지처분 등 대통령령으로 정하는 행정처분의 대상이 되는 행 위"로 정의한다. 이 법의 제7조는 공직자의 공익신고 의무를 규정한다.

14 장수태(2003). "공익통보자보호제도의 도입 필요성에 대하여,"「한국소비 자원 소비자 칼럼」(74). 2003. 2. 27.
김성천(2004). "공익통보자보호법 성립(일본),"「한국소비자원 해외소비 자정보」 2004. 6. 22.

15 국민권익위원회(2012). 상동.

16 국민권익위원회(2013). 상동. pp. 402-403.

17 국민권익위원회(2012). 상동.

18 국민권익위원회(2009). 「부패방지백서 2008」. p. 239.

19 Minkes, J. (2010). "Silent or invisible?," *Criminology & Public Policy*, 9(3): 467-473. (p. 472).

20 박선종(2008). "회사의 내부고발을 통한 감사기능의 강화,"「기업법연구」 22(3): 137-158. (p. 143).

21 Boumil, III., Nariani, A., Boumil, M. M. & Berman, H. A. (2010). "Whistleblowing in the pharmaceutical industry in the United States, England, Canada, and Australia," *Journal of Public Health Policy*, 31(1): 17-29. (p. 22).

22 김승태(2010). "한국의 공익신고자 보호법안 평가,"「외법 논집」 34(3): 195-213.
박경철(2011). "공익신고자보호법의 의의와 문제점,"「공법연구」 40(1): 163-199.

23 공익신고자 보호법 시행령 제20조(협조 요청)는 이러한 지원을 위해 국민권익위원회가 행정기관, 관련 단체 등에 협조와 원조를 요청할 수 있다고 규정한다.

24 국민권익위원회(2013). 상동. p. 365.

25 Henry, A. D., Lubell, M. & McCoy, M. (2011). "Belief systems and social capital as drivers of policy network structure: The case of California regional planning," *Journal of Public Administration Research & Theory*, 21(3): 419-444. (pp. 419, 430).

26 Birkland, T. A. (2012). op. cit. p. 117.
Nohrstedt, D. (2008). "The politics of crisis policymaking: Chernobyl and Swedish nuclear energy policy," *Policy Studies Journal*, 36(2): 257-278.

27 Banisar, D. (2011). "Whistleblowing: International standards and developments," in Sandoval, I. E. (ed.), *Corruption and transparency: Debating the frontiers between state, market and society*. World Bank-Institute for Social Research. UNAM: Washington, D.C. pp. 1-64.

28 5 U.S.C. §2302. Prohibited personnel practices 참조.

29 Lewis, D. (2008). "Ten years of public interest disclosure legislation in the UK: Are whistleblowers adequately protected?," *Journal of*

Business Ethics, 82(2): 497-507. (pp. 504-505).

30 뉴시스(2013). '내부고발자 보호법 10년' 서울대 포럼 "고발자 실질 보호장치 미흡." 2013. 3. 18.

31 뉴스 원(2013). 서울대, 내부고발제 10년 성과 정책 포럼. '내부고발자의 법적 보호, 그 후 10년' 주제로 토론. 2013. 3. 18.

32 노컷뉴스(2012). "경찰, '비리와의 전쟁' 선포." 2012. 6. 11.

33 파이낸셜뉴스(2010). "행안부, 공직비리 내부고발자에 인센티브." 2010. 2. 26.

34 한겨레신문(2005). "사립학교도 공공기관이다"(이지문). 2005. 11. 15.

35 정부가 내부고발자를 대신해 조사와 소송을 진행하는 경우 15%-25%, 내부고발자가 직접 반환 소송을 하는 경우는 25%-30%이다.

36 Chang, Y. (2009). *The importance of the False Claims Act in the middel age of NPM and reinventing government stream*. Saarbrucken, Germany: VDM Verlag Dr. Muller.

37 Boumil, III., Nariani, A., Boumil, M. M. & Berman, H. A. (2010). op. cit. p. 22.

38 미국 화이자사(Pfizer Inc.)의 영업 담당자 등 6명이 회사가 일부 제품을 식품의약청(Food and Drug Administration; FDA) 허가 내용과 다른 용도로 판매하고, 의사들에게 리베이트를 제공하는 등 불법적 마케팅을 한다고 신고하였고, 연방정부가 이를 조사하여 총 23억 달러(약 2조 8600억 원)의 벌금을 부과하고, 1억 2000만 달러의 보상금 지급을 결정한 사건이다. 영업 담당자는 이 중 5150만 달러를 받았다. 서울신문(2009). "화이자 내부고발자 638억 원 돈방석," 2009. 9. 4.

39 Lewis, D. (2008). op. cit. p. 505.

40 김승태(2010). 상동.
    박경철(2011). 상동.

41 Lewis, D. (2008). op. cit. p. 504.

42 Carr, I., & Lewis, D. (2010). "Combating corruption through employment law and whistleblower protection," *Industrial Law Journal*, 39(1): 52-81. (p. 39).

43 김승태(2010). 상동.
    박경철(2011). 상동.

44 최정학(2003). "내부고발자 보호제도의 법적 문제점."「형사정책」15 (1): 315-339. (p. 326).

45 뉴스 원(2013). 상동.

46 최정학(2003). 상동. p. 326.

제6장 고위공직자의 부패 범죄에 대한 대책

1 성낙인(2013).「헌법학」. 법문사. pp. 878-879.
   정종섭(2012).「헌법학원론」. 박영사. pp. 883-902.

2 검찰일보(2012). 2012년 12월 5일자.
   국제투명성기구 홈페이지(http://www.transparency.org).
   우리나라 공직사회의 부패현황에 대해서는 이유봉(2012).「공직부패 종합대책법으로서의 부정청탁 및 이해충돌방지법안에 대한 분석 연구」. 한국법제연구원. pp. 29-36.

3 성낙인(2013). 상동. pp. 1179-1181.
   정종섭(2012). 상동. pp. 938-945.

4 김용세(1998). "공직부패의 개념, 유형과 구조,"「형사정책연구」9(3). p. 106.
   서보학(1999). "공직자 부정부패에 대한 형사법적 대응방안,"「형사정책」11. p. 48.

5 김철수(2010).「헌법학신론」. 박영사. p. 182.

6 김재광(2012). "부패방지 관련법제의 체계 및 평가,"「공법연구」40(3). p. 2.

7 2012년 8월 22일 입법예고된 '부정청탁 및 공직자 이해충돌방지법'(안)은 공직자의 범위에 대해 공무원뿐만 아니라 다른 법률에서 자격, 임용 등에 있어서 공무원으로 인정된 자,「공직자윤리법」제3조의 2에 따른「공직유관단체와 공공기관의 운영에 관한 법률」제4조에 따른 공공기관의 장과 그 임직원까지 포함하여 공직자의 범위를 확대하고 있다.

8 김용세(1998). 상동. pp. 77-82.

9 부패방지법은 2001년 7월 24일 제정되어 2002년 1월 25일부터 시행되었다가 2008년 2월 29일 폐지되고 같은 날「부패방지 및 국민권익위원회의 설치 및 운영에 관한 법률」이 제정되었다.

10 한편, '부정청탁 및 공직자 이해충돌방지법'(안)은 공직사회에서의 부정 청탁을 금지하고 금품 등의 수수를 제한하며, 직무 수행과 관련된 이해 충돌을 방지하는 것을 직접적인 목적으로 하고 있다. 이 법률안은 부패 방지법에 비하여 공직자의 범위를 확대하고 있으나, 규율 대상이 되는 부패 행위는 부정 청탁 등으로 제한하고 있는 것이 특징이다.

11 기본권의 제한의 한계에 대해서는 성낙인(2013). 상동. pp. 383-386; 정종 섭(2012). 상동. pp. 374-395를 참조하라.

12 국회의 국정 통제에 관한 권한에 대해서는 성낙인(2013). 상동. pp. 1037- 1058; 정종섭(2012). 상동. pp. 1061-1092를 참조하라.

13 국회의원의 특권에 대해서는 성낙인(2013). 상동. pp. 987-997; 정종섭 (2012). 상동. pp. 1139-1150를 참조하라.

14 감사원의 권한과 책임에 대해서는 성낙인(2013). 상동. pp. 1184-1187; 정종섭(2012). 상동. pp. 1317-1322를 참조하라.

15 공직자의 부패 범죄에 대해서는 '부정청탁 및 공직자 이해충돌방지법' (안)이 입법예고된 상태이다. 공직자의 부패 행위에 대한 법제적 대응 전 반에 대해서는 김재광(2012). 상동. pp. 4-5를 참조하라.

16 성낙인(1996). "부패방지법제의 현황과 과제,"「공법연구」24(3). p. 174.

17 헌법재판소 2009. 10. 29. 2007헌마1462 등.

18 박균성(2013).「행정법론(상)」. 박영사. pp. 519-523.

19 이재상(2004).「형법각론」. 박영사. pp. 694-697.

20 공직자의 부패 범죄를 규율하는 형법, 특정범죄가중처벌 등에 관한 법률, 정치자금법에 대한 내용은 김재광(2012). "부패방지 관련법제의 체계 및 평가,"「공법연구」40(3). pp. 27-29를 참조하라.

21 헌법재판소 2012. 12. 27. 2011헌바117.

22 한편, '부정청탁 및 공직자 이해충돌방지법'(안)은 부정 청탁 등에 관한 부패 행위를 형사 처벌의 대상이 되는 범죄로 규정하고 있다.

23 이효원(2012). "검사의 공익적 기능,"「형사법의 신동향」35. pp. 92-95.

24 대법원 2002. 2. 22. 2001다23447.

25 헌법재판소 2007. 3. 29. 2006헌바69.

26 '스폰서 검사' 사건이란 2010년 4월 MBC 'PD수첩'에 의해 기업인 A씨가 자신이 관리해 온 검사 56명의 실명과 함께 금품 제공과 성 상납을 한 사실이 공개되어 당시 검찰총장이 진상규명위원회와 진상조사단을 설치

하여 조사한 사건이다. 2010년 7월 「검사 등의 불법자금 및 향응수수사
건 진상규명을 위한 특별검사의 임명 등에 관한 법률」이 제정되어 특별
검사가 4명의 검사를 기소하였지만 모두 무죄가 선고되었다.

27 이 법률안은 '상설특별검사의 임명 등에 관한 법률안'(최원식 안)의 의결
을 전제로 하는 것이므로 그 법률안이 의결되지 않거나 수정 의결되는
경우에는 이에 맞추어 조정되어야 할 것이라고 설명하고 있다.

28 이에 대해 헌법재판소는 대법원장의 추천 절차에 대해 헌법 위반이 아니
라고 판단하였으며, 반대의견(2명)은 헌법 위반이라고 판단하였다. 판결
문 전문은 헌법재판소 2008. 1. 10. 2007헌마1468을 참조하라.

29 헌법재판소 2008. 1. 10. 2007헌마1468.

30 특별검사제도에 대하여는 성낙인(2013). 상동. pp. 1059-1062; 이헌환
(2000). 「특별검사제」(박영사)를 참조하라.

31 이 입장에서는 우리나라에서 총 11명의 특별검사가 임명되었으나 7명에
대해서만 기소하였을 뿐, 대부분 무혐의 처리하거나 검찰의 수사 결과를
초과하는 성과를 거두지는 못한 것으로 평가하고 있다.

32 헌법재판소 2008. 1. 10. 2007헌마1468.

33 미국 연방항소법원은 특별검사제도에 관한 정부윤리법의 규정에 대해 특
별재판부에 의한 특별검사의 임명이 연방헌법 제2조와 제3조에 위반
되고, 정당한 이유가 있는 경우에만 특별검사를 해임하도록 하는 규정도
대통령의 권한을 침해하여 권력분립의 원칙에 위반된다고 판결하였다.
이에 대하여, 연방대법원은 특별검사제도의 규정이 권력분립의 원칙에 위
반되지 않는다고 판결하였다(Morrison v. Olson. 487 U. S. 654 (1988)).

34 미국의 경우에는 그동안 20명의 특별검사가 임명되었으나 부분적으로 기
소된 사건은 4건에 불과하며, 나머지는 무혐의 또는 무죄로 결론났다.

35 http://www.pccb.go.tz/index.php/about-pccb/historical-background
(최종검색일 2013. 5. 7).
http://www.iaaca.org/AntiCorruptionAuthorities/ByCountriesandRegions/
Malaysiajigou/201202/t20120210_802395.shtml(최종검색일 2013. 5. 7).

36 헌법재판소 2008. 1. 10. 2007헌마1468.

37 미국의 검사제도는 정치적 고려에 의해 대통령에 의해 임명되거나 선거
에 의해 선출되고 그 신분이 보장되지 않지만, 우리나라는 헌법과 법률
에 의해 정치적 중립성과 신분이 보장되고 있다.

38 오마이뉴스(2012). "특별검사 제도의 문제점과 활용방안." 2012. 7. 26.

39 조국(2002). "특별검사제 재론─특별검사제의 한시적 상설화를 위한 제언," 「형사정책」 14(1). pp. 61-62.

40 서보학(2010). "검찰의 현주소와 법치주의의 위기," 「법과 사회」 38. p. 106. 윤영철(2012). "검찰개혁과 독립된 특별수사기관의 신설에 관한 소고," 「홍익법학」 13(1).

41 상설특별검사에 관한 법률 이전의 3개의 법률안에서는, 공직자비리수사처(공직자비리조사처)는 처장, 차장, 특별검사(또는 특별수사관, 특별조사관), 수사관으로 구성되며, 공직자비리수사(조사)처장은 추천위원회의 추천을 받거나 대법원의 추천과 국회의 동의를 거쳐 대통령이 임명한다. 처장, 차장, 특별검사(또는 특별수사관, 특별조사관)에 대해서는 검사와 동일한 정도로 신분을 보장하고 검사와 동일한 내용으로 수사권과 공소권을 부여하였다.

42 곽병선(2012), "특별수사청 설치의 필요성과 구체적 방안," 「법학연구」. 김종덕(2004). "특별검사제 소고," 「법학연구」. 오병두(2012). "독립적 특별수사기구의 도입방안에 관한 연구," 「형사정책」. 윤동호(2011). "고위공직자비리수사처 신설의 정당성과 필요성," 「형사정책」 22(11).

43 법률신문(2004). "고비처 설치 운영상의 문제점." 2004. 7. 7.

44 헌법재판소 2009. 10. 29. 2007헌바63 등.

45 이효원(2012). 상동. pp. 95-101.

제 7 장 부패영향평가의 성과와 전망

1 이종수(2011). "부패방지법 제정의 의미와 향후 부패방지 제도의 발전방향," 「국민권익위원회·부패방지학회 공동세미나 발표논문집」. pp. 3-28.

2 윤광재 외(2005). 「국가경쟁력 제고를 위한 부패문제 해소방안 연구」. 한국행정연구원.

3 입법예고기간 내에 평가를 종료하기 어려운 불가피한 사정(법령안의 지연 제출, 제출 자료의 보완, 관계기관과의 협의, 법령(안)의 수정·변경 등)이 있는 경우 평가 기간 연장이 가능하다.

4 위원회는 필요시 평과 결과가 규제 영향 분석, 법령 심사에 참고가 되는

경우 규제개혁위원회·법제처에 평가 결과를 통보하고 부패영향평가 결과를 통보받은 부처는 개선 의견 반영 결과를 법제처 심사의뢰 시 위원회로 통보한다.

5 국민권익위원회(2011). "투명한 법 공정사회로," 「부패영향평가사례집」.

6 제·개정법령의 경우에는 개정되는 부분을 평가하면서 그 밖의 부패 유발 요인이 있다고 판단되는 현행 규정도 함께 평가한다.

7 국민권익위원회는 필요한 경우 법령(안)에 대한 평가 시 당해 법령의 시행을 위한 관련 행정규칙까지 포함하여 일괄 평가한다.

8 국민권익위원회(2012). 「부패영향평가지침」.

9 국민권익위원회(2011). 「부패영향평가제도 개요」.

10 국민권익위원회(2012). "현행법령 부패영향평가개선권고," 국민권익위원회 부패영향분석과.

11 부패방지위원회는 부패영향평가와 규제심사와의 관계를 다음과 같이 밝히고 있다. "부패영향평가와 규제심사는 법령심사라는 점에서 공통점이 있으나 평가범위 및 평가항목 등에서 차이가 있다. 부패영향평가는 규제 조항뿐만 아니라 부패유발요인과 관련된 모든 조항을 심사하게 되므로 평가범위가 보다 넓으며, 평가항목에 있어서도 규제비용/편익분석보다는 재량규정의 명확성과 객관성, 규정의 현실성 등을 주로 평가한다"고 설명하였다.

12 윤광재 외(2005). 상동.

13 한국법제연구원(2007). 「현행 입법관련 평가제도의 운용실태와 과제」.

14 김인종(2010). "부패방지정책 집행에 영향을 미치는 요인에 관한 연구," 서울시립대박사학위논문.

15 국민권익위원회(2010). 「2009 국민권익백서」. pp. 324-332.

16 김기표(2011). "입법영향평가의 제도화에 관한 연구," 경희대학교박사학위논문.
윤광진 외(2012). 「입법영향평가제도 교차국가사례 비교연구」. 한국법제연구원.

17 김태영 외(2006). 「자치법규 부패영향평가 모형 개선」. 국민권익위원회.

18 한국법제연구원(2007). 상동.

19 국민권익위원회(2012). 「부패영향평가제도 내부자료」.

20 김영평·송하중(2005). 「정책 성공과 실패의 대위법: 성공한 정책과 실패

한 정책은 어떻게 가려지나」. 나남출판.
21 윤광재 외(2005). 상동.
22 한국법제연구원(2007). 상동.
23 윤광재 외(2005). 상동.
24 김한창(2009). "반부패 자율시책 방향성에 관한 연구,"「한국정책연구」9(2).
25 윤광재 외(2005). 상동.

제 8 장 건설하도급의 불공정한 갑을관계, 통합발주가 원인이고 분리발주가 대 안인가?

1 심상경(2012). "건설공사 하도급 대금지급 제도개선에 관한 연구,"「공공 사회연구」2(2): 78-127.
2 김성일(2000). "건설하도급 거래 불공정 실태,"「건설경제」. 국토연구원. 2000년 여름호.
3 Williamson, O. (1985). *The Economic Institutions of Capitalism*. NY: The Free Press.
4 기획재정부는 설계도서가 별도로 작성되거나, 공사의 성격상 공종 간 시 공 목적물, 시공 시기, 시공 장소 등이 명확히 구분되는 공사를 분리발주 허용대상에 추가하고, 각 중앙관서의 장이 사업의 계획단계부터 분리발 주 여부를 검토하도록 국가계약법 시행령 개정안을 입법예고(2013. 11. 8)한 바 있다.
5 물론 하도급 과정에서 갑을관계가 형성된다고 해서 불공정 행위와 부패 가 필연적으로 발생하는 것은 아니다. 관계 법령에서 일정한 조건하에 하 도급을 제도적으로 인정하고 있는 것도 이 때문이다. 다만 본장에서는 권 력 구조의 차이를 갖는 갑을관계가 불공정 행위와 부패로 이어지기 쉽다 는 개연성이 크다는 것을 전제로 하고자 한다. 신 정부가 분리발주를 도 입하려는 이유도 불공정 부패 행위가 발생하기 쉽다는 가정하에 하도급 단계를 축소하는 것을 목적으로 하고 있기 때문이다.
6 송정원(2000).「하도급 거래 공정화에 관한 법률」. 서울: 나무와 샘. p. 29.
7 http://www.mltm.go.kr/USR/policyData/m_34681/dtl.jsp?search = 건설 하도급&srch_dept_nm=&srch_dept_id=&srch_usr_nm=&srch_usr_titl= Y&srch_usr_ctnt=&search_regdate_s=&search_regdate_e=&psize=

10&s_category=&p_category=&lcmspage=1&id=171

8 대한전문건설협회(2013). "손톱밑 가시정책: 분리발주 법제화 관련 건의." p. 5.

9 공정거래위원회(2013). 「2012 통계연보」. p. 87.

10 동 자료에서는 건설업을 별도로 분리하지 않고 제조업·건설업·서비스업을 합친 통계만을 제시하고 있는 한계가 있다. 참고로 세 업종의 평균 비중은 각각 63.8%, 31.8%, 4.3% 수준이다.

11 공정거래위원회(2013). 상동.

12 Waterman, R. & Meier, K. (1998). "Principal-Agent Models: An Expansion?," *Journal of Public Administration Research and Theory*, 8(2): 173-202.

13 이홍일·김영덕(2006). 「건설업체의 윤리경영 가이드라인 수립 연구」. 한국건설산업연구원.

14 Williamson, O. (1985). op. cit. pp. 20-22.

15 제18대 대통령직 인수위원회(2013). 「박근혜 정부 국정과제」 p. 37.

16 대한전문건설협회(2013). 상동. pp. 11-12.

17 대한전문건설협회(2013). 상동. pp. 2-10.

18 한국생산성본부(2003). 「건설생산체계의 합리적 개편방안 연구」.

19 건설산업기본법 제29조 제1항에 따른 계획·관리 및 조정에 관한 지침(국토부훈령 제2009-363호)에 의하면 건설공사 수행 시 종합건설업체는 현장 관리를 위한 사무실 설치, 인력·자재·장비·자금 등의 관리, 시공 관리·품질 관리·안전 관리를 위한 인력 배치, 민원·안전사고·환경문제 등을 최소화하기 위한 조사 및 대책 수립, 공사 전체에 대한 시공 계획 수립 및 수정, 현장 근무인원에 대한 월단위 교육 실시, 현장 재무 관련 사항 총괄, 행정 지원 업무 수행과 같은 다양한 역할을 부여하고 있다.

20 대한건설정책연구원(2008). 「전문건설업 현장 실태조사」.

21 조선일보(2013). "甲보다 더 사악한 乙의 甲질." 2013. 5. 14.

22 대한전문건설협회(2011). 「전문건설업 실태조사 결과」.

23 심상경(2012). 상동.

24 대한전문건설협회(2011). 상동.

25 일간건설신문(2007). "불법하도급 신고 절반이 '무고'," 2007. 11. 20.

26 국민권익위원회(2012). 「지방행정 투명성 제고를 위한 부패 취약분야 제

도개선 가이드라인」. p. 14.

27 아시아경제(2013). "건설, 이 가시 뽑아 저 가시 박기?." 2013. 3. 15.
28 아시아경제(2013). "책임소재 아리송 … 발주자만 운다." 2013. 4. 16.

제 3 편 부패와 국가 미래

제 9 장 전자정부와 부패 (E-Government and Corruption)

1 Bhatnagar, S. (2003). "E-government and access to information," *Global Corruption Report 2003*. Washington DC: Transparency International.
2 김태은·안문석·최용환(2008). "전자정부가 부패에 미치는 영향에 관한 연구: 횡단 및 패널자료를 통한 증거,"「한국행정학보」42(1).
3 최영훈·김석곤(2006). "사이버문화신뢰, 정보통신기술 활용수준 그리고 전자부패간의 관계: 공무원의 인식을 중심으로,"「한국부패학회보」11(2): 97.
4 목진휴(2004). "전자정부와 행정의 투명성,"「지역정보화」26: 59-65.
5 Shelton-Colby, S.(2001). "Anti-Corruption and ICT for Good Governance," A paper presented at the Seoul Anti-Corruption Symposium.
6 목진휴(2004). 상동.
7 클릿가드(Klitgaar, R.)는 '부패＝독점＋재량-책임성'이라는 등식을 제시한 바 있다(Klitgaard, R. (1988). *Controlling Corruption*. University of California Press, Berkley).
8 목진휴(2004). 상동.
9 Shelton-Colby, S.(2001). op. cit.
10 목진휴(2004). 상동.
11 목진휴(2004). 상동.
12 목진휴(2004). 상동.
13 김동원 외(2006).「전자정부론」. 서울: 대영문화사.
    남궁근·권해수·박흥식·전태영(2002).「전자정부를 통한 부패통제 — 이론과 사례」. 한울 아카데미.

14 http://www.Data.gov

15 정책슈머(polisumer)란 정책(policy)과 소비자(consumer)를 합친 말로, 정부가 국정운영을 하면서 놓치고 있거나 사각지대에 놓여 있어 시급한 정책 마련이나 대안을 필요로 하는 우리 사회의 새로운 계층을 이르는 신조어이다.

16 http://www.codeforamerica.org

17 전자지불 방식은 기존 방식에 비해 누수율은 4%-15%에서 1%-4%로 감소했고, 수혜자가 현금을 받는 데 소요되는 시간은 2시간-4시간에서 0.5 시간으로 감소했다. 거래 한 건당 비용(cost per payment cycle)도 1USD-4USD에서 1USD-2USD로 줄었다. 그 밖에 기존 방식에 비해 전자지불 방식은 다양한 저축 계좌, 신용카드, 보험 기능을 추가할 수 있는 이점을 가진다. 이에 대한 자세한 내용은 Pickens, M., Porteous, D. & Rotman, S. (2009). "Banking the poor via G2P payments," *CGAP and DFID*를 참조하라.

18 Hardy, C. A. & Williams, S. P. (2008). "E-government policy and practice: A theoretical and empirical exploration of public e-procurement," *Government Information Quarterly*, 25(2): 155-180.
Neupane, A., Soar, J., Vaidya, K. & Yong, J. (2012). "Role of public e-procurement technology to reduce corruption in government procurement," Proceedings of the 5th International Public Procurement Conference (IPPC5), pp. 304-334.

19 Neupane, A., Soar, J., Vaidya, K. & Yong, J. (2012). ibid.

20 http://www.oecd.org/corruption/ethics/integrityinpublicprocurement.htm

21 Banerjee, A. & Duflo, E. (2011). *Poor Economics: A Radical Rethinking of the Way to Fight Global Poverty*. Public Affairs: New York.

22 Fujiwara, T. (2011). *Voting Technology, Political Responsiveness, and Infant Health: Evidence from Brazil*, Princeton University mimeo.

23 Bhatnagar, S. C. & Singh, N. "Results from a study of impact of e-government projects in India," 2009 International Conference on Information and Communication Technologies and Development (ICTD).

24 Anderson, T. B. (2009). "E-Government as an Anti-Corruption Strategy," *Information Economics and Policy*, 21: 201-210.

25 Anderson, T. B. (2009). ibid.

26 Moon, M. J. (2002). "The evolution of e-government among municipalities: Rhetoric or reality?." *Public Administration Review*, 62: 424-433.

27 Ebbers, W. E., & van Dijk, J. A. G. M. (2007). "Resistance and support to electronic government, building a model of innovation," *Government Information Quarterly*, 24: 554-575.

28 Ho, A. T. -K., & Ni, A. Y. (2004). "Explaining the adoption of e-government features: A case study of Iowa County Treasurers' offices," *American Review of Public Administration*, 34: 164-180.

29 Zttrain, J. & Palfrey, J. (2008). *Internet Filtering: The Politics and Mechanisms of Control*. MIT Press.

30 Klotz, R. J. (2004). *The Politics of Internet Communication*. Rowman and Littlefield Inc.: Lanham.

31 Klotz, R. J. (2004). ibid.

32 Kierkegaard, S. (2009). "Open access to public documents-More secrecy, less transparency!," *Computer Law & Security Review*, 25(1): 3-27.

33 Dann, G. E. & Haddow, N. (2008). "Just doing business, or doing just business: Google, Microsoft, Yahoo!, and the business of censoring China's Internet," *Journal of Business Ethics*, 79: 219-234.

34 Kim, S., Kim, H. J. & Lee, H. (2009). "An institutional analysis of an e-government system for anti-corruption: The case of OPEN," *Government Information Quarterly*, 26: 42-50.

35 OPEN System의 성공은 실제적으로 부패를 감소시켰을 뿐만 아니라 서울 시민들이 서울 지방정부에 대해 가지는 이미지도 크게 쇄신시켰다. 현재 약 68%의 시민들이 OPEN System을 통하여 부패가 절감되었다고 생각하는 것으로 나타났다(Cho, Y. H. & Choi, B. D. (2004). "E-Government to Combat Corruption: The Case of Seoul Metropolitan Government," *International Journal of Public Administration*, 27(10): 719-735).

36 김영평·이근주(2001). "서울시 OPEN시스템의 효과성에 대한 연구," 「한국행정학회 발표논문집」. pp. 355-369.

37 이윤식(2002). "기관평가 결과 활용의 개선방안에 관한 연구: ICT 활용과 평가결과 활용의 관계를 중심으로," 「정책분석평가학회보」 12(2): 53-83.

38 박흥식(2002). "민원처리온라인공개시스템 사례." 「전자정부를 통한 부패통제 — 이론과 실제」, pp. 59-104. 한울아카데미.

39 권해수(2002). "전자정부를 통한 조달부패의 해결방안 연구," 「한국부패학회보」 6: 54-74.

40 과거 한국은 급증하는 복지 프로그램으로 인한 중복 수혜와 부정 수급에 대한 논란이 컸다. 연합통신 보도에 따르면 경기도의 경우 감사에서 적발된 부정 수급 건수는 2004년 54건, 2005년 94건, 2006년 198건으로 증가했다. 그리고 2008년 경기도 내 시·군과 합동으로 복지 수급자를 점검한 결과, 김포시 162가구, 하남시 149가구, 안산시 112가구, 수원시 83가구 등 모두 1천 116가구가 부정 수급으로 나타났다(연합통신(2008). "경기도 기초생활 비부정수급자 1천여가구 적발." 2008. 4. 15). 하지만 이들이 부정 수급 현황을 전체를 대표하지 않으며 그 규모는 이보다 더 클 것으로 추정된다.

41 한국경제(2011). 2011. 10. 25, 1면.

42 구체적으로 2011년 6월 사회복지통합전산망을 활용하여 적발한 부정 수급을 보면, 기초생활보장 2351억 원, 영유아 보육 476억 원, 기초노령연금 240억 원, 유아 학비(유치원료) 186억 원 등이다. 이 조사는 '16개 부처, 289개 복지사업' 가운데 '7개 부처, 108개 복지사업'만을 대상으로 했기 때문에 전체 16개 부처로 확대할 경우 부정 수급자 비중은 지금보다 더욱 늘어날 것으로 예상된다는 것이다(한국경제(2011). "구멍 뚫린 복지 예산 관리 … 올해 벌써 3300억원 샜다." 2011. 10. 25, 1면).

43 세계일보(2005). "전자서류 위·변조 알고도 방치했다니." 2005. 9. 29, 35면.

44 파이낸셜 뉴스(2013). "67조원 공공기관 전자조달, 안정성 및 신뢰도 높아진다." 2013. 3. 21.

45 한국일보(2013). "조달청 '나라장터' 해킹해 31건 290억 공사 불법 낙찰." 2013. 4. 5. 8면.

46 중부매일(2013). "공무원 부패고리 어떻게 끊을 것인가." 2013. 2. 28.

47 Bertot, J. C., Jaegar, P. T. & Grimes, J. M. (2010). "Using ICTs to

create a culture of transparency: E-government and social media as openness and anti-corruption tools for societies," *Government Information Quarterly*, 27(3): 264-271.

48   Lin, N. (2001). *Social Capital: A theory of social structure and action*, Cambridge University Press: Cambridge.

49   Cho, Y. H., & Choi, B. D. (2004). "E-government to combat corruption: The case of Seoul metropolitan government," *International Journal of Public Administration*, 27: 719-735.

Shim, D. C. & Eom, T. H. (2008). "E-government to combat corruption: Empirical analysis of international data," *International Journal of Public Administration*, 31: 298-316.

50   Fukiyama, F. (2001). "Social capital, civil society, and development," *Third World Quarterly*, 22(1): 7-20.

Johnson, M. (1998). "Fighting systematic corruption: Social foundations of institutional reform," *European Journal of Development Research*, 10(1): 85-104.

51   Lin, N. (2001). op. cit.

Wellman, B., Hasse, A. Q., Witte, J. & Hampton, K. (2001). "Does the internet increase, decrease, or supplement social capital: Social networks, participation, and community commitment," *American Behavioral Scientist*, 45(3): 436-455.

Wellman, B., Salaf, J., Dimiintrova, D., Garton, J., Gulia, M. & Haythornthwaite, C. (1996). "Computer networks as social networks: Collaborative works, teleworks, and virtual community," *Annual Review of Sociology*, 22: 213-239.

52   Ho, A. T. -K., & Ni, A. Y. (2004). op. cit.

Jaeger, P. T. & Matterson, M. (2009). "E-government and technology acceptance: The implementation of section 508 guidelines for e-government websites," *Electronic Journal of E-government*, 7(1): 87-98.

Mahler, J. & Regan, P. M. (2002). "Learning to govern online: Federal agency Internet use," *American Review of Public Administration*, 32: 326-349.

53 Geol, R. K. & Nelson, M. A. (2005). "Economic freedom versus political freedom: Cross-country influences on corruption," *Australian Economic Papers*, 44(2): 121-133.

제10장 청렴도 조사: 부패통제의 새로운 거버넌스

1 국민권익위원회(2012).「공공기관 청렴도 측정 결과 보고서」.
2 이명석(2002). "거버넌스의 개념화: '사회적 조정'으로서의 거버넌스," 「한국행정학보」 36(4): 321-338.
3 Pierre, J. & Peters, B. G. (2000). *Governance, Politics and the State.* Macmillan Publishers Limited.
4 Kang, D. C. (2002). *Crony Capitalism: Corruption and Development in South Korea and the Philippines.* Cambridge University Press.
5 고객과 관련된 업무, 처분을 통해 이권을 얻을 수 있는 업무, 부패의 개연성이 높은 업무 등.
6 Heidenheimer, M. J. & LeVine, V. (1989). *Political Corruption: A Handbook*, New Brunswick: Transaction.

제11장 신뢰받는 모범국가와 법치주의 정착 과제

1 현대경제연구원(2012). 부패와 경제성장, 지속가능 성장을 위한 경제주평, 2012. 5. 25.
2 재미있는 것은 이러한 부패 수준과 경제성장의 관계이다. 올해 아시아개발은행(Asian Development Bank; ADB)이 올해 우리나라의 경제성장률 전망치를 기존 3.4%에서 2.8%로 하향 조정하였다. 이 같은 성장률은 아시아에서 경제 규모가 큰 개발도상국 11개국 가운데 싱가포르(2.6%)를 제외하고는 가장 낮은 것이다. 아시아개발은행의 국가별 성장률 전망치를 보면 중국이 8.2%로 가장 높다. 이어 인도네시아(6.4%), 필리핀(6.0%), 인도(6.0%), 말레이시아(5.3%), 베트남(5.2%), 태국(4.9%), 파키스탄(3.6%) 등 다른 주요 국가 성장률 전망치도 우리나라보다 높았다. 싱가포르는 지난해 1인당 국내총생산(Gross Domestic Product; GDP)가 5만 1,162달러로 한국(2만 3,113달러)의 배가 넘는다. 홍콩도 이미 3만 6,667달러, 대만도 2만 328달러 수준이다. 부패와 경제성장의 관계는

일정 수준까지는 선호를 명확히 한다는 점에서 정의 관계를 갖기도 하지만 그 이후부터는 다양한 경로를 통해 경제성장을 저해하는 요인으로 작용한다. 카우프만(Kaufmann, D.)은 경쟁적인 입찰을 통해 부패가 이루어질 경우, 가장 효율적이고 낮은 비용을 유지하는 기업이 가장 높은 액수의 뇌물을 제의하여 선택될 수 있으므로, 경제 전반적인 자원 배분의 효율성이 부패에 의해 향상될 수 있다고 했다. 스벤손(Svensson, J.)은 부패 수준이 낮은 경제에서 기업 성과가 높게 나타나지만, 부패와 경제성장과의 관계는 명확히 인과관계가 있다고 주장하기 어려운 부분이 있음을 보였다. 그러나 마우로(Mauro, P.) 등 다수의 연구는 부패는 민간투자를 구축하고 결국 성장에 악영향을 미친다는 사실을 실증 분석을 통해 입증했다. 차문중과 김병연도 같은 맥락의 분석 결과를 보였다. 이에 대한 자세한 내용은 본서 제1편 "부패는 경제성장에 영향을 미치는가"를 참조하라.

Kaufmann, D. (1997). "Corruption: The Facts," *Foreign Policy*.

Svensson, J. (2005). *Eight questions about corruption, governance Indicators: a user guide*.

Mauro, P. (1997). "Why worry about corruption," *Working Paper IMF*.

3 중앙일보(2013). 2013. 5. 19.
4 양승두(1997). "한국법문화시론," 「법학연구」. pp. 15-35.
5 다행인 것은 통계청의 2013년 1/4분기 가계동향에 의하면 2012년 소득 분배지표는 전년에 비해 개선된 것으로 나타난다. 지니계수는 0.307로 전년 0.311에 비해 0.004p 하락하였고 소득 5분위배율은 5.54배로 전년 5.73에 비해 0.19배p 하락했으며 상대적 빈곤율은 14.6%로 전년 15.2%에 비해 0.6%p 하락한 것으로 나타난다.
6 이 부분은 박정수가 수도권 거주 1,000명에 대한 법의식 서베이 조사를 바탕으로 하여 한국인의 문화가 법의식에 미치는 영향을 파악한다는 점에서 법치의 현주소와 문제의 근원, 법치 내용과 필요성, 계약 분쟁 해결 방식, 법치사회 확립 방안 등에 대한 국민의 인식을 분석한 내용과 현대경제연구원이 전국 1,006명 샘플을 대상으로 조사한 내용을 비교해 작성했다.

박정수(2005). "한국경제와 법치주의: 한국경제 법치주의 정착 아직도 멀었다, 한국학중앙연구원편," 「선진경제 진입과 법치원리 확립」. 서울: 백산서당.

현대경제연구원(2013). "한국사회의 낮은 신뢰도: 중산층회복은 일자리 창출로," 「현안과 과제」.

_____(2013). "한국경제 재도약을 위한 5대 분야별 10+3 정책제언," 「지속가능 성장을 위한 경제주평」.

7 한국법제연구원(1991). 「국민법의식조사연구」.

_____(1994). 「국민법의식조사연구」.

8 이러한 결과는 2010년 행정연구원의 행정에 관한 국민 의식 조사 결과, 즉, 준법성 측면에서 본 정부 신뢰 수준이 51.3%에 그치고 있는 점과 맥락을 같이 한다.

9 이경태(2011). "사회보장, 양극화, 사회적 자본과 공직부패 간의 상관관계에 관한 연구—OECD 회원국가의 비교연구를 중심으로," 서울시립대학교 박사논문.

10 World Bank (2012). *Worldwide Governance Indicators.*

11 World Justice Project (2012). *The Rule of Law Index 2012-2013 Report.*

12 World Bank (2000). *Helping Countries Combat Corruption: Progress at the World Bank since 1997.*

World Bank(2012). op. cit.

13 세계은행(World Bank)은 법치를 다음과 같이 정의한다. "the extent to which agents have confidence in and abide by the rules of society, and in particular the quality of contract enforcement, property rights, the police, and the courts, as well as the likelihood of crime and violence."

14 Boettke, P. (1999). http://www.gmu.edu/departments/economics/pboettke/law.htm. LAW 473.

15 박정수 외(2000). 「기업부패지수 측정방안」. 서울시립대학교 반부패행정시스템연구소.

16 Bhargava, V. & Bolongaita, E. (2004). *Challenging Corruption in Asia.* World Bank.

17 이 제도는 1999년 10월 남아공의 더반에서 열린 세계 반부패 대회에서 서울시가 초청 소개되어 우수 사례로 인정받은 바 있고 현재 수십만 명

이 이를 이용하고 있다. 전자 정보 기능을 통해 투명성을 높이는 일은 건설, 조달, 환경 등 중앙부처의 각 분야에서도 진행 중에 있다(강철규(2003). 「투명경영 공정경쟁」. 서울: 따뜻한 손).

18 참고로 UN 공공행정상은 거의 매년 우리나라의 IT를 활용한 조달, 관세 행정 등 열린 정부 구현을 모범 사례로 꼽아 개도국에 확산하려는 노력을 기울이고 있다. 2013년도에도 기획재정부의 디지털예산회계시스템(d-Brain)이 정보화 시대 정부 접근 방식 부문 대상을 수상하였다.

19 워싱턴컨센서스는 선진국 모형, 베이징컨센서스는 국가 중심(엄밀하게 말하면 당 중심)의 개도국 모형이라 한다면 서울컨센서스는 개도국 모형 이지만 국민이 중심이 된 절충 모형이라고 할 수 있다. 서울컨센서스 모형에 대한 자세한 설명은 박세일(2010). 「대한민국 세계화전략 창조적 세계화론」(서울대학교 출판문화원)을 참조하라.

찾아보기

저자 약력

김 병 섭

University of Georgia 행정학 박사
한국행정학회 회장
정부혁신지방분권위원회 위원장
서울대학교 행정대학원장
(현) 서울대학교 행정대학원 교수

박 순 애

University of Michigan 행정학(Planning) 박사
공공기관운영위원회 민간위원
한국행정학회 연구위원장
국민권익위원회 부패방지시책평가
감사원 국민감사청구심사위원회 위원
(현) 서울대학교 행정대학원 교수
(현) 서울대학교 행정대학원 한국정책지식센터 소장

금 현 섭

University of Texas, Austin 정책학 박사
Levy Economics Institute, Research Schola
(현) 서울대학교 행정대학원 교수

김 병 연

University of Oxford 경제학 박사
영국 에섹스대 교수, 서강대 교수
서울대학교 경제학부 세계적 수준의 연구중심대학 사업단 단장
(현) 서울대학교 경제학부 교수
(현) 서울대학교 경제학부 BK21 플러스 사업단 단장
(현) 서울대학교 통일평화연구원 부원장

김 태 영

Cornell University, 도시행정학 박사
안전행정부 자체평가위원
지방자치발전위원회 자문위원
지방행정연수원 겸임교수
서울시 인사위원회 위원
(현) 경희대학교 행정학과 교수

박 정 수

University of PIttsburgh 정책학 박사
공공기관연구회 회장
공공기관정책연구센터 소장
국회예산정책처 예산분석심의관

경실련 재정세제위원장
(현) 이화여자대학교 행정학과 교수

박 흥 식

Florida International University 행정학 박사
중앙대학교 행정대학원장
한국행정학회 부회장, 편집위원장, 연구위원장
대통령 자문 정부혁신지방분권위원회 위원
국무총리실 정부업무평가실무위원회 위원
(현) 중앙대학교 공공인재학부 교수

우 윤 석

Cardiff University 도시 및 지역학 박사
제36회 행정고등고시 합격, 건설교통부(구 국토교통부) 서기관
한국정책학회, 도시행정학회, 정책분석평가학회 이사
대통령비서실, 기획재정부, 국토교통부 자문위원
(현) 숭실대학교 행정학부 교수

윤 태 범

서울대학교 행정학 박사
감사원 자문위원, 국민권익위원회 자문위원
정부혁신지방분권위원회 전문위원
서울시 정보공개심의위원회 의원
한국행정학회 편집이사, 서울행정학회 부회장
(현) 한국방송통신대학교 행정학과 교수

이 지 문

연세대학교 대학원 정치학 박사
공익제보자와함께하는모임 부대표
호루라기재단 상임이사
(현) 연세대학교 국가관리연구원 전문연구원

이 창 길

Cornell University 행정학 박사
한국조직학회 회장
OECD정부혁신아시아센터 소장
대통령비서실 행정관
행정안전부 고위공무원(행정고시 28회)
(현) 세종대학교 행정학과 교수

이 효 원

서울대학교 법학 박사
서울중앙지검, 법무부, 대검찰청 검찰연구관 등 검사
(현) 서울대학교 법과대학/법학전문대학원 교수

장 용 진
American 대학 행정학 박사
고려대학교 정책대학원 강사
강원대학교 행정학과 강사
(현) 고려대학교 정부학연구소 연구교수

정 광 호
Syracuse University 행정학 박사
한국행정학회 연구위원장(2013)
정책디자인센터장
(현) 서울대학교 행정대학원 교수

차 문 중
University of Chicago 경제학 박사
University of Western Australia 교수, 경제연구소 부소장
Australia National University, University of New South Wales, KDI School,
   서울대학교 Visiting Scholar
한국개발연구원 KDI 산업기업경제연구부장
한국개발연구원 KDI 국제개발협력센터 소장
(현) 부총리 겸 기획재정부장관 선임자문관
(현) 한국개발연구원 KDI 선임연구위원

한국사회의 부패: 진단과 처방

초판인쇄	2013년 12월 20일
초판발행	2013년 12월 30일
지은이	박순애·김병섭·금현섭·김병연·김태영·박정수·박흥식·우윤석
	윤태범·이지문·이창길·이효원·장용진·정광호·차문중
펴낸이	안종만
편 집	김선민·엄주양·이재홍
기획/마케팅	조성호·홍현숙
표지디자인	최은정
제 작	우인도·고철민
펴낸곳	(주) **박영사**
	서울특별시 종로구 평동 13-31번지
	등록 1959. 3. 11. 제300-1959-1호(倫)
전 화	02)733-6771
f a x	02)736-4818
e-mail	pys@pybook.co.kr
homepage	www.pybook.co.kr
ISBN	979-11-303-0026-9 93350

copyright©박순애 외, 2013, Printed in Korea

정 가   19,000원